照片系优素福·卡什（Yousuf Karsh）作品

阿诺德·约瑟夫·汤因比（Arnold Joseph Toynbee，1889—1975），20世纪最有影响力的历史学家和思想者之一，他主张文明才是历史研究的单位，既用哲人的独特眼光，从宏观的角度对人类历史与文明进行广泛而深刻的探讨，又以超凡的叙史才能，以历史学家的视野对人类历史与文明进行细致的描述，以《历史研究》为代表的一系列著作为他赢得了世界性声誉。

阿诺德·汤因比传

威廉·麦克尼尔（William H. McNeill） 著 吕厚量 译

ARNOLD J. TOYNBEE

A LIFE

上海人民出版社

乔治·汤因比，阿诺德·J. 汤因比的曾祖父，一位来自林肯郡的农民
[《交游录》（*Acquaintances*），London，1967]

亨利·汤因比船长，即"哈利叔公"（《交游录》）

历史学家阿诺德·汤因比，阿诺德·J. 汤因比的叔叔

右坐者为夏洛特·汤因比（阿诺德·J. 汤因比的婶婶），左坐者为华兹华斯小姐，站立者为亚瑟·约翰逊夫人。着装体现了他们所处的时代（《交游录》）

阿诺德·J. 汤因比的父母：哈利·瓦尔普·汤因比与伊迪丝·马歇尔·汤因比
［《往事》（*Experiences*），London，1969］

年幼时的汤因比就已经在书籍上"用功"(《交游录》)

童年汤因比（博德利图书馆，汤因比档案）

温彻斯特公学时期的汤因比（博德利图书馆，汤因比档案）

巴利奥尔学院时期的汤因比
（博德利图书馆，汤因比档案）

1911—1912 年，毕业旅行时期的汤因比，
在英国雅典学院（《往事》）

吉尔伯特·穆雷，汤因比的岳父(《往事》)

霍华德城堡(劳伦斯·汤因比拍摄)

罗萨琳德·穆雷的画像，1910 年
（格温·雷大拉特创作的粉笔画，来自劳伦斯·汤因比收藏）

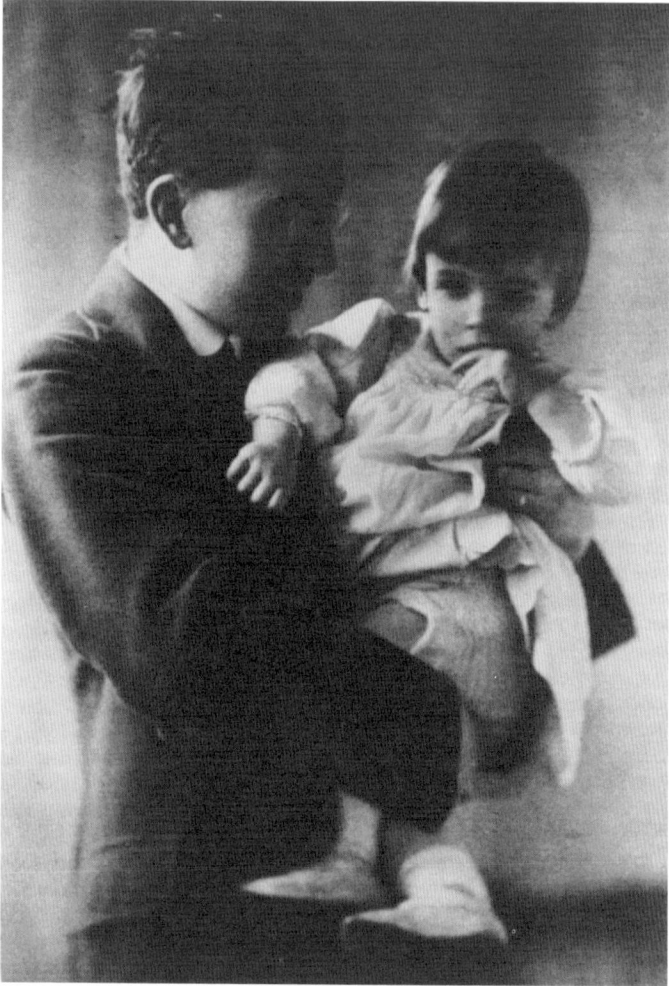

第一次世界大战时期的汤因比与儿子托尼
（博德利图书馆，汤因比档案）

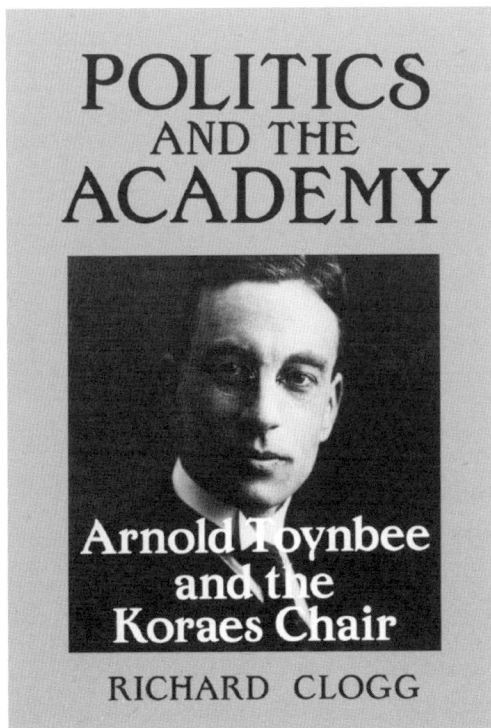

担任科拉伊斯教授时期的汤因比［图片为理查德·克罗格（Richard Clogg）著作《政治与学术：阿诺德·汤因比与科拉伊斯教席》（*Politics and the Academy：Arnold Toynbee and the Koraes Chair*）封面］

1920 年，同赴希腊和土耳其时期的汤因比与罗萨琳德（博德利图书馆，汤因比档案，转自 BBC 网站）

上图：影响力巅峰时期的汤因比（博德利图书馆，汤因比档案）

下图：甘索普宅邸，汤因比于1930—1938年间创作《历史研究》前六卷的地方（劳伦斯·汤因比收藏）

查塔姆楼里的一次会议。 左起依次为：盖索恩-哈代，玛格丽特·克利弗，罗德里克·琼斯（背对镜头者），斯奈尔爵士（坐桌对面者），莱昂内尔·柯蒂斯，汤因比（Radio Times Hulton Picture Library，《往事》）

查塔姆楼（national nonuments record，1923 年摄于伦敦，《往事》）

上图：菲利普·汤因比（劳伦斯·汤因比收藏）
卜图：劳伦斯·汤因比在他的画室（Northern Echo）

汤因比与教父哥伦巴（劳伦斯·汤因比收藏）

1967 年 7 月，汤因比与维罗妮卡在萨莫色雷斯岛（《往事》）

一个永远乐观的人

祖父巨著获得的举世赞誉贯穿着我的童年时代。 它出版时我还不满 1 岁。 而他将成为文化名人的事实在 1947 年已毫无悬念：因为他的头像出现在了美国最畅销的《时代》杂志封面上——那个时代国际声望的重要标志。

在那幅肖像画上，簇拥着他的脸庞的是一些攀爬峭壁并坠落下来的人物——他们象征着诸文明的兴衰。 当我在 20 世纪 50 年代长大成人期间，老师们、小伙伴的家长们或陌生人都会问我："你是那位伟大的阿诺德·汤因比的亲戚吗？"可在我心目中，那个人只是给他的孙子孙女们讲历史故事的一位好手而已。

对于一个拥有如此宏伟学术抱负、想要认识并理解自文明诞生以来的全部人类生活与经验的人物而言，他在待人接物方面未免过于羞涩与沉默了。 他的性格酷似《绿野仙踪》里的奥兹巫师，是个公众视野里的巨人；但躲藏在其汗牛充栋的著作背后的却是一个害羞、腼腆的人物，并无在其作品中表现得十分明显的大气磅礴。 他的崇拜者们的确视之为一位精神导师。 日后，批评者们便讽刺他将自己树立为一位无所不知的先知和关于人生状态、目的半神秘观念的传播者。 事实上，他确曾描述过自己一次顿悟的体验——他突然意识到一切历史都可以按照预测、解释诸帝国兴衰的法则整合起来。

但阿诺德在生活中却是一个优柔寡断、容易困窘、完全不善讲究排场与社交、不喜奢华的人。 在个人生活中和作为一位思想家，他在本质上是一位乐天派，相信人类的进步，确信人类可以通过认识历史而得到提升、人性可以从过去汲取经验教训。 对于世界的发展前景，他相信世俗的、人道的、自由的未来终将到来，它将消弭人世间的隔阂与纷争。

作为一名祖父，他的表现一直好过作为 3 个儿子的父亲。 那或许

1

是因为他在自己的儿子们尚且年幼的时候有些忽视照顾家庭。 他孜孜不倦地忙着撰写《历史研究》——他那位刻薄的妻子称之为他的"胡说八道的书";并且他本人也自谦地接受了这个称呼,以便摆脱人们认为他试图将全世界纳入其思想模式的做法过于傲慢自大的指责。 与此同时,他也为外交部或颇具影响的智库——查塔姆楼的皇家国际事务研究所——工作着。 他的儿子们很少去看他,而把自己的关怀留给母亲——尽管后者往往并无慈母风范。

但对于姐姐和我(仅有的住在伦敦、且离他较近的两个孙子辈)而言,他是一位靠谱的祖父和讲故事的高手。 他会带我们去一些历史遗址——伦敦塔、圣保罗大教堂、亨利八世的汉普顿宫,以及各处博物馆与展览馆——用儿童们喜闻乐见的、绘声绘色的故事来对我们进行历史教育。 他让过去和历史中的角色在我们眼前活了起来。 在通过这些故事教育我们的时候,他会忘记自己的困窘,变得神采奕奕、充满激情与智慧。 每次应邀前往世界各地做报告并会见重要国际领导人后,他会在回家后讲述旅途中丰富多彩的见闻,通过绘声绘色的描述让我们捧腹大笑。 我一想到秘鲁,就情不自禁地忆起他在安第斯山区骑驴时有个人把痰吐在他袜子里的趣事。 他有时会陷入神经性抽搐——那是他感觉不适时表达紧张情绪的方式之一。 只有 5 岁、少不更事的我曾坐在双层伦敦巴士里问他为什么抽搐。"因为我像一只大河马呀!"他答道。很少有人能想象到他还会这么风趣。

随着年龄的增长,我对他的处世风格有了更深刻的理解。 跟所有家庭中的情况一样,我们私下里都会取笑他的一些怪癖,尤其是他的极度吝啬。 他不愿意花任何钱。 如果你去他家拜访的话,午餐通常是一片生菜叶和薄薄的一片火腿——运气好的话还会加上一片面包。 他从不坐出租车,永远只坐公交车。 他一辈子都为金钱问题感到焦虑,尽管他写作与讲座的成功为自己带来了可观的收入。

在花销问题上的谨小慎微来自他早年过的苦日子。 他出生于一个知识分子中产家庭,几代祖辈都是教师、作家或官吏,但他们为了在手头拮据的情况下维持体面而过着艰苦的生活。 他的父亲哈利在一个济贫机构工作,但在阿诺德和两个妹妹还很小的时候不幸患上了严重的精神疾病。 他在一所精神病院里度过了余生；他的妻子伊迪丝在没有收入的情况下独自一人将孩子们拉扯大，寄居在阿诺德的叔公——年老、脾气很差的退休船长——家里。

伊迪丝是位极其严格的母亲。 但她的孩子们无需鞭策就能在学校里大放异彩，无一例外地拿到了奖学金，在顶级学府免费就读。 阿诺德的妹妹乔斯林成为剑桥大学的考古学教授；另一个更年长的妹妹成为牛津大学的教师。 我的这两位姑姑一直未婚，过着充实忙碌的学术生活，带着她们的 7 只猫住在牛津的一处令我记忆犹新的房屋里。 乔斯林是我见过的唯一一个会学猫咕噜声的人；她总让自己的白猫米特拉斯（Mithras）蹲在自己的肩上。 阿诺德的名满天下令乔斯林感到沮丧：因为她觉得哥哥的光辉在家族史上有些过于耀眼；作为一位同样杰出的同行，她多少对哥哥的声望有一点点嫉妒。

他们的母亲伊迪丝鞭策着阿诺德在公学和牛津大学巴利奥尔学院时期拿到了一系列奖学金与奖项。 成为一名牛津的青年教师后，阿诺德对其他讲师们的奢侈生活与花天酒地感到惊惧。 他写信问自己的朋友："他们有什么必要那样大手大脚呢？""这一切着实可耻。"他在本质上是一位苦行僧，过了一辈子精打细算的日子。 我们经常听到他忧心忡忡地说："我会在工作室里累死的！"年老的他极其畏惧狄更斯笔下的那种贫穷。 为了让自己和他的第二任妻子免遭那样的命运，他同牛津大学出版社达成协议，将自己在全世界卖出上百万本的著作的可观版税收入替换为终生享受的一笔津贴——尽管后者的数额要相对小一些。

人们常说，先知只在本乡本土才不受尊重。 那也确实是我祖父遭遇的命运——他在祖国受到的纪念与崇拜不及世界上的其他地区，尤其是美国与东方。 他的作品诞生于一个英国史学界已不流行宏大的历史叙事、热衷于对过去的历史碎片进行精细考据的时代。 特别是一位青年学者休斯·特雷弗-罗珀（Hugh Trevor-Roper）对《历史研究》进行了尖锐批评；他的来势汹汹为其他评论家和学者奠定了基调。 这一批评帮助特雷弗-罗珀在日后当上了牛津大学的皇家史学教授，也让我的祖父从英国大学那里收到的讲座邀请反不及外国大学那样多——特别崇拜汤因比的是那些欣赏他认定西方即将衰落、东方即将崛起的观点的那些国家。

　　我祖父一生的大部分时光都同他那个时代的政治与外交息息相关。第一次世界大战对他产生了深刻影响，让他失去了许多朋友和同辈人。这部传记认为，他和他的母亲曾设法豁免了他的兵役，这令他悔恨终生。但他在外交部和自己最熟悉的史学领域工作，极其细致地研究了德国入侵者对比利时平民施加的暴行——那是大战爆发的导火索之一。读者在阅读他对每次恐怖迫害进行的极其详尽的叙述时，会感到他作为史学家的严谨精神渗透在每一页文字之中。他摒弃了谣言与无法证实的内容，仅仅保留了确有所本的证据。那并非一部政治宣传品。

　　一战结束后，汤因比参加了在凡尔赛宫召开的和会，但怀着厌恶的心情离开了那里。他正确地预见到，和约对德国人采取的恶意惩罚性措施将会导致日后的矛盾。他始终是和平、调解与国际合作的坚决拥护者，因而积极投入到了筹建国联的工作中去。不幸的是，随着希特勒的崛起击碎了国联的理想，汤因比对理性与和平的殷切期望再度化为泡影。

　　他是世界上许多重大事件的一手材料报道者，经常为《观察家报》和《曼彻斯特卫报》（二者都是自由派的国际主义报刊）撰文。他在希特勒掌权后不久代表外交部对后者进行了采访；他数次会晤过凯末尔和许多重要国家领导人。他的头脑是开放的和善于追问的，从不墨守成见。他曾被派去报道在亚美尼亚的暴行（当时世人认为责任完全在土耳其人一方）；但在独立搜集了证据后，他认为多方都应当承担责任——这反映了一位正直的新闻记者与史学家的品质。在担任研究主任的那些年里，他为皇家国际事务研究所撰写了关于世界时事政治的年度报告；那项费心费力的工作让他始终密切关注着各种国际时事。汤因比是个与时俱进的人，尽管他与此同时也撰写着自己里程碑式的史著。

　　第二次世界大战期间，汤因比再度同外交部建立了联系。他在战后重新精神抖擞地投入到了重建之前宣告失败的国联的工作之中。他在一封信中写道："在错失了第一次机会后，为了争取另一次建立国际联盟的机会而打这场战争是值得的。那值得我们为此而拼尽全力。"这些努力的成果是联合国的成立。它尽管自身存在着往往令人无法容忍的局限性，却顽强地存续了下来，成为维系国际法、国际秩序与国际睦邻友好关系的希望之火。 他从未丧失对于各国可以和平共处与合作的信心，尽管他在同一封信中也坦率地写道："不得不承认的是，历史经验并不站在我们这边。"

在我的记忆中，他是一个永远乐观的人。 在每次变局中，他都在寻找着峰回路转的迹象，相信世人能够从历史中汲取智慧并避免错误。尽管经历并见证了由愚蠢的外交失误导致的百年劫难，他在智慧与博学之外仍保留着某种自己无限珍视的天真。 他怀着希望去面对关于家庭或世界的各种消息，从中寻找保持乐观的理由。 作为一位祖父，他为我们树立了要在这个世界上寻找希望而非绝望理由的榜样。"任何情况下都不要绝望"（*Nil desperandum*）——是他经常引用的一句拉丁文。他确实从未绝望，即便在世界最黑暗的时刻里也是如此。

波莉·汤因比

编者注：本序系波莉·汤因比专为中文版写就。波莉·汤因比，英国作家，《曼彻斯特卫报》记者，阿诺德·J.汤因比的孙女。标题为编者所加。

一位著名世界史学者对另一位
更著名世界史学者的看法

我的父亲威廉·麦克尼尔应汤因比之子劳伦斯之邀写了这部阿诺德·汤因比的传记。他于1986年收到邀请，在1988年完成了这本书，由牛津大学出版社于1989年出版。

威廉·麦克尼尔（1917—2016年）是专攻加尔文主义（Calvinism）思想发展史的约翰·T.麦克尼尔（John T. McNeil）之子。约翰·T.麦克尼尔在加拿大东部的爱德华王子岛上的一座农场里长大，娶了来自加拿大西部温哥华岛的尼塔·哈代（Netta Hardy）。他们的长子威廉出生于温哥华。全家人日后移居多伦多，又在1927年搬到了芝加哥。在接下来的16年里，约翰·T.麦克尼尔一直担任着芝加哥大学的教会史教授。

威廉·麦克尼尔在20世纪30年代中期就读于芝加哥大学。在那段岁月里，他立志要成为一名历史学家，撰写一部关于历史上一切事情的巨著。但在那个时候，他所考虑的只有关于古代地中海世界、中世纪与近现代欧洲以及北美的历史——因为那是他学习过的所有东西，事实上也是芝加哥大学所教授过的一切。他带着这份豪情壮志来到康奈尔大学，于1939年开始了自己的博士生涯。

在就读于康奈尔大学的第二年（1940年），威廉·麦克尼尔碰巧在怀特图书馆（A.D. White Library）里翻阅了阿诺德·汤因比《历史研究》的前三卷；这一契机让他从此脱胎换骨。汤因比关于诸文明兴衰的迷人假说在麦克尼尔（以及那个时代的许多人）那里引发了共鸣。此时，大萧条的阴影尚未彻底消散，第二次世界大战已经爆发。对于世界上包括美国在内的许多国家和地区而言，那都是一段黯淡的岁月。世人怀疑，西方文明——该范畴的合法性在那个时代还很少受到质疑——或许注定要走向衰落。但除此之外，麦克尼尔还对汤因比作品展示出的

1

渊博学识感到震惊。 汤因比不仅多年沉浸于古代地中海世界的历史，还试图通过艰苦卓绝的努力掌握欧洲以及伊斯兰世界、印度、中国乃至地球上能够探测到文明痕迹的每个角落的历史。 麦克尼尔几天内便一口气读完了这三卷著作，并且明白了自己的雄心壮志还相差甚远。 他计划撰写的书遗漏了人类历史中 80% 的内容。 他意识到，作为一名刚刚开始博士二年级生活的研究生，自己需要去了解整个世界的历史，而不是局限于从前所接受的教育关注的那一部分知识。 从那时起，他自觉地将工作同汤因比的联系在一起。 即便在他真正认识汤因比、在一定程度上通过了解后者而打消了自己从前的许多幻想后，情况依旧如此。

麦克尼尔于 1941 年底应征入伍。 他告别了研究生院，在战争岁月里在夏威夷、加勒比海、埃及和希腊等地服过兵役。 他最初加入的是炮兵部队。 但在偶遇某位当时在国务院身居要职的前康奈尔大学教授后，麦克尼尔被提拔为希腊与南斯拉夫流亡政府的助理军官随员。 他以该身份前往埃及，于 1944 年在那里邂逅了未来的妻子伊丽莎白·达比希尔（Elizabeth Darbishire）。 她的父亲罗伯特·达比希尔（Robert Darbishire）碰巧是阿诺德·汤因比的至交。 两人一道就读于牛津大学，并在 1911—1912 年间结伴游历过希腊；他们在往后余生中也一直保持着频繁的书信往来。

战争结束后，麦克尼尔实现了自己成为历史学家的梦想。 他于 1947 年被任命为芝加哥大学教员，并在那里度过了自己的整个教学科研生涯。 在汤因比于访问美国期间看望老友罗伯特·达比希尔之际，麦克尼尔通过岳父的关系见到了自己平生最为仰慕的那位历史学家——那同样是在 1947 年。

汤因比在那些年里主持着伦敦皇家国际事务研究所承担的全球政治年度报告的撰写工作，其声望与影响力正如日中天（正如读者将在本书中看到的那样）。 他邀请麦克尼尔加入报告撰写团队，撰述关于二战期间美英苏三国合作的那部分内容。①为此，麦克尼尔举家迁居伦敦两年

① 《美国、英国与苏联：合作与矛盾（1941—1946 年）》（*America*，*Britain*，*and Russia*：*Their Cooperation and Conflict*，*1941—46*，1953）。

（1950—1952 年），在汤因比名义上的指导下展开了这项工作。

同汤因比打交道的经历让麦克尼尔大失所望。 在那段时间里，汤因比急于尽快完成《历史研究》的最后几卷。 麦克尼尔阅读了他的大部分手稿，提出了许多建议，却失望地发现汤因比连一条都没有采纳。事实上，他发现已过耳顺之年的汤因比已形成了自己的思维定式，不再以开放的胸襟持续修正自己的想法——麦克尼尔所崇拜的偶像毕竟只是一个凡人。

麦克尼尔接着撰写自己从本科阶段起一直酝酿着的那部巨著。《西方的兴起：人类共同体史》（*The Rise of the West：A History of the Human Community*，1963）反映了试图解释全部人类历史的努力。 他在书中自觉采用了同汤因比的历史观截然不同的处理方式，强调了不同文明之间的相互促进与彼此影响——汤因比则将兴衰历程中的诸文明视为彼此独立的单元。 麦克尼尔将自己的作品视为对汤因比历史观的一种改进；但这种改进只有在汤因比作品存在的前提下才有可能发生。 麦克尼尔此后又写了其他全球史著作，并且始终是以汤因比为坐标的。①他的那些著作从未像汤因比的作品那样一炮走红，但总的来说在学术界的同行那里却较后者更受认可。 威廉·麦克尼尔成了美国世界史学界的领军人物，声称世界史是一种在学术上合法的史学研究形式，即便它并不以对原始资料的研读为基础——专题性的史学研究则通常必须那样做。 他支持在美国大部分地区的学校教育体系中加入世界史的内容（因为每个州都有自己的教育体系，并未形成整齐划一的全国标准）。 他撰写了两本世界史教材。 威廉·麦克尼尔一步步走向自己在美国的事业巅峰，于 1985 年当上了美国历史学会的主席。 他的成功部分来自汤因比所树立的榜样，他本人也对此心知肚明。

威廉·麦克尼尔于 1985 年从芝加哥大学退休。 仅仅几个月后，他便收到了劳伦斯·汤因比希望自己撰写这部传记的邀请。 当时，麦克尼尔已离开芝加哥城，迁居到康涅狄格州东部的一个小村庄科勒布鲁克（Colebrook，他的妻子伊丽莎白的家族聚居地）去了。 他没法在那个小

---

① 典型例子如《瘟疫与人》（*Plagues and Peoples*，1976）、《竞逐豪强》（*The Pursuit of Power*，1982）。

村子里撰写汤因比的传记，便设法申请到了一笔科研基金，前往英国逗留数月，阅读了汤因比存放在牛津大学的档案，并同自己所能找到的所有汤因比的熟人进行了交谈。

读者将会看到，本书主要以汤因比卷帙浩繁的通信为基础。因此，这是一部个人生活色彩浓厚的传记。书中对汤因比的婚姻与家庭关系进行了大量评论，其中很多内容是以对汤因比家书的推测、研读与解释为基础的。但本书也对汤因比的成就进行了深思熟虑后的评价，并讨论了他在英国与全世界的地位——尤其是美国（汤因比在1947年至20世纪60年代期间在那里大受欢迎）和日本（他于20世纪70年代在那里拥有大批追随者）。

在撰写这本书期间，麦克尼尔再度对汤因比感到大失所望。依据汤因比的家书和其他文件，他得出了青年汤因比曾在一战期间故意逃避兵役并在此后掩饰这一事实的结论。麦克尼尔经常提及，自己在撰写本书中解释汤因比行为的那些章节时有多么痛苦。在麦克尼尔看来，如此对待那个引导自己成为世界史学者、为自己的学术发展打开大门的人物实在太不应该。但他认为自己必须将这些内容付诸笔端，因为他确信它们是真实的。

这部作品的独特之处在于：它展示了一位著名的世界史学者对于另一位更加著名的世界史学者的看法。麦克尼尔和汤因比看待他们的主题——世界史——的方式大相径庭。但由于在1940年阅读汤因比著作带给麦克尼尔的醍醐灌顶式影响，他们毕竟共享着同一个研究主题。在许多年里，两人都是英语世界里影响力最大的世界史学者。今天仍有成千上万的人阅读他们的作品。

约翰·R.麦克尼尔

编者注：本序系约翰·R.麦克尼尔专为中文版写就。约翰·R.麦克尼尔，美国乔治城大学教授，美国历史学会主席，威廉·麦克尼尔之子。标题为编者所加。

充当优秀人物生平的观众和模仿者

　　传记是个人史，与国家、民族、区域、城市等群体的历史一样，写好并不容易。 主要困难在于一手史料的收集难度很大。 传记作者往往不是传主生平的在场者，而是事后追忆人。 追忆的根据无非是个别在场者的回忆、传说以及与传主相关的部分书证、物证和影像资料。 由于人们一般不大注意自身史料的收存，因此残留的史料往往指示或暗示的是一些支零破碎的历史片段，把它们拼成大体完整的画面，补上无处不见的空白，只能依靠文学的想象、推理，其可信度便大打折扣。 所以本书作者在"致谢"辞中特别交代："我已发现，撰写传记需要的想象力跨度远大于我自己之前撰写过的世界史或任何一种形式的历史。其原因再简单不过：一些事情会被系统地、故意地隐瞒起来，因为它们听起来可耻或令人尴尬。 因此，任何人生平的公文式记录都会存在许多空白——那是令读者感到索然无味的空白，只有想象力才能填补它们。"

　　作者威廉·麦克尼尔的这番表白有一定道理，但不尽合理。 传记毕竟是一次性过去的单个人历史的再现，相对于由无数单个人合成的历史创造活动构成的世界历史，时空范围小到可以忽略不计。 在一般篇幅较小的世界通史著作中，往往不会给汤因比留哪怕一句话的位置。换句话说，群体的世界历史或任何其他形式的历史，远比"人生平的公文式记录"的空白更多，因此具有更大的"诗意"，需要更多的想象力。

　　传记并非西方史学的主流形式。 西方史学自 2 000 多年前的古希腊始，主题便集中于群体的历史，以重大历史事件为叙述主题，如地区史、国别史、断代史、通史、专史等，特别对战争史，倾注了最多的笔墨。 这一点与人物为中心的中国古代史学有所不同。 但中西史学对于传记体例的功能认识却体现出惊人的一致，都强调个人镜鉴的作用。

我们知道，人的自我认识主要是在对外在对象的比较认识中加以实现的。这种外在的对象可以是群体，如阶级、等级以及党派、性别、种族、民族、职业、社团等社会群体；也可以是单个人，无论伟大的、卑微的、正面的、负面的，总之是具体的人。他们像一面面镜子，投射出一个个鲜活的参照对象。

古希腊最杰出的传记作家普鲁塔克在他的代表作《名人传》中正是这样看待传记的社会价值的："我开始撰写我的《名人传》是出于他人的缘故。但我发现当我继续这项工作并为此感到快慰时，便也有了我个人的理由，即我把历史当做一面镜子来使用，努力以某种方式来安排我的人生，以便与传记中所描述的各种美德相适应。如果不想让受到谴责的人生始终指导我们，我们大家就会更热切地充当那些优秀人物生平的观众和模仿者。"①这也是上海人民出版社引进这本书、吕厚量博士翻译这本书的社会意义之所在。

汤因比是20世纪杰出的思辨历史哲学家，他的思想贡献已在上海人民出版社出版的汤因比著作集的序言中予以详细介绍，他的思想的深远影响，至今清晰可见，特别在当代国际关系的理论领域，比如文明的冲突与融合、挑战与应战等常用语及相应的论述。本书在这方面也有不少说明，这里无须赘述。作为读者，我们更关心汤因比的人生，而这本《阿诺德·汤因比传》相当完整与详细地复原出这位20世纪历史哲学家一生的形象，为读者提供了一个杰出人物如何产生的生动样本。

从传记可以看出，汤因比是一位命运甚好的人生赢家。他出生在一个殷实家庭，曾祖父是富裕农民，富裕到什么程度，传记未交待。但其曾祖父肯定属于比较重视子女教育的父亲。比如，他的儿子即汤因比的祖父约瑟夫是英国出色的知识分子，曾担任维多利亚女王的御医，著述丰富，在当时英国高级知识分子圈里颇具人气。汤因比的叔叔受过高等教育并在大学任教，这意味汤因比家族有重视教育的家风。

汤因比的母亲曾经在学校里教过书，本身好学上进，是勤于笔耕的业余作家，尽管没有名气。她常常埋首于校改清样稿，而印刷清样所

---

① 普鲁塔克：《名人传》，《提莫隆传》，1，1；《德迈特利乌斯传》，1，6；洛布古典丛书本，1926年。

散发的独特墨香，长久铭刻在汤因比的童年记忆中。　更有启蒙意义的是她还让儿子充当自己作品章节的试听者，在小汤因比睡前，经常为他高声朗读她作品的章节或者讲述历史故事。　汤因比自陈，他长大成人后对历史的兴趣并立志成为历史学家的想法，直接来自母亲的言传身教。　他的案例告诉读者，子女教育，一定要从儿时抓起。

　　汤因比的一生虽然换了不少工作，但并无多少波澜起伏，更谈不上荡气回肠。　他遇到的苦恼和麻烦，并不特别，都是常人的不如意之处。　比如他在大学里目睹贵族子弟欺辱非贵族同学；他想做一个书斋里的自由作者，但养家糊口的压力迫使他不得不去大学当他最不情愿当的教书匠；他同上级领导有过龃龉，也有不受重视的失意；还有一文不名、穷途末路的窘迫。　但这一切都不妨碍他循着好学生的路径，上寄宿小学，上著名公学，再上牛津大学，然后进入社会，求得衣食无忧的工作。　其间父母的鞭策始终是他努力学习的外在动力。　如读寄宿小学时，他的母亲常写信问他在班里的成绩排名，把自己的挚爱和期待倾注在字里行间："我翘首以盼你周一寄来的信，好知道你获得了什么奖励。"他在学习中遇到困难时，母亲又会及时给他以鼓励，激发他的自信："你当然会觉得作业很困难，并且在完成其中一些时表现得很糟糕；但你无需为此而灰心丧气。"阅读这样的句子，能感受到汤因比母亲对爱子的拳拳之心、殷殷之情。

　　汤因比是偏科的学生，理科是弱项，比如至少数学在他看来一直比较难学，几何学的课程还发生过重修的现象。　但另一方面，他的语言学课程又成绩优异，甚至出类拔萃。　在温彻斯特公学毕业典礼上颁发7个奖项，汤因比竟然拿到4个。　校长盛赞他的英国文学与拉丁散文竞赛的成绩，不仅构思精巧、文辞优美，而且有问题意识和思考内涵。这显然与母亲及哈利叔公对他很早就悉心进行语言应用教育有关。　例如哈利叔公曾鼓励小汤因比背诵《圣经》，背得好还奖励几便士。　我们知道识记能力是智力的基础，汤因比成年后博闻强记，能够大段大段地准确背诵《圣经》，信手引证他人著作的段落，古希腊文和拉丁文均成绩优异，和他小时候的这种记忆训练不无关系。

　　偏科的特点或许是他后来从事学术研究后，形成围绕观点展开论述而不是特别讲究实证的原因，甚至在史学研究中提倡诗意的想象，对德国大史学家蒙森从事拉丁铭文收集、整理与集成的工作表示遗憾。换句话说，他不是一位精于考据、字斟句酌的文献学家、史料学家、叙述史家，而是长于分析历史因果关系和归纳共性的历史理论家，一位历史预言家。

概括他的成功，有先天的运气，一直受到良好家教和学校教育；更有后天的努力。他刻苦读书，独立思考，勤于笔耕，高中时便屡屡写出美文，大学本科时更是文思泉涌，具备了比较深刻的理论抽象能力，立志写一部涵盖古代与现代、东方与欧洲的著作，他当时称之为"历史哲学"。他为此矢志不移，自 1927 年动笔，1961 年点下皇皇巨著《历史研究》的最后一个句号，30 多年磨一剑。1965 年，汤因比因这部巨著当选为权威的法兰西道德与政治科学学会的外籍会员。在授职仪式上，学会主席高度肯定他的学术成就："亲爱的同事，您已将我们这个时代一览无余，并说服我们认可了您对这个世界感到的惊愕。为此，我们一致邀请您加入我们的队伍。"

是为序。

郭小凌
2019 年 12 月 21 日于京师园

编者注：郭小凌，北京师范大学历史学院教授、博士生导师，《历史研究》译者。

To My Wife

献给我的妻子

致　谢

1986 年，应阿诺德·汤因比唯一尚在世的儿子劳伦斯（Lawrence）之请，我承担了创作这部传记的任务。在这部书的酝酿过程中，劳伦斯夫妇及他们的家人一直孜孜不倦地帮助、配合着我的工作。除劳伦斯·汤因比和琼·汤因比（Jean Toynbee）之外，我特别需要感谢的人还有菲利普·汤因比夫人（Mrs. Philip Toynbee）、玛格丽特·汤因比（Margaret Toynbee）、波莉·汤因比（Polly Toynbee）、罗萨琳德·彭尼贝克（Rosalind Pennybacker）、安妮·鲍威尔·沃尔海姆（Anne Powell Wollheim）与亚历山大·穆雷（Alexander Murray）。

书中的判断和看法都是我自己的；我就汤因比生平若干重要方面冒昧进行了一些推测，但那不过是为了让全书情节连贯而大胆提出的假设而已。我已发现，撰写传记需要的想象力跨度远大于我自己之前撰写过的世界史或任何一种形式的历史。其原因再简单不过：一些事情会被系统地、故意地隐瞒起来，因为它们听起来可耻或令人尴尬。因此，任何人生平的公文式记录都会存在许多空白——那是令读者感到索然无味的空白，只有想象力才能填补它们。尽管汤因比留下了大量信件与文字著述，但这一规律当然也适用于他。

这部传记多少可以算作一部世界史领域的作品；因为汤因比思想的影响力在某种程度上是一种全球性现象。一个我需要特别帮助才能理解的国家是日本。一长串通信者和被咨询者帮助我完成了这个任务，并协助解决了如何获取东京的日本大学图书馆（Nihon University Library）所藏若干汤因比重要著述文字的实际难题。我需要在此致谢的人有日本大学的佐藤干夫（Mikio Sato）、长沼宗昭（Muneaki Naganuma）和庄司德晴（Tokuharu Shoji），丽泽大学（Reitaku University）的川窪启资（Keisuke Kawakubo），我不清楚来自哪个工作单位的中山茂（Shigeru Nakayama），创价学会（Soka Gakkai）的池田大作（Daisaku Ikeda）和弗雷德·仲林

1

(Fred M. Nakabayashi)，日本史学会的西川正雄(Masao Nishikawa)，京都产业大学(Kyoto Technical University)的若泉敬(Kei Wakaizumi)，美国驻日使馆的迈克·曼斯菲尔德(Mike Mansfield)和欧根妮·A.诺耶克(Eugene A. Nojek)，哥伦比亚大学的唐纳德·基恩(Donald Keene)，我在芝加哥大学的同事入江昭(Akira Iriye)和纳吉塔·哲夫(Tetsuo Najita)，以及美国家庭基金会(American Family Foundation)的谢克特(R.E. Schecter)。 在试图理解塑造汤因比性格的动力时，我对导致20世纪70年代汤因比突然声名鹊起的日本社会背景的描述完全依赖于那些好心人提供的材料。 这些热心肠的人和汤因比的家人(读者会以为他们赞同我关于汤因比的私生活所说的一切)都不应为我自己下的结论担负责任。①

古根海姆基金会(the Guggenheim Foundation)承担了我在英格兰期间的花费。 我理应为此而表示双倍的谢意——因为一生中两度获得古根海姆基金会资助对于我而言是一项特别荣誉。

我还需要感谢准许自己为撰写本书而利用其资源的各家图书馆。 我必须将特别的谢意给予牛津大学的博德利图书馆(Bodleian Library)，尤其是在西方手稿部(the Western Manuscripts division)工作的科林·哈里斯(Colin Harris)和其他馆员，因为汤因比的大多数手稿都保存在那里。 我这部传记的核心内容来自他们负责保管的材料。 我在引用这些馆藏时使用的含糊注释方式来自西方手稿部管理员的建议——他向我解释了为何不适宜引用暂时(并且十分凌乱)存放汤因比手稿的纸盒编号，因为这些文稿会在系统编目时重新装盒编号。 我在写作本书时利用其资源的其他图书馆有美国国会图书馆(the Library of Congress)、耶鲁大学图书馆(Yale University Library)、芝加哥大学图书馆以及康涅狄格州温斯特德(Winsted，Connecticut)的比尔兹利纪念图书馆(Beardsley Memorial Library)的馆际互借系统。 纽约《时代周刊》的档案馆工作人员也提供了很多帮助。

---

① 译者在翻译本段文字中的日语姓名英文转写与日本学术机构名称过程中得到了中国社会科学院世界历史研究所的同事张艳茹副研究员和李文明副研究员的耐心帮助，在此表示衷心感谢。 ——译者注

致　谢

　　最后，我要感谢若干与自己分享各种信息的朋友，其中有克里斯坦·佩珀（Christian Peper）、伊莫根·塞吉尔-库尔波恩（Imogen Seger-Coulborn）、克里斯托弗·科林斯（Christopher Collins）、理查德·斯特恩（Richard Stern）、简·卡普兰（Jane Caplan）、斯皮罗斯·多克希亚迪斯（Spiros Doxiadis）、大卫·阿斯顿（David Aston）、理查德·克罗格（Richard Clogg）、奥斯曼·奥库亚尔（Osman Okyar）、乔治·库里（George Curry）、安普尔福斯修道院（Ampleforth Abbey）的哥伦巴神父（Father Columba）、波士顿学院（Boston College）的斯维尼神父（Father Sweeney）、皇家国际事务研究所（The Royal Institute of International Affairs）的多萝西·哈迈尔顿（Dorothy Hamerton）、法兰西学会（Institut de France）的莫罗（P.-F. Moreau）和拉菲特-拉诺蒂夫人（Mme. Laffite-Larnaudie），以及牛津大学出版社的罗宾·德尼斯顿（Robin Denniston）和谢尔顿·迈耶（Sheldon Meyer）。最后，我要特别致谢耶鲁大学的伊丽莎白·迈耶（Elizabeth Meyer），她为我翻译了汤因比的希腊文与拉丁文诗篇。我还要感谢我的孩子们，他们阅读了本书草稿，并要求我解释那些在我们这代人眼中浅显易懂，但对他们那代人而言并非如此的事情。

威廉·H.麦克尼尔

科勒布鲁克，康涅狄格州

1988 年 1 月 21 日

目录

第一章　远　大　前　程

阿诺德·约瑟夫·汤因比（Arnold Joseph Toynbee）于 1889 年 4 月 14 日星期四出生于帕尔姆（Palm）帕丁顿车站旁边其叔公的住宅里。 婴儿的名字本身便承载着很多东西，纪念着他的著名叔父阿诺德（老）和一生极为成功的祖父约瑟夫。 由于他的父亲事业坎坷，孩子肩负的期望与日俱增，因为母亲将越来越高的希冀与憧憬倾注到儿子的身上。 只有英雄般的成就才能满足如此高的期待。 阿诺德·约瑟夫·汤因比的回应方式是从童年起便坚持不懈地培养自己的超群记忆力和卓越的文字技巧。 他的课程作业质量远远超越了同龄人的水平，并在日后成长为一位举世闻名的史学家和政论家。

汤因比家族来自林肯郡。 小阿诺德的曾祖父乔治·汤因比（George Toynbee，1783—1865）是一个富有的农民。 乔治的第三个儿子约瑟夫（1815—1866）是一位在伦敦执业、受人欢迎的耳鼻喉科医生。 他负责治疗维多利亚女王的耳聋症，并且治疗效果不错，从而在当时的知识精英圈子里赢得了不少人气——约翰·斯图尔特·密尔（John Stuart Mill）、约翰·拉斯金（John Ruskin）、迈克尔·法拉第（Michael Faraday）、本杰明·乔伊特（Benjamin Jowett）和朱塞佩·马志尼（Giuseppi Mazzini）都在他的朋友与熟人之列。[1]约瑟夫在医学研究领域十分活跃，出版著作宏

---

[1]　格特鲁德·汤因比（Gertrude Toynbee）编：《约瑟夫·汤因比与阿诺德·汤因比的回忆录和书信集》（*Reminiscences and Letters of Joseph and Arnold Toynbee*），（伦敦，未注明出版日期），第 57、72、80 页。

富，最后由于在实验中接触过量氯仿而英年早逝。

这场灾难对家族产生了严重影响。毫无疑问，约瑟夫医生在行医时收受史无前例的高额诊费，从而在去世前积累了大量财富，足以维持其守寡妻子所习惯的体面生活。当她于 1897 年去世时，她的小儿子、历史学家阿诺德·约瑟夫·汤因比的父亲哈利·瓦尔普(Harry Valpy)继承了自己的那一份遗产(遗产在 8 个子女间分配)。这份遗产可以为他提供每年 200—300 英镑，恰好相当于他当时薪水的一半。①尽管如此，约瑟夫·汤因比早年的那种挥金如土、勇于冒险的精神从家族中消失了；取而代之的是精打细算和勉强维持其中产阶级上层地位的艰苦奋斗。

对于约瑟夫的第二个儿子阿诺德(1852—1883)而言，这意味着他想读大学就必须争取获得一份奖学金。但阿诺德(老)有能力做到这一点：他于 1873 年被牛津大学录取，并在 1877 年获得学士学位。作为一名本科生，这位青年给他的同龄人和老师们留下了深刻印象。当他在巴利奥尔学院(Balliol College)结束本科学业时，他的导师本杰明·乔伊特先是为他谋得了贝德福德(Bedford)公爵次子的专职导师差事，随后在有教职空缺之际让他当上了巴利奥尔学院的正式教师。阿诺德(老)在那里一直工作到 1883 年去世时为止，当时他年仅 30 岁。

后人在回顾时很难评判阿诺德·汤因比(老)的声名，因为他展示才华的方式是谈话，而非写作；而他的讲话与报告节录、由他的姐妹在其去世后出版的寥寥几封信件读起来似乎平淡无奇。然而，本杰明·乔伊特在阿诺德(老)去世后写道："他的一生最引人注目和令人称奇的不是他的作品，而是他这个人本身，也就是……他的与众不同。"②乔伊特在致阿诺德(老)的姐妹的一封信中声称："我确信他是我所了解的最优秀人物之一。"③

---

① 汤因比：《交游录》(*Acquaintances*，伦敦：1967 年)，第 3 页；查尔斯·L.莫瓦特(Charles L. Mowat)：《慈善组织协会，1869—1919 年：理想与实践》(*The Charity Organisation Society，1869—1919：Its Ideas and Work*，伦敦，1961 年)，第 105 页。
② 阿诺德·汤因比(Arnold Toynbee)：《英国工业革命演讲录：公开讲演、笔记与其他残篇，另附巴利奥尔学院教师本杰明·乔伊特的短篇回忆录》(*Lectures on the Industrial Revolution in England：Popular Addresses，Notes and Other Fragments，together with a short Memoir by Benjamin Jowett，Master of Balliol*，伦敦，1884 年)，xviii。
③ 格特鲁德·汤因比编：《约瑟夫·汤因比与阿诺德·汤因比的回忆录和书信集》，1883 年 3 月 25 日书信。

关于他的情况，我们明确知道下面两个事实：首先，阿诺德（老）成为了巴利奥尔学院的一批青年人的精神偶像；他们要求对教会与社会进行变革，从而消除他们自己同工人阶级之间的鸿沟。 他们的身体力行包括在大学假期里住在伦敦的穷人中间，并在一位热情洋溢的英国国教派（Anglican）教士主持下同工人们讨论"自然与上帝的法则"。 最后，阿诺德·汤因比（老）同穷人交流的努力促使他的一批崇拜者们在伦敦东郊建造了一座汤因比纪念馆（Toynbee Hall）。 这座用旧住宅改造的建筑被用于展示一位牛津大学教师的生平——他倡导将大学教育中至少一部分福利开放给之前被排除在外的人们。

其次，阿诺德·汤因比（老）试图修正并更新色调阴郁的经济学，从而在理论与实践两个层面消除富人和穷人之间的鸿沟。 他在一次关于英格兰工业革命的报告中讲道："道德应与经济学合并成一门实用学问。""历史学的研究方法给政治经济学带来了革命性的变化；它不仅指出后者的法则是荒谬的，还证明它们在很大程度上只适用于文明的一个特定发展阶段。"[①]我们已无从知晓，倘若阿诺德（老）没有英年早逝的话，他将会给经济不平等现象开出何种药方。 阿诺德（老）不是社会主义者，或许甚至从未听说过马克思（Marx）；至少他现已出版的残篇（其中并无一部业已定稿的完整著作）几乎没有提供这方面的任何线索。 但阿诺德（老）的早逝引发了他的家人以及更广范围内受他非正式场合谈话影响的人们对他的狂热崇拜。 人们在讨论"社会问题"（the social question）时言必称阿诺德（老）——一战爆发前的数十年间，这种讨论在态度严肃的牛津大学本科生与教师中进行得十分热烈。

阿诺德·汤因比（老）的生涯对他最小的弟弟哈利·瓦尔普·汤因比（1861—1941）产生了深刻影响。 家族中的幼子哈利在父亲约瑟夫猝死时年仅5岁。 他在完成学业后一度参与过茶叶贸易；但年轻的哈利很快感到办公室的按部就班和他的职员同事们索然乏味。 他渴望像哥哥那样进入大学任教；但阿诺德（老）在给他的一封教训口气明显的信中向他保证，大学里的教员跟生意人没有任何本质区别。"不要打算放弃你现有的工作，除非你真的找到了一份你能够胜任、对你而言更为适合，

5

[①]　阿诺德·汤因比：《英国工业革命演讲录》，第25页。

并且能够让你谋生的职业……茶叶生意并不是毫无希望的。"①

到了阿诺德(老)去世的 1883 年,哈利确实找到了另一份工作:他当上了慈善组织协会(The Charity Organisation Society)在亨普斯特德市(Hempstead)的支部部长。 那是贵族和富裕中产阶级为通过济贫来实现穷人自助而建立的一个私人组织。 跟阿诺德·汤因比(老)的愿望一样,他们的目标也是消除下层阶级同自己之间的鸿沟,但却采取了更为立竿见影的现实手段。 在 1875—1913 年间,慈善组织协会的领导人是另一位来自巴利奥尔学院的人物——查尔斯·斯图尔特·洛赫(Charles Stuart Loch)。 在他的领导下,慈善组织协会成了济贫福利事业中的排头兵。 协会经费来自私人捐赠;福利工作也是以自愿为基础的。 只有各支部中的骨干职员才能拿到薪水,并且薪酬不高(或不如说是寒酸)。 即便哈利于 1898 年升任两大支部之一的部长,手下管着几个地区支部时,他的工资仍然只有每年 400 英镑。②

在效法兄长阿诺德(老)的榜样、毕生致力于消除贫富差距的过程中,哈利·汤因比为自己制造了一个棘手的麻烦。 他的收入不足以支持自己从孩提时代起就习以为常的上等中产阶级生活方式;并且在大多数兄弟姐妹比自己过得更好的情况下,哈利为追求理想而付出的代价日益显得难以承受。 他的哥哥、比阿诺德(老)小 3 岁的佩吉特(Paget)与自己形成了鲜明对比——佩吉特在阿诺德(老)去世后已成为汤因比家族的非正式掌门人。 佩吉特缔结了一门好姻缘,成了一名乡绅,从而得以毕生致力于对但丁(Dante)的学术研究。 佩吉特的舒适生活方式和哈利的捉襟见肘构成了强烈反差,威胁着家族的内部团结。 佩吉特试图帮助弟弟的优越感导致了两人关系的恶化。 其结果是哈利和佩吉特的关系始终不够和谐,两人对对方都颇有微词。③

---

① 格特鲁德·汤因比编:《约瑟夫·汤因比与阿诺德·汤因比的回忆录和书信集》,1880 年 4 月 18 日书信。
② 莫瓦特:《慈善组织协会,1869—1919 年:理想与实践》,第 105 页。
③ 博德利图书馆,汤因比档案,伊迪丝·汤因比致阿诺德·J. 汤因比(Bodleian Library, Toynbee Papers, letter, Edith Toynbee to AJT),1907 年 10 月 22 日,伊迪丝向儿子谈起佩吉特给儿子的馈赠:"我知道你根本不情愿接受他的这份钱。 根据过去的大量经验,我也完全清楚,想要单纯快乐地接受别人的资助是件极其困难的事。 ……但那确实是一件光彩的事情;并且如果你能牢记,这样做对爸爸是有好处的,并替他表示感谢的话(尽管他并不愿意让你对佩吉特叔叔说那样的话),你就更能欣然面对这件事了。"

哈利同莎拉·伊迪丝·马歇尔(Sarah Edith Marshall, 人们总是称呼她伊迪丝)于 1877 年 7 月的完婚无助于他的经济拮据。 因为他的岳父、一位伯明翰企业家已失去了自己的工厂和其他一切财产,因为银行家们拒绝提供他完成自己工厂建造火车车厢的金属、木料工序所不可或缺的贷款。①这对新婚夫妇没有另置新家,而是同约瑟夫最小的弟弟、年老且固执的"哈利叔公"(Uncle Harry, 1819—1909)住在一起。 那是一位退休船长和卓越的气象学家。 丧偶的他整天在伦敦上西邦尔街(Upper Westbourne Terrace)12 号的一座简陋但体面的房子里踱步。 21 个月后,阿诺德·约瑟夫·汤因比就在这里出生。

近 8 年后,汤因比夫妇的第二个孩子乔斯林(Jocelyn)于 1890 年来到人间。 随后于 1897 年出生的玛格丽特是该家庭的最后一位成员。 阿诺德的两个妹妹都年幼太多,无法成为他的玩伴。 他早年的重要人际关系都是同成年人建立的:最重要的人物无疑是他的母亲;和善可亲的保姆与哈利叔公竞争着第二把交椅。 他的父亲工作过于辛苦,回家时满身疲惫、心力交瘁,无法同儿子建立轻松温暖的父子关系——无论父亲多么热爱、欣赏自己的儿子并期待他诸事顺意。

伊迪丝·马歇尔·汤因比(1859—1939)是在她儿子生活中占据着主导地位的人物,直到后者于 1913 年结婚后才让出这一位置。 她是个有主见的女子,坚定地信奉英国国教、英格兰爱国主义、她本人的责任感和同儿子的母子情分。 她在少女时代藐视成规,以至于在那个英格兰的大学拒绝接收女性入学的时代追求高等教育。 在剑桥大学,女孩们可以像男学生一样学习大学科目并参加考试,只是不能获得学位而已。 于是,伊迪丝·马歇尔便在日后剑桥大学纽纳姆学院(Newnham College)的前身注册,选修了一门现代史课程,并在考试中获得甲等。 事实上,只有她和另一名女生在那一年的历史课考试中得到了甲等成绩——即便在那个轻视女性的时代,她们取得的这一成绩也是具有纪念意义和引人瞩目的。 她后来曾在学校里教过书,但在婚后放弃了这一事业:当时的传统观念要求中产阶级的已婚妇女留在家里管理仆人、主

---

① 汤因比:《交游录》,第 3—4 页。

持家务。

我们无法从现存史料中得知，被局限在传统强加给她的生活模式中的伊迪丝·马歇尔·汤因比究竟作何感想。我们手头并无证据可以表明，她不是真心认可应当且必须牺牲自己的教师生涯以便承担自己作为妻子和母亲的新角色的。但她在适应新环境的过程中面对着非同寻常的困难。首先，她并不真正是家里的女主人——那座房子属于哈利叔公，并且他早在伊迪丝和哈利搬进来前已在那里住了许多年。在退休后的漫长岁月里，他一直遵守着一整套规矩；由于早已习惯了自己的生活方式，他在坚持这些原则方面毫不退让。①因此，伊迪丝在家中的权力远低于维多利亚时代的主妇们所期待的水平。她那飞扬跋扈的天性必然在这种限制下变得愈发火爆。

此外还有收入问题。她丈夫的薪水让他们连考虑搬出去单独生活的勇气都没有。伊迪丝和她的丈夫从孩提时代起便熟知的真正体面生活如今已遥不可及。但他们也有自尊：即便他们无力追求外表光鲜的生活，但穷人仰人鼻息的耻辱地位也是无法接受的。现实的解决办法似乎是关起门来，尽可能地减少与他人（如汤因比家族中更富裕的成员）来往。他们很少参与娱乐消遣，通过在日常花销上精打细算来维持符合自己身份的绅士地位、文化与独立性。但他们家里还有佣人——常住家里的一名厨师和一名保姆，以及负责清洁打扫的钟点工。如果连这些开销也要精简的话，那就意味着他们彻底放弃了自己的中产阶级身份。

关于伊迪丝·汤因比婚后头几年遭遇的困境，我们可以从她的儿子所讲述的、关于她如何创作自己署名的唯一一部作品——一部苏格兰儿童史——的内容中略知一二。当小阿诺德快满4岁时，他的父亲认为这个家庭已无力继续雇用负责照料他的保姆了。但保姆已成为家中的重要角色；于是伊迪丝劝说丈夫开恩，因为自己可以利用免于照料孩子省下的时间写一本书，希望用这本书的销售收入来填补保姆工资的支出。这一计划实现了：伊迪丝的书如期完成，并且她从出版商那里拿

---

① 参见汤因比《交游录》第1—20页对哈利叔公的有趣描写。

到的 20 英镑足以多支付保姆一年工资。 于是，母亲校改的清样稿上散发出的独特墨香便留在了汤因比最早的童年记忆之中。[①]

伊迪丝让儿子充当自己作品章节的试读者，在睡前为他高声朗读其中的每一章。 这只是母亲执着地（并且获得了成功）将自己的历史观与世界观灌输给儿子的举动之一。 母亲脑海中从剑桥大学课堂上学来的或从他人著作中高声念出来的历史故事成了小阿诺德睡前常规仪式的一部分。 小阿诺德对历史的兴趣以及他青年时代想成为史学家的志向直接来自母亲的言传身教。[②]

在上学以前，小阿诺德的玩伴注定寥寥无几。 他的母亲和哈利叔公都鼓励过早对这个孩子进行文化教育和语言应用训练。 例如，哈利叔公会奖赏他几个便士，以便鼓励他背诵《圣经》中的篇章。 这一训练的结果是阿诺德·汤因比直到成年后仍能单凭记忆准确引述《旧约》与《新约》中的大段文字。 事实上，哈利叔公是个狂热的宗教信徒。作为清教传统的信奉者和代表人物，哈利叔公将天主教视为英国国教制度的永恒威胁，并认为全伦敦只有一名教士关于下层教会的看法合乎他自己的标准。 他对天主教和上层教会仪式经常进行的过分谩骂会令阿诺德的父母十分尴尬——因为后者信奉的英国国教走的是一条中间路线，比那位老人接受的清教传统要宽容得多。

我们很难了解，这个小男孩究竟从大量背诵的《圣经》文本和叔公的抨击中接受了什么。 他肯定没有毫无保留地赞同或顺从叔公的教训——父母的保留意见不允许他这样做。 但颇为有趣的是，当阿诺德还在褓褓之中时，哈利·汤因比船长出版了一本题为《人世间最卑劣的事物》（*The Basest Thing in the World*）的宗教小册子，并在书中写道：“人类最严重的错误是对自我的偶像崇拜。”[③]45 年后，他的侄孙忠实地复述了这一观点：区别仅在于后者讨论的是民族主义，将这种集体的自我崇拜视为人类的核心原罪；而哈利叔公讨论的只是个体的、宗教领域的“自我崇拜”。 因此，我们有充足理由认为，哈利叔公的那种咄咄逼

8

[①] 博德利图书馆，汤因比档案，国家教育电视台广播：“历史学与历史学家”（National Education TV Broadcast, "History and the Historian"），1967 年。

[②] 汤因比：《文明经受考验》（*Civilization on Trial*，纽约：1948 年），第 3—4 页。

[③] 《人世间最卑劣的事物》，伦敦，1891 年，第 27 页。

人的、清教徒式的新教信仰渗入了那个小男孩的意识；尽管后者一直注意避免毫无保留地接受叔公的观点，这些思想还是在他的头脑中留下了烙印，并构成了日后所有思想与著作的重要背景和语境。

与此类似的还有同样贯穿汤因比童年最初记忆的、母亲为他讲述的英格兰历史的爱国主义版本。战争与战役在这部历史中占据着突出地位，但不列颠政体发展史中自由的演进和逐步完善提供了汤因比母亲历史观的统领原则。然而，萦绕在小男孩头脑中的故事主要是军事斗争：如英勇举动、关键战役和运筹帷幄。奇怪的是，根据现存的零散片断来看，海战中的英勇事迹似乎没有引起他的关注。

阿诺德现存的最早作品（配有大量稚气未脱的插图画作）描述了两支动物大军之间的厮杀。胜利一方的将领普格（Pug，可能是他的一件儿童玩具）预言道："你们这一代将会陷入懒散与怯懦之中，并被叫作'人类'的种族征服……但人类很快也会自相残杀并陷入混乱，随后佩波（Peppo）的子孙们将统治全人类。它将'占踞'（take possetion，原文如此）印度与美洲全境，以及我们所居住的、叫作非洲的土地的一部分。他们将居住在一座名叫英格兰的遥远岛屿上，自称为英格兰人。他们最著名的王朝由一位名叫维多利亚的女王统治。你们这一代和你们的其他子孙将被佩波杀得一个不剩。"在这个故事结尾处的决战中，"强大的佩波子孙（Peppomights）屠杀了全部普格子孙劳动者（Pugwrights），故事到此结束"。[①]

这个故事其实融合了《圣经》元素和汤因比母亲坚定爱国主义的儿童故事版本。在故事开头处，"普格是一片云，但他试图弄脏太阳"。于是他受到惩罚，变成了一只动物。他在动物形象的伪装下"造了所有树木和可吃的东西"。正如我们刚才读到的那样，他随后又在动物世界的其他成员面前扮演了法官与先知的双重角色。似乎早在正式入学前，这位日后的历史学家已经有能力建构一部虚构的、富有想象力的世界史了。但这部孩提时代作品的最惊人之处在于其中少年老成的遣词造句与故事本身表达的赤裸裸的血腥色彩之间形成的鲜明反差。

---

① 博德利图书馆，汤因比档案，少年时代（Jurenilia）。

这些感情或许表明，童年时代与众不同的限制与刺激并未阻止幼小的阿诺德享受正常的男孩童年时光。 夏日假期（通常在海边度过）是汤因比家庭生活中的固定节目。 阿诺德那时可以骑车、游泳或跟父亲玩一种名叫"五"的游戏。 但在一年中的其他时间里，哈利实在过于忙碌，没有多少时间陪伴儿子。 其结果是阿诺德在大多数情况下只能一个人玩耍。 他尤其喜欢连续几个小时玩自己的玩具士兵，这一习惯贯穿了他的童年时光。 他的妹妹玛格丽特一直记得，哥哥会在放学回家后急匆匆地从存放玩具的盒子里取出自己的战斗队伍，把他们摆成行进队形，重复自己学前的消遣方式，并在幻想中体验指挥千军万马的乐趣。 阿诺德专横地禁止两个妹妹动自己的玩具士兵。 但在 16 岁那一年，阿诺德送给玛格丽特令她垂涎已久的山羊玩偶，它原本是属于阿诺德的威尔士燧发枪手团的。 这件礼物是为了安慰她不要因为保姆的被迫离去而过度伤心——父亲出于经济考虑而做了这项决定。 玛格丽特将这只山羊放在了自己的诺亚方舟上，并在 80 多年后仍然牢记着哥哥的慷慨。①

阿诺德体格健壮。 从很小的年纪起，保姆或母亲几乎每天都会带他去肯辛顿花园（Kensington Gardens）。 那座公园离他家很近，提供了让他奔跑嬉戏的开阔空间。 但阿诺德一直不擅长做游戏。 那并非由于他身体孱弱——他的父母都是运动健将。 他的父亲在学校里的体育竞赛中拿过好几个奖杯；而他的母亲一生都是一位令人赞叹的健走者。因此，阿诺德遗传了健康的体魄与身板，能够不知疲倦地跋山涉水，并且是一名优秀的长跑健将。 他欠缺的大概是板球等项目的早期训练，因而在入学后跟不上自己的同龄人。 由于习惯了在读书方面鹤立鸡群，操场上的低人一头令他感到十分难堪。

他的回应方式是远离喧闹的游戏，最大限度地远离校内体育运动，并对所有这一类活动深恶痛绝。 独自一人从事的活动——尤其是他钟爱的文学和史学研究——对他而言更有吸引力了。 然而，这一倾向当然会导致离群索居式的孤独：这种状态贯穿了他的学生时代。 即便当

① 玛格丽特·汤因比，1986 年 2 月 15 日个人采访。

他在校内最后一个学期开始时，他的智力成就已赢得了学校里万众瞩目的突出地位，他仍然在给母亲的信件中写道："我在这里始终感到孤独，我永远无法融入集体或真正找到自己在学校里的位置。那是我不愿意当宿舍长（Prefect of hall）的原因之一。"①

汤因比的母亲对儿子开展启蒙教育，教他识字并鼓励他绘画。两人之间建立起了彼此欣赏的关系——儿子以其早熟的才思敏捷配合着母亲的谆谆教导。对于她而言，儿子的前途无量构成了对丈夫事业前途日益失望的某种补偿。她的失望不仅是经济收入方面——尽管手头拮据和随之而来的、对如何支持儿子教育的担忧构成了哈利困境最为显眼的方面。然而，令他心烦意乱的还不只是缺钱。

首先，建立慈善组织协会的前提预设在19世纪90年代已开始成为过眼云烟。低三下四地请求家道殷实的人自愿帮助穷人，向他们提供建议，在审查其道德表现良好后提供一点小恩小惠，并且（就更宽泛的意义而言）试图在城市环境中通过强加一种高贵的义务来缩小贫富差距的事业在哈利眼中多少有点类似他与兄弟佩吉特之间的别扭关系。在英格兰乡村尚能维持的态度与阶级关系在伦敦是无法复制的；但这正是慈善组织协会试图完成的根本目标。

此外，同真正承担协会工作的有闲志愿者相比，哈利发现自己这个领薪水的职员处于一个含混且尴尬的地位。在处理具体技术问题方面，哈利要比其他人高明，因为他更懂得同穷人打交道是为了什么；但他在面对面的交往中却低人一等，因为他在现实中的社会与经济地位要低下得多。因此，在实际操作中，哈利所选择的、为穷人服务的方式迫使他在富人面前低三下四，以便恳请他们对自己和慈善活动的扶持对象行善。显然，这并非哈利放弃茶叶生意时希望换来的生活。

最后，从19世纪90年代起，社会主义思想已开始在英国社会中流传开来，并动摇了知识分子关于社会活动基础的传统认识。诚然，社会主义者的数量在一战前始终不多，但他们的声音已经响亮到足以挑战慈善组织协会事业的正当性与有效性的程度。因此，该协会对"社会

---

① 博德利图书馆，汤因比档案，阿诺德·J.汤因比致伊迪丝·汤因比书信，1906年1月20日。

问题"给出的解决方案已不再被奉为金科玉律。 但哈利·汤因比所投身的、为社会福利而牺牲个人利益的事业只有在认可慈善组织协会的活动正当有效的前提下才是值得的。 随着质疑声与日俱增，哈利的事业失去了道德意义上的正当性（尽管现存证据并未表明实情是否确实如此）。 我们唯一能够肯定的是，哈利于1907年从慈善组织协会离职，转而接受了皇家济贫法起草委员会（Royal Commission on the Poor Laws）交给他的临时差事——这项任命要求他前往英格兰北部地区进行长期考察。①这一任命结束后，哈利·汤因比患上了严重的抑郁症，并在1909年住进了精神病院。 尽管直到1941年才与世长辞，哈利再也没能回归正常人的生活。

正是在这样的家庭背景下，年幼的阿诺德继续着他的正规学业。当母亲认为他已需要超出自己能力范围之外的辅导时，汤因比的学业被托付给附近一位朋友家里的一名女教师。 他在那里同比自己大的一个男孩和一个女孩待在一起；他们取笑过汤因比，声称决定在长大后雇用汤因比当仆人。 一年左右后，阿诺德成为迈达维尔区（Maida Vale）华威学校（Warwick House）的一名日课生。 年满10岁时，凭借着一小笔遗产（以及减收学费的待遇），母亲将汤因比送进了肯特郡（Kent）的伍顿法律学校（Wootton Court），在那里可以学习古希腊文和拉丁文。②在伍顿的学习履历使得汤因比有望进入一所顶级公学读书——那也正是父母对他的期望。 但对于哈利·汤因比而言，这些学校的收费太高了。 因此，对于他的儿子来说，进入顶尖学校的唯一途径便是争取获得奖学金。 阿诺德为迎接这一挑战而全力以赴，忍受着远离家庭的孤寂带来的所有痛苦，严格自律、坚持不懈地完成各项课程作业——希望自己能够争取到一份来自某所英格兰顶级公学的奖学金。③

因此，阿诺德离家住校的最初几年在塑造他毕生习惯方面产生了至关重要的影响。 他并未在所有科目上都出类拔萃。 数学在他看来很

---

① 莫瓦特：《慈善组织协会》，第147页，我对该协会情况及其局限性的评价以这本令人称道的作品为基础。

② 汤因比：《往事》（Experiences，纽约＆伦敦，1969年），第4—5页。

③ 本段中英格兰学校名称及学制的译法得到过中国社会科学院世界历史研究所同事张炜副研究员的指点，译者在此表示感谢。 ——译者注

11 难；有一次他还必须重修一学期几何学。 另一方面，他在语言学习方面轻而易举地一马当先；因为他天生资质过人且经过了母亲和叔公等成年人训练的打磨。

来自家里的信激励着他。 在维多利亚车站（Victoria Station）含泪送别 10 岁的儿子三周后，伊迪丝·汤因比写信询问道："你在班级里已经有了考试分数和名次了吗？ 我估计还没有；但如果已经有了的话，请让我知道你每周的班级排名。"一个月之后的信里写道："我翘首以盼你周一寄来的信，好知道你获得了什么奖励。"①第一个暑假过后，来自母亲的压力放松了一点点："那么你已经升到第一名了。 好吧，你现在不必担心圣诞乃至仲夏的奖励了。 我们不能指望会在两年内再次获奖……静下心来坚持努力，我们将会得到满意的结果。 你很快就会喜欢上足球的。"她还写道："你当然会觉得作业很困难，并且在完成其中一些时表现得很糟糕；但你无需为此而灰心丧气。"②

阿诺德给母亲的信没有保存下来。 但我们不难想象他发奋读书，在运动场上跌跌撞撞，并因丧失了在家时的亲人关爱而倍感孤独的糟糕感觉。 当然，他的母亲骨子里有股斯巴达人的性格，试图让自己的儿子摆脱脆弱。"真遗憾，你总是胡思乱想，认定男孩子们不喜欢你。 可如果你开朗友善地面对他们的话，他们是会做你的朋友的。 斯蒂文森（R.L. Stevenson）身体病弱，可还是一直努力保持乐观。 你我有时忘记人家树立的榜样了，对吧，多愁善感的小姐？"③

汤因比在伍顿法律学校整理的一份"自然笔记"（Nature Notebook）中包含着一些花卉、动物和蝴蝶的水彩画，其中一些作品相当栩栩如生。 但汤因比在笔记最后一页中画了一只头戴笨蛋高帽、戴着眼镜、拄着拐杖、腋下夹着书本的驴子。 从驴子嘴里冒出的台词写道："我是汤因比和一头蠢驴。"④显然，尽管在教室里春风得意（或许恰恰因为如

---

① 博德利图书馆，汤因比档案，伊迪丝·汤因比致阿诺德·J.汤因比书信，1899 年 5 月 18 日与 1899 年 6 月 17 日。
② 博德利图书馆，汤因比档案，伊迪丝·汤因比致阿诺德·J.汤因比书信，1899 年 9 月 25 日与 10 月 6 日。
③ 博德利图书馆，汤因比档案，伊迪丝·汤因比致阿诺德·J.汤因比书信，1900 年 2 月 3 日。
④ 博德利图书馆，汤因比档案，少年时代。

此），汤因比的学校生活并非一片光明。 一只睡鼠的陪伴为他提供了些许慰藉——那是伍顿法律学校的园丁送给他的。 他为睡鼠做了一个笼子，并在 1901 年把这位"多迪"（Dordy）带回了家。 从此以后，定期汇报多迪的食欲和表现便成了母亲来信中雷打不动的一部分，与这些内容交织在一起的则是她充满爱国情怀的、对南非布尔人（Boers）两面三刀和英国军队迟迟难以获胜的严厉指责。

但父母的真正目标是将儿子送进英格兰的某所著名公学。 他们将目光投向了最高处，让阿诺德在 1901 年夏天报名参加了温彻斯特公学（Winchester）的奖学金申请考试。 阿诺德仅因成绩落后一名而未能申请成功。 哈利·汤因比在给他的信中写道："你失去奖学金资格这件事当然十分令人失望，但你完全有理由得到鼓励……我为你在整场考试中的卓越表现而感到高兴，充满自豪地认为你干得不错。"[1]第二天，母亲又对他写道："爸爸和我都坚定地认为，只要我们有这个能力，就把你送进一所好的公学——哪怕它不在伦敦，不管它是否提供奖学金——让你在那里开始新的生活……我们不应为考试结果懊恼不已，而是应当振作起来，感到高兴并增添信心。 要像歌里唱的那样，'在主的庇护下休息，耐心等待祂的降临；祂将给予你的心灵想要的一切'。 这将是你在今晚读到的话，那是直接来自上帝的消息。"[2]

第二年夏天，阿诺德再次进行了尝试。 他这一次成功地战胜了各种困难，在设立了 13 个奖学金名额的考试中排名第 3 位。 于是，他在1902 年秋季成为温彻斯特公学的一员。 这里共有 70 名奖学金获得者，他们享受着公学创建者、温彻斯特主教威廉·威克汉姆（William of Wykeham）于 14 世纪 80 年代提供的捐赠福利。 作为一名中世纪教士，出身卑微的威廉主教于爱德华三世（Edward III）在位期间当上了英格兰大法官。 他在捐建温彻斯特公学时希望能够帮助其他人效仿自己。 因此，从创建之日起，温彻斯特公学便旨在帮助天赋异禀的学生们完成学业，让他们考上牛津大学——这位善良的主教已在牛津设立新学院

12

---

① 博德利图书馆，汤因比档案，哈利·汤因比致阿诺德·J. 汤因比书信，1901 年 7月 14 日。
② 博德利图书馆，汤因比档案，伊迪丝·汤因比致阿诺德·J. 汤因比书信，1901 年7 月 15 日。

(New College)。 温彻斯特公学和新学院之间的特殊关系一直延续到 20 世纪——温彻斯特公学的毕业生有很大机会在牛津大学的新学院里占据一席之地。

但阿诺德·汤因比在 13 岁时进入的温彻斯特公学已不再是一所中世纪学校——它在 16 世纪与 18 世纪相继经历过两次重大变革。 在 16 世纪，古典拉丁文和古希腊文取代了中世纪拉丁文，成为公学的主要教育内容。 发生于 18 世纪的变化则是希望把自己儿子送进牛津的富裕家庭开始认识到温彻斯特公学教育体系的优越性。 为了满足此类家庭的要求，历任校长越来越多地录取那些虽未能获得奖学金资助，但能够为享受接受优质教育的特权而支付高昂学费的男孩。 这种做法在整个 19 世纪期间变得日益普遍。 到了 1902 年，温彻斯特公学多数在校学生都是未获奖学金资助的"自费生"（commoners）。

另一个重要变化主要发生于 19 世纪：公学的大部分日常督导工作均由从高年级学生中选出的高级督学（senior prefects）负责。 这些男孩们很快制定了一整套令行禁止的规矩，明确规定了学生们在一天里能做和不能做什么。 与这些"守则"相配合的还有一整套术语。 新入学者必须适应这套体系：督促他们这样做的一方面是学校的正式规定，另一方面则是督学们对违反守则者的拳打脚踢。

持有奖学金的学生同自费生之间的关系是很微妙的。 拿到奖学金的学生们构成了一个知识精英团体；由于学校就是一个进行文化教育的集体场所，他们的地位自然是很高的。 但那些家人拿得出学费的学生们构成了另外一个精英群体——他们是大不列颠出身高贵的富人阶层。这些家庭中走出的孩子注定将凭借其出身（当然也得到了优质教育的支持）而成为英国社会的领导者和大英帝国（它在 1902 年还控制着全球范围内的很多领土）的统治者。

可见，温彻斯特公学同英格兰其他知名公学［如伊顿公学（Eton）、哈罗公学（Harrow）等均比温彻斯特公学出现得更晚，且在一定程度上以温彻斯特公学为模板］一样，成了天才与显贵的混合体。 一方面是能力与雄心，另一方面是与生俱来的上层阶级地位，二者在温彻斯特公学这个特定场所内以一种引人注目的方式杂糅在一起。 公学里的老生们

共同拥有一套知识（主要是对古希腊文和拉丁文经典作品的熟谙）和一套
集体行为规矩——这套规矩或许在运动场上被灌输得最厉害。 温彻斯
特公学的校训"规矩塑造了人"（Manners makyth Man）是恰如其分的，
因为所有年少时在温彻斯特公学里接受过其纪律约束的人都会形成一种
独特气质和谈吐方式——旁人一眼就能认出这种被公认为"上等人"标
志的特征，并用恰当的方式对待他们。

没有第二个欧洲国家采用这种模式选拔自己的统治精英；与此类似
的样本只有儒学影响下的中国（Confucian China）。 阿诺德·汤因比日
后在政界及其边缘的生涯体现了这一体系的力量与灵活性；它帮助初出
茅庐的汤因比登上了掌握实权的高位，并让刚刚结束正规教育的他获得
了在公共事务中举足轻重的话语权。 由于汤因比是"威克汉姆培养的
人"（Wykehamist）和牛津大学巴利奥尔学院的一员，他便成了这个遍
布英国政府、直达权力金字塔顶端的古老学校关系网的一分子。

但对于在 1902 年新入学的汤因比而言，温彻斯特公学的管理模式
是难以接受的。 他必须熟记描述校内不同场所与人物的专门词汇，以
及那些关于可以做什么和禁止做什么的规矩。 公学里的生活条件如果
说不是中世纪水平的话，至少也算不上舒适。 早起、即便在寒冷天气
里也照常进行的户外冷水浴、与此类似的僵直立正操练（bracing rites）
都是学校日常生活的一部分。 除了受到严格监督，学生们一直被关在
围墙里（并非夸大其词），断绝了同外界的联系。

温彻斯特公学为每个新入学的男孩指派一名"干爹"（father），后
者负责指导新生学校里的行为习惯与守则。 多年以后，汤因比是这样
描述他初来乍到时的情况的："入学两周后，两名宿舍长前来检查新
人。 如果检查通过的话，新人就要在学校商店里请他的'干爹'吃
饭。 如果未能通过的话，那两名宿舍长就会用一根木棒将他的'干
爹'痛打一顿……我当时对此（温彻斯特公学的规矩）深恶痛绝。"[①]他
也不喜欢学校里的伙食和严寒，因为母亲寄来的一封日期不详的信开导
他要吃饱饭，以便让自己"更开心一点"。 他也很不喜欢同学们很快给

---

① 博德利图书馆，汤因比档案，汤因比致大卫·罗伯森书信（letter, AJT to David
Robertson），1961 年 11 月 4 日；汤因比：《往事》，第 7—9 页。

自己起的绰号"胖子"（Tubbs）。①在温彻斯特公学学业过半之际，汤因比患上了肺炎——那是住在没有取暖设备的房间里所要面对的风险：这种环境已夺去了他的至少一位同学的生命。 当然，阿诺德最终痊愈了——支撑他的力量部分来自一只代替已死睡鼠陪伴自己的猫头鹰宠物。 但这只猫头鹰几个月后也死了。②

但艰苦的生活也有其补偿。 首先，阿诺德身处才华与自己相仿的男孩们中间，并结交了一些终生保持联系的朋友。 其中在他后来的生活中占据突出地位的有两位：日后当上主教的埃迪·摩根（Eddie Morgan）和成为法官的大卫·戴维斯（David Davies）。 戴维斯或许是汤因比最好的朋友。 当他们后来同住在伦敦时，两人几乎每周都会共进午餐。 戴维斯还在 1913 年（那是汤因比的初婚）和 1946 年两次担任过汤因比的证婚人。

14 在温彻斯特公学里，女性因稀少而格外引人注目。 由于阿诺德是在母亲的关爱下长大的，并且他的两个小妹妹也忠实继承了母亲认为他才华横溢的看法，如今女性崇拜者的缺少令汤因比茫然若失。 可一旦通过课程作业质量的出类拔萃展示了自己的气质，阿诺德便在玛丽·卡特（Mary Carter）身上找到了不在身边的母亲的替代品（尽管并非十全十美，但对汤因比而言却是极其宝贵的）。 玛丽·卡特是一位老师的姐妹。 她就住在学校附近，有时会在学生们获准离开校园的情况下邀请汤因比和其他男孩跟自己一起喝茶。 同老师们一样，她也十分欣赏阿诺德在学习古希腊文和拉丁文时展示出的才华。 她在汤因比离校前往牛津就读后给他写过几封热情洋溢的信，署名为"玛丽阿姨"。

但真正重要的当然还是阿诺德在学校里的地位。 由于在参加集体体育项目时不够积极，汤因比在校园生活中喧嚣激烈的那一类活动中处于边缘地位。 但在温彻斯特（或许比其他公学更为突出），智力上的卓越表现同样能够赢得旁人发自内心的敬意。 因此，当阿诺德选择仅仅

---

① 姓氏 Toynbee 的简称 Tubbs 与英文中的"tubby"谐音，后者意为"圆桶"、"胖子"。 ——译者注

② 玛格丽特·汤因比，1986 年 2 月 15 日个人采访。 阿诺德的睡鼠是在他第二次温彻斯特公学参加考试时死去的。 但为了不让他考前分心，家人暂时隐瞒了这一消息。

通过作为学生的优秀表现来赢得同伴的尊敬时，他的努力并不是徒劳的。

教室里的课程无疑在学校生活中占据着中心地位，但温彻斯特公学还组织了活跃的课外文化活动。 学生们有时利用课余时间自愿同老师建立小组，讨论某些特定话题的形式；学校里也有一些更为正式的俱乐部，如16人俱乐部——其成员效仿牛津的做法，为彼此朗读史学文章。这些读书会的特征与质量显然取决于主持活动的老师们。 毫无疑问，在阿诺德于温彻斯特遇到的老师中，对他影响最大的无疑是"奥斯提亚里乌斯"（Ostiarius）——学校里的二号导师（Second Master）蒙塔古·约翰·伦德尔（Montague John Rendall），他来自牧师家庭，是一名古希腊语教师。 伦德尔因职务要求担任公学的办公室主任，每天同那70名获得资助，并无社会特权地位的奖学金获得者打交道。

正如汤因比日后评价的那样，伦德尔是一位"唯美主义者和清教徒"，同时也是一名才华横溢的教师。 他用幻灯片将希腊的地貌投射到学生们眼前，从而使枯燥无味的古希腊史教科书变得栩栩如生——至少在阿诺德眼中如此：他对历史地貌的高度敏感无疑得到了这些幻灯片和伦德尔关于自己如何在希腊旅行途中拍摄大量照片的讲述的强化或塑造。 伦德尔还是意大利文艺复兴绘画的狂热爱好者，收集了大量艺术作品的幻灯片，每个周末在自己的房间里连续几个小时为孩子们放映这些幻灯片。 他对绘画与建筑的热爱极富感染力，培养了阿诺德对视觉艺术的丰富认识，那是书斋里的学习无法给予的。 有一次，在伦德尔带领一群孩子出去野餐并参观了一座艺术展览馆后，阿诺德给家人写信说道："我认为，世上没有几个老师能做到伦德尔先生为我们做的那些事；但我们不会将伦德尔先生当作老师，而是视他为一位朋友。"①相反，音乐似乎从不属于伦德尔先生的教授内容。 至少就现存证据而论，他从未表现出对那门艺术的敏感或兴趣。

学校课程的主要内容是文学和历史。 但在温彻斯特公学度过的前几个学年里，阿诺德也需要学习数学乃至化学等其他学科。 由于在这 15

① 博德利图书馆，汤因比档案，阿诺德·J.汤因比致伊迪丝·汤因比书信，1907年5月28日；参见汤因比《交游录》第37—42页回忆伦德尔的文章。

些科目上成绩并不突出，汤因比在学校教学规定的修习期满后就不再接触这些学科了。因此，他从未真正理解现代自然科学。同样，基督教在温彻斯特公学里的影响也出奇的小。在立场温和的安立甘宗（Anglicanism）外衣覆盖下，基督教受到了彬彬有礼的漠视，并且这种态度被世人视为理所当然的事情。被保留下来的教学内容是古希腊文和拉丁文，这两门语言自16世纪起一直是温彻斯特公学文化教育的核心和招牌。辅助性的课程包括一点点现代历史、语言和文学（主要是英格兰的和德国的），这些科目由数学老师们负责讲授（这是十分怪异的事情）。

孩子们不仅需要广泛阅读古典著作，还要学习用古代语言创作散文与韵文——这些作品要合乎严格的格律标准，并且只能使用西塞罗或阿提卡那样的典范古代作家们用过的词汇或语法形式。温彻斯特公学甚至藏有罗列"合法"词汇的字典。阿诺德曾用它核对过自己的评奖论文——不然的话，他就可能会因为使用了"白银时代"的拉丁文表达方式或"低劣的"《新约》希腊文而无法获奖！阅读古希腊文和拉丁文的能力是最基本的要求；真正值得赞美的只有那些能够准确无误地用古代语言写作的学生——他们遵守着公学从都铎时代（the Tudor age）的人文主义教育改革者（这些改革者取消了中世纪拉丁文的合法地位，转而推崇纯粹的、真正的古典语言）那里沿袭下来的语法规范。像阿诺德这样语言能力超群的男孩确实能够达到这种炉火纯青的文学创作水平。汤因比频繁运用古希腊文和拉丁文进行创作，以至于形成了一种毕生坚持的习惯：每当有什么需要着重强调的话要说的时候，他便会使用希腊文与拉丁文诗句。有资格做出评判的人们一致认为，汤因比对格律的运用几乎无可指摘，①并且他的一些诗作虽然是生造出来的，却蕴含着真正的诗意。

掌握这样的技巧需要多年的锤炼。直到快从温彻斯特公学毕业的时候，阿诺德才能够在校内写作竞赛中夺魁。到了自己在公学读书的倒数第二年（1906年），各种奖项开始被他收入囊中。或许并非出自偶然，他寄回家里的一些相关书信被保留了下来。例如，1906年7月3

---

① 原文为"faultness"，应为"faultless"之笔误。——译者注

日，他给父母寄了一张明信片："我在德文竞赛里获奖了！　这跟英语文学的奖项一样出人意料。　这还不够妙吗？　拉丁诗歌竞赛还没开始。"到了那个月月末："我拿了戈达德奖！　这还不够妙吗？"他的母亲不禁在儿子寄来信件的页眉上写道："多棒的孩子！"①

　　他在下一年中的表现还要更为出色，赢得了将在毕业典礼上颁发的7 个奖项中的 4 项。　阿诺德获得的奖项有以当时新缔结的英法协约为主题的拉丁散文竞赛，用描写加里波第（Garibaldi）的诗篇参赛的拉丁韵文竞赛，指定翻译一部如今几乎已被遗忘的英语剧本——约翰·霍姆（John Home）《道格拉斯》（*Douglas*）第 1 幕第 1 场——的古希腊文韵文竞赛，以及论英语文学中讽刺诗的论文竞赛（题目同样是指定的）。　他错失的奖项有英语韵文竞赛、拉丁语演讲和英语演讲。　但他的朋友大卫·戴维斯赢得了阿诺德错失的奖项之一。②

　　人们几乎无法想象还有谁的公学生涯能比阿诺德的更为辉煌；他的同学们被其表现深深地震撼到了。　他可以向父母报告，温彻斯特公学校长［被学生们称为"老伯奇"（the Burge）］声称"这是他在英语文学竞赛中见到过的最出色表现……他在评价我（论讽刺诗的文章）时说，这篇文章从文风到构思都是他就任以来见过的参赛作品中最棒的。　请你们不要给其他任何人看这封信，不然别人会以为我傲慢自负"。③之后他又写道："我赢下了拉丁散文竞赛！　老伯奇对我赞誉有加。"④毫无疑问，他的同学们也崇拜阿诺德的文思泉涌；他对温彻斯特公学的负面印象、远离为自己提供精神支持的家庭的漂泊感也随之得到了缓和。　他在1906 年 11 月写道："我想回家，摆脱这一切。"但到了来年 7 月，亮闪闪的各类奖品在手的阿诺德却在给母亲的信中写道："还有 4 天，你就过来接我了。　但我开始为一切行将结束而感到伤感。　前往牛津又将是一次新的艰难融入历程；我发现我其实比自以为的更热爱现在这个地方。"⑤

16

---

　　①　博德利图书馆，汤因比档案，明信片与书信（postcard and letter），汤因比致父母，1906 年 7 月 3 日与 1906 年 7 月 30 日。
　　②　博德利图书馆，汤因比档案，1907 年 7 月 31 日颁奖仪式请柬中列出了奖项和获奖者。　来自《泰晤士报》的一份剪报也列出了优胜者名单。
　　③　博德利图书馆，汤因比档案，汤因比致父母信，未标注日期。
　　④　博德利图书馆，汤因比档案，明信片，汤因比致父母，日期仅为"周五傍晚"。
　　⑤　博德利图书馆，汤因比档案，汤因比致父母信，1906 年 11 月 4 日；阿诺德·J.汤因比致伊迪丝·汤因比书信，1907 年 7 月 25 日。

长期沉浸于古典语言与文学的学习经历显然塑造了学童阿诺德·汤因比的思想；但他并未不加择别地接受灌输给自己的理想与观念。 至少有一点是肯定的：阿诺德对自己被迫接受的文学品位的狭隘性深恶痛绝。 在他看来，仅仅关注西塞罗拉丁文盛行的短暂年代的做法蒙蔽了严肃的罗马史研究。 他评论道："无论如何，戴克里先（Diocletian）对这个世界的影响总归是比维吉尔（Virgil）更大的。"他接下去批评了教授自己的那些"对自然科学、数学乃至他们本行之外的一切事物抱有荒谬成见"的古典学教师们。①

这位历史学家少年时的地理视野也比仅仅关注希腊（实际上只有雅典）和罗马的学校教育开阔得多。 他于 1903 年在肺炎痊愈后休养期间编撰的《画册》（Drawing Book）反映了这一事实。 为了呼吸乡间的新鲜空气，阿诺德前往住在伯明翰的姑姑格蕾丝（Grace）家中进行康复。他在那里接受了一次令人兴奋的科学探索洗礼，因为他的姑姑和姑父都是生物化学研究与探索的积极参与者。 但对阿诺德而言更为重要的是姑父送给他的、用于帮助他在离校期间继续学习的历史地图集。 多年以后，汤因比宣称："我从这一本书中学到了浩如烟海的知识。"②从《画册》的内容来看，汤因比并没有严重夸大其词。

画册里的大部分画作都是士兵——埃及的、亚述的、帕提亚的、波斯的、拜占庭的、中世纪西欧的，甚至还有克伦威尔（Cromwell）麾下的步兵——所有画作都精确呈现了士兵们的着装和武器。 这显然是阿诺德玩具士兵游戏的拓展，是为了让自己熟悉玩具商店里不会销售、无法加到自己收藏品中的古代军队服饰。 但《画册》中真正富于原创性的部分是里面的地图。 有一幅地图预示了他的一部晚年著作的主题：它详细描绘了拜占庭帝国的军区划分。 另一幅地图展示了 19 世纪欧洲列强对非洲的瓜分。 但大部分地图构成了一整套体系，是为了系统展示罗马帝国与亚历山大帝国从西方的不列颠延伸到东方的阿姆河（Oxus）与印度河（Indus）流域的整体图景。 阿诺德在 1903 年肺炎恢复期所从事的工作正是在这些地图上填充不同时代的政治版图。 例如，他描绘

17

① 博德利图书馆，汤因比档案，汤因比致父母书信，1907 年 3 月 31 日。
② 汤因比：《往事》，第 295 页。

了"10 世纪的世界"和"12 世纪的世界"——其数据大概来自他的这本新历史地图集和各类史学著作。

这项工作的影响是将汤因比的注意力引向东方，使他意识到近东(the Near East)也有自己的历史；并且近东的历史并非始于亚历山大的征服，而是在此之前已有了千百年的传统。 我们有理由猜想，正是这项地图绘制游戏使他超越了当时通行的英格兰教育模式所限定的常规地理范围。 通过知晓高加索山区(the Caucasus)的格鲁吉亚(Georgia)统治者，以及熟悉伊尔汗国(Il—Khans)、乌拉尔图(Urartu)、帖木儿(Tamerlane)与迦勒底人(Chaldaeans)等异域名字，这个小男孩在眼界方面轻而易举而又实实在在地超越了身边的所有人——他的母亲、老师们和同学们。 这种炫耀是可以信手拈来的。 这种训练和汤因比与生俱来的、了解一切陌生名目和偏远地区的好奇心结合在一起，促使他坚持自学近东地区的历史与地理，并取得了瞩目成就。

他在温彻斯特公学的后半段学习生涯一共为我们留下了 11 篇文章，其中包括他的大多数获奖文章。 这些文章涉及的主题十分广泛，包括一篇威尼斯史概略、对刚刚结束的日俄战争的介绍、马其顿王朝时代的拜占庭历史，以及他的两篇分别探讨讽刺诗及诗歌与演说术的论文。 这些文章用英语写成。 如果读者知道它们出自一个十七八岁的青年之手的话，定然会意识到其中每一篇都令人感到惊异。

他的史学文章主要是从六部博学著作中摘抄出来信息的冗长堆砌，并非真正出自原创。 即便如此，日后汤因比重要思想中的若干观念依旧清晰可辨。 特别值得注意的是，分析马其顿王朝诸帝治下拜占庭帝国的那篇文章宣称："一度被罗马的天才短暂融合为一的两种文明以某种变异的方式重新分道扬镳，并且变得比从前任何时期都更为水火不容。"可见，在汤因比后期著作中占据中心地位的那种认为文明具备多元性，并且能够作为可辨识的实体生存下去的观念早在其少年时代的作品中即已形成。 对近东历史的探索使得汤因比可以效法希罗多德的榜样，习惯性地设想东方与西方的对立。 但与使用这种二元对立关系的其他人不同的是，青年汤因比并未先入为主地预设或宣称西方永远是正确的一方，或是文明的真正代表。 相反，他哀叹"西方人对那个让自己受惠良多的民族(拜占庭人)的卑劣忘恩负义；后者曾在几个世纪里充当着他们抵御东方步步紧逼的坚固盾牌"。 因此，拜占庭是一个同时有别于"东方"与"西方"、特立独行地位于二者之间的文明。 这种看法并非汤因比自己的原创。 但重要的是，他能够将这些观念从学术著作的术语堆砌中择选出来，使之成为自己思考方式的核心元素。 这在很大程度上要归功于他坚持从宏观视角思考历史、消除时空距离的做法（当时的专家们通常会拒绝这样做）。 汤因比需要借助彼此独立的不同文明的概念来论证这种思考方式的合理性。 他稚气未脱的、对母亲和老师偏狭眼界的居高临下的批评态度成了一种习惯——并且我们也必须承认，汤因比的历史观是相当成熟的（即便当时还不是如此，至少已展示出了潜力）。①

此外，他的论文《英格兰文学中的讽刺诗》似乎已经相当成熟。他首先回顾了讽刺诗体裁在罗马的起源，随后讨论了17—18世纪期间著名的英格兰讽刺诗人。 文章的口吻始终是居高临下的；汤因比逐个讨论了不同时代的诗人，指出他们的讽刺诗如何反映了当时的社会面貌，迎合了能对这些批评产生共鸣的读者。 这篇论文达到甚至超越了许多硕士论文的水准。 读过它的人会明白校长为何会声称那是他读过的最好参赛文章。 倘若阿诺德·汤因比没有坚定地从事史学研究的话，他很有可能会成为一个著名的文学研究者与批评家。

汤因比在温彻斯特公学的另一组文章是用拉丁文写成的，它们需要用一种巧妙的、多少有些矫揉造作的方式讨论指定主题。 其中一篇回答了这样一个问题："一个国家能否在维持其海外殖民帝国的情况下继续保留国内的自由？"这样的文章同20世纪初英国局势的联系是显而易见的。 汤因比选择假借奥古斯都时代一位不知名的罗马元老之口来回答这个问题。 值得一提的是，他的结论是："一个自由民族是不可能既奴役其他民族，又不丧失其自由的。"这一观点与汤因比的父母引以

----

① 博德利图书馆，汤因比档案，少年时代，"马其顿王朝时期的罗马帝国"（The Roman Empire under the Macedonian Dynasty），1907年宣读于温彻斯特公学16人俱乐部。

为豪的大英帝国荣誉并不完全兼容！ 当然，这一断言不是青年阿诺德的，而是来自一位衰朽不堪的罗马元老。

他的拉丁文获奖论文《英法同盟关系》（Societas inter Britannos Galloque conjuncta）写法更为巧妙，虚构了罗马皇帝玛格努斯·克莱门斯·马克西穆斯（Magnus Clemens Maximus）逝世前夜遇到的梦境[马克西穆斯于公元 383 年被不列颠驻军拥立为皇帝，并控制了高卢与意大利。 但他随后同东部行省皇帝提奥多西（Theodosius）发生了冲突，于公元 388 年在阿奎利亚（Aquileia）战败被杀]。 在梦中，马克西穆斯困惑地发现自己置身于伦敦街头，看到英国人正在欢庆 1903 年同法国缔结的新和约。 他试图理解当时正在发生什么事情，这使得年轻的汤因比有机会展示自己关于 4 世纪罗马史和 20 世纪国际关系史的知识——并且这一切内容都蕴含在驾轻就熟的西塞罗体拉丁文修辞手法的运用之中！ 显然，在这类作品中，形式是真正重要的东西；内容则是空洞无物（或几近空洞无物）的。 汤因比对理查德·布林斯利·谢里登（Richard Brinsley Sheridan）演讲的古希腊文翻译、他关于米诺斯（Minos）王朝与意大利历史的拉丁语韵文（3 篇彼此独立且篇幅较长的诗歌）和一篇关于麦西亚（Mercia）基督教化的英文诗篇也同样配得上这样的评价。 这些作品或许确实包含着韵律技巧；但正确的长短音搭配和精准的音步划分却比知识或其他任何信息都更为重要。 一名老师对汤因比一首诗作的评价说得非常清楚："内容非常出色和富于创见，不幸的是有些音步搞错了。"他最后只给了 83 分。①

在温彻斯特公学就读期间，宗教问题对汤因比而言并不十分重要。他于在读的最后一年里阅读了希腊义《新约》，并以少年老成的浓厚兴趣与钻研精神一头扎进了对文本问题与《圣经》学术史的研究。②如果这项研究曾对他的宗教信仰有过任何影响的话，那么这些影响并未在他的信中有所反映。 相反，汤因比宣称："从欧里庇得斯（Euripides）……到圣奥古斯丁（St. Augustine）时期皈依正统的思想与宗教史证实了基督

---

① 博德利图书馆，汤因比档案，少年时代。
② 博德利图书馆，汤因比档案，阿诺德·J.汤因比致伊迪丝·汤因比书信，1907 年 7 月 7 日，其中包含着一篇对《新约》相关批评的长篇博学梳理。

教信仰的颠扑不破。"①

　　他在另一个重要问题上确实表达了同父母相左的意见。有模有样的军事训练原本已是温彻斯特公学日常生活的一部分，因英国在布尔人战争中陷入困境而狂热支持全民皆兵的汤因比父母要求儿子在学校假期里抽出一两周参加艰苦的正式军训。校内操练无疑已让阿诺德对集体锻炼深恶痛绝。他明确向母亲表示，自己"对这一整套军训程序毫无兴趣……但如果不去会让您和爸爸不悦的话，那么我马上就去军训，不管在那里将会遇到什么"。②没有任何现存材料告诉我们双方拉锯战的结局究竟如何；但阿诺德在 1914 年还是一个纯粹的军队菜鸟的事实似乎表明，儿子的意志最终占据了上风——他们家里各种意见分歧的结局往往如此。

　　事实上，于 1907 年 10 月步入牛津大学的这个毛头小子是一个习惯了特立独行的人——他在家里得到了强势但娇宠他的母亲和两个小妹妹的坚决支持；在学校则可以仰仗其艰苦卓绝、沉浸于学业的出色成绩〔他在学习方面远远超越了同龄人，从而赢得了他们的尊敬（如果不是爱戴的话）〕。从他对古希腊文、拉丁文的熟练掌握和头脑里装满的各种广博且深入的历史知识来看，他的智力无疑是早熟的。他的记忆力是现象级的；他的勤奋同样出众。成熟沉稳的汤因比已为开启学者与史学家的光辉生涯做好了准备。他像从前一样承载着殷切的期望——这些期望如今不仅来自他的家人，还来自他的公学老师们，来自记得他的叔父和关注过《泰晤士报》张贴的温彻斯特公学竞赛获奖名单的牛津大学教师们，也来自他的温彻斯特公学同学们。

　　但与此同时，他在一些方面还十分幼稚。汤因比与同学们的关系并不十分融洽。他发自内心地觉得自己必须出人头地和受到膜拜。如果不能的话，他就会陷入自闭与沉默。对于一个血气方刚的 18 岁男孩而言，更严峻的挑战在于，除了自己的两个妹妹外，汤因比还没有（或

---

　　① 博德利图书馆，汤因比档案，阿诺德·J.汤因比致伊迪丝·汤因比书信，1907 年 2 月 24 日。

　　② 博德利图书馆，汤因比档案，阿诺德·J.汤因比致伊迪丝·汤因比书信，未标注日期。该信首页已佚失；但鉴于汤因比在信中后面部分提到自己"昨天读完了《浮士德》，将它读译出来太可怕了"，这封信应该是他在公学时代所写的，有可能是在 1906 年。

几乎没有）同女孩们打过交道。 简言之，他是一个才华横溢、羞涩笨拙、对自己既充满自信又不够自信的人——这个青年早已发现自己难以实现父母对他的殷切期望，今后还会感到同样难以满足更广泛的群体因他在公学的出色表现而抱有的期待。 21

第二章　巴利奥尔学院生活和家庭的破裂(1907—1911 年)

　　人们或多或少会期待温彻斯特公学的毕业生申请牛津大学新学院,以便满足公学创建者的希望与期许。 但在温彻斯特求学期间,汤因比见到了巴利奥尔学院的教师西里尔·拜利(Cyril Bailey);后者前往温彻斯特公学担任考官,并被这个青年学生对古希腊文和拉丁文的熟练掌握深深打动,于是建议他转而申请巴利奥尔学院。①

　　这一邀请是在建议他勇攀顶峰。 在 20 世纪初,巴利奥尔学院是步入上流政界的首选平台(对自由派而言尤其如此)。 当汤因比于 1906 年参加入学考试、一如既往地争取奖学金来完成学业时,巴利奥尔学院的声望正处于巅峰。 那一年的英国财政部大臣[Chancellor of Exchequer,即将更名为首相(Prime Minister)]赫伯特·阿斯奎斯(Herbert Asquith)来自巴利奥尔学院;外交部长(Foreign Secretary)爱德华·格雷爵士(Sir Edward Grey)也是如此。 当时刚担任过印度总督(1898—1905)的寇松勋爵(Lord Curzon)和他的一位前任兰斯唐尼勋爵(Lord Lands-downe,1888—1894)也都是巴利奥尔学院的校友。 1907 年,学院为阿斯奎斯举办了一场晚宴,结果参加者中有 30 多位校友都是国会议员。 正

----

① 博德利图书馆,汤因比档案,汤因比致父母书信,1906 年 7 月 30 日。

是在这次宴会上，阿斯奎斯提出了一个著名说法，将他从前就读过的巴利奥尔学院称为"信手拈来的出类拔萃"(effortless superiority)的源泉。①

显然，在巴利奥尔学院就读过的履历可以开启一条通向政府要职的康庄大道。 此外，毕业生们通常都会同就读过的这个学院保持联系，每年至少参加它举办的一次怀念昔日时光的特别"联欢会"(Gaudies)。这一安排使得每名在读学生都有机会进入充满生气的校友关系网，从而确保这些青年才俊在步入政界任何领域后都能尽快把握晋升机遇。

学院教师们竭尽所能地培植这些关系。 自本杰明·乔伊特(1838—1870 年就职于巴利奥尔学院，1870—1893 年担任该学院院长)于 19 世纪 60 年代成为学院领军人物以来，巴利奥尔学院自觉地努力将高贵出身与卓越才华融而为一。 乔伊特的做法是比看重门第、宗教信仰的其他学院更开放地招收出身高贵和天赋异禀的学生。 西里尔·拜利邀请汤因比申请便是一个典型例子：他看到了汤因比身上的超群能力，便邀请拥有这种能力的学生前往巴利奥尔学院。 与此相似，巴利奥尔学院招揽贵族出身青年的事业同样大获成功。 1906 年(也就是汤因比入学的前一年)，巴利奥尔学院的 52 名新生中有 19 人来自伊顿公学，他们几乎清一色出身贵族；只有 10 人是凭借自己的才华进入巴利奥尔学院的。

这两类学生在一起生活和嬉戏，但二者间的巨大社会隔阂仍然存在。 贵族往往傲慢粗暴，有时还相当残忍——其中一人用鞭子抽打菲利普·沙逊(Philip Sassoon)，将他逐出学院时便是如此(沙逊的祖先曾是巴格达的犹太银行家，但这个家族已完全英国化了)。②此外，一些学院教师们也会偏袒出身高贵的学生，赋予他们普通学生没有的特权与豁免权。 另一方面，一些年轻的学院教师们已开始接受平等原则，痛恨贵族的排外和偶尔暴露的粗鲁。 类似的裂痕在温彻斯特公学同样存在，但不像在巴利奥尔学院这样醒目。 此外，1909—1911 年期间的英国社会形势变化——掌握特权的上议院反对自由派政府征收的累进制收入税——也进一步深化了汤因比本科期间(1907—1910 年)巴利奥尔学院

22

① J.W.马克基尔(Mackail)：《巴利奥尔学院院长詹姆斯·利·斯特罗恩-戴维森》(*James Leigh Strachan—Davidson*, *Master of Balliol*，牛津，1925 年)，第 99 页。
② 德鲁西拉·斯科特(Drusilla Scott)：《林赛传》(*A.D. Lindsay*: *A Biography*，牛津，1971 年)，第 47—48 页。

里的社会阶层隔阂。

然而，在 1907 年，本杰明·乔伊特融合高贵出身与卓越才华体制的松动裂痕尚不明显。 事实上，新当选的院长詹姆斯·利·斯特罗恩-戴维森（James Leigh Strachan-Davidson，1866—1907 年在学院任教，1907—1916 年担任学院院长）正是旧体制的典型代表。 他在自己口中"英格兰青年之花"面前的就职演讲中声称："我们是一个并不卑微的城邦的公民，她的未来由我们肩负。 让我们成长到足以承担这份责任的高度。 愿我们所有人都配得上学院旧日的荣光。"他的传记作者概括了斯特罗恩-戴维森所说的"旧日荣光"的具体含义："成绩榜（the Class lists）前列的一长串巴利奥尔学院校友名单，河畔的优胜者位置和强大的公学（也可以说是贵族）传统。"①成绩榜记录着牛津校友毕业时的考试总成绩。 各学院会为成绩榜中的头名位置展开激烈竞争，同时也会争取每年早春划船比赛的胜利——每次比赛将决定各学院直至来年比赛之前占据的"河畔位置"。

牛津学院生活的一个重要特色是其独身传统；直至学院教师们原则上可以在结婚成家后继续保留其教师身份很久以后，这种传统仍然保留着其影响力。 斯特罗恩-戴维森属于守旧派：在他眼中，作为学院一分子就必须全身心投入，那些结婚并住在学院之外的教师们亵渎了自身的使命。 只有随时在场、参与所有学院活动的教师才能恰当地履行其职责。 因此，斯特罗恩-戴维森始终单身。 他将学院的日常事务变成了一种宗教。 他在年老时已无法跟上当时的罗马政制史研究潮流（那本是他的专长），因为在学院里的任务与职责消耗了他的大量时间。

然而，院长和其他持相同见解的人所强调的同事关系是同学院内部的森严等级体系毫不冲突的。 例如，学生们在大厅里吃饭，而教师们的高桌和银餐具则摆放与盛放着不一样的、更可口与多样的食物——并且还有红酒：它在牛津大学的大多数学院里都多少带有宗教意味。 位于学院等级金字塔底层的是学院里的仆役；但他们也可以凭借为一拨拨学生提供的长期服务而享有某种名声。 例如，一个名叫埃兹拉·汉考

① 马克基尔：《巴利奥尔学院院长詹姆斯·利·斯特罗恩-戴维森》，第 54 页。

克(Ezra Hancock)的门房便在乔伊特任院长期间(直至他于1916年去世)成了巴利奥尔学院生活中受人爱戴的中心人物。 他是一本知晓学院内一切掌故的活字典；他负责欢迎每一位首次踏进学院大门的新生，给所有人送信，并且还能在所有人离校许久后仍然记得他们的面容与姓名。 他与院长构成了旧体制两极的支柱，通过自己的榜样维系着巴利奥尔学院精英们的强大集体忠诚感。

重视现代哲学、政治学与经济学新观念的春风已开始吹拂巴利奥尔学院；关于牛津大学教师职责的新看法——如他们应当像德国同行那样从事研究与写作——也已开始挑战教学活动与绅士社交活动占据的中心位置(那是19世纪的改革为牛津大学与剑桥大学各学院带来的变化)。但这些萌芽中的观念尚无法同可追溯到16世纪的人文主义传统匹敌。拉丁文和古希腊文仍是学业的重中之重；当汤因比来到巴利奥尔学院时，负责基础课程的13名教师中足足有5人是古典学教师。 另外3人讲授现代历史，梵文、哲学、法律和化学，还有2人并不专门负责任何具体科目。 教学队伍里另有5名"增补基础课程"(Off the Foundation)教师。 其中1人教授数学，1人教授各种现代语言，2人教授化学，负责神学教育(那曾经是牛津教育的基础)的代表是1位牧师，他是学院教师名单上的最后一人。

在1907—1908学年度，学院共有180名在校本科生；巴利奥尔学院的校友圈则包含了964名"对大学负有义务"的毕业生，其中449人拥有硕士学位，从而有资格参加大学选举投票。 在这样一个密集的小圈子里，所有人都彼此认识(即便不是朋友，至少也彼此有所耳闻)。 被学院录取构成了他们身份的核心要素。 人们用于称呼每位毕业生的是他们的入学年份而非毕业年份(像美国大学学院那样)。 录取与否取决于学院教师们的判断；他们在挑选奖学金候选者时还会参考他们的笔答试卷。 他们想招收的学生是在就读牛津大学期间和毕业后为学院增光添彩的人物。 学术本身并非他们关注的目标；学生的笔头与口头表达能力、个人身份和体魄健壮程度都是录取时的重要参考要素。

可见，学院教师们忠实遵守了他们继承来的传统；因为16世纪的人文主义者们认为学习古希腊文和拉丁文是步入公共生活前的必要准

24

备。 这一理想总的来说实现了——尽管同汤因比一道步入巴利奥尔学院的这批学生并未获得学长们那样崇高的政治地位。 1953 年，巴利奥尔学院编撰了一部校友录：于 1907 年 10 月同汤因比一道入学的 58 人中有 54 人在世，他们的职业分布如下：从事教育行业者 12 人，从事法律行业者 9 人，从政者 8 人，在教会任职者 5 人，"贵族" 4 人，经商者 3 人，科研者 2 人，作家 1 人，社会活动家 1 人。①

这就是西里尔·拜利邀请汤因比申请的那个绅士与学者荟萃的巴利奥尔学院。 由于家境不算富裕，汤因比必须寻求获得经济支持。 于是，这名学子于 1906 年 12 月第一次前往牛津大学，以便参加巴利奥尔学院的入学考试。 他告诉父母："拉丁语韵文试卷是最难的"；而作文题目"作为政治原则的平等"则让他有机会论述"绝对意义上的政治平等既不可能实现，同时也不会是正义的"。②汤因比炉火纯青的古希腊文和拉丁文水平帮助他获得了必不可少的奖学金，从而解决了进入巴利奥尔学院求学的费用问题。 因此，他于 1907 年 10 月成为巴利奥尔学院的正式在校生。

汤因比对待巴利奥尔学院与牛津大学的态度同他在温彻斯特公学的经历如出一辙。 他最初有些羞涩、内向和吹毛求疵。 他在家书中写道："他们显然想要榨干你们的钱；各种收费多如牛毛。""同院长共进晚餐毕竟不是一件麻烦事，何况他还是个光棍。"然而，"我对牛津大学失望透顶，预见到自己毫无兴趣一直待在这里……在我看来，牛津大学里的人跟外面社会上的人没什么区别；他们就跟心虚的商人忌讳别人评价自己的棉布或五金器具一样害怕别人追问自己的老本行……人们根本感受不到这里有什么文化氛围，何以被称为学术中心。 一切不过只是生意：导师的任务是让你混到毕业；学生的任务则是琢磨如何用最少的气力蒙混过关"。 最糟糕的是，宿舍长居然告诉他"划船比赛是在牛津大学读书期间最重要的事情"。 学院里的酗酒风气更是令汤

---

① 《巴利奥尔学院校友录》(*Balliol College Register*，牛津，1953 年)。 或许有些偶然的是，尽管汤因比经常在晚年提及自己朋友们在一战期间的抛头颅洒热血，他在巴利奥尔学院的同学们中只有 7 人死于 1914—1918 年期间。 拥有巴利奥尔学院教育背景的人或许升迁得很快，从而最大程度地避免为国捐躯。 不过，比汤因比小几岁的校友们确实付出了巨大牺牲。 比例最高的是 1915 级学生，在校注册的 29 人中有 16 人为国捐躯。

② 博德利图书馆，汤因比档案，汤因比致父母书信，1906 年 12 月 6 日。

因比深恶痛绝。①他母亲回信建议道："不要做格格不入的人。 也别不食人间烟火——那些事情与正经学业并不冲突。"②

　　然而，汤因比的态度逐渐发生了转变。 他在学院的第一年就收获奖学金和竞赛奖品——每一次胜利都提高着他在学院里的收入与名声。他于 1908 年赢得了皮特奖学金(Pitt Exhibition)，于 1910 年拿到了克拉文奖(Craven，一个更有分量的奖项)。 到了 1911 年："我拿到了詹金斯奖(Jenkins prize，通常被简称为 Jenk 或 Jenks——作者)，这令我兴高采烈，尤其是基于一些功利性的考虑：因为拿到这个奖对于求职将很有帮助，并且为我赢得了一大笔钱，可以支撑到我真正找到工作时为止。 此外，我也真心喜欢写文章。"③但他有时也会马失前蹄："我在爱尔兰竞赛后疲惫不堪(我只拿了第四名，去年还拿了第二——唉，是巴利奥尔学院那些爱慕虚荣的愚蠢教师们让我参赛的，尽管我压根不想那样做)。"④

　　但汤因比的成功多于失败。 到本科阶段行将结束之时，汤因比已在学业方面获得了跟在温彻斯特公学一样的崇高声望。 毋庸置疑，他是那一届学生中在学术方面最受学院重视的，也就是说他的古希腊文和拉丁文的阅读、写作与思考能力，以及关于黄金时代的古典作家们讲述的繁琐细节(它们包罗万象，但关于公共事务方面的言论最受重视)的知识储备鹤立鸡群。 成功改变了他的言行："我变得不那么羞涩了——我从里到外变成了一个与初来乍到时截然不同的人，尽管自己身上还残留着太多的毛病。 这个学院多美妙啊！ 我越来越爱它了。"⑤

　　导致这一变化的重要原因之一是这位踌躇满志的青年历史学家在牛津(巴利奥尔学院内外)慢慢找到了志同道合的朋友们。 在他的著作《交游录》中，汤因比简略地写下了自己对其中一些人的回忆：马戈柳思兄弟(the Margoliouths)、阿尔弗雷德·齐默恩(Alfred Zimmern)、刘

25

　　①　博德利图书馆，汤因比档案，阿诺德·J. 汤因比致伊迪丝·汤因比书信，1907 年 10 月 20 日。
　　②　博德利图书馆，汤因比档案，伊迪丝·汤因比致阿诺德·J. 汤因比书信，1907 年 10 月 22 日。
　　③　博德利图书馆，汤因比档案，汤因比致达比希尔书信(AJT to R.S. Darbishire)，1911 年 4 月 9 日。
　　④　博德利图书馆，汤因比档案，汤因比致达比希尔书信，1910 年 10 月 28 日。
　　⑤　博德利图书馆，汤因比档案，汤因比致达比希尔书信，1911 年 1 月 27 日。

易斯·内米尔（Lewis Namier）与理查德·H.托尼（R.H. Tawney）。但他之所以选择记述这些人，是因为他们只是自己的相识（至少部分用意如此），对自己的亲密与重要程度尚达不到名副其实的朋友级别。成年后，齐默恩和内米尔偶尔做过汤因比的同事（有时还是批评者），汤因比从他们两人以及在本科期间结识的其他友人身上学到了很多东西，尤其是关于时事的知识。他在《交游录》中关于同这些人物交往的美好回忆充分表达了对受惠于他们的感激之情。

但汤因比至少在巴利奥尔学院结交了两位真正的朋友——亚历山大·D.林赛（Alexander D. Lindsay）和罗伯特·谢尔比·达比希尔（Robert Shelby Darbishire）。林赛于1906年以教师身份加盟巴利奥尔学院，仅比汤因比早来了一年。林赛是一名古典学教师，专长为哲学；但他对现代思想的兴趣比对古代思想更为浓厚。他很快便成了学院里追求更富活力、更为积极的学术研究的领军人物，反对院长要求或期待的那种象牙塔式理想。林赛并不仅仅满足于按部就班地完成教学和其他职责，还渴望写作和发表自己的成果。当汤因比还只是一名本科生时，林赛的雄心壮志已在他出版于1911年的、研究当代法国哲学家亨利·柏格森（Henri Bergson）的专著中找到了坚实的依托。

林赛是苏格兰人；他鄙视对当时在巴利奥尔学院呼风唤雨的权贵们点头哈腰的表现。相反，他欣赏的是轻松自如的、民主平等的交往方式。他对本科生直呼其名，并且要求他们只称呼自己"桑迪"（Sandy）。简言之，他力主破坏乔伊特在巴利奥尔学院苦心经营的贵族—天才联盟，相信只有才华是值得重视的。这种态度和观念得到了年轻的汤因比的热烈拥护；后者在1912年写道："学院里最伟大的人物是林赛。"[①]他很快成了林赛的亲密朋友和被保护人，尽管他的哲学修养始终逊色于他精通的、严格意义上的史学与文学主题——后者构成了牛津大学的人文主义教育（*Litterae Humaniores*）训练科目。我们将会看到，这段友谊在汤因比于1916年辞去巴利奥尔学院教职时破裂了。这一裂痕此后再未弥合。但亚历山大·林赛的人格及其精通学术、志向

① 博德利图书馆，汤因比档案，汤因比致达比希尔书信，1912年11月6日。

32

高远的青年教师榜样在 1907—1916 年期间对汤因比产生了强大影响，以至于汤因比很快决定自己也要走上林赛的道路；而在学术方面，林赛著作中描述的柏格森进化论思想也帮助汤因比摆脱了自己从小接受的英国国教派信仰的束缚。

罗伯特·谢尔比·达比希尔较汤因比早两年进入巴利奥尔学院，于 1905 年从拉格比公学(Rugby)毕业后来到这里。 他身上兼有英国人与美国人的特征，成年前一部分时间住在美国肯塔基(Kentucky)，另一部分时间住在英格兰。 跟汤因比一样，他也爱好历史与文学。 但他们成为莫逆之交的原因很可能是两人都难以割舍同各自母亲的童年纽带。达比希尔是独生子。 他的父亲也是独生子，在他 3 岁时去世了。 他的丧失爱子的祖父(曼彻斯特的一位著名律师)开始同他的母亲(一名没落的肯塔基贵族)竞争孩子的爱和对其教育、生涯的控制权。 母亲赢得了无可争议的胜利；但她又不得不忍气吞声地接受来自曼彻斯特的资助。儿子进入拉格比公学后，她就搬到镇上陪伴孩子；后来儿子去了牛津，她总算忍住没有跟着去。 但母亲和儿子都感到难以割舍；汤因比和他的母亲也是如此。

我们手头并无证据表明，两个人是因为同样存在着思念母亲的问题才结交的。 但当年长的达比希尔离开巴利奥尔学院前往祖父的法律事务所见习后，汤因比在两人通信中吐露个人雄心壮志与感受的做法反映了两人关系的亲密与真诚。 汤因比从未在他的其他现存信件中如此敞露心扉。 而且并不令我们感到意外的是，当两位年轻人结婚成家、彻底离开母亲膝下后，他们之间的通信马上就不再那么频繁了——尽管二者间零星的信件往来一直持续到达比希尔去世时为止。

吉尔伯特·穆雷(Gilbert Murray)是汤因比在牛津大学读本科期间心目中分量越来越重的第三个人。 穆雷是在童年时代来到英格兰的澳大利亚人。 他在牛津读本科期间表现优异，23 岁就当上了格拉斯哥大学的希腊语教授。 1899 年，他因健康原因辞去了教职，在接下来的 5 年里从事文学创作，写出了一部得以在伦敦上映，但成功程度有限的剧本。 随后，穆雷将他的旺盛精力转到了组织职业演员在伦敦上演他的古希腊戏剧译本上。 其中一些演出获得了巨大成功，以至于穆雷的欧里庇得斯、索福克勒斯(Sophocles)、阿里斯托芬(Aristophanes)乃至埃斯库罗斯(Aeschylus)戏剧译本于 1904—1939 年间在英国舞台上(伦敦或外地、专业演员或业余爱好者)风靡一时。

在 20 世纪的观众面前表演古代剧作、仿佛这些作品就在讲述当代的事情一样，这种做法在那个时代既是一种创新，又颇具难度。这一努力反映了穆雷的信念："学者的特定职责是赋予承载着如今被奉为经典的古老诗歌、戏剧的文字符号以鲜活的思想与生命。为了让它们得到理解，他必须首先使之复活。"①1905 年，穆雷重返牛津大学，成了新学院的一名教师。1908 年，他成为皇家希腊语教授，担任该职位直至 1936 年退休时为止。

在其皇家教授的权限范围内，穆雷做了许多改造牛津大学古典学研究的工作。他的努力方向始终是将古人同现实世界联系起来，让他们的语言、思想和生活同当代建立联系。因此，作为一名古典学专家，穆雷并不认为参与公共事务同自己的职业有什么矛盾。他是一个坚定的自由派，娶了卡利斯勒伯爵(Carlisle)的长女——伯爵家族一直几乎原封不动地维持着 18 世纪辉格党贵族的处世方式，直到一战结束时为止。这一姻缘纽带使得穆雷得以结识首相赫伯特·阿斯奎斯这样的人(他与首相很熟)。而同舞台的联系则使得穆雷结交了萧伯纳(George Bernard Shaw)、高尔斯华绥(John Galsworthy)等文坛巨擘。

除此之外，吉尔伯特·穆雷还富有人格魅力——英俊、机智、优雅。他善于交谈，谨慎但雄心勃勃，在个人生活方面节制有度，心灵手巧且平衡感极强——以至于他可以在不用手扶的情况下爬梯子。他的直觉也非常敏锐，经常能像做游戏一样出色地看穿旁人的心思，尤其是他的长女罗萨琳德(Rosalind)。②

拥有如此背景的人物无疑会令年轻的汤因比目眩神迷；那也正是穆

① 吉尔伯特·穆雷：《未完成的自传》(*An Unfinished Autobiography*，伦敦，1960年)，第 15 页。

② 吉尔伯特·穆雷曾于 1915 年 7 月 9 日为心理研究协会做过主题发言，宣读了他的一些研究成果。见《心理研究学会通讯》(*Proceedings of the Society for Psychical Research*)1918 年第 29 期，第 46—63 页。另见 A.W. 维拉尔(Verrall)：《"猜测"系列实验报告》(Report on a Series of Experiments in "Guessing")，《心理研究学会通讯》1918年第 29 期，第 64—110 页。

雷习惯性的好客招待降临到他头上时发生的情况。 吉尔伯特·穆雷和他的太太玛丽夫人(Lady Mary)一直有在周日晚上邀请崭露头角的本科生们到家里做客的习惯，汤因比很快就成了他们的常客。 1910年3月，他甚至应邀拜访了住在霍华德城堡(Castle Howard)里的卡利斯勒家族。 他向好友达比希尔介绍道："我今天要跟吉尔伯特·穆雷去霍华德城堡住上一周，那是位于约克郡(Yorkshire)某处的、他的岳父居住的一座有围墙的城池。 我不清楚卡吕斯勒伯爵夫人(Lady Carlysle，不知道我拼写得对不对？)是否会在家？ 像玛丽夫人一样，人们告诉我在那里要注意自己的举止。 这次旅行将是有趣的和令人兴奋的。"到城堡后，汤因比又在信中写道："这是一个了不起的神奇地方，到处都是18世纪早期风格的建筑。 这里有画作、湖泊、雕塑、图书馆和各种东西。 卡吕斯勒伯爵夫人显然是一位大人物，但她或许并不可怕。 但我对政治——我是指国内事务——一头雾水……但我无疑会在告辞之前了解很多政治。 你喜欢卡纳莱托(Canaletto)的画吗？ 它们挂满了我们用餐房间的墙壁——但我不会称之为餐厅，因为城堡里至少有20个那样的房间。 那里还有一些瓦茨(Watts)的作品，以及9本80年前款式的精美大部头图书。 总的来说，与我的预期相比，这次拜访的乐趣更为平和，而并不那么'可怕'。"①

各自生活的另一方面也拉近了穆雷与汤因比的距离。 对于年轻的汤因比而言，穆雷可以立即扮演父亲的教育角色，而他自己的父亲在这方面却越来越力不从心了。 反过来，汤因比能够并且最终也确实成了吉尔伯特·穆雷的亲生儿子们的替代——后者的成长情况令人失望，只能一次次地借酒浇愁。 但这一纽带直到1913年汤因比迎娶罗萨琳德·穆雷后才变得重要起来。 在汤因比读本科的日子里，穆雷一家对他而言始终是生活在另一个世界的、受到他顶礼膜拜的和贵族范儿十足的。 对于这个羞涩但心高志大的青年来说，同这个家庭的友谊或多或少仍是一种"可怕的乐趣"(fearful joy)。

显然，牛津大学里的朋友、相识和老师们对汤因比的学识积累和心

---

① 博德利图书馆，汤因比档案，汤因比致达比希尔书信，未标注日期(但据推断应为1910年3月初)；汤因比致达比希尔书信，1910年3月12日。

智成熟产生了积极影响。 但他成长过程中最独特的一些特征只能来自他的个人天才——这种才华塑造了汤因比学生时代所获成就的特质。现存的论文与笔记可以帮助我们了解汤因比本科期间的思想变化。

最重要的思想转变标志是汤因比已不再信仰基督教会的原则，哪怕是其中最兼收并蓄、最灵活通融的英国国教派。 这意味着同父母的决裂，尤其是他的母亲——她对传统信仰的虔诚同她的爱国主义一样坚定不移。 但摆脱母亲的管束本身就很有吸引力；何况汤因比意识到自己必须摒弃基督教信仰——这既是由于林赛提醒他注意到的哲学论点，也是由于吉尔伯特·穆雷等人提供给他的文学与历史的思考角度。

最初的思想苗头出现在汤因比于 1907—1911 年间完成的一篇论文中，其标题为《机器：二元论问题》。 它呈现了一套宏伟且严密的哲学体系。 汤因比在开篇处写道："整个宇宙——其中包括我的灵魂、我的肉体和我的安全剃刀——就是一部机器。 机器的悖论是这一整套体系与生俱来的。 它可被纳入两种存在模式……其中之一是生命：我们了解生命，因为我们自己就是生命。 我们不属于另外一种非生命的模式，因而并不了解它；但后者构成了生命的外部环境和行动目标。"汤因比接下来声称，上述两种模式像一对摔跤手一样进行着"斗争"。 每当"生命"取得胜利的时候，它的对立面"物化"也随之前进一步。 在自我意识苏醒的过程中，"生命"的活力也走向自我消解。 语言通过语法走向工具化；道德则在被机械地套用于成千上万种情景的过程中被固化为法律与习俗。

在如此将柏格森的哲学浓缩成 30 页左右的粗糙版本后，汤因比在自己的文章里总结道："只有复杂的、悲剧式的二元世界才是真实存在着的。"①最后这句话用琐罗亚斯德教的方式推翻了他所接受的英国国教派教育；它所否定的不仅是道成肉身和灵魂不灭，还有上帝的存在。他毕生信奉着其中的第一项信条，但很快在个人和公共生活接二连三不幸的重压下改变了对上帝的态度——柏格森哲学也随之失去了作为一种新启示在他心中的分量。

---

① 博德利图书馆，汤因比档案，少年时代。

汤因比的另一篇文章《历史学家的工作是什么》（What the Historian Does）于 1910—1911 学年宣读于牛津大学的一个本科生俱乐部。 这篇文章同样试图达到某种抽象的思想高度；它反对黑格尔式的目的论，肯定存在着类似于柏格森哲学体系中的那种无所不包的变化。 这篇文章在汤因比涉及实践层面时变得更加饶有趣味，宣称“历史学家必须拥有被称为‘直觉’的第二视觉”，这样才能真切地看到过去，仿佛它就在面前一样。 此外，“艺术与历史彼此相似，因为二者都是想象力作用于经验的活动”。①汤因比的这些观念此后再未改变；并且他毕生都在培养自己运用想象力再现过去的能力（有时不免流于空想）。

总的来说，汤因比并不喜欢哲学。 他在给达比希尔的信中写道：“不用谈论哲学……别提康德（Kant）了。”②他又写道：“我受够了道德哲学……那是一条必须趟过去的冥河。 过了河的人会发现这些学说只不过是在胡说八道——但过河的路途异常艰辛。”③他本科阶段留下的两篇哲学论文同样属于艰苦的涉水历程；但它们起码可以证明，系统的哲学思想在促使汤因比背离自己从前接受的基督教世界观过程中发挥过作用。

将他引导向同一方向的其他思想潮流来自文学与史学领域：具体而言是认为基督教孕育自多神教与犹太教的若干要素、仅仅反映了特定时间与空间内的情感、并非放诸四海而皆准的永恒真理的观念。 在 1907 年，弗雷泽（J.G. Frazer）研究魔法与宗教的名著《金枝》（*The Golden Bough*，1890）仍在牛津大学校园产生着强烈影响，影响着古典学家们看待希腊罗马多神教的方式。 弗雷泽分析神话与仪式的比较研究方法促使他们去比较《福音书》中的奇迹与希腊罗马世界中的其他救世主——国王、起义者和神明。 在比较视角下，基督教不过是罗马帝国鼎盛时期争取民众支持的诸多大同小异的“奇迹”宗教之一。 这种历史的、不可知论式的看待早期基督教史的方式成了 20 世纪最初 10 年里的一种令人兴奋的新兴潮流；它否认基督教神学同绝对真理存在着任何关联，

29

---

① 博德利图书馆，汤因比档案，少年时代。
② 博德利图书馆，汤因比档案，汤因比致达比希尔书信，未标注日期，但应当在 1910 年期间。
③ 博德利图书馆，汤因比档案，汤因比致达比希尔书信，1910 年 6 月 5 日。

将基督教视为对罗马帝国社会特定压力与环境的诸多回应方式之一——但也仅此而已。

兴起于文艺复兴时代的欧洲人文主义学术传统心照不宣地将基督教经文和教条留给神学家们去研究，自己则集中精力关注据说语言与文学臻于完美境界的特定时代——如伯利克里与柏拉图时代的雅典和西塞罗与维吉尔时代的罗马。然而，到了20世纪初，这种调和方式就像乔伊特治下巴利奥尔学院中贵族与天才的共存体系一样，在牛津大学里已变得摇摇欲坠。神学正在节节败退。《圣经》文本早已被运用人文主义古典语文学（humanistic philology）的德国学者们肢解得支离破碎；如今，英国学者对"原始"民族的人类学研究又促使继承了人文主义传统的古典学家们拓展自己的视野，去关注他们的前辈聚焦的"黄金时代"前后的古代民众的非理性观念。昔日的天主教徒和个人生活中的极端不可知论者吉尔伯特·穆雷成了指挥这场进攻神学家领地行动的领袖。他的著作《希腊宗教的四个阶段》（*Four Stages of Greek Religion*，1912）清晰地阐述了这一点。讨论各种奇迹宗教那一章的标题为"勇气的沦丧"；基督教显然正是穆雷用这种轻蔑口吻界定的新兴信仰中最重要的那一个。①

青年汤因比早在就读公学期间就探索过中东与拜占庭的历史，从而使自己的兴趣远远超越了传统的学校教育边界。如今，他更是如饥似渴地追随着牛津大学里的这些思想潮流。为了寻找基督教伦理规范的替代品，汤因比选择了一种以英雄主义行为为核心的不可知论理想——它的风格是注重今生的和纯粹古典式的。他在写给一位温彻斯特公学校友的慰问信中解释道："如果人的灵魂真的会像卢克莱修（Lucretius）说的那样（我是很看重卢克莱修的）走向毁灭的话……人生的意义就在于我们的工作，以及人与人在工作中结成的友谊。"②这一理想及其推理依据曾在哈斯鲁克（F.W. Hasluck）的名言"上帝不再是从前的那个凡人

30

---

① 该书最初以1912年在纽约哥伦比亚大学的系列报告讲稿为基础，再版时补充了一章内容，题目也改成了《希腊宗教的五个阶段》（*Five Stages of Greek Religion*，纽约&伦敦，1925年）。
② 博德利图书馆，汤因比档案，汤因比致爱德华·摩根（Edward R. Morgan）书信，1911年4月22日。

了"(God is not the man he was)。在初次听到这位年长者说出这句亵渎神圣的俏皮话35年后,汤因比仍对当时的情景记忆犹新。①

同维多利亚时代后期知识分子苦闷的心灵体验不同,当汤因比开始接触到这些思想潮流时,放弃基督教传统对他来说已不意味着什么激烈的情感挣扎。他的教育原本就以古典的、多神教的作品为核心,接受伊壁鸠鲁派(Epicurean)或斯多葛派(Stoic)的世界观对他而言原本就是顺理成章的事情。他的基督教信仰原本就是淡漠的,完全可以弃若敝屣。

社会主义同不可知论是那个时代的两大潮流。社会主义当时已开始渗入牛津,并对汤因比产生了影响。他于1909年告诉达比希尔:"我刚刚成为一个费边主义者。"但他的社会主义信仰并不只是赶时髦而已。几个月后在家休假时,汤因比说自己习惯去肯辛顿花园散步,"并产生了社会主义者的忧虑"。②他在《历史学家的工作是什么》一文中暗示了自己语境下"社会主义"的含义。他偶然提到,"经济规则完全是人为制订的",因而"贸易行会'同盟'(co-ops)是有可能掌控并驾驭经济,将之引导到我们选择的发展道路上去的"。③

毫无疑问,阿诺德·汤因比(老)的榜样引导着他同名的侄子走上了信奉社会主义的道路。但这个年轻人拒绝全身心地投入改善穷人生活的工作——尽管那是他的父亲为之奋斗的事业;他也只是偶尔触及宗教问题,虽然那是他的叔父关注的核心。相反,阿诺德·约瑟夫·汤因比始终坚持培养并宣扬自己的思想独立性,拒绝对自己的父母、老师和叔叔们(他的另一位叔父、但丁研究学者佩吉特·汤因比也对如何治学有着自己的明确主见,并希望引导自己的侄子走上专精的严谨治学道路)亦步亦趋。④

早在本科毕业前很久,汤因比已开始孕育一个宏伟抱负,想要写出一部在一个框架下涵盖古代与现代、东方与欧洲的巨著。他称之为一

① 博德利图书馆,汤因比档案,汤因比致达比希尔书信,1946年4月19日。哈斯鲁克本是一位古典学者,后来主要关注基督教—穆斯林关系及巴尔干半岛偏远地区农民聚落中彼此对立信仰的解读问题。他由此成了欧洲民族学的先驱之一。
② 博德利图书馆,汤因比档案,汤因比致达比希尔书信,1909年11月9日及1910年3月30日。
③ 博德利图书馆,汤因比档案,少年时代。
④ 汤因比:《往事》,第94—95页。

部"历史哲学",但对如何赋予纷繁复杂的历史细节以意义的纲领性原则还不甚了了。 他在就读于温彻斯特公学期间便写道:"续写希罗多德的故事(欧洲与东方之间的战争)或许是个绝佳题材⋯⋯但它恐怕未免过于庞杂。"①然而,在本科阶段,汤因比始终胸怀这一(或与此类似的)宏伟抱负。

牛津大学当时的学术氛围完全不提倡宏观的历史思考。 各种课程均围绕专题展开;文献则是逐字逐句读下来的。 准确与细节意味着一切。 这种教育传统认为,只要学生坚持从史源出发,真理便会不证自明。 汤因比顺从地遵守着这些原则,并且还在掌握细节方面做得十分出色。②早在读本科期间,汤因比就发表过一篇读书札记《论希罗多德〈历史〉第 3 卷第 90 章和第 7 卷第 75—76 章》,③文中讨论了色雷斯、小亚细亚和塞浦路斯的若干费解地名的具体含义。 正是基于这些成果,新学院的费舍尔(H.A.L. Fisher)和布雷齐诺斯(Brasenose)学院的比塞尔博士(Dr. Bussell)邀请他前去参与讨论牛津大学出版社的拜占庭史学家著作校订本的出版计划,希望他能担任该项目的编辑。④

但汤因比从未一头扎进细节里无法自拔。 他永远追求宏观视野,并且他的好奇心永无止境。 他甚至开始关注遥远的中国(至少是蒙古帝国时代);他于 1910 年 11 月在阿克顿俱乐部(the Acton Club)宣读的论文《东西方世界中的蒙古人》证实了这一点。 这是一篇冗长的政治军事史叙述,各部分衔接得并不理想。 当达比希尔在对该文前期草稿的反馈意见中指出这一点时,汤因比答复道:"感谢你的批评。 你确实看到了这篇文章的弱点;但我认为自己可以给出之所以要这样处理的理由:我希望能够呈现一幅图景,让读者自己去想象当时的宏伟征服浪

---

① 博德利图书馆,汤因比档案,汤因比致伊迪丝·汤因比书信,(1907 年)6 月30 日。

② 汤因比的现存文献中有 3 篇是为斯特罗恩-戴维森的课程所写的作业,讨论了诸如"限制勒索的《阿奇利乌斯法案》"和"奥古斯都扶持阿凯亚行省之前罗马治下希腊的地位"等主题。 博德利图书馆,汤因比档案,少年时代。 这些文章均篇幅巨大、知识丰富、表述准确。

③ 《古典学评论》(*Classical Review*)1910 年第 24 期,第 236—238 页。

④ 博德利图书馆,汤因比档案,汤因比致达比希尔书信,1910 年 2 月 22 日。 汤因比在老年时又重拾了这项工作(但有所调整),撰写了《君士坦丁七世和他的世界》(*Constantine Porphyrogenitus and His World*,伦敦＆牛津,1973 年)。

潮——征服者们就像《启示录》中蝎子身上的骑兵一样。但恐怕这种必要的浓缩使得文中只剩下一套简要的史实罗列。"①事实上，这正是这篇文章留给人的印象：从作者当时能够利用的最好史料——也就是现代学者撰写的二手材料——中提炼出来的、过分简短的史实，以及过于偏狭的政治军事史叙述主线。统治家族成员之间的私人恩怨构成了文章关注的主要核心；严肃的军事战役则被降格为绘声绘色的文学描写。

显然，当时的汤因比还没有掌握实现其宏伟目标所必备的洞察力，但他的目标是始终如一的。他写道："在力争上游方面，我的抱负是很宏大的……我希望成为一名史学巨擘——这不是出于虚荣，而是因为在这个世界上确实还有大量工作有待完成，并且我渴望自己在其中承担尽可能多的任务。"他在同一封信中还写道："我准备从事学术研究，并成为一位伟大的历史博学者(historical *Gelehrte*)。"②

使用德文字眼"博学者"(*Gelehrte*)表达自己理想的做法反映了影响牛津求学期间的汤因比的另一股强大力量——德国的古典学传统，尤其是爱德华·迈耶(Eduard Mayer)融埃及、巴比伦、希腊与罗马历史于一炉的权威巨著。迈耶五卷本的《古代史》(*Geschichte des Altertums*，1884—1902)确实令人印象深刻：它总结提炼了几百年内欧洲古代学研究和几十年内埃及学和亚述学(主要是德国学者的研究)的成果。迈耶在古代史领域的成就正是汤因比计划中同时涵盖古代与现代的研究方式：即首先掌握比常人更丰富的细节知识，随后将所有这一切编织成一幅画卷。此前还没有任何一位英国史学家达到过迈耶那样对东方与欧洲古代语言样样精通的水平，也没有尝试过他那种跨越漫长时代与广阔空间的研究主题。因此，爱德华·迈耶为构思其巨著的青年汤因比提供了最为重要的学术榜样。但迈耶的工作完成得如此出色，以至于汤因比意识到超越前贤是有难度的。他写道："现在，我感到古典学研究(Alterumswissenschaft)多少已变成一个制造了无数牺牲品的火神(Moloch)，我可不能不假思索地跳入他肚子里的火葬场。但我始终坚

32

① 博德利图书馆，汤因比档案，汤因比致达比希尔书信，1910 年 1 月 30 日。
② 博德利图书馆，汤因比档案，汤因比致达比希尔书信，1911 年 5 月 21 日。

信：从事学术研究和诗歌创作或布道一样，你要么倾其所有，要么就干脆别做。"①

此时的汤因比已经偶尔提到过历史发展的循环周期模式——他在20世纪20年代以此为基础建立了自己的成熟史观。他习惯于在古代与现代的事件中寻找相似性（或表面上的相似性）。因此，他在本科阶段为希罗多德文本所做的注疏中包含着大量对波斯入侵希腊与拿破仑大军（Napoleon's Grande Armée）、奥斯曼帝国进攻欧洲等历史事件的比较。②他将古代史视为一轮兴衰历程，并猜测现代欧洲的历史进程也符合这种古代模式。例如，在思考米诺文明的无军事防御设施遗址时，他对古代克里特与自己生活时代的英格兰进行了比较，指出入侵者征服了米诺人，致使"北方民族血液的融入将米诺人变成了希腊人。这是我们自己的衰亡、沉沦与复兴的上一个周期；尽管我并不相信历史会以原封不动或科学精确的形式再现。无论如何，这里面包含着某种值得注意的相似性"。③

衰亡将至的观念在爱德华时代的不列颠流传甚广。爱尔兰危机和国内阶级冲突的威胁使得之前的维多利亚时代看上去几乎成了太平盛世。同德国的摩擦引发了世人对灾难性战争的忧虑——或通过战争荡涤国内积弊的设想。汤因比也受到了这些情感的深刻影响。他在给母亲的信中写道："在目前这个阶段（也就是中国崛起直到吞并我们为止），英格兰的公学学生将同德国的青年精英争夺世界的领导权。"④他又写道："战争是令人心驰神往的，尽管穆雷等人不无道理地反对战争——战争意味着资源浪费与毁灭，但人们仍会对一场漂亮的胜仗赞誉有加……能够充分激发人类潜能与效率的是战争，而不是'进步与文明'的'潜移默化'——人类的奋斗与争取胜利……才是历史的真正活跃精神。"⑤他还写道："同德国的大战（它已在所难免）将给我们带

---

① 博德利图书馆，汤因比档案，汤因比致达比希尔书信，1911年6月22日。
② 博德利图书馆，汤因比档案，少年时代。
③ 博德利图书馆，汤因比档案，阿诺德·J.汤因比致伊迪丝·汤因比书信，1912年3月27日。
④ 博德利图书馆，汤因比档案，阿诺德·J.汤因比致伊迪丝·汤因比书信，1912年1月19日。
⑤ 博德利图书馆，汤因比档案，阿诺德·J.汤因比致伊迪丝·汤因比书信，1912年1月26日。

来法国大革命对法兰西的改造效果——如果相反的情况出现的话，它就将摧毁我们的意志，破坏我们的工业，并在这场斗争中耗尽全欧洲的力量。"①

不过，这些观念并非根深蒂固或完全主导汤因比的头脑。 在本科期间，汤因比还抽出时间阅读了高尔斯华绥的几部小说。 他认为这些作品"让人又爱又恨"；②而瓦尔特·佩特(Walter Pater)的《伊壁鸠鲁信徒马略》(*Marius the Epicurean*)则"极其美妙，肯定会成为一剂毒药"。③他仍然十分羞涩，在女性面前尤其如此。 他曾在一列火车上同一位女权主义者坐在一起，并"在她下车时壮着胆子举帽祝她的事业成功……此后我一直对自己的鲁莽而感到惊异"。④他也善于进行自嘲，曾告诉达比希尔自己正在创作一篇将在牛津大学的本科生社团中宣读的、关于布雷克(Blake)的"哲学、文学和艺术无所不包的、知觉过敏的杰作"。⑤他又写道："我希望能够谈论一点儿这门语言(意大利语)——事实上我的意见将是完美无缺、高屋建瓴和令人不堪卒读的。"⑥

伴随汤因比在巴利奥尔学院就读本科期间的学业精进的，是家庭破裂带给自己的负面感情波澜。 最要命的变故是他父亲的精神失常。 现存史料无法帮助我们准确还原哈利·瓦尔普·汤因比是如何一步步陷入无可救药的精神抑郁状态的。 这一过程是渐进的。 在母亲去世后写的一封信里，玛格丽特·汤因比提及了"1908—1909年间的那些可怕夜晚"，当时"我们知道她(伊迪丝·汤因比)陷入了可怕的麻烦，但我们当然并不理解究竟发生了什么事"。⑦危机最终爆发于1909年年底或次年年初：人们确定哈利·汤因比已无法生活自理，将他送入了专门治疗精神病的圣安协会(St. Ann's)。

33

① 博德利图书馆，汤因比档案，阿诺德·J.汤因比致伊迪丝·汤因比书信，1912年3月3日。
② 博德利图书馆，汤因比档案，汤因比致达比希尔书信，1910年4月24日。
③ 博德利图书馆，汤因比档案，汤因比致达比希尔书信，1910年1月30日。
④ 博德利图书馆，汤因比档案，汤因比致达比希尔书信，未标注日期，但由于信中提及了爱尔兰，它应当写于1910年7月。
⑤ 博德利图书馆，汤因比档案，汤因比致达比希尔书信，1910年6月12日。
⑥ 博德利图书馆，汤因比档案，汤因比致达比希尔书信，1911年9月17日。
⑦ 博德利图书馆，汤因比档案，玛格丽特·汤因比致阿诺德·J.汤因比书信，1939年2月23日。"我们"指的是玛格丽特和她的姐姐乔斯林。

英格兰的法律不允许精神病患者的妻子接管他的财产。 相反，人们设立了一项由法院控制的托管基金，以支付哈利·汤因比的治疗费用。 在法院许可范围内，这项基金也可用于伊迪丝·汤因比的家庭支出，以及家中两个均在学龄范围内的女儿的教育支出。 哈利·汤因比从父母那里继承得来的遗产大概被转入了托管基金；来自他朋友、同事和其他家族成员的特别捐赠可能也是如此。 但这个家庭的收入不足以同时料理哈利·汤因比并供养他的妻子和女儿们。 法院优先考虑的是哈利的治疗问题。 因此，伊迪丝只能依赖家族成员们的救济来维持家庭日常生活。 对于像她这样心高气傲的人来说，这几乎是无法容忍的。①

住在哪里的现实问题迫使汤因比夫人去面对另一个迫在眉睫，但十分棘手的难题。 一方面，她自婚后一直居住的伦敦上西邦尔街 12 号如今充斥着可怕的记忆，留在这里是令她难以忍受的。 她从来不是这座房子真正意义上的女主人，因为它属于她丈夫的哈利叔叔。 那位年事已高的船长先是变得体弱多病，②并在入住疗养院若干时日后，于 1909年——伊迪丝丈夫发疯的那个可怕年头——与世长辞。 对这两场变故的记忆使得这座房子在伊迪丝心中两度留下了阴影。 她的反应是想换个地方住。 但倘若丈夫的病情有所好转，他会不会希望（或者必须）返回这座晦气萦绕的房子呢？ 她也担心自己会跟在伦敦的朋友们断了联系。 于是，在当前经济上处于依附状态、不清楚丈夫何时甚至是否能恢复健康的情况下，伊迪丝陷入了举棋不定的境地：她无法坚持下去，也无法逃离此地。

汤因比几乎被母亲的举止毁掉。 她已不再是自己从小熟悉的那个家里的顶梁柱，为自己随时提供爱的支持；如今她深陷于自己的麻烦之中，情绪很少处于稳定状态，几乎无法再给阿诺德留下任何温情。 他向自己的朋友吐露道："我父亲患病以来的 4 年已夺去了她的活力……对所有事物与所有人的彻底失望，以及对生活本身的憎恨是足以击垮任

---

① 现存材料无法让我们弄清楚最终的家庭财务安排。 但 1912 年间汤因比从希腊写给母亲的、讨论如何削减哈利治疗费用的那些信基本说明了当时的情况。 特别参见博德利图书馆，汤因比档案，阿诺德·J. 汤因比致伊迪丝·汤因比书信，1912 年 2 月 3 日。
② 汤因比：《交游录》，第 18—19 页。

何人的可怕事情。她从前能够掌控的一切——如我妹妹们的教育和宗教信仰——似乎已经一去不复返，而剩下的只有苦涩……但我现在写下的只不过是些我根本不想谈的蠢话。"①

汤因比还被这种疯癫可能具有遗传性的恐惧所困扰。如果是那样的话，发生在父亲身上的事情也可能会有朝一日落到他的头上。在汤因比的一生中，这一忧虑始终潜藏在他的意识深处；每当他的个人生活陷入困境，这种忧虑就会浮现。他在 1946 年向达比希尔承认："在过去几年里，击倒过我父亲的疯癫一直是萦绕在我心头的梦魇。"②同样的幻觉此前已烦扰过他多次。

在父亲进入精神病院的消息面前，汤因比的直接反应似乎是逃避。至少我们可以从这一角度来解读他的一封日期信息仅为"周一晚间"、寄出地址为"伯明翰诺斯菲尔德的戴尔"（The Dell，Northfield，Birmingham）的信件：③

亲爱的妈妈，

　　我意识到之前抛弃您的行为有多么软弱和愚蠢……我一度认为自己在所有这些麻烦面前埋头工作的做法是极其怪异的。但我现在已意识到，正是这种做法才让我有力量保持乐观和乐于助人；并且至少对我而言，后天习得的人性（the human side）和与生俱来的天性（the Paracelsus side）是相辅相成的。我认为自己工作得越好，就越能够去关爱别人。我将信守爸爸要求我立下的誓言，即在任何情况下都会"不折不扣地"完成自己的工作，并将成绩献给您和爸爸；它将不会使我离群索居，被封闭在空虚的自我之中。因此，我又同自我和谐相处了；无论您做什么，都不要把心里话闷在

①　博德利图书馆，汤因比档案，汤因比致达比希尔书信，1913 年 1 月 19 日。多年以后，汤因比是如此描述这一场噩梦的："在我 19 岁的时候，我的父亲精神失常，我的母亲将注意力完全倾注到了他的身上；因此我事实上也失去了自己的母亲（我此前一直同她保持着亲密的关系）。"汤因比致教父哥伦巴书信，1944 年 5 月 19 日，见克里斯坦·佩珀编：《一位历史学家的操守：汤因比与安普尔福斯教士哥伦巴·卡瑞-埃尔维斯迪信集》（*An Historian's Conscience*：*The Correspondence between Arnold J. Toynbee and Columba Carey-Elwes*，*Monk of Ampleforth*，波士顿，1986 年），第 162 页。
②　私人收藏，汤因比致达比希尔书信，1946 年 10 月 3 日。
③　博德利图书馆，汤因比档案，阿诺德·J. 汤因比致伊迪丝·汤因比书信，未标注日期。戴尔是汤因比姑姑住宅的名字。

肚子里，担心说出来会让我沮丧。请让我分享您的一切秘密，这对我们都好。您也不要为了在爸爸和我们几个孩子之间做出抉择而左右为难：对他而言最好的选择对于我们来说就是最好的；对我们最好的当然也是对他最好的……

请记得我一直想念着您；我们之间从前没有、今后也不会有任何隔阂。愿上帝永远保佑您。

非常非常非常爱您的儿子
阿诺德

阿诺德为什么会去伯明翰呢？他或许是在无法得到母爱的情况下跑到生化学家、姑姑格蕾丝那里寻求慰藉去了。但现存材料无法让我们确定这一点，并且这封信写就的具体时间也无从判断。这一危机时期没有留下任何其他文字材料；汤因比同母亲的通信直到他于1911—1912年前往意大利和希腊进行游学旅行时方才恢复。

另外两封信件也可以帮助我们了解汤因比在家庭创伤依旧作痛时的举止表现。显然，1910年牛津大学暑假到来后，汤因比返回了上西邦尔街12号，但结果只是让自己的身体状态陷入崩溃境地。医生给出的治疗方案是按摩治疗。但正如他对达比希尔所说的那样："我草率地同意接受的这种治疗(或休养，你爱用什么字眼都可以)方案强烈刺激着我的神经(这是电流作用效果的一个绝妙比喻方式)。我在大部分时间里都躺在沙发上，处于歇斯底里状态的边缘。不过，我总算在7天前摆脱了这一切，跟母亲前往斯德哥尔摩去了。"[1]

得知汤因比在暑假里健康状况恶化的消息显然是这一时期留下来的另一封信的写作缘由。吉尔伯特·穆雷的妻子玛丽夫人写下的这封引人注目的信件透露了关于自己和汤因比的丰富信息。

霍华德城堡，1910年9月15日

亲爱的汤因比先生，

是的，我知道关于令尊的不幸消息……但我不知道这场麻烦是不久前才发生的……

---

[1] 博德利图书馆，汤因比档案，汤因比致达比希尔书信，1910年8月2日。

　　您之前承认情况对于令堂比对您更为糟糕。但我仍怀疑您是否意识到了这件事对她而言是有多么不可收拾……您拥有出色的天资，扎实的学问，热心公共事业的精神，赢得他人关爱与尊敬的魅力和足够强健的体魄。生活、事业与爱情都摆在您面前——您需要以男子汉气概去勇敢面对的巨大不幸仅此一桩……生活仍然可以如此美好！但令堂则年事已高；她的生活变得支离破碎，一切欢乐都已成为过眼云烟。在我看来，除了您（您家里的另外两个女孩还太小，恐怕代替不了您的作用）以外，没有任何力量能够帮助她对抗身边的这种持续不幸。但您却没有尽到对她的责任。

　　一言以蔽之，唯一能够支撑我们积极生活下去的只有英雄主义气概……如果您只能做缩头乌龟，听凭那些被一些人称为"上帝"的未知因素摆布的话，那么您——您这个人和您所承受过的种种苦难——还有什么价值可言？……您不能也不可以再放弃自己的职责，永远不行！

　　您不需要答复我的来信。我在写信时过分唐突，只能恳请您多多包涵。

您永远的朋友

玛丽·穆雷①

　　汤因比确实尝试过扮演玛丽夫人要求他承担的英雄角色，如帮助母亲找到一个新住处——即便这对他自己而言意味着另一次痛苦的割舍。他从童年起一直对自己的家怀有极深的依恋之情。那是他逃离孤独学校生活的避难所；那也是他可以随心所欲地指挥麾下玩具士兵、用自己的卓越成绩换取小妹妹们崇拜的地方。没有妈妈站在身后供自己召唤已经够不幸了；但失去实实在在的家宅还要更糟——何况执意要求搬出去的正是他的母亲。

　　作为孩子，阿诺德无法原谅母亲拆掉自己这个家的举动。作为一个成年人，汤因比帮助母亲搬好了家，但这件事令他闷闷不乐、心烦意乱。正如他的妹妹多年后在伊迪丝·汤因比去世时所写的那样："如果

---

①　博德利图书馆，汤因比档案，玛丽·穆雷致汤因比书信，1910 年 9 月 15 日。

你意识到她当时已无法控制自己，并且她并非如你所说的那样，故意想要拆掉整个家庭的话，那么无论这一切对你来说有多么痛苦，我也不理解你何以会改变对她的看法。"①但这件事确实从根本上改变了这个年轻人对母亲的感情，并且他试图重建与母亲早年纽带的各种努力均以失败告终。 他向自己的好友达比希尔坦承："这个假期里我一直待在索思沃尔德（Southwald），希望帮助我母亲在租下的一间小屋里安顿下来。但这十分困难……回家以后，我无心帮助母亲，只是一个人生闷气，最后只好跑回这里（巴利奥尔学院）逃避一切。 不管怎么说，这算不上失败，总归还是有所收获的。"②

汤因比对家庭变故带来的新增巨大压力的态度表现为两个方面。一方面，他比以往更深地扎到学业中。 他对自己的知心好友写道："我热爱学习与授课，因为这些事业是我最好的朋友，陪伴我度过了父亲患病以来的艰难岁月。 不过，当一个人像一只被催眠的癞蛤蟆那样呆呆地想着烦心事的时候，要求他全身心地投入这些工作也是极其困难的。"③狂热地、有时甚至是疯狂地投入工作逐渐变成了汤因比的第二天性，这在很大程度上是由于工作为他提供了逃避个人困境的避难所。汤因比在公学里的经历已经表明了沉浸于书本的巨大威力——对书本知识的熟谙最终帮助他摆脱了早年求学生涯中的绝望孤独，使他成为万众瞩目的获奖者。 正如我们看到的那样，他在巴利奥尔学院的生涯也完全遵循着同样的模式。 但父亲在1909—1910年间的精神崩溃，以及随之而来的与母亲之间无法挽回的紧张关系给青年汤因比的工作习惯带来了一种新的特殊动力，确立了一种贯穿他一生的工作模式（只是强度有所调整）。 他的悬梁刺股精神（*Sitzfleisch*）一直都很突出，并在1909年后达到了现象级的水平。

然而，出于我们将在下一章中看得更清晰的若干原因，汤因比对家庭破裂的后续反应是与躲进书籍世界的简单做法截然相反的。 正是在1910—1911年间，汤因比较以往任何时期都更为积极地投身到牛津大

① 博德利图书馆，汤因比档案，玛格丽特·汤因比致阿诺德·J. 汤因比书信，1939年2月23日。
②③ 博德利图书馆，汤因比档案，汤因比致达比希尔书信，1913年1月19日。

学本科生各方面素质的历练中。 他在学院活动中扮演的角色日趋重要，甚至会别出心裁地在公共晚宴的讲话中"调侃"学院的捐助者们——"这是我做过的最奇妙、最新鲜的事情。 我的讲话中甚至还包含一些笑话，并且他们都是被取笑的对象。"①他打过网球，上过骑马课(尽管他始终无法在马背上坐稳)。②此外，他还迷恋上了长跑。 他在有一次跑完 2 个小时后写道："筋疲力尽、气喘吁吁、口渴难耐、满身泥泞的感觉真好；这种锻炼使人身体强健。"他又写道："跑步是很神奇的。 我在这里(巴利奥尔学院)每周跑步好几次，你要知道是在大冬天里跑。"③

先后前往瑞典与爱尔兰的两次旅行提供了另一种解脱方式。"我已经在这里骑了几百英里自行车……我精力充沛地享受着这一切。 光荣的爱尔兰民族是值得我们花费气力去领略其风采的。"④汤因比很快放弃了跑步；但旅行成了他毕生的爱好。 直到老年，汤因比仍对拜访新的地方、同当地居民交谈、徒步并探索居住地周边的乡村地区充满热情。

通过埋头苦读和参与适宜本科生的社交、体育活动，汤因比克服了家庭生活灾难带来的消极影响(至少表面看起来如此)。 跟之前在温彻斯特公学的情况一样，汤因比带着令人羡艳的荣誉完成了本科学业。1911 年 3 月，巴利奥尔学院在划船比赛中击败了所有对手，占据了河畔座次的头把交椅。 考试季到来时，巴利奥尔学院同样表现不俗。 正如汤因比所言："到目前为止，我已夺得重要奖项中的一项。 ……我们学院已经拿了 7 个奖，大家正在热烈相拥庆祝。"⑤他还拿到了令人垂涎的詹金斯奖，这使得他有机会在 1911—1912 年度的大部分时间里前往意大利与希腊旅行，且不必担心费用问题。

汤因比的老师们为他感到骄傲。 帮助他来到巴利奥尔学院的西里

① 博德利图书馆，汤因比档案，汤因比致达比希尔书信，1910 年 12 月 28 日。
② 博德利图书馆，汤因比档案，汤因比致达比希尔书信，1910 年 3 月 30 日、1910 年 4 月 24 日与 1910 年 12 月 28 日。
③ 博德利图书馆，汤因比档案，汤因比致达比希尔书信，1912 年 11 月 6 日与 1910 年 5 月 8 日。
④ 博德利图书馆，汤因比档案，汤因比致达比希尔书信，1910 年 8 月 6 日。
⑤ 博德利图书馆，汤因比档案，汤因比致达比希尔书信，1911 年 8 月 24 日。

37 尔·拜利写道:"衷心祝贺你拿到詹金斯奖。 我认为你的整体表现在我的记忆中无人能及。"①林赛则宣称:"我必须向你表示热烈祝贺,不仅因为你拿到了詹金斯奖,还因为你在考试中的表现如此优异……这一学年里大家的成绩都非常高,但你却轻而易举地拿到了第一名。 有人认为你在除哲学以外的所有科目中都应该拿头名。"林赛接下来表达了自己的希望,认为汤因比应该留在巴利奥尔学院当一名教师。"我希望学院能够留下你。 因为你可能还会面对其他机遇,我认为有必要让你了解这一点。"②

早在考试结果公布之前,林赛的希望便实现了。 1911 年 5 月,巴利奥尔学院邀请汤因比担任教师,并对他只能在使用詹金斯奖学金游历意大利与希腊后的 1911 年 5 月起任教表示理解。 汤因比感到兴高采烈,因为他已对成为牛津大学教师憧憬许久了。"如果我成了大学教师的话,我是说如果——"他在 1910 年 10 月如是写道。③到了 1911 年 5 月,他终于可以直抒胸臆了:"我收到了极好的消息——我将成为巴利奥尔学院的教师,负责教授古代史……这是我首选的、合我心意的工作,但我之前从未想过能够美梦成真。"

新身份立竿见影地改变了汤因比对身边环境的看法。 这封信接下去写道:"这些巴利奥尔学院的教师们对学院赤胆忠心。 我突然从他们的谈话方式中看出了这一点——此前我对此仅有一些朦胧认识。 此外,你真的有兴趣出去游历吗? 我会在下个冬天到来时向东走——我肯定要去雅典;我希望也能顺路游历意大利的一部分。 我想在英国的雅典学院(the British School)住上几个月,走遍希腊的国土。 如果你有任何合适的理由、时机或借口,那么就过来参与我的一部分旅行。"他在这封信的结尾处写道:"我确实想知道,自己能否对巴利奥尔学院里的学生们拥有任何掌控力或影响力。 如果有人能做到这一点,那么他就是拥有着神明一般的能力——这也正是我急于进入巴利奥尔学院、不

---

① 博德利图书馆,汤因比档案,明信片,西里尔·拜利致汤因比,1911 年 3 月 22 日。
② 博德利图书馆,汤因比档案,林赛致汤因比书信,1911 年 3 月 21 日。
③ 博德利图书馆,汤因比档案,汤因比致达比希尔书信,1910 年 11 月 4 日。

再考虑万灵学院(All Souls, 该学院也邀请汤因比竞聘其教职)的原因。"①

　　然而, 像神明一样塑造那些前程远大的青年——他们有机会引领大不列颠、大英帝国与全世界的公共生活——并非汤因比的使命。 第一次世界大战的爆发改变了一切。 汤因比对巴利奥尔学院和牛津大学教师生涯的好感就像当年热情燃起时一样迅速地烟消云散。 汤因比情绪与雄心壮志变化的原因部分在于对那些辜负了自己期待的学生们的失望之情。 但导致汤因比最终放弃牛津大学任教生涯(它在 1911 年看上去是毫无悬念的)的主要原因则是他私人生活的变化和一战带来的大变局。　　38

---

① 博德利图书馆,汤因比档案,汤因比致达比希尔书信,1911 年 5 月 7 日。

第三章　游学旅行、教师生涯与
结婚成家(1911—1914 年)

阿诺德·汤因比于 1911 年 9 月 22 日至 1912 年 8 月 6 日期间前往意大利和希腊进行游历，参观古代遗址、观察地形、想象古人如何在他眼前的地理环境里生活，并任凭自己的历史想象力在从公元前 2000 年至今的希腊与意大利历史中自由驰骋。 他选择徒步旅行的方式，随身带着一个水瓶喝水，带着一件雨衣防水，背着一双干净的备用袜子，并带好了足够的钱财以便沿途向村民购买食物。 他有时露宿在星空下，有时睡在咖啡馆的地板上。 他足足走了近 3 000 英里，大部分时候沿着山羊群踏出的小径前进，但有时也会绕弯路——或是为了占据制高点以便观察地貌，或是为了找到前往某个古代遗址的近路。

他起初跟着其他英国古典学家们一道旅行，参观了大部分著名的古代遗址。 随后，当冬季来临之时，他同罗伯特·达比希尔两人结伴前往更偏僻的地区。 1912 年 4 月达比希尔回家后，汤因比经常一个人旅行。 起初，他曾通过单日往返于雅典和苏尼昂海角(Sounion)之间来考验自己——即在路况相对不错的路线上步行 40 英里。 两周后，他离开了早已被人踏平的道路。 他向母亲汇报道:"我完成了十分刺激的五日徒步旅程，没有随身行李，也一直不知道当天晚上会在哪里安歇。"①
在这次探索中，当精疲力竭的同伴们踏上归途之后，汤因比还多逗留了
几个小时，以便探索另一条穿越阿提卡与彼奥提亚(Boeotia)之间的西
塞隆山(Mt. Kitharon)的道路。 这种现象非常典型。 无论是独自一人
还是结伴同行，汤因比都会展示出与众不同的强烈好奇心、跋涉耐力和
面对眼前景观时的丰富学识与想象力。

　　旅行至少可以帮助汤因比逃避两件烦心事。 首先且最为明显的
是，他逃离了 1909—1910 年父亲精神失常后出现的严重家庭危机与无
法解决的难题。 书信往来当然还会让他偶尔面对家里的种种问题，但
他每过几周才会处理一次信件。 当汤因比在偏远地区游历时，别人是
找不到他的。 因此，家里的其他成员只好在没有他参与的情况下做出
一些重要决定。 其次，行万里路也使他摆脱了书本的束缚。 旅程开始
之际，他在意大利写道："我用自己的双腿和双眼学到了大量历史知
识。"②两个月后，他在提洛岛宣称："这是一种加深理解的绝妙方
式——它赋予了旅行者的'历史想象力'以绝佳的素材。 庞贝城或许
保存得更加完好；但那里不过是公元 1 世纪的一处次要浴场。 我现在
身处的地方则是辉煌了一个世纪之久的、具有世界性意义的主要集市。
研究者可以在这里接触到事物的本质[即便从这里发往米科诺斯(Myko-
nos)的船一周内只有两趟]。""古代宗教圣地提洛岛"的现存遗址和
日后希腊化时代奴隶市场遗迹之间形成的强烈对比激发了汤因比的想象
力，使他看到"普世性的希腊文化如何倒灌回来，淹没了孕育自己的朴
实无华的、内敛型的地方性希腊文化"。③

　　这种在情感与求知两方面同时摆脱束缚的经历是极其难得的，并且
汤因比将之利用到了极致。 他在给已经返回日常平淡生活的往昔旅伴的
信中写道："无论如何，一个人越是自由，他也就越幸福；我从未像在徜

39

---

　　① 博德利图书馆，汤因比档案，阿诺德·J.汤因比致伊迪丝·汤因比书信，1911 年
12 月 27 日。
　　② 博德利图书馆，汤因比档案，阿诺德·J.汤因比致伊迪丝·汤因比书信，1911 年
10 月 9 日。
　　③ 博德利图书馆，汤因比档案，阿诺德·J.汤因比致伊迪丝·汤因比书信，1911 年
12 月 6 日。

徉于希腊这样自由自在。"①汤因比毕生珍视这段回忆，并在他 80 岁出版的《往事》一书中用了 20 多页的篇幅描述了他所谓的"第二次"希腊史教育——这次他接触到的不仅是古代文本，还有希腊的地貌与居民。②

从另一个角度来看，这次探索对他而言也意义重大。在渡海前往法国之前，汤因比从未得到过哪怕尝试讲一门外语，或为自己安排衣食住行等琐事的机会。他一直被包裹在学校与家庭之中；成年人的生活完全自理是别人的事。汤因比自己也意识到了这一点，并在从法国寄回的第一封信中向母亲承诺道："请您记住……我回去时会比出发前更干练、更有出息，也更富有男子汉气概。"③刚到希腊时，他仍倾向于依赖别人安排生活琐事，尤其是因为他很排斥高声同商贩讨价还价。而在离开希腊之际，汤因比已精通如何砍价，并成功应付过遭遇野狗、偷羊的窃贼和被怀疑自己的宪兵逮捕等麻烦。他在给母亲的信中写道："我还了解了富人的立场是怎样的，因为我在这里十分富有。""真的，从小参与各种狩猎、射击与游历活动的富人确实占据着一种巨大优势——他们通过这种生活方式就可以了解关于这个世界的大量知识；而我只能尝试一劳永逸地完成这一任务。三个月前，我还从未张口说过外语或使用外币；现在我却可以毫不费力、相当自然地找到适宜的法语、希腊语和意大利语字眼……这样的一年游历胜似死读十年书。"④简言之，日常生活的世界以一种前所未有的方式充分展现在他的面前。在多重意义上，汤因比确实如自己所愿，在游学旅行的一年间成长为一名男子汉。

40　　然而，汤因比家里的种种麻烦并未烟消云散；留在家里的家庭成员们不得不自己决定如何照料与治疗哈利·汤因比。由于病人在精神失常近两年后仍未表现出任何好转迹象，全家人于 1911 年 10 月决定将他转送到希灵登(Hillingdon)的一家更为昂贵的新医院。伊迪丝和她的儿子都希望病人能够"真正好起来"（用年轻儿子的话说）。⑤但到了年底，他

---

① 博德利图书馆，汤因比档案，汤因比致达比希尔书信，1912 年 9 月 25 日。
② 汤因比：《往事》，第 18—40 页。
③ 博德利图书馆，汤因比档案，阿诺德·J.汤因比致伊迪丝·汤因比书信，1911 年 9 月 22 日。
④ 博德利图书馆，汤因比档案，阿诺德·J.汤因比致伊迪丝·汤因比书信，1911 年 12 月 27 日。
⑤ 博德利图书馆，汤因比档案，阿诺德·J.汤因比致伊迪丝·汤因比书信，1911 年 10 月 20 日。

们的希望落空了。 试图安慰母亲的汤因比写道："不要认定自己是个失败者，看看孩子们的成长吧。"他还在同一封信中写道："让上帝来最后评判你和父亲的一生吧。"①但残酷的事实是，哈利在希灵登的昂贵治疗费用只能靠富裕的兄弟们帮忙垫付。 在伊迪丝乃至阿诺德眼中，这未免过于仰人鼻息。 汤因比在 3 月给母亲写道："我非常高兴您能赞同我的意见。 我在不断改进自我。 这次我没有对叔叔们发火。 自从来到这里以后，我的精神变得日趋稳定。 我认为那是户外新鲜空气、体育锻炼与闲暇造成的效果……但也许只是因为我已长大成人了。"②

1912 年 5 月，哈利再次转院，这次他住进了治疗费用更少的北安普顿(Northampton)圣安德鲁医院(St. Andrew's)。 他在那里一直住到 1941 年去世时为止。 这一安排让伊迪丝赢得了来之不易的财务独立——支付丈夫治疗费用的渠道如今来自托管基金、阿诺德的一点贡献和她自己的收入[她最终找到了工作，负责整理编辑弗洛伦斯·南丁格尔(Florence Nightingale)的文集]。 但隐藏在这场小胜利背后的则是更大的失败——从丈夫进入圣安德鲁医院时起，她就已经放弃了他有朝一日能够康复的一切幻想。 儿子安慰她说："完全依靠托管基金和我们自己总要好得多。 我是这样认为的；相信那也是您的感受。 妈妈，我知道您在承认连希灵登医院也无法治愈爸爸的精神失常时有多么痛苦……我自己一度也对那所医院充满希望。"③

造化弄人的是，就在一家人做出关于哈利·汤因比治疗问题的最终决定之际，哈利的儿子于 1912 年 4 月 26 日饮用了伯罗奔尼撒地区被污染的溪水，从而患上了另外一种严重疾病。 汤因比日后认为，自己之所以能从第一次世界大战中幸存下来，恰恰是由于误饮了被细菌污染的水源而患上的痢疾。④正如我们将在下一章中看到的那样，这种说法在一定程度上是有道理的。 但就当时的情况而言，这场疾病的主要影响

---

① 博德利图书馆，汤因比档案，阿诺德·J.汤因比致伊迪丝·汤因比书信，1912 年 1 月 2 日。
② 博德利图书馆，汤因比档案，阿诺德·J.汤因比致伊迪丝·汤因比书信，1912 年 3 月 3 日。
③ 博德利图书馆，汤因比档案，阿诺德·J.汤因比致伊迪丝·汤因比书信，1912 年 1 月 19 日。
④ 如《往事》，第 38 页。

是缩短了汤因比在希腊乡间无忧无虑的考察日程，迫使他提前回家——因为希腊当地的治疗手段（服用大量白糖和微量砒霜混合而成的药剂）无法缓解他的病痛。 当汤因比于 1912 年 8 月 6 日返回英格兰时，母亲把他送进了一所医院。 在接受了数周流食疗法后，①汤因比于 9 月底痊愈出院。

正如人们可以预料到的那样，汤因比充满活力、勇于探索的头脑在游历过意大利与希腊后迸发出了新思想。 这些思想对他日后一生的重要意义堪比他同样从这次旅行中收获的自立精神和"救"了他一命的传染病。 有趣的是，汤因比晚年的回忆与他当时写给母亲的信件并不一致，经常彼此矛盾；但二者应该都真实反映了汤因比本人明确意识到的若干观念——只不过其中一些在当时显得重要，另一些到了日后才凸显出其重要性。 此外，二者也存在着可公约性。 当时的反应与日后的追忆都表明，汤因比当时正在思索他所熟悉的英格兰同自己在游学旅行中接触到的希腊—意大利乡村社会之间的文明差异（这一思想在 1920—1921 年期间已经成熟并凸显）。

但在起始阶段，英国上流社会的礼仪规范同意大利、希腊人举止之间的差异令他大为光火。 汤因比的反感充分反映在他不分青红皂白地用在自己遇到的每个人身上的称呼——"南方佬"（dago）之上。 他向母亲解释道："这里可不像在'欧洲'那样存在着有教养者和无教养者之间的差别。 这里的所谓'教养'只是一些微不足道的花架子。 这些地方的'衣冠楚楚者'确实是可恨至极的——我很同情那些想要踢上等人屁股的、在印度居住的英格兰人……我现在能够理解种族歧视了。 人们确实需要像反对其他丑恶事物一样同种族歧视斗争——但印度人确实还无法自治！"②

然而，汤因比明白，使得希腊人成为"南方佬"的并不是血统，而是社会环境。 他在抵达雅典一周内写道："古希腊人与现代希腊人一样吗？ 我不这样认为。 前者或许还比后者物质上更为贫穷……但真正重

① 他写道："今天我吃了 6 周以来的第一顿面包。"博德利图书馆，汤因比档案，汤因比致达比希尔书信，1912 年 9 月 25 日。

② 博德利图书馆，汤因比档案，阿诺德·J. 汤因比致伊迪丝·汤因比书信，1911 年 12 月 11 日。

要的是二者之间的道德水准差异。 古希腊人位于世界的中心，四面八
方的人都会为了贸易、诗歌和雕塑而来到纳克索斯岛(Naxos，汤因比此
时就在岛上——作者)。 他们如今却依附于欧洲，向我们学习各种模
范——他们最优秀的品质也仅仅是对我们二流品质的拙劣效仿。 如果
中国成为世界的中心，我们也将成为'南方佬'——所以我们现在需要
武装到牙齿，为保住自己在世界上的优势与领先地位而奋斗到底，统治
印度、开发西非并在加拿大建立殖民地；就像古希腊人开发色雷斯、殖
民西西里(Sicily)、统治亚洲一样——我的结论在道德层面上是何等
反动。"①

然而，这种认为文化地位会在历史进程中发生变化，从而导致行为
习惯巨变的思考并不影响汤因比对触犯其良知与正义感的行为表达自己
的愤慨。 例如，在被怀疑为土耳其间谍而遭到逮捕后，汤因比利用自
己的英国人身份报复了影响他在希腊—土耳其边境漫步的官员们。 他
在家信中写道：

> 我昨天去了(英国)领事馆，跟领事进行了谈话。那帮家伙
> (希腊官员们)将全体受到严惩，尤其是那个警察局局长。好在我
> 始终控制着自己的情绪。对"南方佬"的轻蔑具有一种奇妙的镇静
> 作用……不看人下菜的、一视同仁的法律在这种人眼里就像一视同
> 仁的价格一样不可理喻。这是赤裸裸的生存斗争——掌权者运用手
> 中的权力碾压没有特权的人，所有的买卖行为都是一场恶仗……

> 我认为，这一年里最大的收获是我理解了英格兰(或少数……
> 文明开化国家)的价值所在。文明人数目还很稀少，因而极其珍
> 贵；如果我们与德国人互相残杀的话，那真是莫大的疯狂。此外还
> 有种族偏见的理直气壮和所谓"人权"的空洞无物……我如今凭经
> 验认识到，世上并不存在拥有某种与生俱来的特定禀赋的"智人
> 种"("genus" Homo Sapiens)；在黑猩猩和超人(Supermen)之间
> 存在着无数过渡阶段……我很希望能深入研究"南方佬"，但必须
> 首先观察南美和西西里。与野蛮人不同的是，"南方佬"是一种寄

42

---

① 博德利图书馆，汤因比档案，阿诺德·J.汤因比致伊迪丝·汤因比书信，1911 年
11 月 19 日。

生虫——他们只能在充满活力的文明阴影下成长——他们的本性来自拙劣的模仿。例如，我并不认为这些人在革命年代里（1821—1830 年）开始同欧洲打交道之前就是"南方佬"。即便到了现在，偏远村庄和山间牧人也并非"南方佬"，而是白皮肤的野人……这跟人种没有关系……它在很大程度上是由气候造成的；我认为疟疾对"南方佬"性格的形成至关重要。但穆斯林们都不是"南方佬"；他们信奉的宗教里有些元素会阻止他们对别人亦步亦趋……

　　不过，最关键的是拉米亚（Lamia，汤因比在那里遭到了逮捕——作者）的这帮小人将遭到严惩，这可以防止他们在下一位考古学家到来时秀自己的下限……好吧，我会向自己遇到的所有崇拜希腊者（philhellene）大肆宣讲希腊的坏话……但我还是无法解决那个至关重要的问题："古希腊人跟他们一样吗？"①

如果我们将汤因比的这些愤激之语同他在《往事》中对同一事件的回忆进行对比的话，那是很有意思的事情："他们带着我登上军署的长梯，来到本地军事长官面前。每登上一级台阶，我都会变得更加怒不可遏和粗鲁无礼。然而，他们都觉得这件事很好笑；长官很快给我签署了一份清白证明，把我打发走了。"②他之所以回忆这次遭遇，是为了说明自己一直拒绝认清"十分聪明、机警和直言不讳的希腊男男女女们"试图让自己了解的国际形势：当时的种种变化即将导致巴尔干战争（1912—1913 年）的爆发。事实上，汤因比在年老时已完全改变了自己当时的道德立场，用下面的话总结了自己的回忆："我在雅典的英国使馆里的表现纯属小题大做。那里的工作人员策略性地表达了对我的同情，但很明智地什么都没有做。"

在汤因比对意大利与希腊生活方式的负面看法中，居于核心地位的是他本人对当地金钱交易的厌恶。他讨厌被人骗钱，也反感只有通过讨价还价才能争取到大致公道价格的买卖。这使得他同希腊与意大利农民的生活方式之间存在着严重隔阂——后者认为面红耳赤的、灵活的

---

① 博德利图书馆，汤因比档案，阿诺德·J. 汤因比致伊迪丝·汤因比书信，1912 年 7 月 24 日。
② 《往事》，第 35 页。

讨价还价是任何公道交易不可或缺的一部分——它使得原本死气沉沉的市场交易人性化，变得有滋有味。 从童年时代起，父母已让他牢牢树立了害怕入不敷出、必须精打细算、重视理财的观念。 因此，汤因比记录了自己旅行期间的每一笔花销，并算好了直到返回英国时所需的全部费用。 每次花钱的时候，他都感到支持自己宏伟探访计划的剩余经费在减少。 而一直折磨自己的疑虑——他可能因为不善砍价而花了冤枉钱——进一步加深了这种损失的感觉。

然而，在回家前的几个月里，汤因比对巴利奥尔学院大学教师奢侈生活方式的反感促使他重新认识这一切；这种反思在他年老时臻于成熟。 他在给达比希尔的信中写道：“如今，由于我已不再会被他们的谎言、拖拉和无法做到和这些人一样而轻率地恼羞成怒，我开始慢慢认识到了‘南方佬’们也有自己的美德：他们精打细算、从不趋炎附势（我认为趋炎附势确实是‘黑衣人’们的坚实‘美德’）。 你要明白，耶稣基督是可以在现代希腊云游行善的，但他在牛津大学里将没有立足之地。”[1]

但在当时，在同异质文化社会的第一次遭遇中，汤因比仍旧把自己封锁在狭隘的社会礼仪规范之中。 例如，他拒绝让来自剑桥大学的女学者玛格丽特·哈迪（Margaret Hardie）跟随男学者们一道前往著名古代景点考察，借口是她跟不上自己的步伐。 他在给母亲的信中写道：“女性具有天然的可怕生理缺陷，并且让她们在我们男性的圈子里抛头露面也不好。”他对母亲说这些话未免冒失，因为他的母亲年轻时就曾在男性世界里抛头露面，并取得了些许成绩。“她们表达的不满其实是在反对上帝。 毫无疑问，她们最近试图强占的是实至名归的男性领域。 倘若她们真正进入了这个男性世界，她们会发现自己根本无法适应——我认为那将是她们中的许多人无法承受的巨大悲剧。”[2]

同样，汤因比也很反感自己在罗马遇到的天主教教士们；那些人在圣彼得大教堂里“油头滑脑地、机械古板地唱个不停”。[3]他对阿陀斯

---

① 博德利图书馆，汤因比档案，汤因比致达比希尔书信，1912 年 11 月 6 日。
② 博德利图书馆，汤因比档案，阿诺德·J.汤因比致伊迪丝·汤因比书信，1912 年 1 月 2 日。
③ 博德利图书馆，汤因比档案，阿诺德·J.汤因比致伊迪丝·汤因比书信，1911 年 11 月 5 日。

山(Mt. Athos)的东正教教士们也评价不高，声称他们的宗教虔诚缺少一件"欧洲的道德与博爱外衣"，已经变成一种"纯粹的寄生模式"。他总结道："我们期待着奥地利控制萨洛尼卡(Salonika)，德国经营安纳托利亚和巴格达铁路，越快越好……无论哪个大国控制这里，关闭阿陀斯山这座历史博物馆都是件好事。 这是个神奇的地方，但过时的东西都不值得维持下去；并且我确信这个僧侣团体应当被解散。"①

类似的偏见只是偶尔闪现，并不占据重要位置；但与汤因比日后的普世主义世界观相比起来，这些看法多少有些令人惊讶。 当时，他真正关心的是作为意大利与希腊历史舞台的地理与地貌环境。 无论走到哪里，汤因比都会在观察当地环境时思考人类在历史上——古代、中世纪与近现代——是如何利用它的。 他特别感兴趣的是军事天险和远征路线。 他在旅行结束时宣称："我几乎已成了这方面的专家。"②事实上，他寄给家里的信件包含着对所考察地貌的描写，往往还配有手绘地图和古代防御工事的工整素描。

汤因比曾三度(如果他晚年的回忆确实可靠的话，我认为的确如此)经历过同历史的神奇遭遇。 1912 年 1 月 10 日，在观察狗头山(Cynoscephalae)古战场时，他的脑海中浮现了公元前 197 年罗马人在这里击败马其顿人的场景，这幅复原场景是如此生动，以至于汤因比在40 余年后自问道："在那一瞬间，那位梦想家怎能沿着绵延 21 个世纪的时间长河顺流而下，发现自己重新回到了现实当中，并骑在马背上游览呢？"③3 个月后，汤因比在克里特岛又有了一次类似经历——他看到了一座废弃的威尼斯庄园——它无声地诉说着土耳其人在 1669 年的胜利。 第三次体验则是在考察莫奈姆瓦夏(Monemvista)的莫雷奥特(Moreote)要塞期间，他在看到遍布该遗址的废弃铜炮时"再度陷入了时光旋涡之中"。④

早在这三次非同寻常的体验之前，汤因比的丰富想象力也曾让他脱

① 博德利图书馆，汤因比档案，阿诺德·J. 汤因比致伊迪丝·汤因比书信，1912 年6 月 22 日。
② 博德利图书馆，汤因比档案，阿诺德·J. 汤因比致伊迪丝·汤因比书信，1912 年6 月 26 日。
③ 汤因比：《历史研究》(A Study of History, 伦敦，1954 年)，X，第 134—135 页。
④ 《历史研究》，X，第 136—137 页。

离过常人的意识状态。早在 1911 年准备牛津大学的考试时，李维(Livy)著作摘要中描述反抗罗马的同盟者战争中一位领导人之死的寥寥数语已经足以激发他类似的想象——这种"思维迁移"(transport)只在"弹指一挥间"中闪现，但它造成的印象却极其深刻，令汤因比终生难忘。①而在之后的两次经历中，其他文本与遗址也产生了使他"同某个具体历史事件的参与者们短暂共处"的类似体验。按照汤因比自己的统计，这样的现象在他身上一共出现过六次。②

　　想象力没有那么丰富的人们会如何看待类似的体验呢？汤因比本人显然认为，他同过去交融的想象至少在某种意义上是真实的；否则的话，他就不会在其巨著的最后一册中如此认真地记载这些体验经历。然而，值得注意的是，这些幻象都是在汤因比承受着特殊的个人压力情况下向他显现的。显然，对父亲健康状况的担忧和同母亲关系的危机在 1911—1912 年间困扰着汤因比，即便在徒步考察部分缓解了他对自己家庭的担忧的情况下也是如此。我们将会看到，汤因比日后看到的那些幻象也是在特殊的焦虑时期里出现的。因此，我们或许有理由将这些神秘体验视为汤因比逃避人生困境的惯常方式的一种极端戏剧化手段——他会在那样的情况下自觉地埋头于自己作为历史学家的研究工作，在过去的时代中寻找藏身之地。

　　但汤因比对意大利与希腊地貌的研究结果却很少带有神秘色彩。每到一地，他都会单刀直入地追问自己，人们如何与为何在那些地方建造居所与军事据点。他的兴趣绝不仅限于古代，而是涉及与当地地貌有关的一切，甚至延伸到并包括了希腊独立战争(1821—1830 年)结束后在从前土耳其人领土上建造的平原村庄。1912 年 5 月 23 日，在从拜占庭时代建于米斯特拉(Mistra)的要塞俯瞰欧罗塔斯(Eurotas)河谷时，汤因比回忆了对该河谷的政治控制权是如何在平原地区的政治中心之间转移的——没有城墙保护的古代斯巴达城邦和控制进出下方肥沃原野的要塞都位于那里。登高俯瞰的汤因比可以看到欧罗塔斯河谷中古代、中世纪与近现代人类定居点的痕迹——在他眼中，这些废墟的位置是山民

① 《历史研究》，X，第 130—131 页。
② 《历史研究》，X，第 139 页。

与平原定居者、牧人与农民之间永恒对抗关系的可见证据。

这些地貌启发他意识到了当地历史的循环模式：古代的循环周期［其载体是一座现存的、在河谷内各处清晰可见的迈锡尼（Mycenae）时代的山顶要塞和开阔平原上的古典时代斯巴达城邦遗址］和如出一辙的第二周期（证据为他身处其中的中世纪山顶要塞和 1821 年在古斯巴达遗址之上建起的现代村落）。①日后，他在 1922 年围绕希腊历史地理学所做的一系列精彩报告中总结了这一见解。②毫无疑问，文明理论已开始在他关于人类历史的成熟观念中占据中心地位；尽管与其日后的见解相比，他在 1912 年的思考还只是雏形而已。

这些体验并未反映在汤因比同时期的信件中；而在他后期著作的自述性段落里，汤因比强调了这些彼此孤立的、多半属于可视性材料的证据的意义。他很可能是日后从游学旅行的庞杂回忆中抽象出这些观念的，因为它们一直萦绕在汤因比的脑海中，并随着他历史观的成熟而获得并确立了重要意义。汤因比在日记里认真记录的大量地貌细节③对他日后而言并无任何用处。但无论从当时的情况还是从日后的回顾来看，他的游学之年（Wanderjahr）都是一段奇妙且欢乐的时光：大量新思想与新观念涌入了这个日趋独立的成年人的头脑。这十个月的收获之丰硕是空前绝后的；尽管汤因比此后花了数年时间才将自己在意大利与希腊经历的一切整理成为令人满意的学识宝藏。然而，于 1912 年 8 月返回英格兰并开始在巴利奥尔学院任教的汤因比在若干重要方面已不同于不到一年前离开学院的那个学生。他已见过了世面——至少是大千世界中非常重要的一部分。他还将自己学到的书本知识同古典时代意大利与希腊的地貌结合在一起，并将之视为贯穿有文字可考的历史，涵盖了古代、中世纪与近现代元素的普遍规律。无怪乎他需要一点时间去消化整理所有这些新思想！

正如我们之前提到的那样，汤因比花了六周在医院里治疗痢疾，在

---

① 《历史研究》，X，第 107—111 页。
② 关于这些报告的笔记见博德利图书馆的汤因比档案。
③ 博德利藏品中有一部关于地貌信息的日记，但它在汤因比抵达希腊后中断了。其原因要么是汤因比从那时起停止了对其所见与研究对象的每日记录，要么就是（可能性更大）他用某种更系统的记录方式取代了日记，但那部分材料并未保存在自己的档案里。

出院时刚好赶上了 1912 年 10 月开始的巴利奥尔学院秋季学期。 他对新生活既迫不及待，又有几分不情愿。 他在医院的病床上向达比希尔写道："我急不可耐地想要开始在巴利奥尔学院的任教生涯，并体会一下这份工作究竟如何了。 那些笨学生曾让你失望透顶——但难道真的无法点拨他们吗？ 只要还有热情，我就会努力尝试下去；如果失败了，我也不至于愤世嫉俗……但我怀疑，这种为了履行教师职责而牺牲自己费尽千辛万苦才磨砺出来的思想的工作是令人灰心丧气的。"① 入职一个月后，他的矛盾心理仍未解除："我正在迅速适应教师的身份：他们永远待在学院里，并且生活一成不变——这与那些来来往往的学生截然不同。 有时我会感觉自己到了 59 岁还会在做一模一样的工作。学院同事们非常友好，并且他们并不像我原先以为的那样守旧。 但他们的生活为何要如此奢侈呢？ ……我打算毛遂自荐担任青年财务总管，让这帮人啃干面包喝白开水。 我想捣毁这里，把学院徽章熔化掉。 这里的一切是如此肮脏……这就是我想要跑掉的原因。"②

然而他也得到了一些补偿。 汤因比热情地同学生们分享自己之前学到的一切。"我的工作是教授历史，也就是要让人们了解一种与我们自己不同的生活方式与文明。 它从根上就与我们的文明不一样，并且朝着不同的方向发展壮大……如果我能让学生们从精神上[但那是桑迪（即林赛——作者）的任务]、体魄上和道德上走近希腊人——并想象他们生活环境里的石灰岩、松林与蔚蓝大海——那么我就出色地完成了自己的工作。"但在他的 15 名学生中，似乎只有 3 人对学业多少有一点兴趣。 正如他在同一封信中指出的那样："我解释得太多。 我啰嗦的都是废话，试图启发他们思考，为他们构建一幅鲜明的图景。 教师本应关注学生们在写什么、关注什么问题。 我有一次在学院里无意间听到了这样的对话：'你觉得汤因比怎么样？''哦，我觉得他还不错。''这只是一方面。 他跟你们谈论自己太多了，以至于你们根本不用参与讨论。'所以我必须改变自己的授课方式。 但教书总归是好的……我不认为自己注定要熬到江郎才尽、文思枯竭的那一天。 在此期间，我将有

46

① 博德利图书馆，汤因比档案，汤因比致达比希尔书信，1912 年 9 月 25 日。
② 博德利图书馆，汤因比档案，汤因比致达比希尔书信，1912 年 11 月 6 日。

充足时间去消化吸收更多的历史知识——那是我多年以来的内在动力，并且我没有看到这种动力有任何衰减的迹象。 我是为了知识而追求知识的。"到了 12 月，他已能够用同样自信的口吻宣称："即便在遵守学院种种琐碎规定的情况下，我这个学期也过得相当愉快。"①

汤因比的热情没有白白浪费；至少一些同事支持他的做法。 林赛在给他的信中写道："我还不清楚学院结业考试中的整体答卷质量究竟如何；但我应当告诉你，学生们在希腊史与罗马史科目上取得了巨大进步；考虑到他们原本天资平平，我理应向你取得的成绩表示祝贺。"②

教书和履行学院教师职责并非汤因比生活的全部。 他在巴利奥尔学院任教的第一个学期里"构思了一篇讨论斯巴达的人口、军事组织与动员的宏伟论文，希望能在《希腊研究期刊》(*Journal of Hellenic Studies*)上发表它"。③当它于当年晚些时候见刊时，这篇论文成了汤因比的第二篇发表作品。 这是一篇篇幅很长、极其博学的文章，试图探索一条调和彼此矛盾的、关于斯巴达军队规模及其居民[公民、边民(perioeci)与希洛人(helots)]法律地位的古代史料的道路。 汤因比这篇文章的独特贡献在于以其对斯巴达所统治的伯罗奔尼撒半岛领土进行的细致地形学考察为基础，指出了相关人口数字"必定存在的关系"。④就这一点而言，这篇论文是他一年田野调查所取得的宝贵收获，也是古代史学者传统生涯的不错开端。

但汤因比并不满足于当一名传统意义上的古代史学者。 他的头脑倾向于建立一套"历史哲学"，以便分析他在希腊游历期间关注的古代、中世纪与现代之间的种种联系与统一性。 作为建立宏观认识的第一步，汤因比欣然接受了吉尔伯特·穆雷的邀请，为现代知识丛书(Home University Library)撰写了一部希腊史。 到了 1913—1914 年间，该计划被扩充成为一部从史前时代一直延伸到拜占庭时代的通史。汤因比还将计划纲目寄给了几位知名专家，以便征求他们的意见。 吉

① 博德利图书馆，汤因比档案，汤因比致达比希尔书信，1912 年 12 月 15 日。
② 博德利图书馆，汤因比档案，林赛致汤因比书信，未标注日期。 但信件内容可以清晰表明，这封信肯定写于 1913 年或 1914 年的春季考试周期间。
③ 博德利图书馆，汤因比档案，汤因比致达比希尔书信，1913 年 2 月 15 日。
④ 汤因比：《斯巴达的发展》(The Growth of Sparta)，《希腊研究期刊》1913 年第 33 期，第 246—275 页。

尔伯特·穆雷答复道:"我认为你的希腊史纲目很棒。"但在表扬之余,他也列出了一长串希望汤因比加以调整的意见,认为他应当更充分地赞扬希腊人的成就。①剑桥大学的伯里(J.B. Bury)答复道:"你的知识储备十分雄厚。 我抱着极大兴趣通读了全稿。"他在回信结尾处提出了"一点点批评意见"。②作为上一代学者的代表,瓦尔特·利夫(Walter Leaf)回答道:"我怀着比预想中更浓厚的兴趣——简直可以说是兴奋——读完了你的手稿。"但他接下去写道:"但就你对荷马的评价而言,我只能对你的认识报以一声叹息。"③1914 年 8 月爆发的第一次世界大战中断了这一项目;它直到多年以后方才恢复。 这项计划同他关于斯巴达论文的精细考据构成了鲜明对比,反映了汤因比特有的、追求宏观视野与整体视角的渴望——它压倒了对细节的精确把握。 但细节仍旧令他着迷。"我正在写作一篇篇幅超长的、讨论荷马《船谱》的论文,准备在月底的语文学学会(Philological Society)大会上宣读它……它各方面的枝节都在不断增加。 我希望在全部工作完成后将成果印成一本小书。"④然而,这篇论文从未正式出版,并且也没有保留在他的现存文章中。

47

在学术研究计划之外,这位青年史学家也开始密切关注巴尔干战争中的战役与外交活动。 这些战争确实充满了戏剧性。 希腊、塞尔维亚和保加利亚先是联手打败了土耳其(1912 年),随后因为战果分配问题而发生了争执,导致了第二次巴尔干战争(1913 年)。 结果,希腊、塞尔维亚、罗马尼亚和土耳其联合起来打败了保加利亚。 汤因比在 1912 年写道:"我在跟任何人见面时都只谈战争。 我很高兴看到他们(希腊人)的战事进展顺利。 他们——'南方佬'和其他所有人——的表现是如此出色。 这是伟大的爱国主义与自我牺牲,并且他们的立场是正义的(如果这个世界上确实有正义战争的话)。"另一方面,他谴责欧洲列强是一帮"无能的懦夫",因为他们试图通过谈判来结束战争。 他对英国的要求是:"我希望我们能在当地舆论一片哗然之前慷慨地将塞浦路斯岛让

---

① 博德利图书馆,汤因比档案,吉尔伯特·穆雷致汤因比书信,1914 年 7 月 20 日。
② 博德利图书馆,汤因比档案,伯里致汤因比书信,1913 年 7 月 1 日。
③ 博德利图书馆,汤因比档案,瓦尔特·利夫致汤因比书信,1913 年 11 月 23 日。
④ 私人收藏,汤因比致达比希尔书信,1913 年 5 月 11 日。

给希腊。"①

1913 年，当希腊使团前往伦敦与列强展开谈判之际，汤因比有机会见到了使团成员并记载道："我幸运地能够运用自己唯一会讲的外语同……韦尼泽洛斯（Venizelos）的秘书以及韦尼泽洛斯（希腊总理——作者）本人交流。我之前便想了解他们是怎样的人；如今我日益坚定地认为他们是'讲阿尔巴尼亚语的希腊人'（Albanophone Hellenes）。"②

时事政治很快进一步迫使汤因比对之予以关注，因为政局彻底改变了他的生活方式，并影响了牛津大学中的所有人以及世界其他地方的许多居民的一生。但这一切在 1913 年还是不可想象的。真正萦绕在他的头脑里、干扰他的教学生涯与史学研究的是同母亲关系的老问题：由于一个新的爱慕对象——罗萨琳德·穆雷——的出现，这一问题的性质发生了转变，并且无疑大大激化了。

汤因比于 1910 年第一次见到罗萨琳德·穆雷，当时她还不满 20 岁。尽管汤因比与罗萨琳德的见面时间很短，并且当时还有其他人在场，她留给他的印象却是极其深刻的——她在汤因比眼中更像是一位仙女公主，而非世间凡人。这个机智、聪颖、成熟、富有贵族气质并惹人喜爱的女孩是无法企及的——至少在她的暗恋者还只是一个养不起妻子的本科生时如此。但汤因比的母亲已嗅到了对手的气味。无论如何，汤因比毕竟在首次出门旅行时给母亲吃了一颗定心丸，表示自己"目前还没有结婚的愿望，或许今后永远也不会有"。③然而，几个月后，当母亲非难罗萨琳德新出版的小说《月籽藤》（*Moonseed*，1911）的道德倾向时，汤因比却为罗萨琳德辩护，声称"尽管有人对她说三道四，但罗萨琳德却从未用泼冷水的方式打击过别人"。④

更为激烈的冲突发生于 1912 年 8 月：汤因比不得不拒绝穆雷一家

---

① 博德利图书馆，汤因比档案，汤因比致达比希尔书信，1912 年 11 月 6 日。
② 博德利图书馆，汤因比档案，汤因比致达比希尔书信，1913 年 1 月 19 日。"讲阿尔尼亚语的希腊人"指的是那些操阿尔巴尼亚语但追随希腊东正教会的人。希腊代表当然认为这些人是希腊人而非阿尔巴尼亚人，并且列强于 1914 年划归南阿尔巴尼亚的地区（这些人在当地占据多数）应归属于希腊。
③ 博德利图书馆，汤因比档案，阿诺德·J.汤因比致伊迪丝·汤因比书信，1911 年 9 月 26 日。
④ 博德利图书馆，汤因比档案，阿诺德·J.汤因比致伊迪丝·汤因比书信，1912 年 3 月 3 日。

让他过去住上一个月的邀请，因为母亲执意要把他送到医院去治疗痢疾。他在给达比希尔的信中写道："自从结业考试后的那次野餐以来，我一直没有再见过她。我原本打算这个夏天住在他们那里，结果却只能终日躺在床上，直到即将开学的日子。"①无法如愿见到罗萨琳德的恼火或许确实使得汤因比无法同母亲实现真正和解，尽管如此尽心照料他的母亲正在重拾因父亲精神失常而一度忽视的职责。

但汤因比肯定动摇过。他在病床上写道："我觉得默认自己的虚弱无力是一种自然的、值得称赞的状态。"②在当时的特定情况下，默认自己的虚弱无力意味着默认母亲有权管理自己的日常生活。但即便在病中，汤因比也不肯事事屈从于母亲的意志。在汤因比离开的这段时期，伊迪丝已从伦敦搬走，汤因比自童年时代起十分熟悉的生活环境已不复存在，无法维系与规范他和母亲的惯常行为。相反，汤因比对自己的依附地位感到愤慨。他在住院前给达比希尔写道："如果我的母亲抓到我还在对外写信的话，事情就糟了。我将忍受屈辱。因为我是一个生活不能自理的人，或至少是个痊愈中的病人，只得听凭她摆布。"③在恢复健康并开始在巴利奥尔学院任教后，汤因比急不可耐地恢复了自己从前在意大利与希腊所享受的自我独立。

汤因比对母亲感情的决定性变化出现在 1912 年圣诞假期，在帮助母亲在温彻斯特附近安好新家之后，他认为自己的母亲简直不可理喻："她举棋不定，几乎处于歇斯底里的状态，好像怎么选择都不称心如意。但我们确实应该搬进那座房子——附近有一所很棒的女子学校，并且我们已在疏通房屋下水道等事务上花了不少钱。焦虑和神经质是我们必须与之斗争的坏东西，因为它们会传染，并且将在你希望做一个明智的人时摧毁你的判断力。"④在这次令人泄气的会面后，返回巴利奥尔学院对于汤因比而言已成为一种解脱。罗萨琳德与穆雷一家的魅力则随着他自己家庭关系的每况愈下而与日俱增。

---

① 私人收藏，汤因比致达比希尔书信。这封信的前几页已佚失，因此我们看不到写信日期。但信中提到了"今年夏天"，证明它写于 1912 年秋。
② 博德利图书馆，汤因比档案，汤因比致达比希尔书信，1912 年 9 月 25 日。
③ 博德利图书馆，汤因比档案，汤因比致达比希尔书信，1912 年 8 月 19 日。
④ 博德利图书馆，汤因比档案，汤因比致达比希尔书信，1913 年 1 月 19 日。

汤因比对罗萨琳德的爱正是在这一局面下产生的。 他在几周前已向达比希尔秘密交底:"我爱上了罗萨琳德·穆雷小姐——吉尔伯特·穆雷的千金。 我的感情已萌生了两年多,但生活中的磨难让我的情感变得更为炽烈……昨天,我在晚饭时与她见了一两个小时的面,但仅仅是通过那种许多人聚在一起的、毫无用处的方式。 她如今独自住在伦敦,从事写作并在伦敦东区工作(具体工作地点其实是以他叔父命名的汤因比纪念馆——作者)……可悲的是,我并不真正知道她是怎样的人,却在如此情况下陷入了爱河。 我的想法仅仅出于猜测,但却相当肯定她就是那样的性格。 这是多么不负责任的鲁莽与一厢情愿! 对于她而言,我显然只是茫茫人海中的一个匆匆过客。 但把这些想法写下来的我真是愚蠢至极。 你只能耐着性子倾听我向你吐露的这一大堆以自我为中心的废话。 但你理所当然要成为那个牺牲品,因为我在给你写信时就像我们彼此交谈那样毫无顾忌。"①

但到了 1913 年 3 月复活节假期前夕,汤因比对罗萨琳德的爱恋和对母亲的厌烦已临近爆发点。 他自己写下的话清楚地反映了当时的情况。

亲爱的罗伯:

支撑我同您谈话、审阅所有学生答卷并批改分数、表示我会在明天上午返还这些试卷的干劲如今已烟消云散。我昨天认认真真地批改了试卷……随后我前往穆雷家用餐。罗萨琳德·穆雷当时在场,使得我后来在批改这些愚蠢答卷的收尾阶段内心陡起波澜。冲动促使我给你写信,因为我想找人聊聊,并且此时显然无法静下心来阅读城防战术家埃涅阿斯(Aeneas Polioceticus)的作品(讨论城防战术的一篇古典文献——作者)。我本不想由着自己的性子自暴自弃,无法承担自己此刻本想完成的工作。我从前年 6 月起只见过罗萨琳德·穆雷 3 次。我们昨晚共处了两个半小时,上学期的一个周日晚上共处了两个半小时,还在另一天的一次聚会中远远对视了 2.5秒……前年 6 月,我曾跟她花了一整天时间在查韦尔河(the Cher-

---

① 私人收藏,汤因比致达比希尔书信,未标注日期,写于 1912 年秋。

well) 河畔做了一条独木舟。在整整一年半的光景里共处 5 个小时能有什么用? 不管怎样,我认为自己对她已足够了解(这是我之前聊过的老话题),但我还想要更多。我一直都很恼火。每当他们邀请我过去住几天的时候,我要么在卧床休息,要么在国外,要么确实需要帮我妈妈的忙。那一天我甚至想过推脱责任。但在母亲刚搬进索思沃尔德的新家时,我必须前去陪伴她。但我本可以陪伴穆雷一家去意大利待上三周。诚然,做了自己该做的事情,心里却闷闷不乐的人纯属咎由自取。但这寥寥数小时确实毫无用处:为了能够深入了解对方,你肯定会希望同对方共处一段时间。或许我会在这个夏天拥有更好的运气。无法全面了解对方的思想(或至少了解一些对方的想法),而仅仅知道人家怎么看待你是件令人恼火的事情:因为别人六分之五的思想是与你毫无关系的,只是你不知道而已。但如果不能至少了解对方的一部分想法,你就将一筹莫展。在心痒难耐的情况下在学院的四方小院里踱步,并且明知你希望陪伴她散步的爱人距自己只有 15 分钟路程,却无法走过去说"来跟我一起散步吧"是何等痛苦啊! 此外,她每次只在牛津住上几天——其他时间要么在伦敦,要么陪她的兄弟待在巴罗 (Barrow)。

在这样的心情下,我还得回到书本中去,写作一部历史巨著,晋升教授并赚钱……同时还要抓住一切机会同她见面——下次机会或许不到 3 个月内就会到来。一边工作,一边让自己不要像傻瓜一样心事重重! 我得就此搁笔了。因为我的信似乎不是写给你的,而是写给我自己的。罗伯……

好的,晚安,请尽快复信,尽管我最近回信很迟。

你的挚友　　　　50

阿诺德·汤因比①

下一封寄给达比希尔的信语气欢快了一点儿:"总的来说,这是一个非常成功的假期。"②这主要是因为他和朋友们前往苏塞克斯(Sussex)进行了一次家庭旅行;之后母亲和两个妹妹又来牛津看望了他。 接下来,

---

① 私人收藏,汤因比致达比希尔书信,1913 年 3 月 9 日。
② 私人收藏,汤因比致达比希尔书信,1913 年 5 月 11 日。

在提及了对自己事业的一些担忧后，汤因比坦承：

> 但以上这些并非我在心无旁骛地做着的事情，因为我一直深陷爱河之中（幸运的是，那并非我上学期末见到她后向你倾诉了一大通时的那种状态，我当时其实是太病弱疲惫了）。最近，我在一个周日晚上与她相处了两个半小时；如果可能的话，我还要争取越来越多的机会同她见面。像这样同恋人一次见面仅一两个小时，并且身边还有6个外人在场的感觉真是心如刀割，仿佛人们在把你的恋人放在玻璃柜中向你展示一样。这正是我推迟给你写信的原因——担心自己又会开始诉苦……但这种全心全意爱恋对方，又完全不知道人家是否会有一分可能爱上自己的状态是无法一直忍受下去的。我认为，如果她有百分之一的可能会喜欢我的话（那并非全无希望），那么我越早表白，结果就会越好。但我必须先同穆雷先生谈这件事情。因为我父亲的病和她的肺结核病史是两座大山。我首先必须弄清楚，自己的尝试是不是毫无意义的。如果我毫无机会的话，那么我还没有机会去打动她就是一件幸事；因为正如我之前说的那样，我认为现在的她今后是不会再想起有我这个人的。如果我有机会，那么事情就会变得非常简单：我可以单刀直入地询问那个答案，可能失意的只有我自己罢了。在此期间，我会尽可能地全身心投入自己的本职工作。因为无论我是情场得意还是失意，它们现在都是并且将来也一定是我的事业。我身体的器官确实在不断恢复之中：我已厌烦了上次痢疾的后遗症，于是在大约6周前拜访了一位好大夫。医生禁止我吃面包、蔬菜、水果和我餐桌上的一切东西。从那时起，我的身体明显好转（依靠食用我以前从来不吃的东西）。如果能在9月之前完全康复的话，我肯定会跟着韦斯（Wace）和奇斯曼（Cheesman）（两位青年古典学者——作者）奔向波斯尼亚（Bosnia）的。但等到这学期结束的时候，我肯定也知道另外那件大事结果究竟如何了……悬在半空的感觉确实糟糕。
>
> 你的挚友
>
> 阿诺德·汤因比

汤因比确实忠实执行了这一计划日程表。但他在行动之前将自己的想法告诉了母亲。 于是就有了她写来的下面这封信：

1913 年 4 月 30 日

我最亲爱的阿诺德：

　　我非常高兴你告诉了我这件事，这比你之前为我做过的一切都更让我充满了感激之情。尽管之前就有所觉察，但我并不知道具体情况是怎么一回事。但我认为，由于我们之间一直如此亲近，我已凭直觉多少猜到了你的心思……

　　首先，我必须要说，上帝垂青于你，让这样的好事落在了你的头上。我一直都认为你会早早恋爱的。你和你父亲的恋爱气质注定要满足自己的心愿，为自己的心找到一处天然港湾。我相信，你的爱情也会一样深切与沉稳。

　　我很想帮助身处人生危机中的你。我希望你在这方面一帆风顺。但你也知道，目前的情况并非如此，并且爱情也很少是没有坎坷的。

　　首先，你似乎还不知道她是否在乎你。难道一点都不了解吗？我知道，人们不应该认定所有青年人都是以自我为中心的，但他们往往就是这个样子。希望你不要感到受了伤害；我想告诉你的是，我认为她的心曾被其他男孩打动过……你没有必要为此感到绝望。就像在其他事情上一样，人们也会在爱情方面进行种种尝试。但当真爱到来时，它与之前的试探截然不同，以至于当事人认为自己这次一定不会看错——那当然是以自我为中心的。

　　你父亲患病的悲剧使得他（或许只有父亲的去世才能治愈你的痛苦）如今成了你赢得那位姑娘芳心的主要障碍。

　　亲爱的阿诺德，你一定要等到将一切向她的父母和盘托出后再开始尝试追求那位姑娘……克雷格医生（Dr. Craig）曾告诫过你，为了中和我和爸爸遗传给你的敏感气质，你最好为自己将来的子女选择一位性格和善、温柔而又坚强的母亲。我对罗萨琳德本人几乎一无所知。但我担心她的父母对她百般呵护，致使她的家庭生活环境过于雅致。至于她的肺结核病，我确信如果病情决定了她不宜结婚的话，那么她的父母是不会把她嫁出去的。

51

在其他琐事方面，我不认为存在着任何难题。她的父母是民主派，不会因为找了一个"出身中产的女婿"而感到难堪。经济收入……也基本不成问题。你能挣到足够的薪水。你不用承担别的负担。我能料理好你父亲的一切，并且妹妹们也不用你养活……

我本想劝告你过3年再考虑个人感情问题；但说这些已没有意义，因为木已成舟……我们无法预测这件事情的结果是喜是悲……或许你会认为我是一个冷血动物。但请你记住，我见过她的次数屈指可数……但不要担心我会不喜欢任何一个能够使你幸福的人，我还是

你的妈妈①

汤因比自己的话最全面地记载了之后发生的事情：

1913 年 6 月 13 日

最亲爱的罗伯：

我已经有一个月没给你写信了。不，这段时间恍若十年。现在，她爱我，并且将要嫁给我。我在这学期开始前已见过她数次，比此前（我回国后）见过她的总次数还多，并且我对此已不再纠结。一个星期三［肯定是四周前的那个周三（1913 年 5 月 14 日）］，我突然得到通知，自己要在第二天的 5 点 15 分去见她的父母，将这件事解释清楚。我原本以为她患有肺结核，但事实并非如此；我也以为我父亲的精神崩溃会影响我的婚事，但其实也没有。但我还是在下一个周四（5 月 22 日——作者）为此去看了医生。罗伯啊，那是我这辈子做过的最可怕的事情，并且我希望今后再也不要有这样的经历！你可以看到，罗萨琳德的父母对我完全信任，允许我自己去向医生询问真相（他们只在确定女儿愿意嫁给我之后去咨询了那位医生）。因此，当时的情况不仅仅是我要为自己辩护，还要担心医生的答复没有左右逢源，或流露出哪怕一丝疑虑。但我对此很放心：医生是个很活泼、心直口快的人，他总是面带微笑且乐于助人的。他只说我不能过度劳累或超负荷工作，因为

---

① 博德利图书馆，汤因比档案。

我父亲的病例确实说明我容易精神劳损，但那并非实实在在的遗传病。一切全在于我自己——取决于我是否会做傻事。我想他确实说中了我的问题：我曾为了多挣钱而超负荷工作；我的母亲和妹妹们是我挣钱的主要动力，因为我接替了父亲养活她们的责任。但在医生的建议下，我以后不能再这样做了。当时还是上午。我原本计划当天下午去跟她谈话（我在上周日告诉过她，我那天会去伦敦办事——当然，其实就是去看医生。在那样的情况下保持语气平静是极其困难的；我猜自己当时是胆战心惊的）。随后，我在那片城区的公园里散步，试图先让自己平静下来，好去见她的家人，告诉他们医生的诊断意见确实对我有所约束，但主要是关于挣钱的问题，与我当前的健康状况无关。有些丢人现眼的是，我当时急切地想要展示自己的活力与脚力，知道自己已摆脱了精神病遗传的可怕阴影。这真的很幼稚。但我在午饭时间走到了海军部，邀请那里的一个名叫格莱多（Gleadowe）的人（罗萨琳德的朋友——作者）出来共进午餐。我同他交流了这件事（或不如说是我一个人在那里口若悬河）。耽搁的时间迫使我发电报给罗萨琳德，告诉她见面时间不得不推迟，我会乘下一班火车回来。随后，他们回复我说停止超负荷工作没有问题，罗萨琳德是有财产的，我尽可以妥善安排自己的工作时间。我之前并没有考虑太多钱的问题，因为健康问题总归是高于一切的。于是，我第二天（5月23日——作者）上午去见罗萨琳德（她住在贝克大街旁边的一所公寓里）。我像上足了发条一样准时前往，并说出了自己想讲的话。她对此大吃一惊，几乎说不出一个字来。我没有预料到那样的情况：我以为她会是平静而温和的；我才会吞吞吐吐，除非她的友善让我不再紧张。但这次表白却似乎让她方寸大乱。我之前就告诉过你，我在近三年里一直将这个秘密保守在你我之间，我从未想过去影响她。于是我只好接着说下去，认为那样是帮助她恢复平静的最好方式。我们就这样交谈了3分钟。随后我径直返回牛津，那是整整三周前的事情。随后我便一直等着她的答复……到了周日（5月25日——作者）下午，她的母亲给我寄来了一封信，说这件事已经没有希望了。她在周一

52

寄来了一封亲笔书信，但我当时已度过了最难熬的阶段。遇上这种事情的时候，一个人毫无办法，只能不断地回忆过去；那是一种可怕的痛苦，但谁也无法阻止自己那样做。那天傍晚，我绕着新学院踱步。空地上那座建筑的影子在草地上映出奇妙的图案。太阳已开始西沉，那本应是一个美好的夏日傍晚。由于极度疲惫，我到家后便沉沉睡去。但过早醒来则是一件可怕的事情，在那个周一清晨尤其如此。人是很难在天亮前的虚弱时刻控制自己的；痛苦袭遍了我全身。我在周一剩下的时间里是一具行尸走肉。我无法向前看或向后看，只能跟尽可能多的学生待在一起来打发时光。我感觉这种状态将会延续几个月。但在周二早上起床时，我突然开始思考未来，意识到我不能一辈子待在学院里……因此，我下定决心要成为本专业的大师，成为年轻有为的系主任，成为训练有素的教师和历史学家，从而真正干出一番事业。之后，我会去做和我父亲一样的或其他关注人的生活、为人们排忧解难的工作。于是我给齐默恩（阿尔弗雷德·齐默恩——作者）写信，要求他在未来的六年里一定要帮我登上能做这样一番事业的平台。这真是古怪的事情：我自己一直在向后看；但我却意识到，只要自己还活着，我就必须不断规划未来的事业。这样我才能积聚自己的力量，即便我的生活正在面向相反的方向。千里之行，始于足下。你可以看到，我在周一其实完成了非常重要的工作。因为我已发现，它（我是说历史学）之前不是、将来也不会成为我生命的核心。我在那一周余下的时间里泛舟查韦尔河上，留心不让自己陷入孤独。巴利奥尔学院里再也没人会怀疑我将错过任何活动了。我邀请母亲下一周过来，并且她也做好了安排。我当时已很清楚，自己可以坚持到母亲过来的时候；等她来过之后，我应该已经可以脚踏实地了。我想要做一番事业，而不是一直学习。到了周六（上上周六，5 月 31 日），罗萨琳德的母亲寄来一张便笺，说罗萨琳德还想见我。我的头脑当时已转到别的方向（我清楚，如果我的头脑希望做出改变的话，那么我一辈子都会期待这样的改变发生）。当天傍晚，我到了他们家。罗萨琳德当时刚刚进门，并告诉我她改变了主意。她在前一周回到了自己在伦敦

53

的公寓。到了周五，她终于想通了：那一周她过得和我一样糟糕。我们两人起初不知所措。我们知道这是真的，但却无法接受这一事实。但我们现在接受了，一切都臻于完美。我已不再是上次给你写信的那个人。我先是失去了她，随后又失而复得；这两次反转把我塑造成了一个截然不同的人。这是新的开始，只是我如今期待的已与我之前所做的有所不同。

巴利奥尔学院一直很美好。我之前希望像希腊斗犬一样与同事们战斗；但他们似乎突然充满爱心与善意，且他们确实也没有阻碍过我的发展。尽管我仍对他们怀有敌意，但找不到任何抱怨的理由。这里的其他人也一样。巴利奥尔学院原本就是一个神奇的地方（这一点本身已具有决定性意义），如今这里又多了几分爱和友善。

她在周中又独自回到了自己的公寓里，为了能让自己恢复平静。今天晚上她还会再来。亲爱的罗伯，我已经没什么可写的了，因为一个人无法将情感转化为言辞，除非是像你这样的诗人。不能前去描摹希腊山峦的轮廓（你一看到它们就会产生这样的冲动）确实令人遗憾。但它们就在那里，你可以自己去想象它们。

你还会定期收到我的来信。罗伯，我是不会停止给你写信或疏远你的。你很快就会认识她：要么我们去肯塔基，要么你过来。

你永远的挚友
阿诺德·汤因比①

又及：她去年 10 月刚满 22 岁，我今年 4 月满 24 岁。所以我们的年龄是匹配的。

那么，罗萨琳德是何许人也？ 她为何会改变心意，在 1913 年 5 月 31 日接受阿诺德的求婚呢？

现存材料不足以为我们提供关于这两个问题的明确答案。 因为罗萨琳德在晚年系统毁掉了之前清理家当时留下的所有书信和其他私人文稿。 她声称自己要"焚毁它们——以便让逝者安息——如此而已"。②

---

① 私人收藏。
② 博德利图书馆，吉尔伯特·穆雷档案，231 号（Gilbert Murray Papers，Carton 231），罗萨琳德致琼·史密斯（Jean Smith）书信，1958 年 8 月 15 日。

她一直记日记。 日记在她去世时还是完整的。 但她的情人理查德·斯特拉福德(Richard Strafford)和她的儿子菲利普出于某些不明动机毁掉了这份资料。 由于这些保护其隐私的努力，后人想要忠实还原罗萨琳德的人格与看法已不复可能。 然而，鉴于她对汤因比一生的重要性，汤因比传记的作者必须利用手头未被毁掉的一切材料去尝试重构她的形象。

公开的信息是一目了然的。 罗萨琳德·穆雷生于 1890 年 10 月 16 日，是吉尔伯特·穆雷和妻子玛丽夫人的第一个孩子。 她被父母起了她的外祖母、卡利斯勒伯爵夫人罗萨琳德的名字；她在童年的大部分时间里都是在约克郡的霍华德城堡、在外祖母膝下长大的。 霍华德家族生活的金碧辉煌与贵族气质，以及外祖母出身的更为古老、更具贵族色彩的斯坦利家族(the Stanleys)①给这个小女孩留下了深刻印象。 作为外祖母的同名者和她长女的长女，小罗萨琳德曾满心希望自己能够成为外祖母的合法继承人与地产继承者。 我们将会看到，直到 1912 年外祖母去世时，这一渺茫的希望在罗萨琳德·穆雷的头脑中仍十分强烈。甚至在梦想最终破灭之后，她依旧十分看重自己的贵族出身，有时还会因为傲慢而伤害别人的自尊心。

卡利斯勒伯爵夫人罗萨琳德确实是一个叱咤风云的人物。 高贵的门第使得她可以对身边的所有人(或几乎所有人)颐指气使；这显然让她的外孙女萌生了可以通过母亲这边的血缘关系继承伯爵头衔的幻想。伯爵夫人用铁腕统治着霍华德城堡及支撑其豪华排场的周边广大地产。她监督着佃户们的生活，跟他们谈判土地租金，运作合乎自己心意的自由党候选人当选议员。 总的来说，她是从不接受反对意见的。 她还是一位讲话流利、掷地有声的公共演讲者，在禁酒运动、争取妇女选举权和自由党的内部事务(尤其是在英格兰北部地区)中扮演着重要角色。

她的丈夫是一个嗜好艺术、性格温和的人。 他的主要爱好是风景画。 他在 1885 年同妻子分道扬镳，因为后者支持爱尔兰自治。 此后

①　霍华德家族在都铎王朝时期获得了显赫地位，其家族成员之一指挥了 1588 年英军对西班牙无敌舰队的进攻。 卡利斯勒伯爵家族是该家族的一个庶出分支，于 1688 年之后获得了声望与财富。 霍华德城堡建于 18 世纪早期，其建筑师就是设计巴尔伯勒公爵布莱尼姆宫的同一人，并且两座建筑的规模也极其相似。 斯坦利家族则是同征服者威廉一同来到英格兰的——这一事实从未被卡利斯勒伯爵夫人和她的外孙女罗萨琳德忘记。 但跟霍华德家族一样，斯坦利家族也在 1688 年以后加入了辉格党阵营。

他前往伦敦定居，将霍华德城堡和自己在坎伯兰郡(Cumberland)、约克郡产业的经营权都留给了妻子。 当伯爵夫人同他们的长子查尔斯(Charles)之间闹得不可开交时，这位卡利斯勒伯爵将纳沃斯(Naworth)的一处豪华住宅分配给了自己的继承人。 但这也没能阻止母子之间再次发生争执——因为伯爵夫人搬走了纳沃斯宅邸中的家具，以便装饰旁边属于她自己的博斯比(Boothby)宅邸。

卡利斯勒伯爵夫人的飞扬跋扈使得她跟其他孩子的关系变得同样糟糕。 她的 6 个儿子中有 5 人先于她死亡，其中两人在战争中牺牲，其他人自然死亡。 她的 5 个女儿中有一人早夭，其余人都活到了她们可畏的母亲去世之时。 但她们并未躲过同母亲的争执——有时只是为了一些鸡毛蒜皮的小事。 另一方面，伯爵夫人有时又会突然变脸，欣然接受自己无力改变的事实，仿佛什么不愉快都没有发生过一样。 她曾与一个未获自己同意而结婚的女儿闪电般和解；这充分展示了此人的变色龙气质。 其他一些小事同样可以反映这位老妇人棱角分明(但又反复无常)的爱憎。

伯爵于 1911 年去世时，新寡妇如愿继承了他的庞大地产与霍华德城堡。 或许她确实想过要把霍华德城堡留给与自己同名的小罗萨琳德。 但随着此人的脾气变得日趋乖张，今天的宠儿随时可能变成明日的替罪羊。 因此，她在去世时对遗产处置问题做出了一些自相矛盾的安排，但没有留下合法遗嘱。 因此，她的家人决定无视这些安排，而是尽量平均地在还在人世的孩子们之间分配伯爵夫人的产业。 这样一来，霍华德城堡便归了当时伯爵夫人唯一还在人世的儿子杰弗里(Geoffry)。[①]

罗萨琳德的母亲玛丽夫人是令人望而生畏的伯爵夫人的迷你版。跟母亲一样，她也热心于慈善事业、支持自由党且态度专横。 但与母亲不同的是，她刻意回避自己丈夫积极参与的文化与政治事业。 作为

56

---

① 我对罗萨琳德外祖母的描述以该家族成员的两部著作为基础：多萝西·亨里(Dorothy Henley)：《卡利斯勒伯爵夫人罗萨琳德·霍华德》(*Rosalind Howard*，*Countess of Carlisle*，伦敦，1959 年)与查尔斯·罗伯特(Charles Roberts)：《激进的伯爵夫人：卡利斯勒伯爵夫人罗萨琳德传》(*The Radical Countess*：*The History of the Life of Rosland*，*Countess of Carlisle*，伦敦，1962 年)。 多萝西·亨里是她的一个女儿，查尔斯·罗伯特是她的外甥。 两部作品都对她特立独行的性格颇有微词。

一个禁酒主义者和素食主义者，她穿着简朴，缺乏起码的幽默感。 忠于自己辉格党祖先的玛丽夫人在公共事务上力主改革，但在个人行为与礼仪方面极为保守。

汤因比曾向吉尔伯特·穆雷的传记作者提供过下面的回忆性评价："吉尔伯特·穆雷迎娶的玛丽夫人不只是作为个体的她自己；她还是卡利斯勒伯爵夫人'家业'的一分子。 这对于玛丽夫人而言十分艰难。身为一个由某位强势人物主持局面并且严重排外的家族的一员是一种磨难。"在介绍了"卡利斯勒伯爵夫人的恶魔性格和悲剧人生"后，汤因比接下去讲道："玛丽夫人为她的所有家庭成员制定了许多清规戒律，因为这种做法使她掌握了控制他们的权力——但她本人其实并未意识到这一动机，因为她向来是不擅长自省的。 她在保健养生问题上是家里的皇后，但对于吉尔伯特·穆雷和罗萨琳德的文化生活而言只是一个局外人。"①

这样一位母亲肯定是不好相处的，因为她会要求身边的子女严格遵守她自己的古怪举止标准。 但由于忙于养育其他儿女（罗萨琳德有一个妹妹和三个弟弟，其中最小的一个比她小17岁），玛丽夫人对长女的照料少了很多：罗萨琳德同外祖母相处的时间似乎比同父母更多。

然而，即便这个家庭的生活方式意味着他们经常彼此分离，对于罗萨琳德童年而言最重要的人物仍是吉尔伯特·穆雷。 当她仅仅一岁半时，穆雷便通过"让她给我下命令——如'跑'或'停'——的方式教她讲话"。②他在1893年告诉她的外祖母："好在她聪明绝顶。"他一年后又评价道："罗萨琳德上次生病后变得更迷人了。"③他教给女儿一些文学技巧（显然带有早教意味），让她去学校时给自己写诗，并对她寄回来的幼稚诗篇发表优雅且愉快的评论。

罗萨琳德在刚满7周岁时被诊断出患有"会影响心脏的风湿症"。④

---

① 博德利图书馆，汤因比档案，汤因比致弗朗西斯·韦斯特（Francis West）书信，1972年10月26日。
② 博德利图书馆，吉尔伯特·穆雷档案，476号，吉尔伯特·穆雷致卡利斯勒伯爵夫人书信，1892年3月26日。
③ 博德利图书馆，吉尔伯特·穆雷档案，476号，吉尔伯特·穆雷致卡利斯勒伯爵夫人书信，1893年3月27日及1894年3月30日。
④ 博德利图书馆，吉尔伯特·穆雷档案，476号，吉尔伯特·穆雷致卡利斯勒伯爵夫人书信，1897年11月24日。

无论这一诊断是否准确，她的亚健康状态延续了十余年(被重新诊断为贫血症、肺结核等各种疾病)。 治疗方案要求她在温和的气候下过冬，因而她会在意大利度过大量时光。 吉尔伯特·穆雷于 1906 年在意大利写道:"我们在罗萨琳德身上花钱如流水，我认为这些钱花得值。 不管怎么样，她确实似乎以一种缓慢曲折的方式从疾病中真正痊愈了。"①

但她的身体有时候看上去十分健壮。"我在利物浦的大街上见到了罗萨琳德。 她看上去身材高大、皮肤棕黄、调皮而美丽，并且十分健康。 狂野的生活(着实狂野! 罗萨琳德昨天告诉我，玛丽的头发能够直竖起来)很适合她……她似乎跟瓦尔博斯维克(Walberswick)海滩的所有人相处得都很自在，其中一些显然是稀奇古怪的人! 她会在众目睽睽之下沐浴;她跳过越来越宽的壕沟，直至掉进沟里，腋下沾满污泥;她还碰到一只奇怪的驴子并骑了上去……他们在那里就做着这样的事情。 事实上，这是忍受过分束缚后的一种常规释放。"②罗萨琳德曾跟一位纽伯里(Newberry)夫人住在一起，后者被吉尔伯特·穆雷称为"一个特立独行的聪明人"。 而当罗萨琳德喜欢闯荡的天性摆脱了家中母亲的约束而信马由缰时，她健康状况的好转或许并非出自偶然。

她确实是一有机会就要出去闯荡，并且专横霸道。 萧伯纳在给她父亲的一封信里描述了罗萨琳德的童年(带着他惯有的夸张语气):"罗萨琳德一直让我不安。 当我第一次见到她的时候，我感到既悲且喜的惊讶:那是儿童身躯里的一个完全成熟的精神与性格，却注定要被两个比自己小得多的'孩子'(我是说吉尔伯特和玛丽夫人)监管。 只有天知道，天生要当女主人的罗萨琳德在服从父母的各种指令时——上床睡觉、用肥皂、梳头、穿短衣 忍受了多少委屈……无论如何，她总算完成了自己出版一本书的使命;我相信她 4 岁时就能写出一部很好的书了。"③

---

① 博德利图书馆，吉尔伯特·穆雷档案，550 号，吉尔伯特·穆雷致卡利斯勒伯爵夫人书信，1906 年 12 月 25 日。

② 博德利图书馆，吉尔伯特·穆雷档案，550 号，吉尔伯特·穆雷致卡利斯勒伯爵夫人书信，1903 年 9 月 20 日。

③ 博德利图书馆，汤因比档案，萧伯纳致吉尔伯特·穆雷书信，1911 年 3 月 4 日。来自加利福尼亚州帕萨德纳市的西德尼·阿尔伯特于 1968 年寄给汤因比的抄本;他在萧伯纳的书信里发现了这份材料。

萧伯纳所说的书是罗萨琳德的第一部小说《导音》（*The Leading Note*）。1910 年，它在作者的 20 岁生日前夕出版。罗萨琳德把这本书"献给我的父亲"。这是理所应当的，因为吉尔伯特·穆雷为这部书的出版付出了很多。为了争取得到文坛的支持，他将手稿寄给了当时最优秀的小说家高尔斯华绥。后者认为这部小说"大有希望，十分有趣。它拥有真正的生命力。如此年轻的女孩能够达到如此写作技巧高度实属不易"。①一个月后，伦敦名气较小的西德威克与杰克逊（Sidgwick and Jackson）出版公司同意出版这部梅休因（Methuen）出版社退稿了的小说，发行量为 1 000 册——条件是穆雷一家要承担 28 镑印刷费用中的一半！

这部小说本身确实很有品位与吸引力。它讲述了前往意大利的两个游客———一名英格兰女孩和一位俄国革命者——相爱的故事。但在故事结尾处，男主角以高贵但冰冷的姿态拒绝让爱人陪伴自己返回俄国，以免她落入沙皇警察的魔爪。两个年轻人一路上为人生和艺术与现实之间不可避免的取舍而感到痛苦万分。罗萨琳德自己承认，故事结局处的无声绝望风格来自对屠格涅夫的模仿。

这部小说显然带有半自传性质。当西德威克与杰克逊公司答应接受这部书稿时，吉尔伯特·穆雷曾问过女儿出版这部小说究竟是否妥当，因为她过后可能会"后悔自己在豆蔻年华写了一部爱情小说"，并冒着被熟悉自己的人说三道四的风险——他们会说"你的体弱多病是因为徒劳地爱上了一位克鲁泡特金（Kropotkin）式的白马王子"。②穆雷还开始在给女儿的信中开玩笑式地使用了"亲爱的佩特科夫（Petkoff）小姐"这一称谓——当然它或许要比他在 1905 年喜欢使用的"普西多拉"（Pussidora）稍好一点。

然而，无论她对俄国革命抱着怎样的同情，这种热情很快就过去了。取而代之的是对"剑桥帮"的唯美主义流派[其代表人物为诗人鲁

① 博德利图书馆，吉尔伯特·穆雷档案，567 号，高尔斯华绥致吉尔伯特·穆雷书信，1910 年 1 月 5 日。罗萨琳德所中意的标题《初遇》被玛丽夫人以"粗俗"为理由否决了。见吉尔伯特·穆雷致罗萨琳德书信，1910 年 3 月 2 日。

② 博德利图书馆，吉尔伯特·穆雷档案，567 号，吉尔伯特·穆雷致罗萨琳德书信，1910 年 1 月 23 日。这里提到的"克鲁泡特金白马王子"可能是同名著名革命者的儿子；他于 1909 年在意大利过冬(可能还带着家人)。

佩特·布鲁克(Rupert Brooke)]的痴迷(这在她父母眼中更加危险)。①
罗萨琳德的第二部小说《月籽藤》被视为这种倾向在文学创作中的表
现。 这是一个关于颓废与失望的拙劣故事,讲述了一个同吸吗啡的同
胞谈恋爱的英国女孩最终嫁给了一个法国人,结果却发现后者犯下过作
为帮凶溺死朋友的罪行。 文坛对她的第一本书曾予以高度评价——这
不仅仅是因为她年轻而已。 但用矫揉造作的笔法草率写就的《月籽
藤》却失败了。 十分明显的是,这部作品缺乏支撑她第一部小说的个
人生活经验基础。

文学创作的失败和父母的反对意见无疑让罗萨琳德在唯美主义的歧
途上悬崖勒马。 她转而决定尝试一项声名狼藉的、英国范十足的户外
运动——狩猎狐狸。 但这一决定又让他的父亲大为震惊,因为他极其
厌恶血腥的捕猎活动。

吉尔伯特·穆雷在"佩特科夫小姐"21 岁生日那天对她写道:"我
一想到你已变成一位成熟女性就感到很怪异,尽管你从 11 岁起就一直
在我身边长大。"②事实上,这正是罗萨琳德从父亲身边真正独立的历
程如此艰难的缘故。 吉尔伯特·穆雷可以同罗萨琳德分享对文学的爱
好;但他无法同妻子分享这些东西。 当罗萨琳德开始展示出早熟的天
赋时,吉尔伯特·穆雷无疑将自己未能如愿的文学创作抱负倾注到了女
儿身上[穆雷同卢迪亚德·基普林(Rudyard Kipling)和 W.S.吉尔伯特
(W.S. Gilbert)都有过来往,并曾坦承自己在年轻时曾嫉妒过基普林的
文学成就]。③

玛丽小姐一如既往地在管教女儿方面态度坚决。 有一次,她亲自
动身赶往瑞士,以便把罗萨琳德从可怕的"剑桥帮"控制下解救出来。

---

① 汤因比于 1968 年在罗萨琳德的文件中发现了一首手写的十四行诗。"这首诗没有
作者署名,但我很确定是鲁佩特·布鲁克写的(罗萨琳德于 1912 年前后同他结交;我想那
令她的父母感到些许不安)。……我相信罗萨琳德是不想把这首诗公之于众的,尽管它表
达的不讨是半光明正大的敬意而已,还远远谈不上示爱。"博德利图书馆,汤因比档案,汤
因比致琼·史密斯书信,1968 年 2 月 9 日。 但我并未发现关于这首十四行诗的任何痕
迹;它很可能是跟罗萨琳德的其他私人文件一道被销毁了。
② 博德利图书馆,吉尔伯特·穆雷档案,567 号,吉尔伯特·穆雷致罗萨琳德书
信,1911 年 10 月 16 日。
③ 博德利图书馆,汤因比档案,汤因比致弗朗西斯·韦斯特书信,1972 年 11 月
2 日。

与此不同的是，吉尔伯特·穆雷一方面希望看到女儿走向独立，另一方面又痛恨自己对她的纵容。他在 1912 年对女儿写道："我们从前一度亲密无间，认同彼此的兴趣与观念。或许我当时利用了你的年幼，对你施加了过多的影响。如今你已在各方面开始独立思考问题，与我越走越远——在观点上如此，在情感方面更是这样。这无所谓。只不过分道扬镳的过程必然是痛苦的：对我如此，我猜或许对你也一样。我知道自己有时会歇斯底里，态度不够温和……亲爱的，我十分抱歉，以后再也不会这样做了。"①

但到了几个月后，当罗萨琳德告诉父亲自己要去捕猎狐狸时，他怒火中烧地写了一封信，用严厉口吻谴责了血腥的狩猎活动，并总结道："在我看来，你去参加狩猎是一种示威举动，是在用一种间接方式告诉我们：你的道德标准与父母不一样，并且你有意想要特立独行。""或许如此吧……我对于你再也没有什么用处了……我一直想念你，欣赏你的成就，并且爱你。我认为，在试图将我们的关系从父女调整为朋友时，我们都犯了许多愚蠢错误。这是一项艰难的任务，并且我们必须完成。但如果你我不足够聪明敏锐，不小心翼翼地绕过生活中常见的一些陷阱的话，那将会是十分丢人现眼的。""关于你要来这里的事，我也有自己的顾虑，打算在你过来的时候离开。"然而"我迫切希望你能过来，让我们增加一点对彼此的相互理解。我有很多话想对你讲"。②

罗萨琳德确实来了，或许还洗耳恭听了父亲承诺要对她讲的那些话。随后，她在 1913 年 1 月摆脱了这一切，跟自己的长兄丹尼斯（Denis，他当时也有自己的麻烦）前往冬季的牙买加游玩。到了 1 月中旬，始终没有得到女儿消息的吉尔伯特·穆雷给她写了 3 封充斥着绝妙俏皮话的信，但每一封都是对罗萨琳德同各类不三不四的人——一个黑人、一个西班牙裔美洲人和一个美国人——所谓交往的客气回应。③

① 博德利图书馆，吉尔伯特·穆雷档案，567 号，吉尔伯特·穆雷致罗萨琳德书信，1912 年 6 月 29 日。
② 博德利图书馆，吉尔伯特·穆雷档案，567 号，吉尔伯特·穆雷致罗萨琳德书信，1912 年 12 月 14 日。
③ 博德利图书馆，吉尔伯特·穆雷档案，567 号，吉尔伯特·穆雷致罗萨琳德书信，1913 年 1 月 18 日。

显然，到了5月，当阿诺德·汤因比向罗萨琳德求婚时，她的父母尤其是吉尔伯特·穆雷急于让女儿通过结婚安顿下来。此外，求婚者的名声和发展前景也很合他们的心意。[1]她最初的拒绝很可能引发了激烈的家庭内部讨论。最终，玛丽夫人用一张符合她性格的专横便笺把汤因比召了回来：

1913年5月31日

亲爱的汤因比，

罗萨琳德还想见你。上周日她并未向你吐露实情。她当时其实是在犹豫不决，但认为最好还是给你一个明确答复。我很欣赏她那样想。

现在，她已进行了整整一周的思想斗争，认为必须要给你一个真实的答复。

我本想早点儿让你过来，因为她现在很胆怯。你最好过来陪伴她——但不要在晚饭的时候——你可以在6点钟或8点半过来，这样你可以同她独处。

她担心你的母亲对她有负面看法。

让她告诉你一切吧——其实也没有多少你不知道的事情了。

玛丽·穆雷[2]

罗萨琳德接受汤因比求婚一周后，吉尔伯特·穆雷给他的一个朋友写道：

我度日如年地想要告诉你我们的消息。现在我终于可以这样做了，尽管事情过几天才会正式公布。罗萨琳德同巴利奥尔学院的一名青年教师——阿诺德·汤因比（汤因比纪念馆所纪念那个人的侄子）订婚了。之前的一周都在情绪激动、悬而未决的状态中度过；随后忽然拨云见日：步履轻盈、目光明亮的罗萨琳德如今享受着安宁的幸福。

他是我们在这里最钟爱的人之一。在过去的两年多里，我们经

---

① 穆雷曾受到过"严格禁酒、偏执和一味袒护汤因比"的责难。吉尔伯特·穆雷：《未完成的自传》(伦敦，1960年)，第105页。
② 博德利图书馆，汤因比档案。

常邀请他周日过来吃晚饭。但我们从未想过他会跟罗萨琳德走到一起。他们彼此之间的交往不多，似乎也没有多少共同爱好。他是一名非常出色的古代史学者。他大有希望成为这代人中最杰出的历史学家——我是说在学术圈子里。他也是个有趣的伴侣；他在周日晚上造访我们家时总能贡献精彩的对话。但他的健康状况一般，因为他总是过度劳累。所有人都会以为，我们是严格按照自己的标准挑选的这位女婿；但事实上，我们在他向我们吐露对罗萨琳德的爱意时还吃了一惊。这似乎是天意的眷顾，尽管人们在这样的处境下必然会泪流满面、手足无措和担惊受怕。但这些只是愚蠢的潜意识罢了。这是我所能找到的最优秀的女婿。①

穆雷或许确曾在"天意眷顾"面前"泪流满面、手足无措和担惊受怕"；但他的复杂情感显然还没有罗萨琳德那样强烈。罗萨琳德最终改变了自己的心意——或许一定程度上是在父母的施压下回心转意的。她未来的丈夫显然代表着她的父母最推崇的品格；而嫁给牛津大学一个前途无量的青年教师也将让她走上母亲接受父亲求婚时所选择的那条人生道路。但那也意味着一方面要摆脱她对贵族身份的浪漫幻想，另一方面也要放弃对父母道德约束的反抗。然而，她的头脑里至少还部分残存着反抗的念头。

这一点充分反映在她的第三部小说《崎岖之路》(*Unstable Ways*，1914)中。这篇作品是在她订婚前后草草写就，于婚后定稿付梓的。这部作品是题献给汤因比的，但《崎岖之路》却展示了十分负面的汤因比形象[书中显然以汤因比为原型的求婚学者弗雷迪·富尔泽(Freddy Furze)]。书中的女主角吉雅科萨·圣克莱尔(Giacosa St. Claire)要在3名差异巨大的求婚者中做出抉择，最终犹犹豫豫地接受了弗雷迪。但她在拜访了弗雷迪家里后认为自己犯了致命错误，于是选择投水自尽以逃避这门亲事！几段引用便可以展示这部小说的腔调："他们路过了他最初向她求婚的地点，一种古怪的绝望感涌上了她的心头。"两页之后："哪怕他对她使用暴力，哪怕他对她的尖刻批评暴跳如雷，哪怕他

①　博德利图书馆，穆雷档案，567 号，吉尔伯特·穆雷致佩涅洛佩·韦尔勒(Penelope Wheeler)书信，1913 年 6 月 8 日。

的爱情放肆无礼，情况也总比现在要好。他对她过于体贴斯文，以至于她对自己的粗俗感到难堪。因为她尽管明知对方的好，心中却一直渴望某个不那么完美的恋人。"此外还有："她突然说道：'你知道，我是属于尘世、肉欲和魔鬼的；而你却不食人间烟火。所以你能放过我吗？'弗雷迪大笑道：'我不认为这是什么难事。'"最后，在投水自尽的情节数页之前，吉雅科萨说道："除了自己，我从未关心过任何人、任何事。"①

　　我们无法断定，这些描述在多大程度上适用于订婚期间与婚后的罗萨琳德。她的作品显然有夸大其词的一面。在现实生活中，罗萨琳德并未投水自尽，而是于 1913 年 9 月 11 日参加了父母安排的(之前还咨询了汤因比的宗教立场问题)婚礼。②不过，整个过程中确实出现过一些麻烦——所有相关的人都牵涉在内。伊迪丝·汤因比希望订婚期更长一些，但她的意见遭到了否决。罗萨琳德引起了父母的震怒，因为她建议省略掉法定的婚礼仪式。玛丽夫人义愤填膺地对丈夫写道："她真的以为我们所珍视的一切只是陈规陋习或魔法咒语(Mumbo Jumbo)……那些狐朋狗友鲁佩特·布鲁克和迪克·格莱多(Dick Gleadowe)对她产生了相当恶劣的影响。"③罗萨琳德同父母最终达成了妥协，举行了一场没有神职人员主持的世俗婚礼。

61
62

　　汤因比似乎尊重了罗萨琳德的意愿——他在两人婚后生活中的实际事务问题上一向如此。但这还不能让她称心如意。订婚几天后，罗萨琳德从伦敦对她的未婚夫写道："这几天我对你不好。我并不想那样做，但有时无法自已……我感到害怕，因为如果一切都太美好了，好到超出我们想象的程度，我们就会认为那是难以置信的。"她在这封信的结尾处写道：

　　　　我想念你，那令我感到惊讶。这着实荒唐。但你要理解，如果

①　罗萨琳德，《崎岖之路》(伦敦，1914 年)，第 255、257、262、284 页。
②　汤因比多年以后回忆道："罗萨琳德跟我订婚后，我记得他(吉尔伯特·穆雷)询问过我的宗教信仰，并在意识到我的信仰近似于古典意义上的斯多葛主义后表示满意。"博德利图书馆，汤因比档案，汤因比致道格拉斯·伍德鲁夫(Douglas Woodruff)书信，1972 年 2 月 5 日。
③　邓肯·威尔逊(Duncan Wilson)：《吉尔伯特·穆雷爵士》(*Gilbert Murray*，*OM 1866—1957*，牛津，1987 年)，第 212 页。

一个人原本自己生活得很幸福，却突然开始想念另一个人，那种感觉多少有些奇怪——它着实是太古怪了。

晚安，亲爱的

罗萨琳德①

而在汤因比这边，他的订婚也引发了一些尖锐矛盾。 巴利奥尔学院的院长对他写道："我无法假装自己对这件事感到高兴。 但如果我必须强作欢颜的话，那就到此为止吧。"②他的姊姊夏洛特（Charlotte）评价道："显然你比我更喜欢攀高枝。 我痛恨那些大户人家；但我确信自己是比你更纯粹的民主派！"③不过，真正的麻烦无疑来自他的母亲。 她几乎不屑于用传统假装的彬彬有礼来掩饰对儿子离开自己身边的不满。 当获悉穆雷一家准备采用世俗婚礼时，她扬言自己不能带着两个女儿去参加。 罗萨琳德写信给汤因比说："这可真麻烦，让我手足无措。 你看，她在这封信里的意思简直是恨不得让我们去霍华德城堡办婚礼；但她在第一封信里的态度仿佛是不想让我们改回传统方式，并且没有举出任何具体理由。 无论如何，事情已然这样了。"④汤因比母亲确实有些出尔反尔。 她在之前的一封信宣称"要是我们觉得那样更靠谱的话，那就直接去结婚登记好了"。⑤

到了紧锣密鼓筹备婚礼的节骨眼上，汤因比突然生了病，致使婚礼不得不推迟5天举行。 罗萨琳德安慰他说："不要担心或以为我会介意。 我很担心（非常担心）你的病，但别的那些事有什么关系呢？ ……我甚至不认为那是个坏兆头……在某种程度上，我觉得晚一两天结婚没有什么不好。 我上一周晕头转向、疲惫不堪，以至于我觉得你会认为我令人厌烦——事实上并非真的令人厌烦，而是我太累了。"⑥

不过，所有风险与波折最终都得到了妥善解决。 1913年9月11日，两人在穆雷一家度假的诺福克郡（County of Norfolk）艾灵顿区（Dis-

---

① 博德利图书馆，汤因比档案，罗萨琳德致汤因比书信，1913年6月5日。
② 博德利图书馆，汤因比档案，斯特罗恩—戴维森致汤因比书信，1913年8月16日。
③ 博德利图书馆，汤因比档案，夏洛特·汤因比（Charlotte M. Toynbee）致阿诺德·J. 汤因比书信，1913年8月29日。
④ 博德利图书馆，汤因比档案，罗萨琳德致汤因比书信，1913年8月27日。
⑤ 博德利图书馆，汤因比档案，罗萨琳德致汤因比书信，1913年8月23日。
⑥ 博德利图书馆，汤因比档案，罗萨琳德致汤因比书信，1913年9月8日。

trict of Erlington)登记处如期领取了结婚证明。 吉尔伯特·穆雷、伊迪丝·汤因比、玛丽·穆雷、大卫·戴维斯(从温彻斯特赶来的汤因比朋友)和查尔斯·罗伯特(玛丽夫人的妹夫)作为见证人签下了自己的名字。

这对新婚夫妇前往霍华德城堡度过了蜜月。 如果吉尔伯特·穆雷对罗萨琳德来信的回复可靠的话,那么两人过得十分快乐。 婚礼结束两周后,他告诉自己的女儿:"你就像现实版童话宫殿里的公主那样快乐。"几天后他又写道:"一想到你得到了真爱与幸福,我就感到无以名状的欢乐。"① 63

但裂痕已经出现:罗萨琳德的小说跟他们一起进入了霍华德城堡。从前面引述的段落看,出现在蜜月里的这部书显然是非常怪异的。 她之前便解释道:"吉雅科萨与我合不来。 它就像父亲过去给我开列的那道明确的选择清单一样烦人,但我又必须闯过这一关。 无论如何,我必须带上她去霍华德城堡,并在那里彻底制服她。 这两大捆纸张在我眼里变得日益可憎。"②此外,可怕的卡利斯勒伯爵夫人也习惯性地向新来的外孙女婿摆架子。 吉尔伯特·穆雷写道:"别吓着阿诺德。 他当然一定会耐着性子并十分注意礼仪。 但我并不像有些权威人士那样,认为低眉顺目会有任何好处。 让他就做自己好了……外祖母会喜欢并尊重他的。 至于你,你要敏捷如蛇、驯良如鸽子,就像你一贯表现的那样。"③

他们在 10 月份新学期开始的时候返回了牛津。 作为"创业期"的一名普通教员,汤因比还必须住在学院里。 直到 1914 年秋季,他才获准在牛津镇上自立门户。 在此期间,罗萨琳德每学期跟父母住在一起,到了假期他们就一起去霍华德城堡。 新年过后不久,罗萨琳德怀孕了,随即被玛丽夫人严格监视起来。 漫长的暑假到来之际,汤因比向玛丽夫人汇报道:"她比上学期末更能忍受旅途劳顿了。 那时她每天卧

---

① 博德利图书馆,吉尔伯特·穆雷档案,567 号,吉尔伯特·穆雷致罗萨琳德·汤因比书信,1913 年 9 月 26 日及 1913 年 9 月 29 日。
② 博德利图书馆,汤因比档案,罗萨琳德致汤因比书信,1913 年 8 月 27 日。
③ 博德利图书馆,吉尔伯特·穆雷档案,567 号,吉尔伯特·穆雷致罗萨琳德·汤因比书信,1913 年 9 月 29 日。

床很久，晚饭和早饭时也是如此；现在她一整天都坐在或躺在户外……真高兴我再也不用住回学院了——我几乎还没有意识到这一点。"①几天后："她现在好多了，不再流泪了。"他又写道："她睡得很香，食欲很好……她真的要比在学期期间好多了。"②

他们本打算住进在牛津花园新月街5号(5 Park Crescent)租下的一座简陋小屋[但他们会雇用"一名厨师、一名侍餐女仆、一名园丁(每周一来工作一次)，以及来缝补打扫的哈里斯太太(Mrs. Harris)与洗衣女工马西太太(Mrs. Massey)"]。③ 但这一计划被1914年8月3日爆发的战事粗暴地打断了。 他们直到8月6日才买到火车票返回牛津。 随后，由于玛丽夫人预测无法在牛津找到合适的医生，罗萨琳德搬到了伦敦，在卡利斯勒夫人镇上的宅邸里等待高明的医师前来，直到她的孩子于1914年9月2日出生。

64

---

① 博德利图书馆，汤因比档案，汤因比致玛丽·穆雷书信，1914年6月25日。
② 博德利图书馆，汤因比档案，汤因比致玛丽·穆雷书信，1914年7月4日及1914年8月1日。
③ 这份名单被记录在一张活页纸上，描述的显然是汤因比夫妇搬进来之前的住户的安排。 博德利图书馆，汤因比档案，活页。

第四章　第一次世界大战与巴黎和会
（1914—1919 年）

　　1914 年 8 月的战争爆发并未马上打断牛津大学校园生活的节奏。1914 年 9 月 2 日，罗萨琳德生下了她的长子安东尼·哈利·罗伯特·汤因比［Antony Harry Robert Toynbee，小名托尼（Tony）］。她刚度过产后恢复期，一家人就搬回了牛津。当新学期于 10 月开始时，汤因比又教起了希腊罗马史，仿佛什么都没有发生一样。他在牛津一直住到了 1915 年 5 月。

　　然而，那场大战尤其是最初几周的戏剧性战局——德国军队几乎将法国人打得落花流水——毕竟深刻地改变了汤因比和几乎所有英国人的一生。首先，汤因比面对着一个全新但异常尖锐的问题：正当壮年（25 岁）的他是否应该志愿参军呢？ 1914 年遍及不列颠的爱国热潮让人很难拒绝参军。但对于汤因比而言，两方面的影响阻碍着他去完成舆论期待自己去做的事情。

　　首先，他不喜欢（或许还畏惧）他所了解的军旅生活。在读书期间，他对军事操练就像对待集体体育项目一样充满了反感。自愿接受军事训练并面对军营里的战友关系是他极不情愿的。但责任感又要求他挺身而出。他该怎么办？

　　他在这个问题上承受着来自相反两方面的压力。 他母亲凭着坚定不移的爱国热忱断定，她的儿子将成为一名勇敢出色的排长——那一角色符合他的年龄与社会地位。 她在战争刚刚爆发时催促道："你不能赶紧去接受一些军训吗？"①14 个月后，她又劝说儿子拿出自己大无畏的精神："如果前去参军，你将成为一名优秀的而非平庸的排长。 你非但不会牺牲，还将为战胜德国人作出贡献。 当然，一切条件都对你不利：你身体羸弱，因而缺乏高昂斗志和野性。 生活的磨砺才能打造出那些品质——我们之前一直过分轻视这些素质，直到如今方才意识到它们在这个世界回归了弱肉强食的残酷斗争后有多么重要。 但只要敢于尝试，你仍然可以做到的。 你一直都能全身心地投入一项事业；并且在希腊的经历也已经表明，你在危险面前并不缺乏勇气与决心。 不要拿不适合戎马生涯作为挡箭牌。 我并不担心你会胆怯或失败。"②

　　汤因比十分认可这种英雄主义理想。 事实上，他早已将之提升到了特别的高度，一直试图做到出类拔萃，一直努力自我表现，以便能够赢得赞美，不辜负他人对自己的期望。 但他从小到大的英雄成就一直是舞文弄墨，不是舞枪弄剑。 为了理解 1914 年时英法德知识分子们的举止表现，我们必须要知道他们读书期间长期沉浸于其中的古典理想是怎么一回事。 汤因比也接受了那种训练，并不折不扣地认可了其道德符码。 1911—1912 年期间汤因比在希腊的表现不乏吃苦耐劳与真正意义上的冒险，还包括一次同一伙强盗的遭遇。 这足以表明，英雄主义对他而言并不只是表面文章而已。 事实上，它在汤因比的自我形象中占据着中心地位。 希腊之旅的重要意义很大程度上就在于，他第一次有机会在学术上的卓越之外完善自己在现实世界中的英雄形象——比其他人走得更远，忍受劳苦并冒令别人望而却步的风险。

　　但在 1914 年和整场战争期间，罗萨琳德和她在穆雷、霍华德家族里的亲戚们都在将汤因比拉向相反的方向。 罗萨琳德的意见直截了当：为了自己高兴，她要求丈夫留在身边。 她的性欲十分旺盛。 婚姻

----

　　① 博德利图书馆，汤因比档案，伊迪丝·汤因比致阿诺德·J.汤因比书信，1914 年8 月 26 日。
　　② 博德利图书馆，汤因比档案，伊迪丝·汤因比致阿诺德·J.汤因比书信，1915 年10 月 15 日。

使之获得了合法的满足方式。 她不肯放弃对她而言十分重要的东西——那对汤因比也很重要,因为汤因比愿意满足她的激情。

几封书信顽皮地反映了他们头几年婚姻生活的柔情蜜意——这种热情同罗萨琳德对丈夫始终抱有的疏离感似乎有点格格不入。 但即便在她写给汤因比的十分私密的信件中,那种矜持也会通过用第三人称称呼她自己和丈夫的做法而隐晦地表现出来。 例如下面这封信:

1916 年 5 月 25 日

亲爱的猫咪主人:

　　她昨晚躺在床上想念它的男人,感到难受,便哭了起来。邮差马上要走,不能多写了。祝你晚安,她全部的爱都是你的。

小猫咪

还有下面这封:

1917 年 8 月 2 日

亲爱的:

　　她十分想念他。她昨天夜里一直为他应征入伍而感到痛苦。……请告诉她到底发生了什么事,你究竟会不会去斯德哥尔摩?

小猫①

支持罗萨琳德把丈夫留在身边的还有一种从战争爆发伊始便流传着的政治观点:这场战争本不该爆发,或至少大不列颠本应抽身事外。这正是由卡利斯勒伯爵夫人发号施令的霍华德城堡所持的立场。 战争爆发之时,汤因比一家就住在霍华德城堡里;伯爵夫人对这场战争的政治观点与罗萨琳德的私心不谋而合。 这种默契在旷日持久的战争期间从未中断,并且还通过不时传来的入伍亲友们阵亡的消息(如鲁佩特·布鲁克)而得到了进一步强化。 1916 年底,她给自己的表哥伯特兰·罗素(Bertrand Russell)写道:"这场战争越是旷日持久,我就越确信它是一个错误。 我认为发动这场战争就是错的,而继续打下去则是错上加错。"②她的政治见解就这样同其私心相辅相成。 此外,这些观念使

---

① 博德利图书馆,汤因比档案。
② 博德利图书馆,吉尔伯特·穆雷档案,165 号,第 161—162 页,罗萨琳德·汤因比致伯特兰·罗素书信,1917 年 12 月 5 日。 罗素当时已出版了一本书,指责这场大战是不道德的和不公正的;罗萨琳德也写信表达了对其观点的支持。

91

得汤因比拒绝应征入伍的做法具备了（或多或少如此）道德上的合理性，甚至允许他在英国国会于 1916 年 1 月颁布强制征兵法令后有理由继续设法逃避兵役。

但汤因比在面对这个问题时感到痛苦。他内心深处的想法是站在罗萨琳德一边的。但这样做就意味着用双重意义上的卑劣行径——为了满足自己的爱欲（在当时的情境下，那多少已是一种罪恶）而逃避自我牺牲——背叛了他对自我英雄形象的追求。长期以来，他一直习惯于压抑凡夫俗子的欲望，以便追求英雄般的成就。但他总要拿出英雄的样子。到了 1914 年秋季，汤因比已经无法再拖下去了。这是因为他一如既往地需要身边人的尊重与敬意——而在 1914 年，这种尊敬要求年轻人必须志愿应征入伍。为了摆脱这一两难处境，汤因比递交了志愿参军申请，但在呈递时附上了一张医生开具的诊断证明，里面强调他的痢疾可能会在艰苦环境下复发。1914 年 10 月，汤因比给母亲写道："长话短说：我只是告诉你他们因为我的痢疾病史而拒绝了我的参军申请。这个意见让我感到十分痛苦，但它无疑是合理的。我已开始接受这个决定，其他人（罗萨琳德当然是首指——作者）也可以松一口气了。无论如何，我还是打算开始接受一些军事训练。"[1]

声称帮助自己躲过兵役的医生反对意见让他感到"十分痛苦"的汤因比并未对母亲讲真话。当然，他确实感到痛苦——但却是因为对自己一贯作风的明显背叛。因为如果汤因比没有提醒当局注意自己的痢疾病史的话，他肯定会去服兵役的——毕竟他正当壮年，并且身体十分强健。他的痢疾在 1914 年已经痊愈，并且终其一生再未复发。我们无法得知医生为何写了那份证明；但很难相信医生的诊断意见没有受到罗萨琳德家族压力的影响。

68　　　一年后，这个问题又来了。英国军队的人手已开始捉襟见肘。于是汤因比不情愿地再次递交了入伍申请。他向母亲解释道，问题在于"我承担当前教学科研工作的独特天赋同我显然无法胜任的、指挥一个排的任务相比起来有多重要？需要更多人志愿参军走上战场、接受杀

---

① 博德利图书馆，汤因比档案，阿诺德·J.汤因比致伊迪丝·汤因比书信，1914 年 10 月 18 日。

戮的迫切需要……真的是压倒一切的吗"？ 但他申请志愿参军的决定
是"一种不得不去面对的痛苦，它让我们两人(汤因比与罗萨琳德——
作者)寝食难安。 它确实意味着自愿牺牲我自己的生命和她的家庭——
后者比我个人的一切都更宝贵与美好"。①第二天，他向吉尔伯特·穆
雷承认："我自己确信参军只是时间早晚的问题。 但罗萨琳德还是坚持
认为我不该去(这跟她勇于直面并解决麻烦的一贯作风大相径庭)。"②

　　然而，汤因比这次一并呈递上去的医嘱又让他的志愿申请遭到了拒
绝。 这第二份医疗证明着实来之不易。 当一位名叫吉布森(Gibson)的
医生认为 1912 年的痢疾病史无碍于汤因比在 1915 年服兵役时，汤因比
转而向一位反战的贵格派医生吉勒特(H.T. Gillett)征求意见。 后者写
道："我不需要对你进行当面诊断，因为我认为那并不会帮助我获得任
何新鲜信息。 我确信你的痢疾病会在你进入潮湿阴冷、过度劳累的战
地环境时迅速复发。""我对这一诊断结论坚信不疑，因而很容易为你提
供这样一份答复。 我认为，只有亲眼见到你忍受过怎样病痛的人才能
准确判断你的病情；我确信，倘若吉布森医生像我一样亲眼目睹过你的
痢疾病发作的话，他也会赞同我的诊断意见的。"③

　　吉勒特医生的看法再度拯救了汤因比。 汤因比对母亲写道："我大
吃一惊，因为我确信军队会接受任何人。 我不能说自己不高兴；因为
我确信自己早晚会被部队裁员，安置在某个仓库里去当书记员，那比我
当前的工作要无聊得多。"④当全民义务兵役制取代了志愿参军制度
后，汤因比又于 1916 年和 1917 年两次收到服兵役的征召；但他每一次
都成功取得了豁免。 因为汤因比争取到了上级为自己担保，声明他目
前从事的工作对于政府的战争事业而言是至关重要的。

　　汤因比在晚年时经常强调，他 1912 年在希腊饮用被污染河水时患
上的痢疾在第一次世界大战期间救了自己的命。 他还声称，自己疯狂

---

　　① 博德利图书馆，汤因比档案，阿诺德·J. 汤因比致伊迪丝·汤因比书信，1915 年
10 月 14 日。
　　② 博德利图书馆，汤因比档案，汤因比致吉尔伯特·穆雷书信，1915 年 10 月 15 日。
　　③ 博德利图书馆，汤因比档案，吉勒特(H.T. Gillett)致汤因比书信，1915 年 10 月
13 日。
　　④ 博德利图书馆，汤因比档案，阿诺德·J. 汤因比致伊迪丝·汤因比书信，1915 年
12 月 12 日。

的工作节奏是补偿那些因为自己偷生而在战壕里牺牲的同胞们的唯一恰当方式。 然而，如果当时愿意参军的，他显然是可以不辜负自己的同胞的。 事实上，如果汤因比没有在 1915 年找到一个袒护自己的医生，用他的医嘱替换了认为自己适合服兵役的吉布森医生的意见的话，汤因比很可能会以志愿兵身份被军队接受。 同样，倘若他没有敦促上级在 1916 年和 1917 年两度为自己取得豁免的话，他肯定也要被列入服兵役者名单。

69　　因此，汤因比对第一次世界大战期间经历的公开解释并不完全真实，并且他自己也对此心知肚明。 因此，未能恪守自己努力追求的英雄主义理想的负罪感在整场战争期间一直萦绕在汤因比的心头，并在潜意识与半压抑状态中伴随着他的后半生。 从 1914 年 10 月起，他有了一个必须掩盖的秘密。 罗萨琳德专横自私的意志占了上风。 他们在一起的日子固然美好，但同时也是一种罪过——因为那让他在别人奔赴战场的时候安然无恙地留在家里。

　　汤因比围绕是否参军问题的痛苦斗争还并非仅局限于自己家里。1915 年 11 月，汤因比处女作《民族性与战争》(*Nationality and the War*)的一名匿名评论者在《牛津杂志》(the Oxford Magazine)上宣称，该书作者与其留在家里写这种垃圾玩意儿，还不如扛起枪走上前线。 这一言论迫使吉尔伯特·穆雷站出来为汤因比辩护，指出他本已要求参军，但遭到了当局拒绝。 其他一些人也试图说服汤因比相信，他当前的选择是正确的，其中就包括他所崇敬的导师亚历山大·林赛。 林赛对他写道：“我知道，对你来说，继续坚守这项四平八稳的职业十分艰难。 但你必须放弃自己精神上的高傲态度，坚持自己正在从事的这项事业……如果你对此感到快快不乐的话，那就放手去接受并通过战场上的考验。 但我不希望你去参军。 如果你去了的话，我认为那将是愚蠢的行为。”①毫无疑问，汤因比对这一支持十分感激。但由于自己心里七上八下，汤因比仍旧抱有“一种病态心理，认为那些劝说自己留在家里会更有用的人是魔鬼，正在劝说自己选择一条平坦的

————————

① 博德利图书馆，汤因比档案，亚历山大·林赛致汤因比书信，(1915 年？)9 月 27 日。 该信件并未标注年份，但肯定写于两人关系破裂之前的 1914 年或 1915 年。

罪恶道路"。①

因此，从 1914 年 8 月起，关于战争期间如何表现才正当光荣的焦虑在汤因比的个人生活与家庭关系中投下了一道可怕的阴影。他用自己的惯常方式——疯狂工作去解决这个问题。汤因比并未继续自己的古代史研究，以及完成之前向吉尔伯特·穆雷承诺的、为"现代知识丛书"撰写的著作；而是决定探讨在最近的欧洲与近东事务中凸显的民族性问题，希望能够向英国公众解释萨拉热窝刺杀事件背后的复杂关系，告知公众目前各方争夺的势力范围边界在未来的和会上应当怎样重新划分，从而为合理、持久的和平做好准备。

汤因比从 10 月牛津开学时开始系统撰写这部著作，并在四个半月内完成了篇幅达 511 页的全部文稿。②在此期间他还要上课，并承担令普通人应接不暇的其他学院日常工作。但他成功地获取并整理了关于东欧的大量信息(其中大部分对于他自己而言也是新知识)，并将这些信息集合成为一部前后连贯、可读性强的著作，不失时效性地于 1915 年 4 月及时出版。

这部作品第一次展示了汤因比的惊人写作速度和整理、消化大量时事政治零散信息的出色能力。这种能力日后支撑着他完成了撰写两次世界大战间歇期年度国际事务报告的任务。然而，尽管他在日后令人见怪不怪地反复展示着这项能力，他当时的成就仍然令人惊异——尤其是考虑到当时还有很多让他分心的事情。他刚刚出生的儿子，找不到合适家仆且健康欠佳(不知道是当真如此还是虚张声势)的妻子，以及丈夫住进精神病院、儿子娶了罗萨琳德后一直难以恢复镇静的母亲都是干扰他学术工作的因素。然而，由于很少(或从不)操心这些私人琐事，每天勤奋地工作很长时间，并专注于自己选择的任务，汤因比以奇迹般的速度写完了这本书。

然而，为了取得这一成绩，汤因比也付出了高昂的代价；特别是他

70

---

① 博德利图书馆，汤因比档案，伊迪丝·汤因比致阿诺德·J.汤因比书信，1915 年 10 月 15 日。

② 这篇标注日期为 1915 年 2 月 15 日的序言反映了作品完成的时间。出版工作也是在仅仅 6 周内火速完成的。

同罗萨琳德的关系丧失了起初那种无微不至的热情。 在某种意义上，这对他们两人都好。 汤因比几乎不承担任何家务，希望并且认定罗萨琳德会主持家务并为自己提供所有服务——准备一日三餐、收拾房子和付出她的爱——从童年时起，他已习惯了从母亲那里接受这一切。 因此，这种感情的疏远可以让汤因比回归自己童年与青年时代的那种生活模式，区别仅在于他的性欲如今可以得到充分满足了。 而对于罗萨琳德而言，专横与不肯安分的性格让她可以在满足两个条件的前提下接受这种劳动分工：一是能够找到称心如意的仆人去承担家里的体力劳动；二是她有足够多的零花钱去维持自己从小习以为常的生活方式。

但令罗萨琳德无法保持平静的是，当那场在 1915 年和此后数年间深刻影响了英国社会的大战爆发后，这两个条件都已无从谈起。 汤因比在面对仆人问题时一筹莫展；他能够扭转家庭入不敷出的财政收支状况，并且他也确实这样做了：汤因比承担了写作各种报刊文章的工作，以便在薪水之外获得额外收入。 但这意味着更加疯狂的工作，将汤因比与家人共处的时间压缩到几近于无，并且进一步强化与确认了他同罗萨琳德之间泾渭分明的劳动分工——罗萨琳德承担了所有家务，而汤因比成了家里的边缘人——尽管他对于罗萨琳德而言还承担着两项重要角色：性伴侣和零花钱来源。 他们的这种家庭生活模式从此便固定下来。 这意味着汤因比在儿子们年幼之际很少陪伴他们；而尖锐的财务危机（往往是被夸大其词的）也为他和罗萨琳德的关系笼罩上了一层阴云。 他们新婚时的柔情蜜意迅速蜕变成了一种彼此将就的关系；这让汤因比走上了一条艰苦且孤独异常的道路。

因此，《民族性与战争》这部著作对于汤因比的一层重要意义在于：在废寝忘食地创作书稿的过程中，汤因比确立了一种家庭生活模式，它在本质上是对自己少年时代生活模式的回归。 他在年少时赢得的种种殷切期望要求如今已经长大成人的他拿出货真价实的优秀成果。并且由于他刻意（尽管这在某种意义上是可耻的）逃避了对当时全体英国青年英勇品质的军事考验，汤因比较此前任何时刻都更为强烈地意识到，自己必须在写作领域出人头地。 而唯一符合自己需要的写作题材必须是与这场战争相关的。

《民族性与战争》合乎这一标准，它的书名已说明了这一点。 70余年后，当两次世界大战已成为历史、西欧对全世界大部分地区的统治已土崩瓦解时，这部作品在当代读者眼中已显得十分怪异。 这部书的精神符合爱德华时代英格兰上层阶级中的自由党观点，并在基本立场上确信开明的英国思想和泽被众生的大英帝国利益将会（或至少理应）无往而不胜。 后来的事实证明，汤因比当时的一些预言是荒谬绝伦的。 例如，他信奉黄祸论(the Yellow Peril)，在书中宣称："下一个世纪里影响国际政治的基本因素将是中国同新大英帝国的竞争。 所有受到威胁的民族国家——加拿大、美国、南美诸共和国、新西兰、澳大利亚——将联合成为一个民族国家同盟，以便维护太平洋地区免受中国统治。 日本或许也会加入进来……俄国将会成为组建这道防线的主要推动者。"[1]

而在欧洲与近东范围内，汤因比确信民族性原则要求大幅度调整政治疆界。 只有各地区的人民能够组建自己选择的政府，和平才能维系下去。 但在海外经济扩张和其他战略考虑足以压倒地方性利益的情况下，这一基本原则也是允许出现个别例外的。

汤因比的建议中有两点是值得注意的。 首先也是最令人惊讶的是，他对德国的态度十分温和，声称"让德国人确信（战争并不合乎其利益）的唯一办法是先将他们打得落花流水，之后再善待他们"。[2]善待德国的具体含义是分割哈布斯堡(Hapsburg)君主国，准许奥地利和波希米亚同德国合并；同时再按照全民公决所反映的当地民意将西边阿尔萨斯、洛林的一部分和东边波兰的若干领土分配给德国。 这样的和平局面将会让德国称雄于欧洲大陆，但这在汤因比看来没有关系。 因为合乎民族性原则的宽大处置将会促使德国人和其他欧洲人从"民族竞争"走向"民族合作"，特别是在汤因比预料将会出现的"中国威胁"面前。

其次，汤因比对于任何维系和平的国际组织的前景都不看好。 以

71

---

[1] 汤因比：《民族性与战争》(*Nationality and the War*，伦敦，1915年)，第333—334页。

[2] 《民族性与战争》，第29页。

1885 年瓜分非洲的柏林和会为模板的国际组织确实能够通过协调"各国利益"来"调整各民族之间的均衡关系";然而"它毕竟无法约束战争,为此而设计任何国际机制的做法都是在浪费脑细胞"。①

考虑到汤因比日后参加过关于分配奥斯曼帝国领土的外交部辩论,我们有理由关注他在 1915 年提出的观点:士麦那(Smyrna)"应被设为领土缩小后的土耳其的首都";而解决黑海海峡问题的最佳方案(但并不可行),是让美国人来管理。但"美国人当然不肯那样做;俄国人则无疑会试图控制海峡"。②

晚年的汤因比将这本书贬低为"年轻人的荒唐文字"(juvenilia)。从某种意义上讲,这一评价名副其实,因为它反映的是第一次世界大战爆发前的一种世界观,并未随着 1914—1918 年期间的历史进程而得到修正。然而,对国际事务的关注和大胆预测(往往有些过头)同现状截然相反的未来格局是贯穿汤因比一生的思想特征。从这层意义上讲,《民族性与国家》是同他的后期著作一脉相承的,也预示了他在 1925—1939 年间撰写的国际事务年度报告的风格。

一些人客客气气地为这部书写了书评。但这本著作并未引起多少注意——那主要是因为战争并未如大多数人所料想的那样迅速结束。在该书问世的时候,公众所关心的乃是如何打赢战争,而非如何结束战争。

这部书的出版还带来了一个节外生枝的难堪后果:他的叔父佩吉特因为他用"阿诺德·汤因比"(Arnold Toynbee)署名而将他训斥了一通。佩吉特宣称,这个名字属于自己已故的兄长。与他同名的侄子阿诺德·约瑟夫·汤因比(Arnold J. Toynbee)无权使用这个署名。姓名权受到"侵害"的阿诺德·汤因比(老)的遗孀对他写道:"你的叔叔佩吉特是个没有分寸的暴脾气。我们无法理解他为什么要因为这件琐碎小事而打扰你和他的弟媳……我有时认为,旁人没完没了地提及你的叔叔阿诺德肯定会让你感到厌烦甚至恼火。"即便如此,她也同样认为"你确实应当署名阿诺德·约瑟夫(A.J. 或 Arnold J.),那只是因为那才

① 《民族性与战争》,第 494 页。
② 《民族性与战争》,第 510、vii 页。

是你的名字"。①

在汤因比看来,《民族性与战争》这部作品的完成意味着他执教巴利奥尔学院本科生古代史的工作已经跟自己当前的工作没什么关系了——而这项工作恰恰对当前战事的最后胜利有所帮助。 由于身处究竟是否参军的两难境地,当前的校园教书生活已显得毫无意义。 因此,他开始到处寻找能够在战争中帮上忙的事情,希望用自己的天才完成军队无法承担的任务。

教书生涯已变得无法忍受。 他对母亲写道:"与你分别后,我的心情马上变得极为低落。 我认为那来自写作这本书的过度劳累……我仍因这场战争而感到忧心忡忡[不是挂念佛兰德尔(Flanders)的战线每天推进或后退了几公里,而是担忧欧洲的未来]……我也对自己感到失望。 长期以来,我的人生哲学始终是'忠于自己的事业'(真正的事业,我是说史学研究)。 但我如今意识到,那只是生活广阔天地中的一小部分而已,人生没有那么单纯。 总的来说,我感觉……自己想做的事情是投入求知的海洋。 随后,我得到了这份工作。 我之所以接受它,首先是为了对战争有所贡献,其次是将它视作一剂良药,再次也是为了进行一种尝试。"②

这项尝试性的工作是为在伦敦新成立的一家政府宣传机构服务,该机构的首要目标是影响美国的立场。 汤因比于 1915 年 5 月 1 日(牛津大学春季学期中段)开始了自己的新工作。 当时,由于大批学生和青年教师们参军,学校里的人气已大不如前;并且巴利奥尔学院的领导们也同意让他离职。 他们甚至准许汤因比继续领自己的学院工资与定期津贴,尽管他搬到伦敦后就不再从事教学工作了。 然而,他在牛津的房子租期未满,因此他还得付那里的租金。 罗萨琳德和她的儿子起初只能搬到卡利斯勒伯爵夫人在伦敦肯辛顿绿宫街 1 号(1 Palace Green,

① 博德利图书馆,汤因比档案,夏洛特·汤因比致阿诺德·J.汤因比信,1915 年 11 月 12 日。《交游录》中的相关叙述(伦敦,1967 年,第 33 页)清晰表明,汤因比确实因与他的著名叔父同名而遇到了麻烦。 他直到自己的所有姑姑和叔叔都去世后才开始在出版著作时署名"阿诺德·汤因比"(省略了中间名的首字母)。 但他为了能够使用自己中意的署名方式一直等到了 67 岁!

② 博德利图书馆,汤因比档案,阿诺德·J.汤因比致伊迪丝·汤因比信,1915 年 4 月 28 日。

Kensington)的宅邸去住。这份"战争期间的"新工作的薪酬是每年330镑,略高于他在大学里的薪水(每年310镑);巴利奥尔学院给他的每年180镑学院工资始终未变。①

汤因比私下里很快给他的工作单位起了个绰号——"扯谎部"(Mendacity Bureau)。但他认为这项工作很有趣。他对吉尔伯特·穆雷写道:"我很高兴能获得这份工作。""摘抄美国媒体的报道是很有趣的(我每周为内阁提供一份相关摘要)。当我注视着自己精心摘编分类的20大本文件时,我感到自己毕竟完成了一些很有分量的工作。"②汤因比还征集关于第一次世界大战的合适文章,并在美国和其他外国出版物上发表它们。他也负责答复那些写信给英国政府、询问它在全世界各地政策的个人。汤因比学会了如何向打字员口授信件,并夸口说自己能在1个小时内答复20封信。③

到了1915年10月,他的宣传工作又添加了新任务。"他们把布赖斯(Bryce)关于亚美尼亚人的情报转给了我,要求我汇总成一篇报告。这在很大程度上是超出常人承受能力的——我是说它所制造的恐怖……自亚述帝国以来还没有过这样可怕的事情。"④在接下来的几个月里,汤因比花了很大气力去关注土耳其人对亚美尼亚人的大屠杀。它带给英美读者的震惊与汤因比本人在收集土耳其士兵和民兵迫害基本上手无寸铁的亚美尼亚民众的血腥野蛮行径时的错愕如出一辙。但这毕竟是一项阴郁可怕的工作。他向吉尔伯特·穆雷坦承:"我一点儿也不喜欢这项工作。但不知道是因为我自己认定它是邪恶的,还是因为它目前还毫无眉目,并且我看不出自己能把这一大堆令人作呕的罪行整理成什么样子或赋予它何种意义。我对此完全心中无数。"⑤

1915年10月6日,布赖斯勋爵在上议院发表了一篇演说,哀叹当时在安纳托利亚高原中东部开始的强制迁徙与蓄意屠杀。对亚美尼亚人

① 博德利图书馆,汤因比档案,阿诺德·J.汤因比致伊迪丝·汤因比书信,1915年4月28日。汤因比最初的工作是担任吉尔伯特·帕克爵士——也就是他说的"一支笔(负责签发通讯稿的人)"——的助手。但后来的人事调整似乎将帕克调动到了无关紧要的岗位上。无论如何,此人在汤因比政府任职期间并未扮演重要角色。
② 博德利图书馆,汤因比档案,汤因比致吉尔伯特·穆雷书信,1915年5月31日。
③ 博德利图书馆,汤因比档案,汤因比致吉尔伯特·穆雷书信,1915年7月8日。
④ 博德利图书馆,汤因比档案,汤因比致吉尔伯特·穆雷书信,1915年10月25日。
⑤ 博德利图书馆,汤因比档案,汤因比致吉尔伯特·穆雷书信,1916年9月21日。

命运的关注由此成为英国的战争议题之一。 他的信息主要来自 19 世纪在土耳其境内建造了若干学校、医院的美国传教团。 尽管这些传教士最初的使命是劝说穆斯林皈依基督教，他们在当地的首要服务对象却是亚美尼亚人和其他基督徒。 当土耳其政府决定采取战时措施，强迫上百万亚美尼亚人举家搬迁（政府怀疑他们对奥斯曼帝国不忠，并且这种怀疑不无道理）时，这些传教士们成了最早的目击证人。 他们对之前非官方性质的大屠杀和强迫亚美尼亚民众迁徙到环境恶劣的遥远边疆的做法感到极为震惊。 但直到 1917 年美国参战前，历届土耳其政府一直不敢干预住在当地的美国传教团的活动。 于是，这些传教士不断向布赖斯勋爵和其他一切同情亚美尼亚的人提供连篇累牍、十分详细的时事报道。

　　布赖斯勋爵①发表演讲几个月后，负责宣传事务的英国官员们认为，公开宣传亚美尼亚人遭受的苦难将有助于回击描述俄国人野蛮处置波兰犹太人的德国东部战线报道。 他们的主要宣传对象是美国。 因为英国人认为，他们必须抵消美国犹太人对德国的广泛同情，因为美国犹太人是完全了解俄国组织的大屠杀和反犹主义活动的。 通过谴责德国人容忍亚美尼亚地区较波兰事件野蛮得多的罪行，这种舆论宣传指出，人们应当不惜一切代价支持协约国一方，因为德国人事实上应对土耳其人的行为负责。 为此，布赖斯勋爵同意编撰一份关于土耳其人暴行的权威记录，但要求找来一个助手帮助自己完成这一工作。 人们挑选了汤因比来承担这一任务。 他持续关注着亚美尼亚人忍受的苦难，直到战争结束时为止。 这项任务很快使汤因比成了宏观意义上的奥斯曼帝国问题和具体的亚美尼亚人问题的专家。

　　布赖斯勋爵和汤因比都没有暗中参与宣传亚美尼亚人苦难的幕后利益权衡。 他们两人都坚定不移地信仰自由主义价值观——这其中就包含了对开诚布公的要求。 两人付出了系统的、坚持不懈的努力，以便确保他们对安纳托利亚事务的报道是真实可靠的。 同美国传教士目击

74

---

　　① 詹姆斯·布赖斯（1838—1922）是一位著名历史学家，曾任过牛津大学法学教授。他是一位自由党政治家，在 1915 年已德高望重。 他同美国保持着特殊联系，因为他本人曾于 1907—1913 年间担任过英国驻美大使。 尽管汤因比当时私下里说布赖斯的"顽固执拗同他的声名显赫不相上下"，这位长辈毕竟是他的职业榜样——两人均集活跃的从政生涯与历史学家的崇高声望于一身。 汤因比在《交游录》第 149—160 页回忆布赖斯的那一章中明确指出了这一点。

者们的联络渠道使得这一目标变得相对容易；而土耳其人执行的种族灭绝政策也确实为他们提供了关于他们野蛮行径的如山铁证——以至于汤因比最终编撰出版的著作《1915—1916 年期间奥斯曼帝国对亚美尼亚人的处置》(*The Treetyment of Armenians in the Ottman Empire*，1915—1916)①卷帙浩繁，并且其中令读者惊骇的残忍血腥案例俯拾皆是。 这部长达 700 余页的作品在战争宣传小册子中极为罕见，因为汤因比要努力确保自己记录的每个案例都是真实准确的。 他有时会隐去向自己提供信息者的资料，尤其是在他们身为亚美尼亚人的情况下。 但他对每一条材料的可靠性都进行了系统辨析。 因此，无论其内容多么骇人，这部巨著事实上是一本学术性的资料汇编；并且汤因比对亚美尼亚人灾难记载的可靠性从未遭到过质疑。

他略去的内容是土耳其人究竟为何如此猜疑与痛恨亚美尼亚人和其他信奉基督教的少数族裔。 日后，汤因比意识到这一脱漏是对历史真相的背叛。 事实上，他的同情对象甚至因此至少在一定程度上发生了转变；因为他感到自己从前曾对土耳其人不公，需要找补回来。 然而，在编撰那部著作的时候，尽管自己笔下那些灭绝人性的行为令他深恶痛绝，汤因比本人却是问心无愧的。 他当时认为，自己对土耳其人野蛮行径的严厉抨击是恰如其分的，因为那是以经过严格审核后的史料证据为基础的。

对土耳其人及其所谓主子——德国人的猛烈鞭挞构成了汤因比同时撰写的几本篇幅较小的宣传小册子的核心内容。《在亚美尼亚的暴行：对一个民族的谋杀》(*Armenican Atrocities：The Murder of a Nation*)问世于 1915 年，前后发行过两版，由布赖斯勋爵署名。 1917 年，汤因比又出版了《土耳其人的血腥暴政》(*The Murderous Tyranny of the Turks*)；这本书中只有序言是布赖斯勋爵写的。 两本小册子都属于急就章的性质，前后印行过多版，旨在强化公众对协约国立场正义性的认识。 它们的明显倾向性，尤其是宣称德国人要对土耳其人的野蛮行径负责的言论，使得这些小册子较我们之前介绍的那部巨著更适合用于政

---

① 伦敦，1916 年。

治宣传，也更值得汤因比日后为自己曾参与歪曲真相而忏悔。

凭借这位年轻助手的奋笔疾书和妙笔生花，布赖斯勋爵出色地完成了报道亚美尼亚人遭受暴行的任务，并应邀去调查德国人在其他战线上的暴行。 这项工作的成果是出版了一批小册子。 它们均由汤因比执笔，其标题便足以反映其腔调：《波兰的灭亡：德国军事行动效率研　75究》(The Destruction of Poland：A Study in German Efficiency)、《对比利时人的驱逐》(The Belgian Deportations)、《德国占领军在比利时的恐怖政策》(The German Terror in Belgium)以及《德国占领军在法国的恐怖政策》(The German Terror in France)。 这些作品在 1916—1917 年期间以闪电般的速度相继问世。

在完成这些任务期间，汤因比受够了这种通信记者式的写作方式。他对达比希尔写道：“谢天谢地，我总算写完这些暴行了。”“该死的《德国占领军在比利时的恐怖政策》之后还有一本《德国占领军在法国的恐怖政策》，但那是最后一本了。”①在 4 个月前的 1917 年 5 月 7 日，②他已接受新成立的政治情报局(Political Intelligence Department)的聘任。作为外交部的附属机构，政治情报局聘任了一批知名学者，如刘易斯·内米尔、阿尔弗雷德·齐默恩、埃德温·贝文(Edwyn Bevan)和出生于澳大利亚的两兄弟雷克斯·利珀(Rex Leeper)和阿兰·利珀(Allan Leeper)——最后两位之前就在外交部任职，而其他人从前都是学者。 这批人中职位最高的人是詹姆斯·海德拉姆-莫雷(James Headlam-Morley)。 他是一位古典学家，曾担任过教育部官员，并且像利珀兄弟一样，自战争爆发后便在外交部工作。

被戏称为“天才局”(Ministry of All the Talents)的政治情报局成员们朝气蓬勃、有想法，最为突出的是他们都见多识广。 由于他们知识渊博、擅长辩论，并且对自己预见未来的能力深信不疑，政治情报局对第一次世界大战后期的英国外交政策具有很大影响。 它的一些成员(包括汤因比在内)也在随后的巴黎和会上继续扮演着专业参谋的角色。③加入

---

① 博德利图书馆，汤因比档案，汤因比致达比希尔书信，1917 年 9 月 16 日。
② 原文为 “7 May 1971”，应为作者或排版笔误。——译者注
③ 詹姆斯·海德拉姆-莫雷爵士(Sir James Headlam-Morley)：《1919 年巴黎和会备忘录》(A Memoir of the Paris Peace Conference，1919，伦敦，1972 年)，xx—xxi。

这样一个群体对于汤因比而言是一个巨大飞跃，让他有机会对公共事务的走向施加真正的个人影响。 这是对他为进行战争宣传动员而从土耳其收集情报的艰巨工作的丰厚回报。

不出意外的是，他负责的是同奥斯曼帝国相关的政治情报工作。但在沙皇俄国垮台后，他负责的对象又新增了中亚地区的穆斯林。 以此为基础，他深入探讨了开始萌生自我意识的伊斯兰世界同式微的大英帝国发生正面冲突的风险——这场冲突将影响印度、阿拉伯、波斯、阿富汗、中亚、非洲以及由奥斯曼帝国直接管辖的各地区。

在接下来的两年时间里，汤因比围绕这一宏大主题，对摆在自己案头上的、纷繁复杂的资料进行了整理。 汤因比认为，揭竿而起的伊斯兰势力同日薄西山的大英帝国之间的冲突注定将在 20 世纪重演 19 世纪哈布斯堡王朝与东欧民族主义斗争的那一幕。 这无疑是他自己的杜撰。 后来的历史演变历程证明，汤因比高估了穆斯林聚居区民众动员的发展速度。 然而，汤因比的核心观点——未来的民族自决权将不再是欧洲人和基督徒的专利，而是会拓展到穆斯林聚居区——从长远来看是准确无误的，尽管它在 1918—1923 年间还只是初见端倪而已。

持续关注土耳其与俄国事务的汤因比在 1917 年 11 月布尔什维克（the Bolsheviks）上台后很快意识到，这将是一场影响全世界的巨大变局。 他在 1917 年圣诞节那一天问达比希尔："你是如何看待布尔什维克的？ 我认为他们手中掌握着整个世界——或许他们只能掌权 6 个月，但那将是具有决定性意义的 6 个月。 不过，我们这里的书报检察官会封杀这样的观点，因为布尔什维克在我们的官方语境中是不受欢迎的。"[①]

两周半以后，汤因比在发表于 1918 年 1 月 10 日的长文《"民族自决原则"与穆斯林世界情况报告》中分析了在他看来正在发生的沧桑巨变。[②]他首先指出，德国和英国就像阿拉丁（Aladdin）一样，无意中通过

---

① 博德利图书馆，汤因比档案，汤因比致达比希尔书信，1917 年 12 月 25 日。
② 公共档案馆，"外交部政治情报局档案"，371.4353 和会系列（Public Record Office, Foreign Office, Political Intelligence Department, 371.4353 Peace Series）。 我要在此感谢牛津大学的克里斯托弗·科林斯先生。 他欣然准许我查阅了他自己对汤因比1917—1919 年期间所写的备忘录及其他作品的抄本复印件，这些文件如今存放在公共档案馆内。

自己的战争宣传纲领——德国人支持土耳其人，英国人则支持与土耳其人为敌的阿拉伯人——将精灵（穆斯林的自我政治意识）放出了瓶子。汤因比接下来写道：

> 布尔什维克代表着欧洲劳动者阶级的立场。在世界各地，该阶级都一直接受着上层阶级的统治；但它在布尔什维克政权领导下的俄国拥有了"自我意识"，甚至占据了统治地位。布尔什维克的政策是向其他国家输出同样的革命；这些国家（无论是德国还是别处）里的工人自然会对布尔什维克的事业产生同情。这种广泛、天然、坚实的内部支持维系着布尔什维克的强大生命力。但潜藏在泛俄罗斯穆斯林运动（the All—Russian Moslem movement）背后的伊斯兰文明自我意识是股与它性质完全相同的力量。跟俄国劳动者阶级一样，俄国的穆斯林也愿意为了守护自己业已赢得的权利而"保卫俄罗斯"，并为他们生活在世界其他地区的同胞们争取同样的权利。更重要的是，他们相信自己面对的是同一个敌人——"资本主义"（也就是欧洲的中产阶级）。他们将之视为欧洲劳动者阶级和东方穆斯林的共同剥削者……这两股力量在俄国的联手将成为一个持久现象，并对俄国境外产生影响。

几页过后，汤因比又警觉地观察了英国在这股革命风暴中的处境：

> 我们目前面对着这样的危险：英国将继承沙俄在穆斯林世界遭到的刻骨仇恨，并目睹俄国与伊斯兰世界共同加入德国阵营——尽管这场战争的进程已经表明，我们是多么需要他们并肩作战对付德国。俄国与土耳其（衔接欧洲与亚洲的陆桥就位于二者中间）的形势正在经历剧变；我们目前只剩下若干同自己关系友好的零星孤岛——亚美尼亚人、格鲁吉亚人、哥萨克人（Cossacks）和立场可疑的乌克兰。凭借这些立足之地，我们还不至于一溃千里。但不容否认的是，革命后的俄国（它现在被布尔什维克统治着，并且很可能今后也会如此）和拥有政治自觉意识的伊斯兰世界将成为影响局势发展的两大因素。如果我们不在成为二者同盟的前提下制订政策的话，整座陆桥将脱离我们的控制，最终以某种方式落入德国人的掌控之下。

倘若如本文前一节所表明的那样，布尔什维克主义和穆斯林运动正在走向合流的话，那么同二者结盟就更加势在必行。但对布尔什维克的政策问题不在本文的讨论范围之内；本文关注的只是我们同伊斯兰世界的关系。

在指出说服美国托管博斯普鲁斯海峡和其他穆斯林世界领土是大英帝国在近东地区唯一可行的政策之后，汤因比总结道："现在的关键问题在于：我们要么将俄国和伊斯兰世界争取到自己这边，要么就得坐视它们一并加入德国阵营。"①

尽管威尔逊和列宁的口才拥有一定分量，足以让英国外交部的老官僚们做出一些让步；但由着政治情报部的一个初出茅庐的毛头小子对自己喋喋不休这样一套如此离经叛道的纲领无异于在伤口上撒盐。然而，这些上级一直容忍、有时还留意倾听这个通晓历史与地理、讲起话来永远滔滔不绝的巴利奥尔学院青年教师的激进观点。尽管如此，当汤因比开始出席工党外交政策顾问委员会的会议后，他受到了特殊的严格审查。外交部的高级官员们最终认定，让他偶尔参加这样的会议以便解释"一些重要事情"并无不妥；但他不能成为该委员会的正式成员。②

在汤因比看来，拥有如此接近权力中心的地位是让他梦寐以求的。一方面，他喜欢结交权贵。学会合理运用权力正是温彻斯特公学和巴利奥尔学院的教育目的——这些学校的办学宗旨便是为其毕业生进行统治或影响统治者做好准备。但由于汤因比的建议通常都会遭到反对，甚至根本无人理睬，他无法消除自己作为局外人的感觉——他在公学和大学期间也一直扮演着这一角色。这使得他同自己献计献策的对象，尤其是那些高层领导们关系疏远。他对母亲写道："对了，顺便告诉你一件事：第二天，雷克斯·利珀和我被叫去参加一个会——先是在唐宁街（Downing Street）10 号同首相劳合·乔治（Lloyd George）一起，随后在战时内阁跟卡森（Carson）、塞西尔（Cecil）和米尔纳（Milner）一块儿

----

① 公共档案馆，"外交部政治情报局档案"，371.4353 和会系列。
② 公共档案馆，"外交部政治情报局档案"，681—697，海德拉姆-莫雷记录（Minute by Headlam-Morley），1919 年 11 月 26 日，附有哈丁格（Hardinge）与寇松的评论。

开。 与会的有我们、巴肯(Buchan)、六个戴红帽子的(军官)和从莫斯科赶来的总领事。 会议没有解决值得一提的问题……不过，能够近距离地观察这些大人物，并隔着桌子跟他们交谈很有意思。 我认为其中没有什么了不起的人物，只有一个人还算不错。"①

1918 年 11 月 11 日停战协议签订后不久，汤因比报告道："工作量越来越大，但我也日益全身心地投入到工作中去——至少就我负责的这部分世界事务而言——我将迎来自己一生中的高光时刻……这是食品与布尔什维克主义之间的竞赛——也就是胡佛(Hoover)和列宁之间的比拼：这一组竞争对手的搭配颇为怪异。"②

迎来自己事业的高光时刻意味着陪伴罗萨琳德的时间越来越少。他工作到很晚才回家，很少有机会看见自己的孩子(除非是在熟睡中)。有一次，当罗萨琳德身上出疹子的时候，汤因比却要动身前往瑞士去完成长达一个月的秘密使命。 名义上，他是以记者身份前去写文章报道国际红十字会(the International Red Cross)的活动；但他的实际任务是去劝说代号 C 的英国特务机构同自己分享关于奥斯曼帝国事务的信息。他看到了 C 的一些政治、经济方面的报告，但未获准随时翻阅所有资料。 回国后，他请求吉尔伯特·穆雷插手，以便说服那些"高高在上的大佬们"去"采取一些能够产生决定性影响的行动"。"外交部是对 C 拥有明确权利的，他们没有中止这些权利的理由。"③

事实上，汤因比曾多次与军事情报局的官员发生冲突。 当军方发言人质疑他的判断和情报来源时，汤因比也会给出强硬的回应。 例如，1918 年 7 月，军事情报局的一名军官麦克多诺(McDonough)指责

① 博德利图书馆，汤因比档案，阿诺德·J.汤因比致伊迪丝·汤因比书信，1917 年 12 月 12 日。 爱德华·亨利·卡森(1854—1935)是用近似革命手段抵制爱尔兰自治运动的厄尔斯特领导人，日后成为战时内阁成员。 切尔伍德的罗伯特·塞西尔勋爵(1864—1958)出身于著名贵族门第，在 1916 年担任英国外交部副部长。 阿尔弗雷德·米尔纳(1854—1925)是巴利奥尔学院校友，曾经是阿诺德·汤因比的追随者，当时也是战时内阁内部决策圈的成员之一。 小说家约翰·巴肯(1875—1940)时任信息部长。 汤因比并未暗示其中"还算不错"的是哪个人。 但我们有理由猜测他说的是老派贵族塞西尔勋爵，此人日后在国联中扮演着领导角色，并同吉尔伯特·穆雷关系密切。
② 博德利图书馆，汤因比档案，阿诺德·J.汤因比致伊迪丝·汤因比书信，1918 年 11 月 14 日。
③ 博德利图书馆，吉尔伯特·穆雷档案，35 号，第 60、61 页，汤因比致吉尔伯特·穆雷书信，两封信的标注日期均为 1917 年 11 月 12 日。

汤因比滥用了自己的权力——建议在中亚推行不干涉政策，并认为"这无异于说我们应当把这一大片地区拱手相让给德国人"。汤因比迅速站出来为自己辩护并答复道："就目前掌握的证据看，我不认为中亚地区的布尔什维克打算将这片土地交给德国人。"但由于"这些布尔什维克同穆斯林发生了激烈冲突"（这与他1月份的预测相反），在军事上支持任何一方都将使得英国的长远利益付出过于高昂的代价。他总结道："概言之，我承认自己关于中亚地区的政治情报十分稀少。遗憾的是，即便军事情报局局长（DMI）掌握了更具体的信息，他也是从来不同我们分享的。"他的外交部上级含蓄地支持了汤因比，一方面迎合麦克多诺的意见，认为汤因比不应当提出具体的政策建议；另一方面又认可了他对中亚形势的"认真解读"。①

汤因比的"认真解读"显然带有他日益成熟的激进主义思想和对发动并维持世界大战的社会制度的反感的痕迹。汤因比对自己之前努力学习的中产与上层阶级生活方式产生了疏离感，开始向工党靠拢，并于1918年加入了该党派。信奉外祖母（卡利斯勒伯爵夫人）自由党激进观点的罗萨琳德也加入了工党——这无疑是汤因比行为合乎逻辑的后果。汤因比告诉自己的母亲："我发现自己坚定地信奉社会革命理论。""中产阶级已经胡闹了整整一个世纪，最后只带来了这个（世界大战）。现在该轮到工人阶级试试身手了。在我看来，民族主义和国际主义都是重建这个世界不可或缺的要素。如果现有政权和它们的传统不肯对此做出让步的话，那就让它们见鬼去吧，管它是联合王国、双头王权还是别的什么东西。"②这样的措辞显然会令他的母亲感到震惊——她的爱国主义比英国国教派信仰还要坚定。如果汤因比的一些同事和他在外交部里的上级看穿了他的心思的话，这些人也会感到惊诧的。

---

① 公共档案馆，"外交部政治情报局档案"，371.4363，麦克多诺将军致图雷尔（General McDonough to Tyrrell），1918年7月13日与汤因比记录文本，1918年7月14日，以及直至1918年7月24日海德拉姆-莫雷、图雷尔、汤因比和麦克多诺之间交换意见的往来通信。

② 博德利图书馆，汤因比档案，阿诺德·J. 汤因比致伊迪丝·汤因比书信，未标注日期，但可能于1918年7月写于霍华德城堡；汤因比回击军官麦克多诺的信也是在那个月里从霍华德城堡寄出的。事实上，这封信可能反映了他对军事情报局指控自己的愤慨。

　　我们能够理解是什么把他推向了如此激进的立场。 由于未能通过参军而在这场战争中"尽到自己的责任",汤因比只能通过更为猛烈地抨击战争的罪恶与疯狂来证明自己个人行为的正当性。 弗吉尼亚·伍尔夫曾在 1918 年 1 月记载过自己对汤因比餐桌上的谈话的印象:"阿诺德在反民族主义、反爱国主义和反战方面比我走得更远……我喜欢她(罗萨琳德——作者)胜过喜欢阿诺德;但后者在谈到牛津的时候恢复了自我,说话水平更高,并且显然并无恶意。 但他对牛津没有多少好话可讲,并且声称再也不会回到那里……他知道那些贵族英雄们如今已尽数牺牲并受到纪念;但他憎恶这些人。 那些人有理由认为他只是一只怯懦的小动物。 但他描述了贵族们的吵闹、凶暴和火暴脾气;认为他们占尽便宜、趾高气扬并且……不能容人。"①后来的事实证明,汤因比对社会的激进看法只是昙花一现;他很快就不再贬低上层阶级了。 但终其一生,对战争的厌恶始终在他的思想与感情中占据着中心位置。

　　此外,即便在思想最极端的那个阶段,汤因比也不仅仅是个逃避现实的人,因为他同时还对自己和国际事务改革抱有殷切期望。 所有细枝末节最终都归结为这样一个问题:他在外交部的工作以及大量旨在引导公众的新闻报道式作品和公开演说究竟是否有助于建立公正且持久的和平? 如果答案是肯定的话,那么他在战争期间表现出的暧昧就可以得到令人满意的解释了。 这意味着汤因比必须在缔结和约的过程中扮演实实在在的个人角色。 事实上,汤因比的自尊要求他自己的声音一定要在向英国政府建议对奥斯曼帝国政策的过程中占据上风。 只有这样,他内心深处对于自己一度逃避兵役的羞愧感才能通过确认自己帮助建立了良性持久的和平局面而被驱散。

　　我们已经看到,汤因比曾在 1914—1915 年期间认为,必须先在战场上打败德国人,否则合理且宽容的和平条件将无从谈起。 但在 1916年索姆河攻势以失败告终、英国军队蒙受了空前损失后,汤因比认为应当改用和谈手段结束战争。 他同意将中欧交给德国,以民族自决的名

79

_____

　　① 安妮·奥利弗·贝尔(Anne Oliver Bell)编:《弗吉尼亚·伍尔夫日记(卷一:1915—1919 年)》(*The Diary of Virginia Woolf*, *vol. I 1915—1919*, 伦敦, 1977 年),第108 页。

义瓦解哈布斯堡帝国。1916 年 11 月美国总统伍德罗·威尔逊成功连任后，汤因比写道："我希望并且有时确信，到了明年的这个时候，威尔逊将成为我们这场战争的居中调停人。"①但对汤因比而言，1917 年 2 月沙皇政权的垮台和俄国的自治赋予了这场战争新的意义。此后，他认为德国的穷兵黩武是与协约国集团对本国自由地位的捍卫〔以及它们至少间接支持的海外民族自决原则（汤因比曾在《民族性与战争》一书中对此予以拥护）〕格格不入的。因此，战争的继续赋予了战事新的意义；汤因比也随之重拾必须战胜德国的信念。或许这正是他为何将俄国二月革命称为"马恩河（Marne）战役以来最振奋人心的事件——不如说它令战争本身相形见绌，如果我们的判断标准是对世界未来的影响的话"。②

毫无疑问，汤因比重新肯定打败德国必要性的认识是同他于 1917 年 5 月被调到外交部政治情报局息息相关的。无论如何，协约国必须首先打赢战争，之后汤因比才能扮演他所渴望的、建立和平体系的角色。在此期间，他对自己可以在奥斯曼帝国与整个伊斯兰世界事务方面向外交部上级领导提供情报，从而影响英国政策的职务感到满意。理论上讲，汤因比和外交部政治情报局的其他成员只负责提供值得外交部高级官员信赖的及时准确情报，以供政府制订政策时参考。但在实际操作层面上，情报和政策是密不可分的。事实上，汤因比及其政治情报局同事们撰写的报告要求使用明确列出几种政策选项的格式，以便日理万机的高层领导们进行充分权衡并且迅速从中做出选择。正如我们已经看到的那样，汤因比有时会越权并直接建议他认为正确的选择。并且毫无疑问的是，撰写报告者罗列选项的方式以及他们描述外交事务参与者及影响因素时使用的语言也暗示了其对英国政策的看法（往往还是一种预测）。

随着 1918 年夏末德国败势的呈现，汤因比已有理由憧憬（甚至确

① 博德利图书馆，汤因比档案，阿诺德·J. 汤因比致伊迪丝·汤因比书信，1916 年 11 月 12 日。关于他对德国控制中欧的看法，见阿诺德·J. 汤因比致伊迪丝·汤因比书信，1916 年 11 月 19 日。

② 博德利图书馆，汤因比档案，阿诺德·J. 汤因比致伊迪丝·汤因比书信，活页纸，未标注日期，但保存在 1917 年 1 月 23 日至 1917 年 4 月的信件中间，因而其中所指的事件应当是二月革命。

信），自己如今担任的职务能够让他在同土耳其媾和的事务中发挥个人作用；如果运气足够好的话，他甚至可以准确预言政治上觉醒的伊斯兰世界各族人民同大英帝国之间一触即发的冲突——但一切的前提是高层领导们肯倾听他的建议。

在实践层面，真正起作用的"高层"只有一个人——首相大卫·劳合·乔治。由于美国总统威尔逊打破了从前欧洲和会的传统，决定亲自参加和会，而非授权职业外交官和外交大臣代表自己参会，劳合·乔治也被推上了属于英国最高外交官和议和代表的座位。威尔逊的现身意味着其他政府首脑也必须参会，因为区区一个外交大臣是不可能指望自己有机会与美国总统平起平坐地讨价还价的。

劳合·乔治欣然承担了这一使命，因为他对自己的能力坚信不疑，鄙视所谓的"专家"，并且向来不肯虚心听取来自下属的建议。汤因比的抱负在这一无情事实面前破碎了。在敦促、运作各协约国政府达成共识的过程中，劳合·乔治很少理睬来自外交部的建议——在他看来，几乎任何共识都说得过去。汤因比的智慧与学识根本派不上用场。因此，在离开 1919 年巴黎和会的时候，汤因比对劳合·乔治其人充满怨气。正如我们将在下一章中看到的那样，汤因比很乐意支援战后各报刊对首相近东政策的口诛笔伐。

当然，在和会召开之前，这种令人失望的态势尚不明显。相反，汤因比是兴高采烈地前去出席和会的。罗萨琳德也以《曼彻斯特卫报》通信记者助理的身份前往巴黎。从 1918 年 11 月至 1919 年 3 月，她跟汤因比一起住在巴黎的一座旅馆里，远离了孩子们和仆人们的干扰。这对他们二人来说是"一段可爱美妙的岁月"①——尽管汤因比并未放松自己长时间、快节奏的工作，并且他的任务还变得更为繁重：因为他有必要摸清美国在近东问题中的紧迫议题与长期计划（如亚美尼亚托管问题或对黑海海峡管理机制的参与程度）上的打算。汤因比还不得不同各方利益群体——亚美尼亚人、希腊人、阿拉伯人和犹太人——的代言人打交道，因为他们都要求分得奥斯曼帝国的一部分领土。汤因

81

---

① 博德利图书馆，汤因比档案，罗萨琳德致汤因比书信，1919 年 3 月 11 日，写于她返回英国后不久。

比每天都会阅读手头所能得到的、关于伊斯兰世界最新动态的即时信息，撰写官方电报的备忘录，并不时撰写关于时事的整体评价并且展望变幻时局面前可供英国选择的政策。对于一个将在 1919 年 4 月 14 日满 30 岁的人来说，这样的工作无疑是纷繁忙乱的，在确定对土耳其和约重大决策的那段时期尤其如此。

汤因比写给母亲的一些信件反映了他所感到的压力与兴奋。他在和会初期汇报道："我目前经常同劳伦斯（Laurence，原文如此——作者）共事——就是那个切断了汉志（Hejaz）铁路，并率军穿过沙漠抵达大马士革的人……我还跟史末资（Smuts）共事过。"①他后来又写道："工作非常忙，并且我不知道何时才能结束。但它非常有趣……最有趣的事情当然是旁听十人委员会（the Council of Ten）的会议。我参加过几次这类会议，都是在他们'听取'关于世界上由我负责收集情报的这部分地区情况的时候——我的任务是坐在英国全权代表们所坐的巨大豪华沙发背后的一把镶金小椅子上，并在合适的时候递给他们地图和文件。克里孟梭（Clemenceau）背靠壁炉而坐……全权代表们坐在摆成中空正方形的沙发上，从两侧面对着克里孟梭。像我这样的人和负责记录备忘录的人员坐在沙发后面、房间各角落里的小椅子上……那是 17 世纪风格——遍布法国的古老制度下的上流建筑传统——的一间相当精致的房间。"②

然而，到了 3 月底，汤因比开始为自己无法影响近东和周边地区问题决策而感到沮丧。他写道："我对这次和会前景感到悲观。它陷入了一种瘫痪状态：上层同下级（至少在英美使团中如此）、列强之间日益脱离接触……欧洲与东方关系的前景十分暗淡……如果托管制度被证明只是一种伪善的话，我们将看到伊斯兰世界同大英帝国的关系重蹈奥匈关系的覆辙（或许还将陷入无政府状态）——那将是令人担忧的前景。"③

---

① 博德利图书馆，汤因比档案，阿诺德·J.汤因比致伊迪丝·汤因比书信，1919 年 1 月 26 日。被称作"阿拉伯的劳伦斯"的 T.E.劳伦斯（1888—1935）是位英国战斗英雄，并在巴黎和会上为阿拉伯的独立而声辩。克里斯蒂安·史末资（1870—1950）曾在布尔战争中对抗过英军，他在南非联盟建立过重要角色，并在 1917 年出任英国内阁空军大臣。他在巴黎和会上的著名表现是积极支持国联并主张同德国签订温和的和约。
② 博德利图书馆，汤因比档案，阿诺德·J.汤因比致伊迪丝·汤因比书信，1919 年 2 月 13 日。乔治·克里孟梭（1841—1929）是法国总理和巴黎和会的官方召集人。
③ 博德利图书馆，汤因比档案，阿诺德·J.汤因比致伊迪丝·汤因比书信，1919 年 3 月 24 日。

到了 4 月初，汤因比公开承认了自己的无能为力。"英美使团中负责中东事务的成员们都认为士麦那及其周边地区不应脱离土耳其；但我确信，英美全权代表们已践踏了这一原则。"[①]但或许过于固执的汤因比为影响事态走向又做了最后一次努力，并争取到了地位更有利的哈罗德·尼克尔森(Harold Nicolson)同自己合作。[②]这次努力的成果是于 1919 年 4 月 15 日发表的一篇报告，文中抨击了他们的上级打算批准的和约条款。 事实证明，这些条款恰巧也是不现实的——例如，它们要求新成立的国联授权美国扶植亚美尼亚和君士坦丁堡与周边地区分别独立。

　　在指出该体系的若干缺陷后，两个年轻人尝试提出一个针锋相对的方案，以便避免前者可能带来的祸害。 这篇文章的核心段落如下："在仔细分析了上述受害对象即将忍受的苦难后，我们认为，维系和平更为理想的方案可能是一些没有那么复杂但更加大刀阔斧的办法，即将欧洲同亚洲分开，将君士坦丁堡、黑海海峡与马尔马拉海靠欧洲一侧的海岸并入希腊，而把安纳托利亚高原和水域东南侧留给土耳其。"[③]哈罗德·尼克尔森日后出版了一部日记，概述了自己在巴黎和会中扮演的角色，并用下面的这段话作为总结："我们把该意见写成白纸黑字；我们签署了自己的名字；我们把文件呈递上去。 但还是无人理睬。"[④]他的说法的确属实。 希腊、意大利乃至法国、英国、美国都吵嚷着要求自己的野心得到重视。 在劳合·乔治看来，一旦各方达成妥协，无论相关条件有多么不切实际，他都不会仅仅由于几个聪明年轻人的反对意见而否定这一共识。

　　但对于汤因比而言，这一失败意味着他证明自己在战争中表现正当

① 公共档案馆，"和会士麦那档案，1919 年"(Smyrna Files，1919)，Doc. F.6102，汤因比记录文本，1919 年 4 月 3 日。

② 哈罗德·尼科尔森(1886—1968)跟汤因比是巴利奥尔学院校友。 但与汤因比不同的是，他是外交部的正式成员，也是一位在外交部获得永久性高级职位的外交官的儿子。 他日后成为国会议员，并至少写了 35 部著作。

③ 公共档案馆，"和会土耳其未来边疆档案"(Future Frontiers of Turkey)，与会代表记录文本，Doc. F.7335，1919 年 4 月 15 日。

④ 哈罗德·尼科尔森：《议和：1919 年》(Peacemaking，1919，伦敦，1943 年修订版)，记录于 1919 年 4 月 14 日事件条目之下。 他在 4 月 16 日提到这项提议时说它是"汤因比提出的"，事实也的确如此。

性的全部努力已付诸东流。这深深刺痛了他，并使得他在离开巴黎和会之际的身心状态同时跌至谷底。诚然，他是因为过度工作而搞垮了身体；但那不过是他所遇到的最小麻烦而已。积劳成疾为汤因比身体的垮掉提供了一个冠冕堂皇的理由。但实际上是另外三点原因，加上最直接的、在巴黎和会上的失败共同让他大病一场。另外三个因素如下：首先是对自己即将担任的伦敦大学教授职务感到不满；其次是刻骨铭心地回想起父亲的无助状态；再次是与财务、罗萨琳德和卡利斯勒伯爵夫人有关的麻烦和压力。以上三点是彼此交织在一起的。但我们最好还是先从最重要的一点——他同罗萨琳德的关系说起。

罗萨琳德在战争期间的生活与习惯性过度劳累的汤因比一样痛苦，并且还远不如后者那样有成就感。她在外祖母伦敦绿宫街1号的房子里只住了几周，就决定自己再也不能忍受那个地方了。无论那个地方有多么豪华，那里的仆人毕竟不是她自己的，并且他们让她感觉自己像一个外人。但在战争期间的伦敦，供出租的房源是很难找的。离开绿宫街1号后，汤因比一家不断地搬来搬去，再也无法找到长租的或罗萨琳德看得上眼的房子了。

做家务的实际难题变得日益棘手，特别是仆人开始变得稀缺。那些没有资格或不愿进入军工厂工作的人往往是能力不行或责任心差的。并且罗萨琳德根本雇不起战前属于标配的家仆人手。因此，她只好自己承担一点家务——如做饭和洗碗。那还是她力所能及的，但照顾一个婴儿的任务就太繁重了。然而，让人称心如意的保姆很快就找不到了。1916年，她向汤因比承认："它（原文如此——作者）昨天没有给你写信，因为它是一只被压垮了的小猫。那一方面是因为它没有得到应有的休息，另一方面则是因为它已经下了定论：那个保姆干不了活儿。"①

她的健康欠佳和多次怀孕令他们的境遇雪上加霜。当她还在给自己的第一个孩子托尼喂奶时，罗萨琳德又怀孕了。汤因比告诉玛丽夫人："我们好像又要有一个孩子了。这完全出乎意料之外——我们本应做好防范措施的。如果情况属实的话，我当然很担心……她会如何面

---

① 博德利图书馆，汤因比档案，罗萨琳德致汤因比书信，1916年5月17日。罗萨琳德当时跟母亲一起住在牛津。

对这一突如其来的压力。 这真的不是时候。"①但这的确属实：他们的
第二个儿子特奥多尔·菲利普（Theodore Philip）于 1916 年 6 月 2 日如
期出生。 他出生时，伊迪丝·汤因比曾前来帮忙料理家务。 但一座房
子是无法长期容下两个如此强势的女人的。 不久以后，罗萨琳德就只
能施展浑身解数去独自对付两个孩子了。 她的帮手只有如走马灯般更
换的保姆们——其中每一个在家里都待不上几个月。 此后，她还流产
过两次。 一次可能发生在 1918 年 10 月，另一次则是在一年以后。②

其他病痛也在不时折磨着她。 一些是真实的疾病，例如麻疹；另
外一些则是她自己想象出来的（至少在一定程度上如此），如母亲遗传给
她的"心脏不好"的毛病。 玛丽夫人感慨道："不幸的孩子！ 她告诉
我，自己躺在床上都还是觉得冷……她肯定是身体不好，吃不消养两个
孩子和料理家务的重负。"③各种麻烦在 1918 年 5 月达到了顶峰——两
个男孩都染上了百日咳，当时雇用的保姆由于不堪重负而发了疯。 玛
丽夫人告诉伯爵夫人说："罗萨琳德和阿诺德都已焦头烂额。"④8 个月
后，当罗萨琳德和汤因比一起在巴黎度过 1919 年的冬季时，她关于自
己需要休息，以便从当母亲的操劳中缓过来的言论激怒了吉尔伯特·穆
雷。 后者答复道：

亲爱的佩特科夫小姐：

你的上一封来信真有意思。如果你在下一封电报里不改变态度
的话，那么我觉得你不妨进一步放飞自我，最好把托尼和菲利普带
到交易所和集市上卖了（难道阿诺德也是这么想的吗?)。⑤

不过，在有些情况下，罗萨琳德仍是一位忠诚、坚强的妻子，也是
两个男孩温和可亲的妈妈。 例如，当汤因比的两个妹妹和母亲在圣诞

---

① 博德利图书馆，汤因比档案，汤因比致玛丽·穆雷书信，1915 年 10 月 28 日。
② 博德利图书馆，汤因比档案，汤因比致玛丽·穆雷书信，1919 年 10 月 2 日提及
了"一次流产的威胁……这件事还未被证实；但我们不应继续抱有什么希望，因为这是第
二次了"。 两周后，汤因比告诉岳父："罗萨琳德做了手术。"对另一封信（阿诺德·J. 汤
因比致伊迪丝·汤因比，1918 年 10 月 20 日）的合理解读提供了关于罗萨琳德第一次流产
的最佳现存证据。
③ 博德利图书馆，吉尔伯特·穆雷档案，550 号，第 11 页，玛丽·穆雷致卡利斯勒
伯爵夫人书信，1917 年 3 月 15 日。
④ 博德利图书馆，吉尔伯特·穆雷档案，550 号，第 79 页，玛丽·穆雷致卡利斯勒
伯爵夫人书信，1918 年 5 月 6 日。
⑤ 博德利图书馆，吉尔伯特·穆雷档案，568 号，第 47 页，1919 年 2 月 19 日。

节期间来访时，她尽善尽美地履行了热情好客的女主人、妻子和母亲的职责。 伊迪丝在这样一次拜访后向儿子写道："我很高兴收到你从办公室写来、表示这一周过得非常美妙的信。 这一周确实棒极了。 我们团聚在一起，托尼就是把我们拴在一起的小开心果……好孩子，你拥有令人羡慕的好妻子和好孩子。 看着罗萨琳德和托尼在一起真令人开心。"①她的第二个儿子菲利普曾在一首几乎不加掩饰的自传式诗歌《老丑角》(Pantaloon)中明确表示了自己对罗萨琳德的深深依恋。②而她写来的信也足以说明，这种爱有时得到了充分回报。 例如，1919年从巴黎回国后，罗萨琳德写道："我确信自己跟从前一样爱着这两个小不点儿。 我现在的感觉甚至更好，因为他们更懂事了……我一直感到惋惜的是，他们长得太快了。"③肌肤之亲是她母爱的重要组成部分。她在几个月后写道："他们轮流跟我睡在一起——如此可爱与温暖。 他们紧紧依偎着我，几乎要把我推到床底下去。"④

　　然而，罗萨琳德的母爱是喜怒无常的。 她需要在孩子们向自己索取的付出中得到喘息之机。 如果没有保姆每日带他们出去游玩大半天的话，她就会感到不堪重负。 由于忙于工作的缘故，她的丈夫几乎是完全指望不上的。 罗萨琳德的抱怨基本上毫无用处，即便她采用的是表面上在代写托尼口授信件的方式。 例如下面这封信：

> 亲爱的爸爸，
>
> 　　爸爸回来吧。我们写这封信是想让爸爸快回来……让爸爸坐上火车头赶回来。把我的吻和爱给你。
>
> 小汤姆⑤

　　在霍华德城堡或穆雷一家的乡间别墅度过的假期确实可以将汤因比同他的儿子们及罗萨琳德联系在一起。 保留至今的几封信件可以告诉我们，他们在暂时摆脱伦敦千篇一律的单调生活时有多么快乐。 1917

---

　　① 博德利图书馆，汤因比档案，伊迪丝·汤因比致阿诺德·J.汤因比书信，1915年新年前夜。
　　② 《老丑角》，伦敦，1961年，第33页等处。菲利普也让他虚构的母亲经历了3次流产。这很可能反映了真实的家庭记忆。但现存信件中没有关于罗萨琳德第3次流产的任何线索。
　　③ 博德利图书馆，汤因比档案，罗萨琳德致汤因比书信，1919年3月16日。
　　④ 博德利图书馆，汤因比档案，罗萨琳德致汤因比书信，1921年1月16日。
　　⑤ 博德利图书馆，汤因比档案，罗萨琳德致汤因比书信，1917年7月31日。

年，汤因比在霍华德城堡写道："这里的确是仙境，或许对于孩子们尤其如此……总的来说，我们在这里十分快乐……这个地方似乎确实可以让我们远离战争。这种氛围是浓郁、鲜活且牢不可破的，就像是成功地保留到 1917 年的 18 世纪生活方式一样。"[1]

18 世纪还以另一种方式保存在汤因比的生活之中。在战争初期，霍华德城堡曾让汤因比(也可能是代表他的妻子)产生幻想，认为他可以在这里复制有闲绅士与杰出历史学家爱德华·吉本(Edward Gibbon)的生涯。他迈出的第一步是于 1915 年 12 月辞去了在巴利奥尔学院的教职，从而切断了自己同牛津大学与象牙塔式学者生涯(他在 3 年前步入这个圈子时还对此充满希望)的联系。

汤因比这样做的理由十分复杂。一方面，他发现自己无法兼顾教书育人同撰写《民族性与战争》这样的严肃著作的职责——并且他的核心理想一直是撰写一部史学巨著。他在第一次从巴利奥尔学院离职后不久告诉母亲："我之前的表现既对不住学院，又对不住罗萨琳德。"[2]显而易见的解决办法是做一名像吉本或阿克顿勋爵那样的有闲绅士。这样一来，他既可以撰述历史，又可以在家庭与社会生活中扮演适合自己的角色。[3]他需要的仅仅是一份够用的个人收入而已。罗萨琳德确信，只要跟她的外祖母、卡利斯勒伯爵夫人好好商量，这个问题是可以解决的。

事实上，难道罗萨琳德就没有希望继承霍华德城堡以及它所承载着的一切吗？她可是取了外祖母的名字，并且是后者长女的长女。在伯爵夫人建立的女权制度下，这可不是什么微不足道的继承身份。伯爵夫人曾同她的所有儿子发生过激烈争吵，罗萨琳德则是 ——或有希望成为——她的掌上明珠。此外，伯爵夫人拥有充分的法律权利去随意处

---

① 博德利图书馆，汤因比档案，阿诺德·J. 汤因比致玛丽·穆雷书信，1917 年 7 月 18 日。

② 博德利图书馆，汤因比档案，阿诺德·J. 汤因比致伊迪丝·汤因比书信，1915 年 4 月 28 日。

③ "除了自己想做的事情以外，还有什么非做不可的事情呢？吉本什么都不做，阿克顿勋爵也是。你认为只带着一支牙刷前往希腊旅游是一种愚蠢的行为；但牙刷是件必需品，旅行背包里却装满了无用的东西。我认为，你的核心诉求是对一切知识充满了新鲜的好奇心……你不需要的东西则是政治与新闻稿，以及牛津大学考试中拿到第一名的成绩单。"博德利图书馆，汤因比档案，达比希尔致汤因比书信，1915 年 4 月 22 日。

置自己的财产。 她很可能曾不时做出过暗示:罗萨琳德(以及其他人)将会从自己的遗嘱中得到很多东西。

然而,眼巴巴地等着继承这份遗产是不够的。 为了能够从不收分文租金的绿宫街1号豪宅搬出去,并且在伦敦站稳脚跟,罗萨琳德和汤因比需要更多的收入。 为此,在妻子的建议下,汤因比给伯爵夫人写了一封信,向她诉说了自己的经济状况和写作抱负,请求伯爵夫人赐给他们夫妇一笔固定年金,以便让他摆脱教书的累赘。 这项请求让伯爵夫人感到不悦。 她无法理解罗萨琳德为什么不愿意住在绿宫街1号。她告诉自己的外孙女:"现在我们不可以把钱浪费在毫无必要的房租上。"①因此,她对汤因比信件的回复简明扼要,仅仅部分应允了他的请求:"我认为,即便失去了学院教师的那份薪水,如果你每年能挣到300英镑的话(这应该是没有任何问题的),你们的钱也够用了。 因此,我决定不将自己在罗萨琳德婚前许诺给她的每年250镑用于投资,而是每年发给你们二人自由使用。 这意味着你可以随时辞去教职。 我将在1916年6月1日预付250英镑。"②

将资本变成纯收入并不是罗萨琳德想要的结果。 但这确实可以帮助汤因比在没有经济上的后顾之忧的情况下从巴利奥尔学院离职。 他对林赛和其他巴利奥尔学院同事们的解释是自己无法全身心地投入到教学与其他学院职责中去,所以应当辞职。 林赛对此感到很生气:"你写信的口吻就像是你没有任何义务或个人感情一样……难道你认为自己不需要对任何人与事承担责任吗?"③到了圣诞节那一天,林赛表达了自己的希望:"我们可以在否认对方原则的前提下维持彼此之间的尊重和友谊。"④但他们的友谊事实上从此宣告破裂,再也未能得到修复。

汤因比的母亲对他的做法——放弃巴利奥尔学院教师的尊严与独

---

① 博德利图书馆,汤因比档案,卡利斯勒伯爵夫人致罗萨琳德书信,1915 年 11 月 21 日。
② 博德利图书馆,汤因比档案,卡利斯勒伯爵夫人致汤因比书信,1915 年 11 月 25 日。 在附着于这封信的说明(日期为 1969 年 2 月 26 日)里,汤因比解释了相关背景:"罗萨琳德害怕住在绿宫街;玛丽夫人则说我必须选择一套配好家具的住宅。 我接受了她们的意见。 我当时手头十分拮据,特别担心罗萨琳德会建议自己找卡利斯勒伯爵夫人要钱。 这些背景可以解释她在 1915 年 11 月 25 日写那封信的缘由。
③ 博德利图书馆,汤因比档案,林赛致汤因比书信,1915 年 12 月 11 日。
④ 博德利图书馆,汤因比档案,林赛致汤因比书信,1915 年 12 月 25 日。

立，而去仰仗卡利斯勒伯爵夫人的富可敌国——感到愤怒。很显然，她曾经在话题转到这件事上的时候当着穆雷一家发过火。[1]他的婶婶夏洛特也指责他不再像从前的阿诺德那样热爱巴利奥尔学院了。[2]因此，汤因比的突然辞职(鉴于巴利奥尔学院会无期限地保留他的教师职位，这样做其实是毫无必要的)似乎确认了他同汤因比家族的决裂，将他比之前更紧密地同妻子的亲戚们捆绑在了一起。

汤因比的根本动机很可能在于，他需要远离当时弥漫在巴利奥尔学院中的、充满英雄主义理想的参军狂热——这种情绪也感染着他，但他却没有采取相应的行动。一想到将要面对那些在完成战争使命后返回校园的退伍老兵们，汤因比便感到心虚。通过逃避志愿参军、辞去教职并转而仰仗卡利斯勒伯爵夫人的财富，他在穆雷一家与霍华德城堡的亲戚那里找到了避风港——他们要么命令他待在家里(如罗萨琳德和伯爵夫人)，要么建议他这样做(如吉尔伯特·穆雷)。但这也令他付出了高昂代价。因为跟自己的母亲一样，他对欠人钱财的事情极其敏感，并对在经济上依附于伯爵夫人和她的古怪念头感到可耻。

事实上，他被夹在两个同样强势的罗萨琳德的斗争中间。一方面，他的妻子需要更多的收入，以便能够舒服地住在自己的房子里，并得到丈夫更多的陪伴。另一方面，卡利斯勒伯爵夫人罗萨琳德需要完全掌控自己的财富，并要求自己慷慨布施的对象对她低三下四——那是罗萨琳德·汤因比和她的丈夫不肯去做的。事实上，两人确实多次对伯爵夫人讲奉承话；但他们拒绝对她俯首帖耳。那样的处境对于任何人而言都是非常尴尬的；对于一个近乎病态地担心手头拮据的男人而言尤其无法容忍。

为了保障汤因比能够获得一笔足够的固定收入，从而可以辞掉手头的这份带薪工作，他们又同罗萨琳德的外祖母进行了一次协商，但最后在 1917 年 1 月以失败告终——尽管卡利斯勒伯爵夫人确实允诺了每年再多给他们 200 英镑。[3]但到了这一年的 8 月份，当罗萨琳德带着孩子

86

---

① 博德利图书馆，吉尔伯特·穆雷档案，568 号，29 页，吉尔伯特·穆雷致罗萨琳德书信，1918 年 12 月 18 日。
② 博德利图书馆，汤因比档案，夏洛特·汤因比致阿诺德·J.汤因比书信，1915 年 12 月 20 日。
③ 博德利图书馆，汤因比档案，卡利斯勒伯爵夫人致汤因比书信，1917 年 1 月 14 日。

们住在霍华德城堡期间，罗萨琳德·汤因比对伯爵夫人过分贬低德国人的言论表达了不同意见，从而引发了一场激烈争吵。这使得罗萨琳德的人格遭到了攻击。她向丈夫承认："我当时耍脾气径直离开了房间——结果是自取其辱（包括可怜的托尼）。没有人再搭理我们；我们得到的只有白眼。我拒绝住在绿宫街的事情似乎永远也不会得到原谅；继续拉锯下去的结果意味着我将无法考虑你的利益。"①两个罗萨琳德就这样在没有和解的情况下分开了。

不出意料，到了下一个新年，伯爵夫人的钱并未如期而至。罗萨琳德告诉丈夫："如果必要的话，可以从吉列特先生那里透支一些钱。你写信给他，要求缓期一两个月再还上，因为咱们这边的钱迟早是会到的。尽量别担心这档子事儿。"②伯爵夫人最终还是伸出了援手。1918年12月，她向罗萨琳德和汤因比拨付了一笔价值6 000英镑的本金，预计可以为他们提供300镑的年收入。这笔支出替代了她之前提供的年收入，并帮助汤因比一家熬过了从那年开始反复出现的危机。

但罗萨琳德的花钱如流水给他们的收入带来了巨大压力，甚至有时会让他们入不敷出。她装模作样地记录家庭收支；但事实上会在不考虑财政收支平衡的情况下习惯性地大手大脚。她对待金钱的豪爽态度是汤因比无法接受的。与她不同的是，汤因比一直担心自己将陷入经济困难。他解决这个问题的唯一途径只有想办法挣得更多。因此，只要有稿费可赚，汤因比就不会放过任何一个送上门来的报刊撰稿任务。他的首要合作对象是《国民》（*The Nation*）周刊；他几乎每个月都会在上面撰写讨论欧洲形势的文章。③但他也为《泰晤士战争史》（*Times History of the War*）写稿，以及《家居与旅途休闲杂志》（*Home—reading Magazine and Highway*）——只要有钱可赚就行。④

但稿费和卡利斯勒伯爵夫人的馈赠似乎都不足以为汤因比提供让他

---

① 博德利图书馆，汤因比档案，罗萨琳德致汤因比书信，1917年8月10日。
② 博德利图书馆，汤因比档案，罗萨琳德致汤因比书信，1918年1月24日。
③ 其中一部分文章在《新欧洲：重建问题论文集》（*The New Europe：Some Essays in Reconstruction*，伦敦，1915年）中重新出版过。
④ 菲奥娜·莫顿（S. Fiona Morton）编：《阿诺德·汤因比书目》（*A Bibliography of Arnold J. Toynbee*，牛津，1980年）提供了逐年编排的索引；但正如这位编辑在序言中指出的那样，尽管付出了辛勤劳动，她还是无法将汤因比随手写就的许多文章一网打尽。

和罗萨琳德满意的足够收入，在战时通货膨胀的环境下尤其如此。因此，汤因比非但不能做一名有闲绅士、自由地追求自己的写作事业，相反却只能接受挣钱谋生的命运。当这一切已经变得明朗的时候，他的首选是外交事业。1917 年，当汤因比获得了在外交部政治情报局工作的资格时，这一前景似乎已经指日可待——尽管他收到的正式委任信上专门强调："您为政治情报局所做的工作并不意味着您将获得持久性岗位。"①但外交部的计划是将新成立的情报局作为一个常设机构；并且它的部分成员也确实在战后得以继续留任。

87

但汤因比不在这些人之列。正如我们之前看到的那样，当自己的建议在巴黎和会上无人理睬后，他已经心灰意冷。此外，他的一些激进主张(尤其是认为有必要同布尔什维克结盟的观点)很可能也引起了外交部一些上级的反感。因此，退而求其次的汤因比只得考虑重拾教职。他之前已试探过重回牛津的种种可能性，但并未进行过真正的尝试。促使他放弃巴利奥尔学院教职的感情依旧强烈，阻碍着他轻轻松松地返回牛津。

但到了 1918 年 7 月，伦敦大学宣布设立一个拜占庭与现代希腊历史与文学的教职，由侨居英国的希腊人资助，希腊政府也许诺补贴一份年金。汤因比并不情愿申请这一职位。他对吉尔伯特·穆雷写道："倘若坐上那个位子的人不是个毫无保留的亲希腊分子的话，住在伦敦的希腊人是不会认为他称职的……并且这还意味着我要放弃自己在外交部的工作。"②他确实申请了该职位；但与此同时仍抱有疑虑——这种疑虑在他同组织面试的委员会见面后变得愈发强烈。在面试中，汤因比告诉委员会，他肯定是不会教授现代希腊文学的，因为他认为自己没有那个资格。"在接受这个教职之前，我必须明确一件事，那就是选中我的人必须明白我到底想做什么，并且我也知道他们支持我这么做。不幸的是，我之前在巴利奥尔学院已经做过一份别扭的工作了；我害怕

---

①　博德利图书馆，汤因比档案，梯利(J.A.C. Tilly)致汤因比书信，1918 年 7 月 5 日。这封使用公函格式、以外交部长巴尔福先生的名义发出的委任信较实际日期晚了一年多；因为汤因比在政治情报局的工作是从 1917 年 5 月开始的。或许外交部这些按部就班走流程的工作通常都会有所滞后。

②　博德利图书馆，汤因比档案，汤因比致吉尔伯特·穆雷书信，1918 年 8 月 1 日。

这次又会重蹈覆辙。"①但他需要一份工作，并且罗萨琳德认为伦敦大学的教职是现有选择中最好的。②拒绝教授现代希腊文学并未影响他最终获得委员会的青睐。 1929 年 5 月 29 日，汤因比收到了任命自己为伦敦大学(University of London)国王学院(King's College)科拉伊斯教授(Koraes Professor)的信件。 他的薪水为每年 600 英镑，聘期 5 年并有机会续聘到 65 岁。③

在前途有了保障的情况下，汤因比理应感到高兴。 能在 30 岁当上全职教授的情况在学术界十分罕见；并且伦敦大学的学术声望也还不错——即便它缺乏牛津、剑桥那样的贵族范。 但汤因比一点都不高兴。他对达比希尔写道："我的主要心病是不喜欢当教授。 我感到无所适从、一片茫然。 各方面形势的发展促使我不得不接受这个教授职位……我目前身处一种怏怏不乐的精神衰弱与以自我为中心的状态之中。"④

更令他的处境雪上加霜的是，他和罗萨琳德同伯爵夫人发生了一场冲突，这让他们仅存的一丝从后者产业中分得一笔殷实财富的梦想化为了泡影。 1918 年 12 月，当所谓的卡其布(Khaki)大选以劳合·乔治和由保守党主导的联合阵线获胜而告终时，伯爵夫人终于再也坐不住了。 但这场大选导致的真正转折在于自由党一败涂地，从而被崛起中的工党取而代之。 对于公爵夫人而言，自己党派的土崩瓦解是一场出乎意料、令她无法容忍的变故。 在她眼里，那些抛弃自由党而加入工党的人无异于叛徒；而汤因比和罗萨琳德则显然在这批罪人之列。 大选结束一个月后，罗萨琳德告诉丈夫："我两天前刚刚收到外祖母寄来的密封信件……我认为这封信的意思是对工党在大选中占了自由党上风表示失望，并且有可能(也许很有可能？)要跟我们断交。 不过，我已经写了回信，向她表示千恩万谢，并且对这档子事儿只字未提……(我认为这种做法几乎就等于接受了她的宣战了——你觉得不是吗？)"⑤

———————
① 博德利图书馆，汤因比档案，汤因比致吉尔伯特·穆雷书信，1919 年 3 月 26 日。
② 博德利图书馆，汤因比档案，罗萨琳德致汤因比书信，1919 年 1 月 9 日。
③ 博德利图书馆，汤因比档案，罗纳德·布罗斯(Ronald M. Burrows)致汤因比书信，1919 年 5 月 29 日。 理查德·克罗格(Richard Clogg)：《政治与学术：阿诺德·汤因比与科拉伊斯教席》(Politics and the Academy：Arnold Toynbee and the Koraes，伦敦，1986 年)提供了关于该教席的设立及日后汤因比同资助者矛盾的丰富细节。
④ 博德利图书馆，汤因比档案，汤因比致达比希尔书信，1919 年 7 月 21 日。
⑤ 博德利图书馆，汤因比档案，罗萨琳德致汤因比书信，1919 年 1 月 11 日。

到了 1919 年 3 月底，汤因比还透支着银行的钱，并且科拉伊斯教授的任命还没有批下来。 罗萨琳德建议道："如果我们去霍华德城堡住上一阵子的话，我们就可以在没有收入的情况下再挺上两个月；因为我们在此期间除租金外是不用花钱的。"①但前往霍华德城堡需要对方邀请；尽管他们多次提出过请求，邀请信却迟迟没有发来。 1919 年 5 月 2 日，伯爵夫人明确拒绝了让他们来访。 她谴责了"那次选举造成的祸害"，并明确表示自己如今已将汤因比视为敌人。 她嘲讽道："归根结底，你们又跟霍华德城堡有什么关系？ 这个美丽的地方对于那些挚爱着它、问心无愧的人来说当然是美妙的——但它对于同我们这些住在堆满了书画藏品的大房子里的人作对的党派来说仅仅是不堪入目的批判、取笑对象罢了。 难道你们的同志不认为它面目可憎吗？ 那你们为什么还想来这里呢？"②

令人吃惊的是，这番谩骂居然没有阻止汤因比继续回信："尽管您在上一封信里没有说我们可以来，您也没有说我们不能来。 因此我斗胆再次冒昧请求。"③这一次，雷霆终于劈下。 伯爵夫人回复道：

亲爱的阿诺德，

我想我之前的话还不够直接，无法让你理解我的意思。因此，我必须把赤裸裸的实情讲出来。

我知道，你和罗萨琳德去年冬天加入了工党。那个党派同自由党斗争得很厉害，想方设法要消灭我们……我将终生挚爱我的自由主义信仰和代表它的党派……倘若我请来的客人……是一伙来自那个党派的、盘算着想要毁掉我们的家伙，那么我是没法跟这样的人进行活泼、有益、轻松的交谈的。我们只能对一切时政避而不谈，那将使得我们的交流变得空洞干瘪，从前那种如沐春风的快乐时光已经一去不复返了。

非常爱你的

罗萨琳德·卡利斯勒④

---

① 博德利图书馆，汤因比档案，罗萨琳德致汤因比信，1919 年 4 月 8 日。
② 博德利图书馆，汤因比档案，卡利斯勒伯爵夫人致汤因比书信，1919 年 5 月 2 日。
③ 博德利图书馆，汤因比档案，汤因比致卡利斯勒伯爵夫人书信，1919 年 5 月 3 日。
④ 博德利图书馆，汤因比档案，1919 年 5 月 6 日。

但乞丐们是别无选择的。仅仅过了两周，罗萨琳德就又开始软磨硬泡：

> 最亲爱的姥姥，
>
> 我不好意思再次问您，您是否出于如此明确的理由而断然拒绝让我们过去。但我真的不知道自己还能怎么办。
>
> 今天上午，韦尔勒大夫（Dr. Wheeler）刚给阿诺德做过检查。他明确指出，阿诺德……必须在很长一段时间内得到充分休息……霍华德城堡是他所向往的地方；他感觉自己可以在这里休养。我正是为此才再度给您写信……
>
> 他仿佛已失去了一切自信，不相信自己还能做任何事情。正如您知道的那样，阿诺德从前梦寐以求的拜占庭史教授职位如今让他充满忧虑、寝食难安。他感到自己的知识储备不足以教授足够多的历史知识，但又无法面对学习任何新东西的挑战。这可不像他平时的样子。我确信这仅仅反映了他确实已经精疲力竭……我相信，如果他能在霍华德城堡休息一段时间、思考一下未来的话，那就能够拯救他……我希望（或不如说我殷切地期望）您能让我们来。
>
> 爱您的
>
> 罗萨琳德①

这次恳求在一定程度上获得了成功，软化了伯爵夫人的心肠。后者答应让他们在自己位于博斯比的宅邸里住上一阵子。这个消息给汤因比打了一针强心剂。罗萨琳德向外祖母报告道："他还没有完全振作起来。他即便做一点小事（如刮胡子与洗澡）都会感到非常疲惫；但他的心情好多了。"②抵达博斯比后，汤因比很快就康复了。罗萨琳德汇报道："阿诺德看上去像变了一个人。""我希望您能看见昨天上午孩子们跑进花园的情景……阿诺德跟他们一起跑着，仿佛获得了新生。"③

但罗萨琳德汇报喜讯的信件和对外祖母的谄媚仍然无法彻底治愈伤

① 博德利图书馆，汤因比档案，1919 年 5 月 23 日。
② 博德利图书馆，汤因比档案，罗萨琳德致卡利斯勒伯爵夫人书信，1919 年 5 月 31 日。
③ 博德利图书馆，汤因比档案，罗萨琳德致卡利斯勒伯爵夫人书信，1919 年 6 月 13 日。

痛。 伯爵夫人拒绝谅解政治上的背叛。 汤因比夫妇必须面对这样一个事实：罗萨琳德希望像18世纪的贵妇人那样靠自己的财产过活的梦想将永远无法实现。 因此汤因比的政治立场害了自己两次：首先是断送了他进入外交部的前途，现在又让他在轻松闲适中撰写不朽史著(那仍是他的追求目标)的梦想化为泡影。

另一个因素也在扰乱着汤因比的心境，并导致他在1919年4—5月期间陷入身心俱疲的境地。 那是一次重揭伤疤的事件——他又要同自己的父亲打交道了，因为哈利·汤因比患上了当时肆虐全球的流感，似乎已经奄奄一息。 当阿诺德和他的母亲于1919年3月赶往北安普顿时，他即将在哈利10年前入住那里后第二次见到自己的父亲。 这次见面的结果是让人心碎的，并一度重建了母子之间的亲密纽带。 汤因比明确表示，自己宁可让父亲死去而得到解脱。 他在给母亲的一封信中写道："那对他和对你都更好些……我们从前曾一起度过了一段幸福时光——和你在一起的日子永远是幸福的——无论是面对着日常生活中的种种麻烦，还是像去年复活节那样的假期。 我想自己是在给你写一种情书；我还记得，你曾在某个学期开始时说过，我是你的儿子，并且'差不多是个恋人'；我现在也还是那样的。"[1]

她第二天回复道： 90

我亲爱的儿子，

感谢你在周六写来那么长的一封充满爱意的信。是的，我们将一直是母子，并彼此"相爱"。如果我能让你明白，你赶来北安普顿对我意味着什么，那么你将会更充分地意识到这一点。在你抵达前的那个晚上，全世界的各种恐怖、残忍的东西都压在我的心头。当你发来电报的时候，我再一次感到……至少我们还握着彼此的手，并永远爱着对方——任何一种爱都足以驱散恐惧。你让我恢复了勇气与常态——上帝将为此祝福你。[2]

因此，到了1919年春天，随着汤因比的经济困难，同卡利斯勒伯

---

[1] 博德利图书馆，汤因比档案，阿诺德·J.汤因比致伊迪丝·汤因比书信，1919年3月23日。

[2] 博德利图书馆，汤因比档案，伊迪丝·汤因比致阿诺德·J.汤因比书信，1919年3月24日。

爵夫人的冲突和父亲的疾病同时来袭，在他对母亲和罗萨琳德的感情之间长期存在着的紧张关系如今已发展到了让他极度痛苦的程度。 最后，哈利·汤因比逃过了一劫；伊迪丝·汤因比返回了牛津（她从 1917 年起一直住在那里），住进了汤因比在当巴利奥尔学院教师时租下的房子。 汤因比继续支付着这座房子的租金，直到他的妹妹们完成学业为止。 通过这种方式，他为自己的母亲提供了有力的财力支持。

　　然而，1919 年 3 月重新迸发的母子情深并未维持下去。 汤因比依旧更为重视他同罗萨琳德、穆雷一家和霍华德城堡的关系，这一选择决定了一切。 他的母亲跟那些人合不来；因此，汤因比在婚后再也无法同母亲亲密无间地相处了。 婆媳之间的敌意实在过于强烈，不是轻而易举可以消除的。 而罗萨琳德的贵族品位与追求同伊迪丝·汤因比的吝啬与自尊之间的鲜明反差也使得双方日常性的社会交往都显得尴尬。 两种截然相反的生活方式的冲突也困扰着汤因比。 它加剧了汤因比对手头拮据的苦恼，为他接受科拉伊斯教授席位的做法蒙上了一层阴影——这一选择意味着他需要教书并参与大学生活中的繁杂事务，而不能自由自在地撰写他梦想的著作。

　　他在 1919 年春季爆发的健康问题有多个原因，也表现为不同形式。 除了身体上的精疲力竭外，他还经历了一场反常的精神体验。 汤因比本人在 35 年后是这样描述的：

　　　　一战结束后不久的一个下午（他记不清究竟是哪天了），在伦敦白金汉宫路（Buckingham Palace Road）南段，笔者正在沿着维多利亚火车站西侧围墙旁边的小路向南行走。他突然看到了一种幻象——不只是历史上的某个插曲，而是业已发生的、正在发生的和将要发生的一切。他在那一瞬间意识到，历史的发展就像一股洪流那样碾过自己；而他自己的一生不过是这条大河中的一道涟漪⋯⋯但这种幻象转瞬即逝；那个白日做梦的人又回到了日常世界中的伦敦。①

　　这确实是一次古怪的体验。 或许正是它让汤因比下定了决心：自

----

① 汤因比：《历史研究》（伦敦，1954 年），X，第 139—140 页。

已宁可排除千难万险，也要写出一部伟大的历史著作——尽管为稻粱谋的压力在自己面前设置了重重实际困难与令他分心的杂务。 从童年时代起，汤因比就感到自己是有别于常人的，注定要完成伟大的事业。即便在 1919 年春季将他压得喘不过气来的那些失望、考验和苦难也无法磨灭他的这一信念。 幻象增强了汤因比的这一信念。 仅仅过了几周时间，经历过 3 月探望父亲、4 月在巴黎和会上遇挫、5 月同伯爵夫人闹翻这一系列危机的汤因比便恢复了日常活动，甚至可以开始充满希冀地展望自己在伦敦大学的新工作了。

　　他的人生开启了新的一章。 从前的发奋努力、心理波折、远大前程和一战期间政治生涯的最终失败都已被抛到身后。 它们在日后有些被遗忘，有些发生了蜕变，有些则被克服掉了。 但第一次世界大战和汤因比在此期间的经历却像一块乌云那样笼罩着他此后的生活与思想。对于汤因比和那个时代的大部分人而言，这场大战的影响是无可比拟的。 欧洲文明令人始料未及的致命缺陷突然浮现，威胁着将要让它走向灭亡。 这场劫难的幸存者们应当让一切重回正轨——或至少做出尝试，去特别关注如何才能阻止另外一场大战爆发。 这成了汤因比在两次世界大战期间的工作所关注的首要问题。 汤因比在 1919 年的巴黎失败了；他可不想重蹈覆辙。

91

92

第五章　科拉伊斯教授生涯
（1919—1924 年）

当汤因比在 1919 年 10 月就任伦敦大学国王学院现代希腊与拜占庭历史、语言与文学专业的科拉伊斯教授席位时，他已完全从在春季困扰自己的低落情绪与身体病痛中恢复过来了。 在前一年（1918 年）11 月，罗萨琳德在"哈利·汤因比曾住过的卡吕勒（Carlyle，原文如此——作者）公寓里找到了一间待出租的漂亮房子。 如果那里的卫生条件过得去的话，他们就打算租下它"。[①]事实是那里的卫生条件还可以接受。1919 年 3 月从巴黎回国后，罗萨琳德就把他们的家具和其他财产搬进了新公寓。 她的母亲对这个选择表示满意，称赞卡利斯勒公寓 16 号的格局"令人心旷神怡"。 在接下来的几年里，汤因比全家一直住在那里。 他们的住所问题终于得到了解决。 他们甚至还找好了仆人——汤因比夫妇在巴黎期间找好的一个信奉新教的法国女保姆姗姗来迟，并且表现得似乎"让人称心如意"。[②]他们接下来在博斯比度过的那个夏天里也得到了休养生息。 更重要的是，停火协议和预计可以降临的长期和平

① 博德利图书馆，吉尔伯特·穆雷档案，550 号，第 93 页，玛丽·穆雷致卡利斯勒伯爵夫人书信，1918 年 11 月 25 日。
② 博德利图书馆，吉尔伯特·穆雷档案，550 号，第 115 页，玛丽·穆雷致卡利斯勒伯爵夫人书信，1919 年 5 月 4 日。

意味着，汤因比一家可以期待能够过上比战争期间更安定的生活了。

罗萨琳德可以重新开始她的小说写作生涯；汤因比也终于有闲暇去创作他从学生时代起就开始憧憬的宏大历史哲学著作了。 他决心让自己新获得的教授职位服务于这一目的。 他在1919年10月7日的就职讲座上专门强调，自己将要研究的希腊史的范围是非常广大的。 事实上，汤因比自视为希罗多德的后继者。 他认为，无论是在古代、中世纪还是现代，希腊人一直是欧洲最东边的前哨。 因此，他们的历史充斥着不同东西方文明类型你方唱罢我登场所带来的独特苦难。 这些你来我往的历史运动发生的地理舞台从大西洋海岸延伸到印度边境，涉及生活在从北方草原到阿拉伯半岛的诸多民族。 因此，从汤因比的角度看，希腊史同世界历史至少欧亚大陆的历史是几乎难以区分的。①

听众中提供了捐赠的希腊爱国人士、英国人中传统的亲希腊派很可能会感到忧虑，认为小小的希腊王国会在这一视野下显得过于渺小。事实上，即便在此时，汤因比同赞助该教席的伦敦希腊人之间的基本观念分歧已经暴露得十分明显。 汤因比就职演讲的主持人约安尼斯·格纳狄乌斯(Ioannes Gennadius)——前任希腊驻英大使和伦敦希腊侨民的领军人物——便挑明了这一点。 他并非只是对汤因比进行简单介绍，而是选择发表一番长篇演说，为拜占庭的伟大历史地位进行辩护，批驳了爱德华·吉本的冷嘲热讽。 他声称，吉本的作品至今仍在歪曲着英语世界对希腊史的理解。 他在演说结尾处提出了警告，要求担任这一新职位的任何人都不得丑化希腊文明。 至少在他心目中，古代、中世纪与现代希腊是一而二、二而一的——它们都承载着永恒不变的希腊精神。 这位新任教授的职责正是向英国公众介绍希腊民族的永恒伟大。②

起初，赞助者们的期望同汤因比的表现之间的反差还不算太大。他在1919—1920年间讲授拜占庭史。 到了第二年，他开始讲授奥斯曼

93

---

① 汤因比：《中世纪与近现代希腊在历史中的地位：现代希腊与拜占庭语言、文学与历史科拉伊斯教席就职演说》（*The Place of Medieval and Modern Greece in History. Inaugural Lecture of the Koraes Chair of Modern Greek and Byzantine Language*，*Literature and History*，伦敦，1919年）。

② 《中世纪与近现代希腊在历史中的地位：现代希腊与拜占庭语言、文学与历史科拉伊斯教席就职演说》，格纳狄乌斯的开场白几乎跟报告本身一样长。

帝国史和 19 世纪 20 年代独立希腊王国的出现。 而在下一学年里，汤因比利用自己学生时代游学旅行期间进行的地形学研究成果，以古代、中世纪与现代希腊的历史地理为主题做了一系列图文并茂的精彩报告。①但到了 1922—1923 年，汤因比已开始探索更为广阔的领域，并打算将之作为自己近东与中东历史课程的内容。 他接下来的计划安排则是在 1923 年讲授欧亚草原的历史。 此时，赞助者们已经对汤因比作品中介绍希腊与土耳其争夺安纳托利亚高原之战（1920—1922 年）时使用的亲土耳其口吻感到大为光火，并在存在政治偏见的罪名外又加上了"擅用职权讲授与希腊史无关内容"的指控。②汤因比在申请科拉伊斯教职前最担心的事情终于成为了现实。

事实上，汤因比的愿望是追求属于自己的思想，澄清他对历史作出的解释中的种种细节，并不在乎他的研究及其结论究竟是否超出了希腊史的范畴（无论人们对此如何界定）。 汤因比思想的首要特征是一种在一战期间得到强化的、认为人间万事万物都在循环往复的观念。早在一战爆发之前，受过古典学教育的欧洲知识分子们已习惯于在古代与现代社会之间建立对比；但他们的具体方法各不相同，略显零散。 对希腊化或罗马历史上各个时代之间的比较就像比较雅典与斯巴达一样自然而然。 在汤因比眼中，第一次世界大战的爆发使得这种比较显得更为自然与必要。 他在战争期间感到，全人类在自己一手制造的灾难面前是绝望无助的；这种感觉同公元前 431—前 404 年伯罗奔尼撒战争中雅典的处境、公元前 218—前 201 年第二次布匿战争中罗马人的濒临绝境极其相似。 他在大战期间思考着的这些相似性促使他痛感和平时代此类比较研究的不足之处。 他对达比希尔写道："个人就像被蒸汽压路机碾过的一只虫子一样，只能眼睁睁地看着那台机器再去碾压另一只虫子的脊背。 这种被自己亲手制作的机器毁灭的感觉是非常可怕的——希腊人便经历过这种局面。 最糟糕的是，许多文明在经受了致命一击后还会长期死而不僵。 ……但历史就跟那场战争本

94

---

① 其中一些报告文稿保存在了汤因比的档案材料里。 它们反映了汤因比对希腊史整体脉络的出色把握，以及他对人文地理构建模式的浓厚兴趣——他在这方面堪与费尔南·布罗代尔对地中海地貌的了如指掌媲美。

② 理查德·克罗格：《政治与学术：阿诺德·汤因比与科拉伊斯教席》，第 60、62 页。

身一样充满忧伤。"①

自己耳熟能详的篇章[尤其是修昔底德(Thucydides)与卢克莱修作品中的段落]会在战争岁月中难得的闲暇时光里闪现在汤因比的脑海中。 认为历史符合循环模式的观点在他的意识中深深扎下了根。 正如他在 30 余年后指出的那样:"1914 年爆发的大战为我解释了自己在巴利奥尔学院本科生古典文本阅读课(*Literae Humaniores*)上读过的修昔底德;我一下子变得心明眼亮。 我们在现实世界中正在经历的一切其实已经被古代世界里的修昔底德见识过了……无论存在着多少时代差异,修昔底德的世界和我的世界在哲学意义上是相同的。 如果希腊罗马文明和现代西方文明之间的真实关系的确如此的话,那么所有已知文明之间的关系是否都是这样的呢?"②

然而,汤因比在晚年的回忆中省略了自己思想发展历程的几个阶段。 直到 1920 年,他才开始认真思索是否"所有已知文明"都符合同样的成长、衰落与解体过程。 在那之前,他的思考一直聚焦于地球上那几个自己业已熟悉的地理单元——欧洲、近东与中东。 而在战争岁月里,在他眼中,现实同公元前 3 世纪罗马—迦太基斗争之间的相似性似乎同公元前 5 世纪雅典与斯巴达斗争的相似性同样令人感到震撼。迟至 1920 年,他才真正确立了自己在战争启发下对希腊罗马古代历史的全新认识,并将第一次世界大战同伯罗奔尼撒战争之间的对应关系作为自己对历史的整个解释体系的立论基础。

在那以前,汤因比巨著的计划尚未定型。 他在 1918 年对达比希尔写道:"我打算写一部篇幅较短的希腊史和一本部头大得多的、讲述罗马如何毁灭世界的历史。""我认为,类比是表达对这场战争体验的最佳方式。 至少我并不打算写一部直接记述这场战争的史书。 我有时想过是否要写一部从黑暗时代讲到 1914 年的欧洲文明史,将欧洲视为一个整体而非各个民族国家的大杂烩。"③他在给母亲的信中更具体地讲述

① 博德利图书馆,汤因比档案,汤因比致达比希尔书信,1918 年 5 月 5 日。 汤因比对喻体的选择保留了其学生时代文章中"机制"与"生命"二元对立的明显痕迹。 正如我们即将看到的那样,直到 1920 年后,汤因比最雄心勃勃和最成体系的思想仍旧体现了这种柏格森哲学简化版的影响。
② 汤因比:《我的历史观》,《文明经受考验》,第 7—8 页。
③ 博德利图书馆,汤因比档案,汤因比致达比希尔书信,1918 年 5 月 5 日。

了自己淡化民族主义色彩的设想，对她写道："我想写这样的一部欧洲史：它将把欧洲文明视为一个整体，现代民族国家不过是某种转瞬即逝的表面现象而已。"①

到了后来，当他在 1919 年不得不面对自己无力影响和平体系的现实之际，汤因比又对达比希尔写道："我还想读书，尤其是想写历史。我明天就满 30 岁了，但我还没有着手去完成自己在 5 年前的夏天承担下来的现代知识丛书希腊史项目。我正准备（其实在战争期间的片刻空闲已开始筹划了）撰写一本大部头的罗马史，着重介绍罗马的军事征服与社会变革，指出前者如何引发了后者，并且二者如何一道摧毁了罗马乃至整个希腊文明。"②汤因比日后确实完成了他的"大部头罗马史"：它在 1965 年以两巨册的形式出版，题为《汉尼拔的遗产》（*Hannibal's Legacy*）。但到了 1919 年春季和 1921 年 9 月期间，当他乘坐东方特快专列（Orient Express）在保加利亚境内穿行时，汤因比"在手头的半页便笺上匆匆记下了 12 个小标题，它们成了日后《历史研究》的主题"。③显然，某些事情改变了汤因比关于接下来要写什么、如何着手的想法。

现存材料可以帮助我们在一定程度上理解汤因比历史观的这次重要转变。最早的重要资料是他于 1919—1920 年期间在伦敦大学所做六场古代史报告的笔记。汤因比一上来就宣称："我讲述的内容是我们的文明，也就是欧洲与中东的文明，它们……是不能被孤立地看待的。在那个范围内，文明的核心要素在各个地方都是一样的。"④当然，他区分了三个彼此独立的文明中心：爱琴海诸岛屿、美索不达米亚和埃及。但他同时声称，美索不达米亚和埃及在公元 7 世纪的阿拉伯征服后融而为一，因而"今天的中东文明事实上依赖于埃及与美索不达米亚在史前时代积累、于公元前第 4 世纪释放的巨大能量——当今的东方世界生活方式不过是这次原创性的伟大飞跃的弱化版机械重复而已"。

相反，西方文明则经历过两度衰亡：一次是公元前 14 世纪克里特

① 博德利图书馆，汤因比档案，阿诺德·J. 汤因比致伊迪丝·汤因比书信，未标注日期，但写于霍华德城堡，可能是在 1918 年。
② 博德利图书馆，汤因比档案，汤因比致达比希尔书信，1919 年 4 月 13 日。
③ 汤因比：《往事》，第 101 页。
④ 博德利图书馆，汤因比档案，少年时代。

岛米诺文明(Minoan Crete)的灭亡，另一次则是公元 5 世纪罗马的解体。"每一场灾难对于经历过它的那代人而言都是可怕的……但却赋予了我们的文明一股新的生命力。"①东方的长久不变反映了这样一个事实：一种"严格的、压迫性的社会制度……阻碍了道德与文化的进步，并且不久后也会阻碍物质生活的发展。" 尤其是亚述帝国让"中东文明受了致命伤"，以至于"东方陷入过度虚弱和冥顽不化，就连希腊所能给予她的巨大活力也无法拯救。" 并且希腊也经历了自身的悲剧——伯罗奔尼撒战争和堪与亚述制造的灾难等量齐观的、罗马对文明世界的征服；这些浩劫削弱了希腊世界的活力。 移植西方文明的失败使得中东进一步积贫积弱，最终皈依了可以麻醉自己的伊斯兰世界帝国与宗教体系(这次是借助于一种宗教元素)。 但生命力业已离开了肉体的躯壳；5 000 年前曾经搏动得那么有力的心脏被吞没在突厥人和蒙古人征服的黑暗之中……今日的中东仍旧笼罩在死亡的阴影之下；而刚刚经历又一场伯罗奔尼撒战争的我们也背负着同古希腊人一样的重负。②

可见，在 1914—1918 年大战的阴霾尚未散去的情况下，在尝试塑造其投入毕生的"东方"与"西方"犬牙交错的历史体系时，汤因比落入了过于简单的生物学类比之中，像谈论生理组织一样探讨文明。 根据这种观点，西方经历着兴衰，周而复始地重复着自己的过去；东方则只是在一跃进入文明水平后陷入了沉睡。 汤因比自身也在一定程度上意识到，这并非足以令人信服的事实。 而他对历史的思考仍局限在存在着严重缺陷的东西方二分法(换言之就是"他们"和"我们")之中——那是他从希罗多德和无数 19 世纪的学术前辈那里继承而来的。

不过，他在这些讲座中对"文明"(civilization)一词的定义是相对精确的——可以说比他日后的用法更为精确；因为该词汇的多重含义后来萦绕在他的脑海里，致使他对该术语的使用显得更为混乱。 他在第一场讲座里讨论诸文明的兴起时写道："我相信，人类的发展是个体的人逐渐摆脱环境束缚 并按照自己的意志去改造环境的进程。 我认为，我们可以观察到这样一个突如其来的时间点：人类取代了环境的机

96

---

①② 博德利图书馆，汤因比档案，少年时代。

械法则，成为人与环境关系中的主导要素。"那个时间点便是文明与历史的起点，因为"人类对环境的影响已足以构成一部记录，来帮助后人在头脑中重建祖先的活动"。①因此，文明与人类的自由是紧密相连的。二者都同自然的"机械法则"相对立——并且汤因比还明确指出，他所说的"环境"也包括人类社会的机械法则；该法则使得人类中的某个阶级或群体可以压迫其他人。柏格森的遗产显而易见；对 19 世纪英国自由派传统的继承则更为明显。事实上，作为一种历史哲学，汤因比最初搭建的这一框架其实鲜有创新之处。

下一篇反映汤因比历史观演变历程的重要文本是他于 1920 年春季在牛津所做的一场报告。报告内容日后以《希腊的悲剧》（The Tragedy of Greece)为题发表，②并引起了一定反响。吉尔伯特·穆雷写道："《希腊的悲剧》一文让我眼前一亮，心潮澎湃。"③一位匿名书评作者认为那是一篇"引人注目"的作品，不过它保留了"牛津学术传统的面貌"，并且未能意识到现代文明较古代文明的高超之处。④

从某种意义上讲，汤因比不过是将他计划为现代知识丛书撰写的史著核心内容压缩成了一篇报告而已。但在他最初构思书稿与做这次讲座之间插入的那场大战在很大程度上改变了报告的主要内容。希腊史在他眼中已成了不折不扣的悲剧；而汤因比如今在古代历史中发现的悲剧模式源于吞没一切的战争对人类良知造成的毁灭性心理打击。

为了支持自己的新观点，汤因比直接引用了修昔底德的著作。在解释公元前 427 年发生在科西拉（Corcyra)的血腥党派倾轧时，修昔底德宣称战争"显示了自己是一个残酷的主人；他让大部分人的性格在自己的命运中随波逐流"。⑤汤因比在将无所顾忌的战争解释为文明解体的根源时想到的正是这种心理上的野蛮化。就古代地中海世界而言，

---

① 博德利图书馆，汤因比档案，少年时代。
② 汤因比:《希腊的悲剧：1920 年 5 月作为希腊语教授向牛津大学人文学科在读生发表的演讲》（The Tragedy of Greece. A lecture delivered for the Professor of Greek to Candidates for Honours in Literae Humaniores at Oxford in May 1920，牛津，1921 年)。
③ 博德利图书馆，汤因比档案，吉尔伯特·穆雷致汤因比书信，1920 年 11 月 15 日。
④ 博德利图书馆，汤因比档案，来自《当代评论》（Contemporary Review)未标注日期的剪报。
⑤ 修昔底德:《伯罗奔尼撒战争史》，Ⅲ，82，理查德·克劳利（Richard Crawley)译本。

他认为希腊文明的崩溃源自伯罗奔尼撒战争期间（公元前 431—前 404 年）"城邦联盟模式的失败"。 此后，古代世界经历过三次彼此独立的"重整旗鼓"，但每一次都被新的战事所挫败，直至公元 7 世纪的最终解体。

97

在日内瓦的国联刚刚开始工作四个月后发表这样的演讲，汤因比对同时代人的告诫意图是一望即知的。 并且汤因比在报告伊始便明确对比了古代与现代，声称："我设想，如果分析结果正确的话，我们将会看到，历次重大的历史悲剧——也就是人类精神缔造的各个伟大文明的悲剧——均呈现出类似的情节。"他在报告结尾处又指出："当古希腊文明最后寿终正寝之际，我们自己的文明正在'生机勃发'，重复人类的新一轮悲剧。"①

事实上，这次报告让汤因比有机会在自己战前熟谙希腊罗马历史与文学的基础上阐述第一次世界大战留给他的印象。 他用一种优雅的、令人信服的方式论证了这个问题，并且此后再未更改过自己的这一观点。 将古典文明瓦解的时间点确定在公元前 431—前 404 年——远早于希腊哲学与科学高度成熟的年代，并将罗马仅仅视为希腊的狗尾续貂——这一观点无疑是非同寻常的。 而将波澜壮阔的古典历史概括为一个简单剧情的处理方式同样令人惊讶。 然而，通过这些大胆的观点，以及古典文献同一战期间的现实经历之共鸣带来的启发与佐证，汤因比为自己日后在《历史研究》中详细阐释的观点奠定了基础。 事实上，这也确实是一场精彩的报告，完美地盘点了汤因比接受的古典教育和到当时为止的人生体验。

我们尚且无法断定，汤因比当时是否已经意识到，自己建立的这种古代史悲剧模式在很大程度上来自修昔底德。 在汤因比刚开始读本科的那一年，剑桥大学教师弗朗西斯·康福德（Francis M. Cornford）出版了一部充满争议的著作《神话史家修昔底德》（*Thucdides Mythistoricus*）。②他在书中声称，修昔底德在晚年之际修改了自己对公共事务的看法，将雅典在鏖战 27 年后的最终失败归咎于该城邦过度自负（*hubris*）所招致的报应。

① 汤因比：《希腊的悲剧》，第 4、51 页。
② 《神话史家修昔底德》，伦敦，1907 年。

根据康福德的观点，当修昔底德看到自己对雅典未来的希望已在战火纷飞中彻底破灭后，他的思想走向倒退，选择使用传统希腊宗教信条去解释历史，尽管并未草率地将战争结果简单归结为诸神的意志。不过，康福德认为，修昔底德将自己的母邦视为一个悲剧式的英雄，认为她像个体英雄一样因自己的傲慢举止受到了惩罚——无论原因是事物发展的本质规律还是诸神确实嫉妒凡人的伟大成就。

汤因比完全了解关于修昔底德的这种另类观点，并在《历史研究》书稿完成之际在"致谢"中将康福德列入令自己在学习"文字表述"方面受惠的良师名单。①但我们并不清楚他是否认可过康福德著作中对修昔底德的看法。并且汤因比也从未承认过，自己在从纷繁复杂的希腊罗马史中寻找到一种悲剧模式的过程中曾借用过（哪怕是参考过）与自己努力方向近似的、康福德对修昔底德的研究方法。因此，这样的联系必然是无意识的，因为汤因比在记录自己意识到的、其他人为他提供的灵感启示方面向来是一丝不苟的。②

然而，汤因比逐渐放弃了早先采用的希罗多德式历史研究方法，转而接受一种可被称为"修昔底德式"的历史观。从童年起直至第一次世界大战期间，汤因比一直对他眼中"东方"与"西方"的永恒互动予以高度关注——他选择的这个地理舞台只比希罗多德两千多年前从同一视角出发研究的对象扩展了一点点而已。但在 1921 年后，汤因比开始围绕着一系列彼此平行的独立文明（他在 1920 年的讲座中第一次分析了它们兴衰的悲剧模式）建构一种范围广阔得多的世界历史体系。这种将每个文明视为独立整体的分割式历史观符合修昔底德从前撰述古希腊世界拥有主权的独立政治实体演变历史的方法。我们可以说，汤因比放弃了他在开始这项研究时采用的、包罗万象的希罗多德式研究方法，转而接受了以修昔底德为代表的、分割式地观察不同文明的悲剧式历史进程的研究方法。

---

① 《历史研究》，X，230。参见该卷第 124—125 页，汤因比在讨论历史中的罪行与惩罚、自由与必然性时引用了康福德的话作为正面证据。

② 我在 1952 年曾有机会询问汤因比关于康福德解读修昔底德方式的看法。他未做正面回答，而是对康福德的思想和性格进行了笼统赞美，同时努力避免对他提出正面质疑。这是汤因比典型的处世方式；他永远力图避免将自己同他人的分歧公开化，在理论观点与现实事务两方面都是如此。

　　影响汤因比观念改变的一个有力因素是他在牛津做报告几个月后接触到的奥斯瓦尔德·斯宾格勒(Oswald Spengler)的思想。 斯宾格勒在一战期间完成了《西方的没落》(*Der Untergang des Abendlandes*)第一卷。 当这本书于 1918 年休战前夕问世之际，他对西方文明衰落的诊断正好迎合了德国公众当时的情绪。 因此，它引起了德国知识分子阶层的广泛关注，同时也成了各种新闻报道的热点。

　　对所有德国事物的敌意，以及对斯宾格勒沉闷文风与作品古怪思想体系的反感使得英语世界难以迅速接受这部著作。 但汤因比可以轻松地阅读德文。 当友人刘易斯·内米尔在 1920 年夏天借给他一册《西方的没落》后，汤因比很快就读完了这本书。 28 年后，汤因比是这样回忆自己当时的感受的：

　　　　在翻动那些闪耀着历史洞见绚丽火花的书页时，我一度怀疑自己的课题——它所提出的问题尚未在我头脑中成型，遑论结论——是否已经被斯宾格勒一劳永逸地解决了。我的一个核心观点是：史学研究的最小单元应该是完整的社会，而非从中任意割裂下来的一部分（如现代西方的民族国家或希腊罗马世界中的城邦）。我的另一个看法则是：所有文明社会的历史在某种意义上都是平行的和可通约的。但这两个观点同样也是斯宾格勒体系中的核心。但当我从斯宾格勒的书中寻找自己关于文明起源疑问的答案时，我意识到自己还是有工作可做的。因为在我看来，斯宾格勒在这一点上是教条主义的和武断的，很难为读者提供教益。根据他的看法，各文明均按照固定的时间表千篇一律地兴起、发展与衰亡；并且他也没有对此进行解释。那只是斯宾格勒发现的一个自然规律，你只能盲目相信这位先生——"他自己就是这么讲的（*ipse dixit*）。"对于斯宾格勒这样一个杰出大才而言，这种武断口吻未免令人失望。我在这个问题上则注意到了各民族传统的差异性。那么，在先验式的德国研究方法留下空白的地方，让我们来看看英国的经验主义能做些什么吧。让我们在事实基础上尝试建立其他可能成立的解释模式，看看它们能否经受考验。①

──────────

　　① 汤因比：《文明经受考验》，第 9—10 页。 参见博德利图书馆，汤因比档案，汤因比致斯图尔特·休斯(H. Stuart Hughes)书信，1951 年 6 月 4 日。 但后者与发表的文字相比并未多出任何内容。

同汤因比对修昔底德如何在 1914 年影响自己的回忆类似，这段叙述反映了汤因比在 1920 年夏至 1921 年 9 月（也就是他能够迅速记下《历史研究》框架中核心要素的时候）期间对自己思路的调整与重组。

汤因比所做的第一项工作是用准确的文字表述去解释自己的历史哲学，就像《希腊的悲剧》坚实、优雅地总结了自己青年时代的学习心得那样。为此，他在 1920 年暑假期间用《人之秘仪》（The Mystery of Man）一文概括了自己的思想。①现存手稿极为混乱，因为这项工作进行得并不顺利。汤因比写过几次不同的开头，经常划去一些段落，有时还为了省纸而在用过的纸张背面写字。多年以后，他将这些零散纸张集合到一起，题为"开始创作《历史研究》时的失败尝试，1920 年夏完成于雅斯科贝（Yatscombe）寒舍"。②

至少从表面上看，这部手稿的形式令人惊讶——它采用了对索福克勒斯悲剧《安提戈涅》（Antigone）的第二合唱歌进行注疏的形式。汤因比近 30 年后解释道："这篇古希腊语诗体文献的确出色地诠释了人生的荒唐、伟大和悲怆……但我借助一部古希腊经典作品来诠释自己主题的中世纪式手法犹如隔靴搔痒，缺乏可操作性。我很快就发现了这个问题。"③但实际上，将自己的作品附着在索福克勒斯文本上的做法并不真正妨碍汤因比表达思想；导致这次努力以失败告终的并非他的中世纪式观念。核心问题在于，对于汤因比试图达到的目标而言，他收集起来的史料还过于单薄。汤因比试图对文明及其特征进行概括，从而将人类历史哲学化。但为了让自己的论证令人信服，汤因比还需要掌握比当时多得多的知识。

他写道："为此，为了研究文明，我们必须首先采用迂回的方式，

① 我们无从判断汤因比阅读斯宾格勒作品与开始动笔写这篇文章的时间先后次序。但似乎他是在写作遇到困难后才开始关注斯宾格勒（以及特加特），因为现存手稿中并无两人思想的痕迹。
② 这份文件以及其他他同《历史研究》有关的手稿材料藏于东京日本大学图书馆。我在日本大学图书馆馆员和其他管理者的帮助下（他们欣然允诺将这些文稿复印，以方便我利用）得以参阅了其复印件。汤因比将这些手稿散页汇集了起来，并在 1971 年国家书籍协会为自己举办的特展上给这部手稿添加了这段说明文字。但由于《历史研究》的框架在 1920 年时还未成型，他选择的标题其实带有误导性。我在本书中称之为《人之秘仪》，以便呼应索福克勒斯（Sophocles）的原文。
③ 汤因比：《往事》，第 101 页。

去审视自认为有别于其他人类的几个文明社会。 当我们找到了其中一些或全部所具备的一系列共同特征后，我们便拥有了分析文明本身的素材。"①但汤因比当时还不熟悉大部分人类的历史，因为中国、印度、日本和美洲、非洲诸民族当时还完全没有进入他的视野。 然而，他在无知者无畏的心态下仓促冒进，罗列了文明社会的十大特征："第一，相对于人类种族的历史而言，文明的发生是非常晚近的事件；第二，在所有有人类居住的辽阔地面上，文明只兴起于少数几个地点；第三，它们兴起于此前未被野蛮民族占领的区域；第四，在人类诞生后形成的众多种族中，只有少数几个聚落创造了文明；第五，这些文明是由少数几个聚落大致同时创造的；第六，各文明的兴起是突如其来的事件；第七，文明会从诞生地蔓延到其他地区和民族那里；第八，文明发展的结局是停顿、瓦解与灭亡；第九，文明的衰败并非总是伴随着物质资源的短缺或枯竭；第十，孕育过一次文明的聚落和地区无法在该文明灭亡后缔造第二次文明。"②

100

　　手稿中余下的 38 页进一步阐释了之前列出的 8 个要点；这些解释几乎是完全以爱琴海、埃及和美索不达米亚的古代历史为基础的。 事实上，汤因比仅仅在自己前一个学期里在伦敦大学的古代史课程讲义基础上补充了一点内容；尽管这部作品中的确存在着一些荒唐的幼稚观点，如美洲印第安人"无法缔造文明"，其根源在于"分别定居在旧大陆与新世界的最早聚落之间存在着性质上的差异"。③

　　这篇文章根本没有完成。 因为汤因比逐渐意识到，如果他想按照历史哲学的要求概括人类历史的演化规律的话，自己必须掌握更多知识才行。 他在很久以后解释道："我在 1920 年夏天第一次尝试撰写比较性质的文明史；但我找不到切入主题的角度，也尚未掌握开始进行这项工作所需要的足够知识。 我了解希腊罗马史和一点点伊斯兰教史、拜占庭史和西欧史。 从那时起，我开始自觉地拓展自己的眼界，认真钻研关于印度、中国、日本和哥伦布时代之前美洲诸文明的历史。"④

----

① 《人之秘仪》，第 3 页，修订版，日本大学图书馆。
② 《人之秘仪》，第 3—4 页。
③ 《人之秘仪》，第 18 页。
④ 博德利图书馆，汤因比档案，1954 年 10 月 29 日《耶路撒冷邮报》(*Jerusalem Post*)文章。

斯宾格勒为他指明了道路。 那位德国学者已将印度和中国视为独立文明，将它们同古希腊罗马或近现代欧洲置于平等地位加以考察。另一种影响来自特加特（F.J. Teggart，1870—1946）的著作。 许多年后，在试图追忆自己思想的发展历程时，汤因比告诉一位采访者："你关于特加特教授影响了我的看法是十分正确的。 当我知道自己想研究什么，却苦于找不到入手点的时候，我一口气读了他的三本书。 在为我开启那扇门方面，特加特博士著作的影响是无出其右的。"[1]

特加特是一个相当特立独行的人物。 他拥有爱尔兰血统，并在爱尔兰接受教育。 但他在加利福尼亚大学教书，并试图"像生物学家研究生命形态的发展史那样研究人类社会的历史"。[2]他声称，单纯的叙事是不足以完成这一目标的。 相反，"分析式的历史研究必须建立在对所有人类族群具体历史的比较之上。"[3]特加特还明确指出，印度和中国必须被纳入比较研究的视野。 在他看来，仅仅局限在古代近东的范围内讨论文明起源问题的做法是不够的。[4]但那显然正是汤因比在自己未完成的那篇论文里采取的做法。 因此，我们可以理解，特加特提纲挈领的意见何以会引起汤因比的注意。

101

然而，为了理解汤因比为何会无视特加特的其他观点，我们必须回到斯宾格勒那里，并了解汤因比同1921年初安纳托利亚高原上进行的希土战争的近距离接触。 特加特还认为："人类历史的发展是不同群体交往所带来的思想融合的结果。"这是因为，在适宜的情境下，同异邦人的接触可以帮助"一群人或某个人从占据权威地位的思想体系中解放

---

① 博德利图书馆，汤因比档案，汤因比致玛格丽特·霍根（Margaret T. Hodgen）书信，1965年6月22日。 汤因比的记忆肯定不是完全准确的。 因为特加特在1920年以前只出版过两本书：《史学绪论：史学同文学、哲学与自然科学的关系》（*Prolegomena to History*，*The Relations of History to Literature*，*Philosophy and Science*，1918年）和《历史的进程》（*The Processes of History*，1918年）。 他的《史学理论》（*Theory of History*，1925年）与《罗马与中国》（*Rome and China*，1929年）是在汤因比确定了其巨著核心主题后才出版的。 但在将特加特列为《历史研究》灵感来源之一的时候（X，232），汤因比引用的是特加特出版于1925年的著作。 他在1920年从特加特那里获得的灵感不可能是自己在1925年以后读到的内容。 在回忆过程中，汤因比的头脑显然混淆了自己在不同时间段接触到的东西。
② 弗雷德里克·特加特（Frederick J. Teggart）：《历史的进程》（纽黑文，1918年），第4页。
③ 《历史的进程》，第37页。
④ 《历史的进程》，第48页。

出来"。①与此相反，斯宾格勒断言，由于不同文明之间的差异过于巨大，它们彼此之间的有效交流是无法建立起来的。根据他的观点，不同文明之间观点或其他元素的融合并非人类历史进步的标志，而是它走向衰退的标志，预示着文化的死亡与最终解体。

在这个问题上，汤因比最终的选择是在斯宾格勒观点的基础上进行修正。他这样做的一部分原因在于：诸文明在本质上彼此独立的观点有助于自己将已在希腊文明与后世西方文明中观察到的对应关系作为一个范例，以此来指导他对此前有所忽视的世界其他地区的比较研究。但决定性的原因则在于：汤因比于1920—1922年间亲身感受到了希腊人和土耳其人盲目借鉴西方做法所导致的后果。

直到安纳托利亚之旅结束之后，汤因比仍处于举棋不定的状态之中。他计划撰写的巨著准备阐述两大主题：首先是古典历史与近现代欧洲史的相似性；其次则是"东方"与"西方"的不断遭遇。汤因比在《希腊的悲剧》中已令人满意地概括了第一个主题；他现在迫切需要为第二个主题也建立类似的框架。但他在1920年夏天的努力一无所获；并且斯宾格勒和特加特都让他意识到，自己储备的、局限在特定地理空间范围内的历史知识是不足以建立一套历史哲学的。至少这个地理空间范围的界定完全出自偶然——那是身为学生的汤因比于1903年从肺炎中康复时，他的叔父送给他的那部在同一版面上展示亚历山大帝国与罗马帝国的历史地图集。

尽管如此，即便在自己的阅读储备尚不足以提供概括全世界历史发展规律的基础的情况下，汤因比永不枯竭的想象力也从未放弃尝试理解历史发展大势的努力。于是，种种有趣的想法不时划过他的脑际。他向吉尔伯特·穆雷汇报道："我度过了平静无事的一天，试图……验证我自己提出的一个假说：阿黑门尼德王朝之于哈里发帝国正如奥古斯都帝国之于君士坦丁帝国，前二者之间插入了一个长达千年之久的希腊文明渗透期，它打断了中东历史的自然发展进程。这次中断和随之而来的'世界性帝国'阶段反常的绵延不绝（西方度过这个阶段要迅速得多）

---

① 《历史的进程》，第111、151页。

可以部分解释东方发展历程发生重大偏差的原因。"

"我的这个念头来自追问自己：我们为什么要将伊斯兰世界视为比基督教世界更明确的独立单元。 我们都知道，'公元前'与'公元后'是一种错误的二分法模式，并非对文明周期的合理划分。 既然如此，那么'徙志（Hegira）之前'和'徙志之后'的区分不也是一样吗？ 无论如何，以叙利亚和希腊文化为基础的哈里发时代阿拉伯文化是古代世界的一部分；东方文明的真正断裂期（或黑暗时代）是伴随着公元 11—13世纪塞尔柱（Seljuks）和蒙古（Mongols）游牧民族的入侵而来的。 你认为这个思路有可取之处吗？"①

我们在这里第一次看到了汤因比日后分析中最难以令人信服的一个观点的萌芽——他对哈里发帝国（一个并无明确的解体文明可继承的"世界性国家"）之迅速崛起的解释，尽管它同日后在《历史研究》中呈现的面貌尚存在显著差异。 造成这种差异的原因在于，汤因比在1920 年仍将"东方"视为"西方"无条件的对立面和平行范畴。 而在撰写《历史研究》的时候，汤因比已在"东方"和"西方"范围内辨认出了众多文明。 这让他有理由将哈里发帝国纳入"叙利亚"文明，认为后者在解体并"潜伏"千年之久后成了一个"世界性国家"。 支持这种异想天开的解释方式的是一种认为各文明在本质上是独立的和自成一体的观念——文明之间有意义的互动仅限于特定的场合与形式：也就是文明复兴和汤因比所说的"接纳"（affiliation）。

笔者认为，这种相信诸文明本质上是彼此独立的、在通常情况下无法进行有意义交流的看法是汤因比最终从斯宾格勒那里继承来的核心思想。 诚然，他修正了斯宾格勒的教条，承认不同文明之间存在着两种具体的互动形式——接纳与复兴。 但除了这点修正之外，汤因比在《历史研究》中展示的成熟观点是与自己的德国前辈一致的。

毫无疑问，这是汤因比犯下的最大错误；因为各民族和诸文明确实能够进行互动。 并且在交往程度所容许的范围内，从各种人类文化开始呈现出显著差异以来就一直进行着互动。 特加特已经指出了这个显

---

① 博德利图书馆，汤因比档案，汤因比致吉尔伯特·穆雷书信，1920 年 3 月 9 日。

而易见的事实，并宣称那是理解人类进步的关键所在。 但汤因比却无法接受特加特纲领中的这一部分，以及撰写一部堪与希罗多德记载古希腊人同东方民族遭遇经过的史诗级巨著相媲美的续作。 他无法在自己当时所掌握的纷繁细节中辨认出任何令人满意的统一性。

通过套用生命体的类比、将文明视为本质上彼此独立的实体，汤因比简化了他赋予自己的、从整体上理解人类历史的使命。 然而，他为此所付出的代价也是十分高昂的：由于系统地无视了不同时间与空间内文化互动（它们并不符合复兴或接纳的定义）的真实存在，汤因比对历史的叙述中出现了一个漏洞——他的博学可以掩盖这一缺陷，但却无法真正弥补它。

汤因比起初并未接受斯宾格勒这种使得不同文明马上具备可比性的简化方案。 促使他打消疑虑、在诸文明彼此独立的假设前提下建构《历史研究》体系的关键是1921年在安纳托利亚的经历：他直接目击了希腊与土耳其的文化与军事冲突，并亲身体验了那种自己五年前在《1915—1916年期间奥斯曼帝国对亚美尼亚人的处置》中描述过的暴行。

103

对于汤因比而言，这些体验证实了文明的独立性和文化借鉴的有害；因为他将自己目睹的那些行径视为希腊人与土耳其人传统文明道德符码的失效。 在汤因比看来，导致这场战争如此充满毁灭性的原因在于，希腊人和土耳其人都在不遗余力地尝试按照西欧模式建立民族国家。 这种效法西方的模式意味着放弃具有典型近东文明特征的古老政治、社会秩序——而正是这套秩序支撑着当地不同民族、宗教彼此共存的复杂体系。 汤因比总结道，这种饥不择食的、毁灭性的文化借鉴为从前规范着希腊与土耳其社会的本土独立文明传统敲响了丧钟。

汤因比的新观点认为，自己目击的这种罪恶暴力反映的仅仅是那些垂死文明内核中道德约束力的废弛，而非他在揭露对亚美尼亚人暴行时所抨击的土耳其文明劣根性。 由于希腊人与土耳其人都陷入了这种罪恶，那么肯定有一种对两个民族能够产生同样效果的因素发挥了作用：它打破了传统的约束，让人类的凶残本性赤裸裸地暴露了出来。

因此，1921年的希腊与安纳托利亚之行促使汤因比对自己之前的思想进行了大幅度重新整合。 他接受了一直萦绕在自己脑海深处的、斯宾格勒关于充满生气的"文化"（Kulturen）具有不可渗透性的学说。然而，在考察安纳托利亚战场时，他念念不忘的则是自己无力为土耳其设计和平体系的失意经历，以及劳合·乔治对他和其他人提出的专家建议的无视。 汤因比特别怨恨首相的一点在于，后者无视了自己反对将安纳托利亚的任何土地划给希腊的意见。 相反，劳合·乔治乐于说服协约国最高委员会邀请希腊远征军在士麦那登陆。 希腊人积极响应这一建议，于 1919 年 5 月占领了士麦那及其周边地区，但在登陆过程中引发了若干血腥暴力冲突。

一年之后的 1920 年 5 月，协约国占领了君士坦丁堡及其近郊，建立了由英、法、意、美、希腊政府代表组成的协约国最高委员会。 而由穆斯塔法·凯末尔（Mustapha Kemal）领导的土耳其民族主义政府也恰好在此时崭露头角。 希腊人在士麦那的登陆使得凯末尔对不敢抵抗协约国的君士坦丁堡奥斯曼帝国政府极为蔑视。 于是，凯末尔及其追随者在协约国兵力无法进入的内陆安全地带起兵，抵制瓜分安纳托利亚高原的计划，尤其反对亚美尼亚人对部分土耳其东部地区的主权要求和希腊人对土耳其西部士麦那周边的主权要求。 当然，协约国对君士坦丁堡的占领使得那里的苏丹政府沦为一个傀儡政权，很快丧失了对土耳其人的一切政治影响力。 民族主义阵营则于 1920 年 4 月在安卡拉建立了一个临时政府，随后逐步重建并重新武装了一支土耳其军队。

与此同时，在巴黎和会上，由于协约国集团内部对于如何处置君士坦丁堡、如何划分从黑海到波斯湾沿岸地区的广袤领土（所有这些地区都处于叛乱与内战的水深火热之中）存在分歧，向奥斯曼帝国政府提供的和约条款迟迟未能敲定。 等到协约国就条款达成了共识，奥斯曼帝国的全权代表随后签署了《色佛尔条约》（Treaty of Sèvres，1920 年 8 月）时，苏丹政府和零散分布在奥斯曼帝国境内的英国、法国、意大利军事据点已无力执行条约内容。 只有希腊人似乎有能力并且乐意尝试。 因此，劳合·乔治号召他们向土耳其民族主义阵营的势力范围发动攻势。

到了 1920 年夏天，希腊军队已能够随心所欲地将自己的桥头堡伸入安纳托利亚境内。 但尽管丧失了一些领土(他们即便在希腊人入侵之前也未能真正控制那些地方)，土耳其的民族主义阵营并未遭到严重削弱。 相反，他们致力于经营东方，通过与布尔什维克的合作使独立的亚美尼亚在当年年底前崩溃。 在此期间，布尔什维克成功地巩固了自己对俄国南部的控制，但却未能策动波兰发起革命。 与此同时，在新成立的国联关于巴勒斯坦、叙利亚与伊拉克托管地区的边界划分问题上，英法两国的外交官们意见相左；意大利人则因国内危机而决定从安纳托利亚西南部撤出。 因此，到了 1920 年年底，英国政府在近东地区公开的盟友只剩下了希腊人，只能依赖希腊的军事资源去强制执行《色佛尔条约》，避免土耳其民族主义阵营的阻挠破坏。

　　汤因比密切关注着这些事件的进展。 他写了一系列关于近东问题的文章。 它们多数发表在《新欧洲》(*New Europe*)杂志上，但也散见于《当代评论》、《书评评论》(*Review of Reviews*)及其他刊物。 随着劳合·乔治和他的政府为了强制执行《色佛尔条约》而越来越深地陷入泥潭，汤因比很难不因轻视自己专业建议的首相吃尽苦头而感到幸灾乐祸。 更重要的是，他相信如果能够通过报刊上的口诛笔伐促使英国公众认识到劳合·乔治政策的错误，进而为近东地区带来公正、持续的和平的话，自己在一战期间扮演的可疑角色将得到迟来的澄清。 但要想完成这一任务，他必须暂时离开自己的本职工作。 伦敦大学的领导们慷慨地批准了他的请求，允许汤因比在照领薪水的情况下"从 1921 年 1 月 1 日起暂停不超过两个学期的教学任务……以便前往希腊考察"。①

　　尽管得到了大学的官方批准，汤因比出现在希土战争战场上时的身份却并非教授，而是《曼彻斯特卫报》的通信记者。 他同《曼彻斯特卫报》的著名编辑查尔斯·斯科特(C.P. Scott)达成了协议：该刊物为他提供每周 10 英镑的旅行费用和信件、电报每栏文字 4 几尼(guinea)的稿费。 这一协定使得汤因比可以带上罗萨琳德共同度过一部分旅程。 当汤因比返回英国后，他以自己特有的那种一丝不苟(并且心满意足)算出，他们此行还赚了一笔钱。 因为他在从 1921 年 1 月 7 日动身离开伦

105

---

① 博德利图书馆，汤因比档案，伦敦大学校委会通过的决议文本(text of motion passed by the senate of the University of London)，1920 年 10 月 21 日。

敦到 9 月 21 日返回期间总共花了 259 英镑 1 先令 10.5 便士,《曼彻斯特卫报》发给他的钱还结余了 30 英镑 17 先令 4.5 便士。①

汤因比先去了希腊;新成立的保王党政府于 1920 年 12 月开始在那里执政。 他采访了总理和其他政治领导人,顺便还试着说服希腊政府支付对伦敦大学科拉伊斯教授席位的津贴——那是前任总理埃勒福特里奥斯·韦尼泽洛斯(Eleftherios Venizelos)许诺过的,但新政府里后者的政敌们却不愿意兑现这一承诺。 汤因比随后前往士麦那,在其腹地做了几次旅行;他一直待在希腊的疆界范围以内,以希腊军方特别客人的身份四处旅行。

汤因比最初的印象是倾向于希腊人的。 他对家里的亲戚写道:"希腊的军官们令我印象深刻。 我认为他们在驻守马其顿前线的几年里从与英国军官打交道中学到了很多东西。"②他对自己的母亲写道:"我必须承认,自己很喜欢改头换面过的希腊人(当然,跟所有人一样,我也对土耳其人很感兴趣)。 在某种程度上,我觉得他们已经跟 9 年前不同了——他们身上地中海东岸居民(Levantine)的气质已不再明显。 但仅仅根据从军队身上得到的印象下结论或许并不妥当。"③

希腊平民也得到了他的好感。 他写道(事实证明这是一场误会):"我昨天接受了有生以来受到过的最盛情的接待。 我坐车来到了一个叫库拉(Kula)的城镇……那里的人认为我是英国国王陛下派来的。 进入城区约四分之一英里后,我们看到了成群结队的、手持米字旗和希腊国旗的人。 在我穿过城镇的时候,一队小学生跟在我身后,教士站在一侧,富有的商人站在另一侧。 所有人都高呼着'英格兰万岁'(Zoe o Anglia)……土耳其人也从他们的房子里跑出来看热闹……当天下午,一个由大约 6 名土耳其人组成的代表团等着跟我见面。 于是,我跟土耳其人进行了交谈。 库拉镇里的希腊人真可怜! 他们如今已退回希腊的边界之内;他们当时似乎认为我可以帮助他们留在那里。"④

---

① 博德利图书馆,汤因比档案,活页账单,未标注日期,但其内容与同这次旅行相关的其他文件吻合。
② 博德利图书馆,汤因比档案,汤因比供家人传阅的信件,1921 年 2 月 4 日。
③ 博德利图书馆,汤因比档案,阿诺德·J.汤因比致伊迪丝·汤因比书信,1921 年 4 月 2 日。
④ 博德利图书馆,汤因比档案,汤因比供家人传阅的信件,1921 年 2 月 7 日。

但汤因比很清楚,在驻军官方监视下的旅行是无法帮助自己了解土耳其民众对时局的真正看法的。 在被希腊人视为"威尔士亲王与英国国王陛下派来的人"之后,汤因比从士麦那报告道:"我正在尝试同土耳其人建立联系。 我必须在前往君士坦丁堡之前同他们这一方见面。"①士麦那国际学院(International College,Smyrna)的院长、加拿大人亚历山大·麦克拉克伦(Alexander MacLachlan)安排他同城里的一些土耳其头面人物建立了联系。 但这些人认为汤因比是支持希腊一方的,在谈话中守口如瓶。 因此,当罗萨琳德在3月中旬同他在君士坦丁堡会合时,汤因比尚未同希腊统治下的土耳其民众代表们建立任何顺畅开放的交流关系,并且仍旧因为自己对希腊占领军的良好印象而支持希腊一方。 他发表在《曼彻斯特卫报》的文章忠实地反映了这些印象。

他在4月初探访了战线北部——希腊军队在那里发动的一次攻势刚刚以失败告终。 他看到了依旧尸体横陈的战场,并跟着撤退中的希腊人走了大约40英里(他很钦佩这些希腊士兵的勇气和纪律)。②但汤因比仍想观察战争中的土耳其一方。 他和罗萨琳德于1921年5月接受红新月会(Red Crescent,土耳其方面与红十字会性质相似的组织)的邀请,前去观察护送马尔马拉海最东侧的亚洛瓦(Yalova)海岸难民撤离的行动,从而获得了开始着手完成这一任务的机会。

正如汤因比日后回顾的那样,在3—4月的局部攻势以失败告终后,希腊方面的军事计划要求对在马尔马拉海周边新占领的部分地盘实行焦土政策,以便能够集中兵力对安卡拉发动新一轮更加深入的攻势。为了保护自己的侧翼免受骚扰,希腊军事将领们怂恿非正规的武装民兵去进攻并杀戮他们计划放弃地区的土耳其裔居民。 当红新月会的一条船在5月的最后一周从君士坦丁堡抵达亚洛瓦时,隶属于该城镇的16个村庄中已有14个被毁,生活在当地的7 000名穆斯林只剩下1 500名幸存者。 这艘小船载着320名惊恐万状的难民返回了君士坦丁堡。 这

106

---

① 博德利图书馆,汤因比档案,汤因比供家人传阅的信件,1921年2月19日。
② 汤因比:《文明的接触:希腊与土耳其的西方问题》(*The Western Question in Greece and Turkey:A Study in the Contact of Civilisations*,伦敦,1922年),第233页。

些人多半是妇女和儿童；即便如此，这条船还是在同控制该城镇的希腊将领交涉了整整两天后才被获准放行的。

汤因比夫妇对他们在亚洛瓦目睹的一切感到愤怒与震惊。罗萨琳德写了一封详尽记载他们旅途见闻的长信，寄回给自己的母亲，请她复印这封信并分发给自由党中有影响力的人物以及其他任何能发挥作用的人，希望能够调动起民众的情绪，抗议英国政府对此类野蛮行为的默许。她解释道："显而易见的是，英国的官方政策是尽可能地包庇希腊人……这一方面是因为认定希腊人总要比土耳其人好些的错误观念……另一方面是因为英国政府自己不愿意去正面面对凯末尔。"①

罗萨琳德对他们夫妇从亚洛瓦返回后打过交道的那名英国外交官嗤之以鼻；而她对希腊人形象的描绘也是极度负面的。"管事的希腊军官是个克里特将领。我宁愿相信他是个土匪——那张脸上写满了不加掩饰、肆无忌惮的邪恶，那是我从未见过，并且今生再也不想看见的。他对这一切感到怒不可遏，赌咒发誓说那里根本就没有什么难民……他们（军官和他手下的副将）一再声称（他们的脸因愤怒而扭曲得变了形），自己是协约国一方的军官和文明人。"罗萨琳德对受害者的同情是旗帜鲜明的。"那一地区的土耳其妇女们仍穿着圣母玛利亚（Virgin Mary）的装束，身披蓝色长衣，脸上戴着白色面纱，就像意大利绘画中典型的圣母形象那样。第二天，几百名那样打扮的女子坐在那里，吓得面色苍白，静坐着一动不动……一群恶魔般的'基督徒'围着她们威胁与狞笑。"②

在接下来的两周里，汤因比夫妇又参与了另外两次红新月会组织的航海行动，将其他土耳其难民从马尔马拉海东岸运送到安全的君士坦丁堡。但他们接下来的见闻却远没有之前那么令人心碎。罗萨琳德猜想，那或许是因为希腊人已"吓破了胆，不得不有所收敛"。③事实上，汤因比确实给希腊总司令发了电报，要求他命令亚洛瓦的希腊军官释放所有难民。他在返回君士坦丁堡后也向英国和其他协约国当局提出请

---

①② 博德利图书馆，汤因比档案，罗萨琳德致玛丽·穆雷书信，1921 年 5 月 28 日。
③ 博德利图书馆，汤因比档案，罗萨琳德致玛丽·穆雷书信，1921 年 6 月 18 日。

求，希望他们在保护土耳其平民免受侵犯方面拿出实际行动。 协约国或希腊当局并未切实满足他的要求。 但他在接下来几周里为土耳其人呼吁的做法确实让君士坦丁堡与士麦那(汤因比8月份时返回那里住了几天)的土耳其居民向他敞开了大门。

汤因比的反应几乎同妻子一样强烈。 他告诉自己的母亲："我对这一切感到无法忍受的恐惧。""你知道我独自拯救了700人的性命吗?"但他行善的抱负还不仅限于此。"在这里，我是仅有的一个既得到土耳其人信任又同外交部(FO)有联系的英国人。 伦敦与安哥拉(Angora，即安卡拉——作者)之间的媾和是建立全面和平、结束这场屠杀和经济破坏的关键。 倘若我能为达成这一目标贡献一点点微薄之力的话，我就会把其他一切先放在一边——我现在也正是这样做的。"①

汤因比试图通过两方面的努力来完成这一目标。 一方面，他向《曼彻斯特卫报》提供了他和罗萨琳德目睹的大量细节(使用的语言当然比罗萨琳德私下里使用的更少感情色彩、更有分寸)。 这些消息令许多英国人感到震惊。 编辑斯科特跟其他自由派一样，是在耳濡目染19世纪70年代格莱斯顿(Gladstone)对土耳其人的口诛笔伐的情形下长大的；而对1915—1916年间亚美尼亚恐怖事件的详细报道进一步强化了他们认为土耳其人具有野蛮品格的印象。 当斯科特收到汤因比关于亚洛瓦事件的第一批报道后，他回复道："您对时局的分析让我感到十分困惑。 我读到的所有证据都还不足以表明，希腊人的偏激做法已达到了跟土耳其人一样过分的程度。"②然而，他依旧全文刊发了汤因比的这些文章。 他在一周后写道："当然，我之前并不了解……希腊人极端行为的程度与性质。"③事实上，他已被汤因比的观点说服，认为《色佛尔条约》是不公正的和无法强制执行的。 并且他很快就认同了那位记者的看法：为了保全英国在近东的声誉和利益，劳合·乔治在那里推

① 博德利图书馆、汤因比档案，阿诺德·J.汤因比致伊迪丝·汤因比书信，1921年6月12日。
② 博德利图书馆，汤因比档案，查尔斯·斯科特致汤因比书信，1921年(？)6月1日。 这封信和下面引述的相关信件的标注年代均为1922年。 但我们几乎可以确定这是两处笔误，因为汤因比对希腊人暴行进行揭露是1921年发生的事情。
③ 博德利图书馆，汤因比档案，查尔斯·斯科特致汤因比书信，1921年(？)6月8日。

行的糟糕外交政策必须被替换。 因此,《曼彻斯特卫报》成了汤因比从1921 年 6 月起批评首相过程中的有力外援。

　　汤因比在外交部里也有朋友,特别是埃里克·福布斯·亚当斯(Eric Forbes Adams)。 汤因比同他保持着私人信件来往,告知他土耳其发言人向自己提出的和谈条件,并敦促对方采取行动。 1921 年 7 月,亚当斯对汤因比关于如何同土耳其民族主义分子媾和的建议礼貌地不置可否。 但他在六个月后写道:"我确信,你提出的总方针是对的;并且正如我说过的那样,它们在一定程度上与我们目前工作的基本纲领相一致。"①然而,不管究竟是否赞同汤因比的主张,他个人终归是无法改变国家政策的。 劳合·乔治还在任上;希腊人集结起兵力再度进军安纳托利亚内陆地区,战争还在持续。 跟从前一样,汤因比关于英国近东政策的建议再次被熟视无睹。

　　当汤因比准备动身返回伦敦的时候,这场战争达到了最高潮。1921 年 7 月,希腊军队开始向安卡拉进军。 但土耳其人在 9 月 8 日发动反攻,在萨卡里亚(Sakkaria)河畔获得决定性胜利。 一周之后,希腊军队开始整体撤退。 这场战争在 12 个月后结束;战败的希腊人被迫撤离士麦那。 在此期间,土耳其人奉行在进军过程中消灭所有基督徒及其定居点的政策。 因此,当希腊军队在 1922 年 9 月放弃火光中的士麦那时,它的前后簇拥着大批惊恐万状的难民。

　　经历了这场惨败之后,劳合·乔治已找不到愿意或能够守卫君士坦丁堡的盟友,来帮助自己抵挡势如破竹的土耳其国民军。 英国自己在当地的资源有限,并且没有可调拨的增援部队。 因此,协约国(事实上在 1920 年后只有英国还在独力维持)对君士坦丁堡的军事管制不光彩地结束了;该城市及其在欧洲的腹地再次被并入土耳其的版图。 劳合·乔治为英国保住的唯一利益是土耳其人承诺让爱琴海与黑海之间的各处海峡非军事化。 这是穆斯塔法·凯末尔和土耳其民族主义阵营取得的巨大胜利和英国近东政策的一次惨败。 事实上,一切都不出汤因比的预料。 土耳其人在战场上争取到了民族自决的权利;劳合·乔治忽视

---

　　① 博德利图书馆,汤因比档案,埃里克·福布斯·亚当斯(Eric Forbes Adams)致汤因比书信,1922 年 1 月 17 日。

汤因比建议的行为则被证明是错误的。

尽管如此,汤因比回国后却发现,自己的教授生涯正处于一个非常尴尬的境地。 他从君士坦丁堡寄回的那些揭露希腊人暴行的文章可不是住在伦敦的希腊人期待科拉伊斯教授所做的事情。 汤因比自己也对这一点心知肚明,他在寄回第一批揭露希腊人罪行的材料时就递交了放弃自己教授席位的辞呈。 但他在学术部门的直接领导、国王学院院长恩尼斯特·巴克尔(Ernest Barker)起初却给他吃了一颗定心丸。 他写道:"无论在我还给你的那份材料中包含着多么令人毛骨悚然的故事,我确信你在记述这些化名者时都运用了自己的理智进行过判断……我并不在乎希腊政府怎么做或怎么看待你。 我知道你仅仅是在努力伸张正义和陈述事实而已。"[①]

在伦敦的希腊人并未在 1921—1922 年间对汤因比组织起有效攻击。 代表捐赠者利益的委员会从 1919 年起一直没有召开过;何况旅居伦敦的希腊人中的一些头面人物是同复辟的保王党政府不共戴天的——他们几乎会欢迎任何能够抹黑该政权的举动。 因此,尽管汤因比公开抨击希腊政府的政策和希腊人在安纳托利亚的军事高压手段,他还是一度保住了自己的教授席位。

在亚洛瓦和安纳托利亚其他地方目睹的人性泯灭深深刺痛了汤因比的良知。 一战期间,他曾花费数年时光去揭露穆斯林对基督徒进行的屠杀。 如今他却亲眼看见了基督徒对穆斯林的屠杀——后者的规模虽然较小,却同样心狠手辣、肆无忌惮和惨绝人寰。 早在 1911 年,他已在遭遇西方化的希腊人时意识到了文化借鉴的负面影响,并批判过"将他们的文明同我们的文明糅合在一起所形成的、大杂烩式的古怪性格"。 早在经历亚洛瓦事件之前,身处希腊人和土耳其人中间的汤因比已经作出了判断,认定"他们彼此之间的区别很小……我非常清楚,近东的基督徒并不比穆斯林高人一等,当然我也不认为他们低人一等……二者近期内的一切进步几乎都来自同一种更高级的文明——我们的西方文明——的影响;何况穆斯林在向我们学习的过程中还要克服更大的障

---

① 博德利图书馆,汤因比档案,恩尼斯特·巴克尔致汤因比书信,1922 年 4 月 7 日。

碍"。 然而，尽管有些难以理解，但土耳其人身上却具备"一些积极的、与我们不同的特征"。①随后对基督徒野蛮行为的亲身经历显然进一步强化了汤因比对土耳其人"不同之处"的模糊认识。

与此同时，另外三重动机也促使他同土耳其人搞好关系。 首先是现实政治的考虑。 汤因比相信，只有同正在觉醒的穆斯林世界达成谅解，大英帝国才能在一战后的世界里保持繁荣昌盛。 这是他在大战后两年里为政府提供的专家建议的核心内容；并且日后的事态发展似乎只是证实了他对未来预测的准确性。

但汤因比的内心情感并不仅限于对民族与帝国利益冷冰冰的精打细算。 他情不自禁地、发自内心地感谢土耳其的民族主义者。 他们的胜利在几年后肯定了他在一战期间所扮演的、原本饱受质疑的角色的积极意义。 现在，汤因比证明了自己之前的失败是值得同情的。 这是因为，借助土耳其民族主义阵营的一臂之力，汤因比将有机会在建立可靠的和平局面过程中贡献自己的力量——尽管劳合·乔治仍旧冥顽不化。

影响汤因比看法的第三个因素在于，他日益强烈地悔恨自己1915年揭露土耳其人在亚美尼亚暴行时的过分偏颇。 尽管自己列举的所有事实都得到了充分验证，汤因比如今却意识到，自己在 1915 年只描绘了画卷中的一部分——它或许在表面上是合乎事实的，但却忽略了深层次的、更重要的真实性。 他需要补偿自己犯下的罪孽，并强烈希望马上能够付诸实践。 这一努力的结果是一部著作——那是他在从君士坦丁堡返回后迅速写就的《文明的接触：希腊与土耳其的西方问题》。②

正如标题所显示的那样，汤因比运用他关于诸文明差异性的旧有观念来解释刚刚在近东发生的事件——但他采用的则是一种全新方式。 首先，他承认希腊人拥有自己的、与土耳其不同的独立文明。 他称之为"近东文明"（Near Eastern，从前则是拜占庭文明）；并称土耳其人的文明为"中东文明"（Middle Eastern，等同于穆斯林文明）。 他宣称，由于西方的强势和吸引力的缘故，这两个文明都在走向解体。 在这一事

① 博德利图书馆，汤因比档案，阿诺德·J.汤因比致伊迪丝·汤因比书信，1921 年5 月11 日。
② 这份手稿于 1922 年 3 月也就是汤因比回国不到 6 个月的时候付印出版。

实面前，两种文明都在走向道德堕落——它们渴望借鉴、接受影响，但仍然无法真正把握它们想要成为的那种异质文明。从某种意义上讲，之前发生的这一切都源自西方的存在与强势地位。汤因比指出，从 16 世纪 70 年代起一直困扰着欧洲外交局势的"东方问题"（Eastern Question)，在本质上是一个"西方问题"（Western Question)——它是三种不同文明之间的遭遇和其中两种弱势文明土崩瓦解的后果。

从这一视角来看，"对这些野蛮行径的准确判断应当是：它们反映了近东与中东社会从丧失土生土长的本地文明到接受西方世界外来影响期间呈现出的长期病态特征"。但接受西方文明本身便是衰落的标志。"只要一个文明还在实现其潜力、借助自身的天赋发展的话，它就必然是自成一体的。外界影响只会瓦解它，却不能为之提供发展动力。因此，它会自觉地竭尽全力抗拒这样的影响。但到目前为止，还没有一个文明发现过永葆青春的诀窍，更不必说长生不死了。每个文明早晚都要陷入无可救药的灾难；这些灾难不仅中断了它们的发展历程，还会让它们的本质发生怪异的改变。从前坚硬光亮的钢变得朽脆和锈迹斑斑。那是一种悲剧性的变化。然而，虽然这些锈迹在工匠眼里纯属堆积起来的垃圾，它们在科学家心目中却是一种精巧的复合物，将一些令人匪夷所思的元素神奇地组合在一起，提供了各文明在融合之前均不具备的性质。"[1]

这段雄辩的比喻向我们展示了汤因比是如何将自己 1920 年春季牛津大学报告中论证严密的、关于文明发展史的悲剧式观点同斯宾格勒的见解结合起来的——后者认为诸文明在上升阶段和符合其承载者需求的情况下会抵制外来影响。这一假说可以解释汤因比之前在安纳托利亚目睹的事件。更重要的是，它提供了一种剖析全部人类历史记载的新方法。汤因比已无需继续埋首故纸堆，永无休止地梳理人物、地点、区域和大洲的种种细节信息，而是可以指望通过关注数量有限的、独立且自成体系的文明来理解整部世界历史。他正在验证自己在牛津报告中试探性地提出的假说："如果分析结果正确的话，我们将会看到，历

---

[1] 汤因比：《希腊与土耳其的西方问题》，第 267、362—363 页。

次重大的历史悲剧，也就是人类精神缔造的各个伟大文明的悲剧，均呈现出类似的情节。"①

　　根据汤因比日后的回忆，当自己在从君士坦丁堡乘火车返回英国途中思考问题时，他已能够匆匆记下"12 个小标题，它们成了日后《历史研究》的主题"。②事实上，他保留下来的并不只是 12 个小标题，而是长达 12 页的、相当成熟的提纲。提纲首页顶部写着"1921 年 9 月记于东方特快专列"的字样。③它或许正是（更可能是经过了后续加工）汤因比从君士坦丁堡返回途中草拟的那份提纲。但它的主标题同《历史研究》定稿时的目录并不一致。说明最详尽的那篇条目将文明和文明制度均视为机器。汤因比年轻时对柏格森的痴迷至今仍统领着他的思想，这一影响从下面的段落中可见一斑："如果没有机制化的话，人类生活中控制能力的进步是不可想象的。但随着机制化发展到越来越高的阶段，这种控制也变得日益危险，制度机器可能会跟着操纵者一道跑偏……这就是悲剧所在。"他接下来写道："文明是从人到超人的进一步机制化尝试……文明的悲剧在于，从未有过任何一个文明成功地将人性真正提升到更高的层次。"④在出版于 1934—1954 年期间的《历史研究》中，这些思想只剩下一些蛛丝马迹，并且机制化根本没有被保留为那部成熟作品中的主标题。这一点并不令人感到奇怪，因为汤因比在真正做好写作准备之前还要学习很多东西，摒弃若干想法。

　　尽管如此，汤因比在 1921 年 9 月已经解决了之前困扰他的一个问题。他找到了一种继续撰写其巨著的方式。相关证据反映于他列出的一个篇幅短小，并未充分展开的标题"（3）诸文明之比较"中，它孕育着 12 卷《历史研究》的萌芽。它简明扼要地罗列了文明发展的如下阶段：诞生、分化、扩张、解体、帝国、世界性宗教与中间期。这

111

---

① 汤因比：《希腊的悲剧》，第 4 页。
② 汤因比：《往事》，第 101 页。
③ 感谢日本大学为我提供了这份文本的复印件。它的标题是 1971 年国家书籍协会为汤因比举办特展时添加的。手稿中的主标题是 9 个，而非 12 个；并且没有一个标题是同《历史研究》定稿中的 13 个主标题对应的。
④ 日本大学图书馆，题为《作为机械的制度》（Institutions as Machines）的提纲，第 5—6、7 页。

些名称与他最后使用的不尽相同。 但汤因比关于文明史发展模式的成熟观点已在这里得到了简明扼要但清晰可辨的展示,并且要对已知文明与可知文明进行比较的思想在提纲的这一条目中已得到了明确的表达。

在接下来的许多年里,这一看似不起眼的元素(在12页全文中所占篇幅不到四分之一页)得到了不断丰富,最终几乎囊括了汤因比在1921年计划探讨的全部主题。 那是因为汤因比在此后十年里利用自己的所有空闲时间攻读中国、日本、印度及其他地区的历史。 在这样做的过程中,"诸文明之比较"自然地、同时也是不可避免地得到拓展,占据了他的全部认知视野。 他的新任务当然依旧艰巨,但已不像之前那样可怕——因为他已清楚自己寻找的是什么。 帝国、蛮族入侵和世界性宗教等文明末期的典型元素构成了引人注目的线索,帮助汤因比去界定在地球表面存在过的每个独立文明。 他沿着这条"诸文明之比较"的道路前行——它起初只是计划中的一小部分,后来得到了发展与扩充,吸收了他最初提纲中一些元素,并将其他一些元素彻底排除在外,最终形成了他的《历史研究》——与其说那是一部哲学著作,还不如说它是历史类比与相似性研究的汇编。

可见,尽管汤因比在之后的岁月里不断修改、完善自己的巨著,以至于它的内容和比例在1921—1934年间(遑论1954年)发生了巨大变化,但他关于自己在1921年9月从君士坦丁堡返程途中确定这部作品"主要标题"的回忆在原则上却是符合事实的(尽管细节有误)。 他已解决了曾困扰自己多年的材料组织问题,明确了自己为了实现抱负需要做些什么。 这是一次令汤因比记忆犹新的重大突破,尽管他忘记了写作提纲在《历史研究》定型之前还经历过许多调整。

安纳托利亚之旅对于汤因比夫妇的重要意义还体现在另外一个方面。 当他们于1921年8月初逗留在士麦那期间,罗萨琳德的外祖母、卡利斯勒伯爵夫人去世了。 罗萨琳德火速赶了回去,并向丈夫报告道:"外祖母安葬在戈尔德公园墓地(Golder's Green)……人们为了讨论遗嘱问题举行了几次大规模家庭会议。 妈妈和爸爸得到了霍华德城堡和供养它的大量土地,但他们把这些产业转交给了杰弗里(伯爵夫人唯

112

155

一尚在世的儿子），认为那样处置更为合适。 我也觉得这么处理更好些，但我免不了要为此而感到快快不乐。"①她有朝一日将会继承霍华德城堡及其气派生活方式的梦想终于遭受了最后一击。 但她觉得还可以聊以自慰的是，霍华德城堡边上的甘索普（Ganthorpe）宅邸与农庄毕竟归在了穆雷一家名下。

然而，显而易见的是，玛丽夫人之所以要保留甘索普宅邸的所有权，只是为了哄女儿开心而已——因为她对霍华德城堡及其所代表的一切的向往早已不是什么秘密了。 甘索普是无法与霍华德城堡相提并论的，只不过是与后者相距很近而已。 住在那里的亲戚可以轻而易举地感受霍华德城堡的奢华生活，并且无需费心去经营它。 因此，罗萨琳德向丈夫保证道："甘索普将会成为给我们带来快乐的家。 我真心希望他们住在那里，不要把它让给别人；但一切都还悬而未决。 我对于能够拥有这块地产感到高兴。 那意味着我们同霍华德城堡的联系并未中断。 杰弗里当然会准许我们中的任何人访问他领地上的任何角落——包括收藏文物的长廊。 我们也随时可以住在城堡附近。"②

确定如何分配伯爵夫人的众多地产需要时间。 1922年1月，吉尔伯特·穆雷还告诉罗萨琳德："我们在原则上已经把遗产分配好了。"③可到了两个月后，他又试探道："你真的觉得自己特别想住在甘索普和那里的农场上吗？ 真正吸引你的难道不是霍华德城堡本身吗？ 如果住在霍华德城堡的不是杰弗里，而是某个陌生人的话，那座无趣的房子和属于它的两块农场岂不成了累赘吗？ 我之所以要咨询你的意见，是因为让杰弗里的领地连成一片会更好些（事实上那样的话再好不过）。 当然，我们可以从别的地方获得补偿。"④但罗萨琳德拒绝妥协。 于是，根据最后的遗产分配方案，穆雷一家还是继承了甘索普这块地产。 尽管如此，霍华德城堡仍是罗萨琳德的世界里的一部分，这是她度过自己很长一部分童年时光的地方、她度蜜月的地方、她带着丈夫与儿子们常

①② 博德利图书馆，汤因比档案，罗萨琳德致汤因比书信，1921年8月22日。
③ 博德利图书馆，吉尔伯特·穆雷档案，568号，第61页，吉尔伯特·穆雷致罗萨琳德书信，1922年1月7日。
④ 博德利图书馆，吉尔伯特·穆雷档案，568号，第65页，吉尔伯特·穆雷致罗萨琳德书信，1922年3月3日。

来度假的地方，即便她未能获得那块地产的所有权。

　　不出意料的是，罗萨琳德对自己在霍华德城堡继承权的态度令杰弗里的妻子感到如鲠在喉。 1925 年，当她带着儿子们住在霍华德城堡里的一处房间时，罗萨琳德写信告诉她的丈夫："我们进行了一次完全出乎我意料之外的长谈。 她一上来就抱怨自己在这里的日子过得有多么艰难，这里跟他们继承地产时相比已如何面目全非。 他们之前从未想过那会成为自己的领地，并询问我是否介意妈妈把原本分给我的地产让给他们，我究竟对此作何感想。 她几乎哭了出来。 我直率地回答说，我起初对此感到不快；但在全面分析了事情的来龙去脉后，我意识到妈妈永远不会接受这份产业，既然如此，那么我也认为杰弗里显然是最合适的人选。 她接下去说道，自己有时害怕我'重归故里'，因为住在霍华德城堡里的本应是我们，而不是他们；以及诸如此类的一些话。 事情的缘起是他们将约书亚·雷诺兹爵士(Sir Joshua Reynolds)为克劳德夫人(Lady Crowder)绘制的肖像画高价变卖给了一个美国人；我的姨妈多萝西(Dorothy)得知此事后非常气愤。"[1]

　　穆雷一家还经历了间接影响罗萨琳德的其他变故。 她的妹妹艾格尼斯(Agnes)在走完了奢靡豪华、特立独行的一生后于 1922 年去世。她当时同巴尔干地区的一位前外交官住在偏远的法国乡村，结果阑尾炎突然发作，她的医生们无法治愈随之而来的大面积感染。 罗萨琳德当时已经怀孕，正在家中休息。 但汤因比奉命陪着玛丽夫人赶往那里，希望能帮上奄奄一息的艾格尼斯一些忙。

　　罗萨琳德对于在未婚状态下与男子同居的妹妹性生活方面的不检点行为持严厉批判态度。 玛丽夫人几乎为此同罗萨琳德闹翻。[2]吉尔伯特·穆雷则扮演了和事佬角色，对他仅存的长女写道："尽管她特立独行、生性顽皮，你的妹妹毕竟是一个充满爱心、性格慷慨的人，她曾照

　　① 博德利图书馆，汤因比档案，罗萨琳德致汤因比书信，1925 年 8 月 18 日。
　　② 跟其他家庭事务一样，与该风波相关的一切材料都被从吉尔伯特·穆雷的文件中剔除了。 私人收藏信件"维罗妮卡(Veronica Toynbee)致菲利普·汤因比夫人，1973 年7 月 4 日"保存了与此事相关的若干信息。 另参见克里斯坦·佩珀编：《一位历史学家的操守：汤因比与安普尔福斯教士哥伦巴·卡瑞-埃尔维斯通信集》，第 571 页。 罗萨琳德的态度或许反映了对妹妹违反规矩(自己嫁给汤因比时曾服从于这些规矩)的忿忿不平。我们很快就将看到，罗萨琳德当时仍在婚姻纽带的束缚面前不肯安分。

亮过我们的生活……我的爱属于你、我唯一尚在人间的女儿。"①与艾格尼斯之死相随而来的是吉尔伯特·穆雷两个大儿子们的胡作非为——那往往是由酗酒引起的。因此,汤因比一家相对正常的生活成了穆雷夫妇的慰藉。

吉尔伯特·穆雷对此的感受尤为深切。国联事务与教学、写作任务让他忙得不可开交;但在家庭圈子里,他将自己的爱与希望越来越多地倾注在罗萨琳德身上——这个他长期以来最宠爱的孩子。他将罗萨琳德的小说新作捧上了天,并且无法理解出版商为何拒绝出版这部作品。他告诉女儿:"这部书稿让我领略了你的天才。我是说作品中充满了超乎寻常的美与犀利,并且读者无法看到这些灵感从何而来。"②他在两年后写道:"我很高兴看到阿诺德为计划出版罗萨琳德作品的出版者写了推荐信。"③但当这部小说《幸福树》(*The Happy Tree*)最终问世之际,"他对相关书评略感失望"。④

不太偏颇的批评家对这本书的评价大相径庭。弗吉尼亚·伍尔夫在一则日记中写道:"罗萨琳德和阿诺德带着一只小猫和她新著小说的手稿出现了。她是个纤弱女子,目光多愁善感,恐怕在艺术上不会有太多建树。她绝不可能写出她自己夸口的那部长篇巨著,并且她的上一本书只卖了10英镑。尽管她是吉尔伯特·穆雷的千金,她看上去却是一个能力平平、胸无城府的人。"⑤

同罗萨琳德的其他小说一样,《幸福树》也是一部几乎不加掩饰的自传。时年40岁(罗萨琳德在本书出版时已36岁)的故事叙述者讲述了自己如何同表兄弟们(她爱上了其中一个)在一座有几分近似于霍华德城堡的乡间豪宅中长大成人,并在大战期间经历了一系列失意。在全

114

---

① 博德利图书馆,汤因比档案,吉尔伯特·穆雷致罗萨琳德书信,1922年8月20日。

② 博德利图书馆,吉尔伯特·穆雷档案,568号,第59页,吉尔伯特·穆雷致罗萨琳德书信,1921年2月11日。

③ 博德利图书馆,吉尔伯特·穆雷档案,568号,第66页,吉尔伯特·穆雷致罗萨琳德书信,1923年4月5日。

④ 博德利图书馆,吉尔伯特·穆雷档案,568号,第98页,吉尔伯特·穆雷致罗萨琳德书信,1926年11月21日。

⑤ 安妮·奥利弗·贝尔编:《弗吉尼亚·伍尔夫日记第1卷:1915—1919年》,被列入1921年12月18日日记内容。

书的最后一句话中，女主角是这样总结自己的一生的："我的童年十分快乐；我嫁错了人，自己深爱着的那一位却在战争中牺牲——就是这样。"①

毫无疑问，罗萨琳德在写下这句话时想到的是阿诺德和鲁佩特·布鲁克。这里面的自传意味是毋庸置疑的：女主人公的丈夫是位研究古代铭文的学者，在海军部忘我工作。他生性吝啬；曾报名参军，却因健康欠佳而被拒。她的外祖母拒绝为她承担雇用保姆的费用；并且女主人公恰好生了三个孩子！但在罗萨琳德迄今发表的小说中，这无疑是她最成熟、最能表达真实心声的作品。②它可以证明(如果我们还需要证明的话)，即便在战后日常生活重回正轨之际，罗萨琳德仍对自己的婚姻感到不满。

为小说中的女主人公安排三个孩子的做法完全是她现实生活的写照；因为罗萨琳德也在1922年12月生下了第3个儿子劳伦斯。比菲利普小6岁的劳伦斯很快便占有了罗萨琳德的大部分关爱。因为罗萨琳德的大儿子托尼已经上学；菲利普很快也要入学。这让菲利普感到伤心：他在6岁时不得不去上学，并且劳伦斯恰好在那之前不久降生。这一切就像是母亲彻底抛弃了他一样。③菲利普的反应是想尽一切办法展示自己。当装小大人(菲利普也确实早熟)的招数失败后，获得关注的最简单方式当然就是行为乖张。于是，他在争取父母表扬的疯狂努力和挑衅式的暴力举动之间摇摆不定。这种行为模式伴随了他一生，使之成为一个名副其实的怪人。④

托尼对家里新变化的反应有所不同，宁愿将自己的感情藏在心底。随着罗萨琳德越来越多地将关爱倾注到劳伦斯身上，他选择了退回到自

---

① 罗萨琳德：《幸福树》(伦敦，1926年)，第330页。

② 近30年后，吉尔伯特·穆雷总结道："我认为《幸福树》确实是她最好的作品。"吉尔伯特·穆雷档案，568号，第183页，吉尔伯特·穆雷致罗萨琳德书信，1954年11月1日。

③ 参见菲利普·汤因比：《老丑角》(*Pantaloon*，伦敦，1961年)，第25页："母亲们的身体只属于两个儿子。"其他段落同样承载着这一记忆，如第97、232页。实际上，这一情绪是贯穿全书的。

④ 杰西卡·米特福德(Jessica Mitford)：《菲利普的多重面貌：记菲利普·汤因比》(*Faces of Philip*：*A Memoir of Philip Toynbee*，纽约，1984年)提供了对其性格十分独特，但局限性相当明显的描述。

己的世界中去。 但当托尼和菲利普放假回家的时候，他们截然相反的
脾气反倒兼容得不错，可以一起玩耍。 菲利普的我行我素和大吵大嚷
并不妨碍他崇拜哥哥的勇敢、自尊和严于律己。①

罗萨琳德继续扮演着一家之主的角色。 菲利普在 1961 年写道：
"谁能拗得过那样一个强大的意志呢？ 她在别人刚刚暴露反抗苗头时就
火冒三丈，在全家所有人服从其意志之前坚决不肯通融。"他又写道：
"我从未听说她承认自己犯过错误。"②显然，罗萨琳德与她可怕的外祖
母有很多相似之处。 并且正如我们将在下一章中看到的那样，卡利斯
勒伯爵夫人年老后同儿子们闹过的别扭又在汤因比家庭里两个大儿子进
入青春期后重现。

115　　　汤因比继续在家里扮演着边缘角色。 他永远忙于案头工作；并且
就像他之前不会跟同学一起做游戏一样，他也并不擅长陪自己的儿子们
玩。 汤因比很乐意让罗萨琳德管理日常事务——尽管他确实尝试过控
制家里的财务。 但他对家里的财务状况同样束手无策。 因为尽管他拥
有教授的薪水，并且报刊稿费③和罗萨琳德投资活动的收入也相当可
观，他们家庭的经济状况仍处于崩溃边缘。 继承了卡利斯勒伯爵夫人
一部分遗产的玛丽·穆雷夫人一直在帮助他们。 例如，她承担了托尼
的全部学费，并多次帮助自己的女儿处理银行透支所带来的麻烦。

汤因比认为，在经济上依赖他人是不可忍受的，这给他带来了无尽
的烦恼。 罗萨琳德则反过来指责他(也不是全无道理)患有一种对钱的
心理"综合征"。 他悲伤地向玛丽夫人写道："我一直苦苦追求的解决
办法是减少开销、增加收入，直到我们年复一年的收支清单恢复平衡。
我一直拒绝为这件事去看医生。 这首先是因为我对心理分析家们抱有
怀疑态度；其次是我觉得这个时代的潮流就是把一切都归结为'病
症'，而非'承受能力有限'。 但我现在开始意识到，自己可能确实患
了一种综合征(无论它是否真有某种病根)。 我没有权利让它伤害身边

---

① 菲利普·汤因比的《老丑角》提供了关于 20 世纪 20 年代初这些家庭关系的最佳
写照。
② 《老丑角》，第 140 页。
③ 1924 年的时候，汤因比的报刊稿费收入约为每年 220 英镑，超过其大学薪水的
三分之一。 参见博德利图书馆，汤因比档案，汤因比致吉尔伯特·穆雷书信，1924 年 2
月 3 日。

的人——首先是罗萨琳德，之后是您。"但江山易改、本性难移。 在答
应要去医治自己的所谓"综合征"后，他在遇到金钱问题时仍旧声称：
"我十分确定，我们最好还是偿还那 100 英镑……就用你付托尼学费时
的分期付款办法。"①并且他也确实在随后的几年里一点点偿还了这
笔钱。

　　罗萨琳德对经济困难满不在乎的态度同汤因比母亲、妹妹们的持家
方式构成了鲜明反差。 1919 年，伊迪丝·汤因比坚决推辞了汤因比承
担妹妹们学费的建议，决定动用女孩们继承来的那笔钱。②当汤因比的
妹妹乔斯林获得了一份领薪水的工作后，伊迪丝在信中写道："现在到
了我必须自己承担这座房子租金的时候了……这对我们三人都是一个巨
大的解脱，因为你不必再每年为我们垫付 50 英镑了。"③他的母亲终于
在1925 年获得了经济独立，因为继承来的另一笔遗产使得她可以买下
牛津花园新月街5 号的房子。 她和小女儿玛格丽特在那里一直住到她
于 1939 年去世为止。 玛格丽特则在那座房子里一直住到了 1986 年。④

　　略具讽刺意味的是，尽管收入较少的母亲和妹妹们都实现了经济独
立，汤因比却始终未能实现自己的这一奋斗目标。 罗萨琳德的习惯和
态度一直在从中作梗。 罗萨琳德认为自己有权支配家庭收入——它如
今似乎主要掌握在她母亲的手里。 从银行透支似乎没什么问题，因为
生意人的账单总会等在那里，直到家庭收入运转开来，填上漏洞为止。
她不会感到汤因比欠债时的那种极度痛苦。 相反，汤因比是无法容忍
这种并无必要甚至不假思索的寅吃卯粮的。

116

　　理财问题上的矛盾、日益淡漠的感情和劳伦斯对母亲宠爱的独占都
在削弱着罗萨琳德同汤因比之间的联系。 她在外表上仍是尽职尽责
的；但她内心深处对丈夫的感情已随着时间推移而较起初更为疏远和流
于表面。 相反，汤因比仍对妻子情深意切。 但尽管他宠爱妻子、对她
言听计从，他却从未在家庭事务中真正分担过后者的责任。

　　① 博德利图书馆，汤因比档案，汤因比致玛丽·穆雷书信，1923 年 10 月 31 日。
　　② 博德利图书馆，汤因比档案，汤因比致玛丽·穆雷书信，1919 年 10 月 16 日。
　　③ 博德利图书馆，汤因比档案，乔斯林·汤因比致阿诺德·J.汤因比书信，1923 年
1 月 17 日。
　　④ 玛格丽特·汤因比访谈信息，1986 年 2 月 15 日。

他们倒是确曾在事业上合作过——在亚洛瓦的经历就是其中的一个突出例子。 但罗萨琳德向往的是独立的文学创作生涯。 正如我们所看到的那样，她用自己的小说作为宣泄自己叛逆情绪的载体。 事实上，她的作品没有引起多少关注；而汤因比的《文明的接触：希腊与土耳其的西方问题》却得到了热评，并且很快就有了再版的需要。 这一局面或许曾令罗萨琳德感到烦恼，但并不妨碍她继续追求自己的文学理想。这样的结果意味着她没有多少时间在丈夫的写作中助一臂之力。 汤因比无疑会欢迎罗萨琳德帮忙；但他尊重妻子的抱负，比吉尔伯特·穆雷更毫无保留地（事实上是盲目地）推崇她的小说。 1926 年，他向玛丽夫人写道："我为她的新书感到激动；那里面包含着纯熟的技巧——她能让读者感受到，并且清楚地看到她的诉求。 这本书会不会大受欢迎是一回事，但我知道那是一本好书。"①

他们繁忙但渐行渐远的生活在 1923—1924 年间起了波澜；那源自汤因比持续要求同土耳其人媾和所引发的争议。 出钱赞助科拉伊斯教授席位的旅居伦敦希腊人委员会起初似乎只是形同虚设而已——但最初的赞助条款规定，当该席位人选空缺时，校方需要征求委员会的意见；并且委员会有权定期获悉这位教授的活动——他教了什么课，有多少学生，等等。 当时并没有人浪费口舌去跟汤因比讲明这些条件，或哪怕告诉他赞助者组成的委员会还会继续存在——事实上，相关人员在 1919年至 1923 年 1 月 23 日期间似乎也确实没有开过会。 但到了后一个日子，4 名义愤填膺的会员集合起来商量应如何处置正在"出卖"希腊人利益的汤因比。 这次磋商的结果是他们写了一封信，要求汤因比按照之前规定的条款进行述职。 这一要求让汤因比和恩尼斯特·巴克尔都大吃一惊。 但他们答应了这一条件，汇报了汤因比 1919 年以来所讲课程与从事其他学术活动的翔实细节。 委员会批评汤因比学术工作的质量和数量都远远不够，并质疑他的现代希腊语水平，谴责了他的"政治宣传"活动，声称这些行为"甚至玷污了他作为一名历史学家的名声"。 委员会在反馈意见的结尾处宣称，道德义务要求汤因比必须在科

---

① 博德利图书馆，汤因比档案，汤因比致玛丽·穆雷书信，1926 年 1 月 15 日。

拉伊斯教席和为土耳其人辩护的立场中间作出抉择。①

汤因比对这些人贬低自己能力与人格的做法大为光火,认为在这样的指责声中辞职等于默认了自己的错误。 此外,正如他在 1920 年向巴克尔交底(后者只要一发话,自己就会马上辞职)时坦承的那样,"我真心希望那一刻不要过早到来,因为坦率地讲,那对我意味着一场灾难"。② 他头脑中盘算的是财务收入方面的灾难;因为每年 600 英镑的教授薪水是他的首要收入来源;并且正如我们已经看到的那样,汤因比家里总是入不敷出的。

实际上,汤因比在讲台上确实不是一个成功者。 他关于希腊历史地理的精彩课程只吸引了两名学生;而他组织的、研读希腊旅行者游记的研究室研讨班也办得很糟糕,没有达到预期效果。 他确实抽时间编订了两小本质量上乘的古典文献摘译:《希腊文明与希腊性:古希腊社会的自我呈现》(*Greek Civilisation and Character*;*Self-Revelation of Ancient Greek Society*,伦敦,1924 年)与《从荷马到赫拉克利特时代的希腊历史观念》(*Greek Historical Thought from Homer to the Age of Heraclitus*,伦敦,1924 年)但在批评者们眼中,宣扬希腊古典文化的这些点滴贡献远不足以为他在安纳托利亚战争中为土耳其人辩护的行为"赎罪"。

赞助者委员会的抨击恰逢汤因比第二次以通信记者身份访问安纳托利亚后回国之时。 1922 年 8 月,《曼彻斯特卫报》的编辑提出建议,认为汤因比应该"再进行一次访问并径直前往安卡拉"。③但这次旅行迟至 1923 年 4 月才得以进行。 汤因比成功抵达了土耳其民族主义阵营的首都,采访了一些政府首脑,甚至还同穆斯塔法·凯末尔共进过晚餐。他认为凯末尔"无疑是个伟人……你会赌咒说他肯定是奥地利人或德国人。 他富有同情心,但并不和蔼可亲……有点儿像一只随时准备腾空而起的豹子。"汤因比为《曼彻斯特卫报》寄回了土耳其民族主义阵营的和谈条件要点,并扼要分析了人不列颠的错误政策如何造成了令自身

117

① 克罗格:《政治与学术:阿诺德·汤因比与科拉伊斯教席》,第 65—67 页。
② 博德利图书馆,汤因比档案,汤因比致恩尼斯特·巴克尔书信,1920 年 5 月 6 日。
③ 博德利图书馆,汤因比档案,查尔斯·斯科特致汤因比书信,1922 年 8 月 16 日。

在觉醒中的近东、中东穆斯林面前首当其冲的不幸局面。"除土耳其人外，我在这里还看到了阿富汗人和印度人。他们无疑正在积累起活力（他们的坚定意志已经可以同我们匹敌），这股活力将对大英帝国造成打击。"①

事实上，汤因比正在苦苦探究自己早在一战期间就已经发现的主题，即论证大不列颠必须认可穆斯林希望同欧洲诸民族平起平坐的诉求。作为在战场上获胜的土耳其民族主义阵营与英国公众、政府之间的非官方调停人，汤因比希望自己最终能为满目疮痍的安纳托利亚战场带来和平。由于穆斯林与欧洲人之间的普遍和平要比当地希腊人和其他基督徒遭受的苦难（无论它们有多么真实）分量重得多，汤因比准备忘却并原谅土耳其士兵们犯下的所有罪行——特别是因为他已将这些罪行视为本土文明瓦解的后果，而不仅仅是行凶者的过错。

但由于汤因比曾在 1915 年揭露过大量土耳其人的暴行，又在 1921 年揭露了希腊人的暴行，他对 1922 年希腊难民苦难的冷漠无视在许多同情希腊的英国人（以及几乎全体希腊人）眼中是不可饶恕的。随着土耳其国民军于 1922 年秋季向士麦那挺进，土耳其人对安纳托利亚境内希腊人与其他基督徒的迫害也达到高潮。在这种情况下，汤因比的沉默已被视为一种明目张胆的偏袒。这也成了让汤因比的批评者变为他的死对头的最主要原因。另一方面，汤因比则受到了为自己在一战中所扮演角色正名的强烈内心愿望的驱使，努力争取为世界的这部分地区带来持久和平（那已成为他的特殊职责）。这意味着他必须帮助英国同战胜的土耳其人媾和，因而不愿意去说或做任何可能推迟或破坏这一进程的事情。因此，出于谨慎和必要的考虑，汤因比认为自己应对土耳其的暴行保持沉默，无论这样做会让他的良心有多么不安。

汤因比明白，自己已经深深地冒犯了希腊人和亲希腊分子。当他是否能继续担任科拉伊斯教授已成为问题后，汤因比曾咨询过得到英国外交部任命、前往土耳其或某个其他近东穆斯林国家工作的可能性。但他在外交部里的熟人埃里克·福布斯·亚当斯告诉他这样的机会并不

---

① 博德利图书馆，汤因比档案，汤因比致罗萨琳德书信，1923 年 4 月 13 日。

存在，因为"恐怕寇松勋爵……并不认为你是个受欢迎的人（persona grata）——原因仅仅在于政治家们是不喜欢成功的预言家的"。 另外，"寇松勋爵还认为您在卸任公职后马上就开始攻击国王陛下"。①

全职记者工作倒是一个可行的选择，但跟每月定时发放的薪水相比，记者的收入来源似乎不那么保险。 然而，在赞助者组成的委员会发动新一轮攻势之际，汤因比认为自己必须再度递交辞职申请，尽管他同时也希望伦敦大学退回这笔捐赠，拒绝指定该席位的继任者，以免捐赠委员会对担任该职务的人进行过分要挟。 对自己的指控显然带有明目张胆的政治色彩。 委员会在写于 1923 年 10 月 24 日的信中指控道："汤因比教授接受的是一个讲授希腊历史的、由希腊人设立和资助的、顶着'科拉伊斯'这个光辉名字的席位；可他却利用自己的大部分精力、资源与时间去对身处生死存亡关头的希腊民族进行持续不断的恶毒攻击。 他还前往安卡拉同我们的仇敌建立了密切关系，并不遗余力地为他们的利益进行宣传。"②

伦敦大学校内对此事的争论十分激烈。 一些人认为汤因比拥有自由表达观点的权利，反感捐赠者们试图控制教授活动的做法。 另外一些人则觉得汤因比确实滥用了职权，并且他正在损害伦敦大学的利益——因为学校已经依靠外国政府的资助设置了斯拉夫研究院（School of Slavonic Studies）中的一些教授席位。③最后，伦敦大学董事会接受了汤因比的辞呈，该辞呈自 1924 年 6 月 30 日起生效（他最初的聘期恰好也在这一天结束）。 伦敦大学并未按照汤因比的愿望取消这笔捐赠，而是修改了资助条件，以便确保将来担任该职位的学者拥有自己的独立性。

---

① 博德利图书馆，汤因比档案，埃里克·福布斯·亚当斯致汤因比书信，1923 年 9 月 11 日。 寇松是当时的外交部长。
② 克罗格：《政治与学术：阿诺德·汤因比与科拉伊斯教席》，第 74 页。
③ 伦敦大学副校长库珀·佩里爵士在同赞助者委员会的私下通信中猛烈抨击了汤因比，并敦促委员会不要在意公众的反对意见，因为"用汤因比咎由自取的无视态度来对待他是更好的办法"。 雅典格纳狄乌斯图书馆（Gennadion Library，Athens），安尼斯·格纳狄乌斯档案，11 号，库珀·佩里爵士（Sir Cooper Perry）致约翰·格纳狄乌斯书信，1924 年 2 月 13 日。 这批文件中的其他信件表明，恩尼斯特·巴克尔也放弃了起初对汤因比行为的支持态度，至少在面对希腊人时如此。 相关例子如尤莫福普洛斯（N. Eumorfopoulos）致格纳狄乌斯书信，1923 年 11 月 25 日，其中记载了同巴克尔之间关于修订科拉伊斯教授席位相关条件的谈话。

汤因比对此感到怏怏不乐，给《泰晤士报》写了一封为自己辩白的信件。 他解释了科拉伊斯教授席位捐赠者们提出的附加条件，并强调了自己直到争议爆发后才知道这些条件的事实。 汤因比指出，如果自己事先知道捐赠委员会有权干涉的话，他是不会接受这一职务的。 显而易见，这一规定构成了对学术自由的不正当侵害。 这样一来，汤因比的信引发了报刊对这一问题的持续讨论，以及当时担任着由捷克斯洛伐克政府资助的国王学院教席的塞顿-沃森（R.W. Seton-Watson）写来的一封怒气冲冲的信。 他对汤因比写道："我对你突然卷入公开争议的举动感到不安。 我必须警告你，并非只有我一个人将你的行为视作一种公开宣战……你的这种表现完全置学校、学院和你担任过的教席的前途命运于不顾，并且是在跟巴克尔沆瀣一气。"①

汤因比起初试图说服自己的同事们相信，自己并没有做错什么。他在 2 月向伦敦大学董事会递交了一份声明，其中写道："董事会是否已意识到，在资助教席的附加条件这件事上，既然捐赠者们享有自己的特定权利，那么汤因比教授也有权利抱怨自己在 1919 年接受教席时根本不知道有这些条件呢？"②吉尔伯特·穆雷在这场风波中一直保护着汤因比，并尽其所能地息事宁人。 这次，他敦促汤因比撤回这项声明，借此来换取伦敦大学副校长的一封私人调解信。 这场风波就这样平息下去了。 但汤因比当然丢掉了工作。

穆雷夫妇努力帮助他们度过经济难关。 玛丽夫人在事情闹得不可开交之际对汤因比写道："我已经跟罗萨琳德的爸爸谈过了。 我们都认为，你本不该受这么多委屈……在你们年轻时为生计而担忧，等到我们死后才能过上安定的生活。 出于种种原因，我们现在还不能每年给你们 1 500 英镑。 但我们计划把甘索普的地产提供给你们——它每年能够提供的收入超过 230 英镑……你知道，如果你真的失去了教授职位，我们能够填补每年 500 英镑的损失。 我希望你能欣然接受这份帮助。"③

然而，汤因比夫妇并未接受甘索普的地产，或许那是因为玛丽夫人

① 博德利图书馆，汤因比档案，塞顿-沃森致汤因比书信，1924 年 1 月 4 日。
② 博德利图书馆，汤因比档案，1924 年 2 月 5 日。
③ 博德利图书馆，汤因比档案，玛丽·穆雷致汤因比书信，1923 年 10 月 31 日。

当时正在承担儿子们戒酒所造成的额外费用。　汤因比答复道:"如果您将来的手头宽裕了,可以更为轻松地放弃甘索普的产业的话,您那时再把它交给我们,作为我们在没有它的情况下渡过难关的奖励。　对于我们而言,那样处理会好得多。　区别仅在于如何熬过这一年而已,而这笔钱我无论如何总是有的。　我认为我们可以光明正大地接受您雪中送炭的每年500英镑救急款项;我可能会在6月底正式辞职,此后就没有收入了。"①

数周后,玛丽夫人在另一封信中又提出了转让甘索普的建议:"说起甘索普的地产,你们确实向我们提供了一个极富诱惑力的方案!　我们两个人都喜爱那个地方。　或许我们有朝一日还会拥有它,甚至最终住在那里;那么它会给我们带来极大的幸福(我们当然是不会卖掉它的!　)。　不过,我再说一次,我们现在不想利用这块地产来救急……日后的情况可能会有所不同。"②

汤因比的辞职在学术圈内外引起了不小的反响;新的工作机会很快接踵而至。　例如,有几所美国大学希望聘请他去讲授古典学和古代史;③土耳其人则为他提供了一个君士坦丁堡的职位。　吉尔伯特·穆雷一度尝试过在巴黎的国联文化联合委员会(Committee on Intellectual Cooperation)中为汤因比谋求一个行政职务。　理查德·H.托尼教授则邀请他去申请伦敦经济学院(London School of Economics)国际关系专业的新教席。

汤因比对君士坦丁堡的职务抱有浓厚兴趣,因为他可以在那里掌握战后世界中穆斯林同西方人互动情况(那在他的眼中至关重要)的第一手材料。　但他又不愿意切断自己及其家庭同英国社会、英国文明之间的联系。　事实上,他还无需马上作出选择。　一战期间汤因比的领导海德拉姆-莫雷向他提供了一个运转艰难的机构的临时工作——即英国皇家国际事务研究所(British Institute of International Affairs)。　汤因比的任务是写作一份篇幅足以独立成书的、巴黎和会以来的国际事务报告。

①　博德利图书馆,汤因比档案,汤因比致玛丽·穆雷书信,1923年11月1日。
②　博德利图书馆,汤因比档案,汤因比致玛丽·穆雷书信,1925年1月20日。
③　"别跟我提美国了……我可不想抱个美国佬当孙子。"博德利图书馆,汤因比档案,伊迪丝·汤因比致阿诺德·J.汤因比书信,1924年6月14日。

　　这项任务很合汤因比的心意，并且它可以让自己将选择新学术职务的时间推迟一年。 不管怎样，在他心目中，写作总归是比教学重要得多的。 他同巴利奥尔学院、一战期间外交部和伦敦国王学院同事之间的种种不愉快早已让汤因比在选择"与人共事时"充满疑虑。 汤因比在学校里也不过是一个"独往独来的人"，而他在 1924 年接受的这份工作又可以让自己一个人干活了。 他只需对海德拉姆-莫雷领衔的审查委员会负责；而海德拉姆-莫雷已经作出承诺：在报告正式发表之前进行的审查只是为了确保文稿的准确性与科学性而已。 这是一项让双方都很满意的安排。 结果，这项最初以一年为期的交派任务慢慢变成了一段写作生涯，一直延续到汤因比 1954 年退休时为止。

121

第六章　查塔姆楼与甘索普：
新的平衡(1924—1930 年)

在《泰晤士报》发布汤因比宣布辞去伦敦大学科拉伊斯教授一职的信件 12 天后，海德拉姆-莫雷邀请汤因比共进午餐，并"有要事相商"。①海德拉姆-莫雷曾是一战期间汤因比在政治情报局的上一级领导。 此后，他一直担任着外交部的历史顾问，曾要求汤因比就奥斯曼帝国同法国关于英国公民在突尼斯权利的争议问题草拟一份背景报告。②他也是英国国际事务研究所(后更名为英国皇家国际事务研究所)的创建者和领导者之一。 当海德拉姆-莫雷于 1924 年 1 月邀请汤因比共进午餐的时候，他正担任着研究所出版事务委员会的主席。

该研究所起源于 1919 年 5 月 30 日(巴黎和会期间)英美代表在巴黎美琪旅馆(Hotel Majestic)的一次会晤。 与会者普遍认为，将关于国际事务的政治见解公开是防止秘密外交与办事官员的不作为(普通人在战前会一直被蒙在鼓里)导致未来战火重燃的唯一办法。 与会者最初提议设立一个英美合作的研究所，它的第一项任务便是策划并出版一部记载

---

① 博德利图书馆，汤因比档案，海德拉姆-莫雷致汤因比书信，1924 年 1 月 16 日。
② 博德利图书馆，汤因比档案，海德拉姆-莫雷致汤因比书信，1922 年 11 月 21 日，在信中代表自己与寇松勋爵表达了谢意。

巴黎和会始末的权威史著。 一位美国银行家托马斯·拉蒙特(Thomas W. Lamont)出资 2 000 英镑以启动该计划；主持史著编撰工作的则是著名的英国历史学家坦珀利(H.W.V. Temperley)。

　　然而，在坦珀利的工作还远未完成之际，美国人便决定单独设立一个相同性质的机构，否定了英方关于两国共建一个研究所的方案。1920 年从巴黎回国的美方代表又转而决定加入当时已经存在的纽约国际关系理事会(Council on Foreign Relations)。 失去美国同事的英方人员组建了与之性质类似的英国国际事务研究所。 1920 年 7 月 5 日，从历史研究所(Institute of Historical Research)在伦敦木槌街(Mallet Street)的办公楼里租来了两间屋子的这个新研究所开始了自己的工作。

　　作为一个民间社团，该机构的资金来源完全依赖会费和捐赠。 信奉帝国主义的自由党人莱昂内尔·柯蒂斯(Lionel Curtis)和保守党人盖索恩-哈代(G.W. Gathorne-Hardy)共同担任秘书长，在前几年里维持着这个新生的研究所。 莱昂内尔·柯蒂斯(1872—1955)于 1912 年当上了牛津大学讲授帝国史的讲师。 在很大程度上，他提出并推广了"英联邦"(British Commonwealth of Nations)的概念。 他热情洋溢地确信，大不列颠只有通过巩固自身同"共和国"内的国家以及美国的特殊纽带才能继续维持其强盛。 在该思想激励下，他代表这个研究所向整个英语世界筹募经费，并取得了巨大成功——一个加拿大人莱昂纳德(R.W. Leonard)买下了伦敦圣詹姆斯广场(St. James's Square)的查塔姆楼(Chatham House)，①给研究所找到了一个更大的新家。 提供可观资助的还有美国的约翰·洛克菲勒(John D. Rockfeller)、英国的阿贝·拜利(Abe Bailey)和英格兰银行(Bank of England)等捐赠机构。 到 1922 年为止，研究所已拥有 714 名注册会员，并开始每周邀请国内外专家谈论当前国际热点问题(并进行讲话记录)。②

---

　　① 这里曾是查塔姆伯爵威廉·皮特任首相期间的私人住宅，故得此名。 格拉斯顿(Gladstone)也曾住在那里。

　　② 参见斯蒂芬·金-豪尔(Stephen King-Hall)，《查塔姆楼：皇家国际事务研究所缘起、目标与研究方法简述》(Chatham House: A Brief Account of the Origins, Purposes and Methods of the Royal Institute of International Affairs, 伦敦，1937 年)，第 11—22 页。 该书的出版目的是为了在 20 世纪 30 年代后期为研究所募集筹款，因而其腔调带有溢美性质；但它迄今仍是唯一一部介绍该研究所早期发展情况的出版物。

1924 年，当《巴黎和会史》(*The History of the Peace Conference of Paris*)第 6 卷(也是最后一卷)①即将付梓之际，如何延续这项学术事业的问题已被提上日程。 领导研究所的委员会建议出版关于国际事务的年度报告，并在 1924 年 1 月筹集好了资金，准备聘请学者来撰写一部书，将到 1924 年为止新发生的事件同《巴黎和会史》衔接起来，并撰写 1924 年当年的年度报告[这些和约不是同时生效的，因而《巴黎和会史》中关于各个国家的内容在不同时间节点(1920—1923 年间)是中断的]。 委员会将为承担该任务的人选提供 1 000 英镑，并准备出资为其雇用秘书助手。 委员会要求的成果则是长达 700 页的叙述和 300 页的文献汇编，并且交稿日期催得很紧："衔接"卷要在 1924 年 12 月 1 日交稿；1924 年国际事务报告的截止日期则为 1925 年 2 月 1 日。②海德拉姆-莫雷当上了新的出版次级委员会的主席，负责将这些计划撰写的报告出版。

这就是海德拉姆-莫雷在 1924 年 1 月中旬同汤因比共进午餐时商讨的计划。 在汤因比看来，这样一份工作可以让自己有机会重拾一战期间对外交政策及其合理方案的关注。 他想象得到的最大弊端则是，密切跟踪全球国际事务发展动向、利用手头资料尽可能权威地将它们记录下来是一项艰巨的任务，意味着他几乎不会再有额外时间去为报刊撰稿挣钱或创作自己的历史哲学作品了。 不过，汤因比很快便决定接受这项任务。 另一个显而易见的不如意之处在于，他在完成该任务后还得重新寻找一份能够获得收入的职业。 不过，参与运作此事的所有人从一开始便希望，委员会能将该任务延续下去，变成一项长期工作。 一切都取决于这两部年度报告的质量如何，以及委员会的经费筹集是否顺利。

由于即将失去在伦敦大学的薪水，汤因比渴望接受海德拉姆-莫雷代表研究所向自己提供的薪水。 他要求增加 200 英镑的报酬，声称这项任务将迫使自己放弃一直为报刊撰稿的额外收入。 海德拉姆-莫雷于

123

----

① 汤因比为第 6 卷撰写了分量很重的一章，标题为"1918 年 10 月 30 日停火以来奥斯曼帝国的非阿拉伯领土"。

② 博德利图书馆，汤因比档案，汤因比致吉尔伯特·穆雷书信，1924 年 2 月 3 日。

2月12日答应了这些条件。①3天后，汤因比就开始自己的新工作了——尽管对他科拉伊斯教授职务的任命直至6月30日才到期。②

　　起初，委员会并不清楚，邀请汤因比承担该任务的做法还能否吸引其他学者参与这项研究计划（如果能够的话，那么汤因比还要从研究所提供的1 200英镑中拨出钱来提供给相关部分的具体撰稿人），以及他能否依靠一己之力完成这项任务。当汤因比表示自己无需他人帮助后，研究所的出版次级委员会决定，这两卷著作将署上汤因比的名字。但为了避免可能出现的政治纠葛，委员会中的两名成员要负责通读他的文稿，以便在出版前妥善处理汤因比提及的一切敏感话题。③

　　经过10个月的奋笔疾书，汤因比终于可以在1924年12月11日向自己的主要助手宣布：“这是修订后的序言。”④一部厚达526页的《国际事务报告：1920—1923年》(*Survey of International Affairs*, *1920—1923*)于1925年秋季在牛津大学出版社如期付梓。与此同时，他还出版了一部单行本《巴黎和会后的世界：〈巴黎和会史〉后记与〈国际事务报告：1920—1923年〉导言》。那是因为汤因比的这篇导言篇幅很长，无法被《国际事务报告：1920—1923年》原书的篇幅所容纳。

　　成功写出第一本书仅完成了交派任务的一半。于是，汤因比继续奋笔疾书，确保了研究所可以在1926年初出版一部528页的《国际事务报告：1924年》。这两部作品的正文篇幅仅仅略大于研究所同牛津大学出版社最初商定的500页；而委员会最初预期的原始材料部分则大为缩水（第1册中只有14页；第2册的相关内容稍微充实了一些，但也仅有35页而已）。尽管如此，正如一位匿名评论者在《泰晤士报》上指出的那样：“人们应当向英国国际事务研究所表示祝贺，因为它确实找到了一位足够能干与勤勉的作者，独立完成了这一任务。”⑤

---

　　① 博德利图书馆，汤因比档案，汤因比致海德拉姆-莫雷书信，1924年2月2日及海德拉姆-莫雷致汤因比书信，1924年2月12日。研究所还承诺将每年支付秘书助手300英镑。
　　② 博德利图书馆，汤因比档案，汤因比致吉尔伯特·穆雷书信，1924年2月15日。
　　③ 博德利图书馆，汤因比档案，英国国际事务研究所出版次级委员会备忘录，1924年2月26日。
　　④ 博德利图书馆，汤因比档案，汤因比致维罗妮卡书信。
　　⑤ 《泰晤士报》，1925年7月20日。

完成这项任务确实需要异常勤勉与奋笔疾书。 能够在 15 个月内收集资料并写出 1 100 多页文字的学者很少；但汤因比却做到了。 而能够像他这样，将纷繁复杂的时事梳理成有条有理、前后呼应的叙述体系的人更是少之又少。 而试图将对现实事件的叙述同跨越全球辽阔时空的历史比较结合起来的则只有汤因比一人而已。

124

不过，正如汤因比在两本书序言中极力强调的那样，他的成绩有很大一部分应归功于研究所"会员与职员们长期以来的协助"，这让他"得以利用研究所图书馆里的高质量官方档案收藏和精心分类整理的媒体新闻摘编。 如果自己无法利用这一宝贵的信息来源的话，他是不可能承担这一任务的；并且出于同样的原因，他也根本无法向所有个人单独致谢"。①

最后这句话其实并不确切。 汤因比原本是希望点名致谢维罗妮卡·博尔特（Veronica Boulter）的。 她是最初负责向汤因比提供文秘工作协助的研究所成员。 结果，她承担的工作已远远超出了秘书的通常职权，从一开始便担任着名副其实的合作者角色。 但博尔特女士是一个谦逊、羞涩的人，认为超越为自己设定的秘书职责未免冒失。 不管怎样，她强烈反对汤因比在序言中向自己单独致谢的主意，最终认可了我们在上文中引用的那句话。②尽管如此，两人的合作对于这项事业的成功至关重要。 并且这种合作模式一发而不可收拾，在汤因比之后的写作生涯中占据的比重与日俱增，直到汤因比本人逝世时为止。 维罗妮卡·博尔特很快在汤因比心目中拥有了仅次于罗萨琳德的地位。 当汤因比同罗萨琳德离婚后，她在 1946 年成了汤因比的妻子。 因此，尽管汤因比的这位偶然指定的年轻助手自己乐于接受十分低调的地位，但她其实是非常值得我们予以关注的。

在以优等成绩从剑桥大学纽纳姆学院毕业后，维罗妮卡·博尔特于 1920 年成为新成立的英国国际事务研究所的第一批雇员之一。 她生于 1894 年 3 月 23 日，在威尔特郡（Wiltshire）的乡间长大；她的父亲担任

---

① 《国际事务报告：1920—1923 年》，第 viii 页。
② 博德利图书馆，汤因比档案，汤因比致维罗妮卡书信，1924 年 12 月 11 日。

着那里的英国国教教区长。 可尊敬的西德尼·博尔特(Reverend Sidney Boulter)家庭生活的风格大概是作风简朴、思想崇高的。 不管怎样，他的女儿是一个对世俗事物无动于衷的人；她长期伏案的毅力堪与汤因比自己出了名的"悬梁刺股"相媲美。 她十分擅长处理细节——无论是审校文稿、编撰索引(那是她的特长之一)还是用准确直白的语言(尽管多少有些平铺直叙)将信息转换成文字等莫不如此。 她总是孜孜不倦地考订细节，竭尽全力去纠正文本中的错误。 这对于汤因比的写作习惯而言是绝佳的补充，因为他自己经常会大踏步地前进，提纲挈领地表达自己的思想，在行文中留下种种自己并未消化把握的细节空白。 而在维罗妮卡的帮助下，汤因比如今可以放心大胆地奋笔疾书，确信自己惊人记忆力未能覆盖的一切必要信息都会被维罗妮卡填补进去。

随着两人合作的进一步发展，维罗妮卡在汤因比的感情生活中逐渐取得了他的母亲和小妹妹玛格丽特在他青年时代所拥有的地位。 维罗妮卡很快就开始崇拜和仰视汤因比，敬佩他的学识、想象力和综合概括能力(那确实要比她自己的高出许多)，以及他的勤奋与高产。 她在工作中努力做到跟汤因比一样勤奋(甚至更为勤奋)，晚上回家加班，并在汤因比出差或同家人度假时主持局面。 她总能跟上汤因比设定的工作节奏，核实各种细节，随后校订、修改和调整他的文稿，以期做到尽善尽美。 她的工作很快变成了一种爱(其中并无性的意味掺杂在内，但饱含着强烈的爱意)的付出。

我们有理由设想，维罗妮卡跟汤因比的母亲一样，希望通过汤因比的成功实现自己的抱负。 汤因比殷勤地、反反复复地努力提升维罗妮卡在他们这项共同事业中享有的公共声望。 但维罗妮卡却总是保持低调，宁可做一位幕后英雄，并在私下里为汤因比受到的各种赞美而感到欣慰。 在两人的关系中，汤因比很快成了更依赖对方的那一个。他需要维罗妮卡的帮助，以便实现工作与个人雄心壮志为自己提出的目标；并且他也享受着后者的崇拜。 汤因比一直是需要受人崇拜的——确切些说是得到女性的崇拜。 母亲和妹妹们让他从小就习惯了这种状态；而罗萨琳德对他的日益疏远(这在他们的日常交往中已渐趋明显)①意味着他需要维罗妮卡的支持与合作，以此来调和、缓冲他同罗萨琳德之间一触即发的紧张关系。

起初，汤因比希望罗萨琳德能够会见并欣赏维罗妮卡。 但维罗妮卡谢绝了他邀请自己在夏天前往霍华德城堡拜访他们夫妇的建议②——这或许是因为她意识到了自己会在贵族范十足的环境中感到无所适从；并且她无疑也看到了自己助手身份的暧昧之处和同罗萨琳德竞争汤因比感情的敌对关系。 这两个女人肯定在伦敦见过面，但很可能对彼此都评价不高，于是汤因比很快就不再安排类似的会面了。 他需要并且依赖她们两人，努力在将精力分配于家庭与办公室时维持着摇摇欲坠的平衡，在伦敦一丝不苟地工作，并在复活节、圣诞节和暑假里前往仍对罗萨琳德开放的霍华德城堡或穆雷家族名下的其他乡间住所。

《报告》系列的第一部广受好评，在 1927 年便得以再版。 海德拉姆-莫雷和出版次级委员会的另外一位同事审读了汤因比的文稿，并肯定这部作品在准确性、中立性与丰富性等方面均达到了他们预期的水平。 他们起初担心有人会指责书稿的党派倾向，因为汤因比对劳合·乔治土耳其政策的口诛笔伐早已人尽皆知。 盖索恩-哈代在第一部作品的代序中澄清道："研究所成员中包括来自各个思想流派的代表，从而从体制上杜绝了就国际事务的任何一个方面宣传一家之说的现象。 这些报告的任务仅限于陈述事实。 但在有限篇幅内叙述事实时必定要进行深思熟虑后的筛选，而选择的过程当然会受到个人见解的影响。 因此，在筹备编写这些报告的过程中，研究所的职责仅限于挑选作者，并提供必要的经费。 挑选或省略哪些材料的最终责任是由作者承担的。在这一方面，研究所的地位是与出版社相似的。"他还用下面的这段话

①　除了她的小说外，最能说明问题的证据是我们几乎可以肯定，罗萨琳德是将汤因比的历史哲学著作称为那本"胡说八道的书"的始作俑者。 从 20 世纪 20 年代中期起，汤因比一家开始使用这个称呼，汤因比本人也经常这样讲。 参见劳伦斯·汤因比提供的佐证："我的父母关系不算……'非常融洽'。 ……妈妈经常贬低爸爸的工作，让我觉得他略微有些滑稽……我为因此未能更早地欣赏爸爸而感到十分遗憾。"克里斯坦·佩珀编：《一位历史学家的操守：汤因比与安普尔福斯教士哥伦巴·卡瑞-埃尔维斯通信集》，第 xvii 页。

②　博德利图书馆，汤因比档案，汤因比致维罗妮卡书信，1926 年 8 月 11 日与 1926 年 9 月 4 日。

阐释了委员会决定编撰这些报告的意图所在："演说与文章是塑造关于国际事务的公共舆论的主要因素。 它们通常是由政治领袖和时事评论员们于仓促之中准备的；重压之下的他们借此推卸掉了一项至关重要的责任。 在缺乏本研究所正在试图为他们提供的那些帮助的情况下，他们只会从报纸上收集材料并验证其真伪……出版这些报告的首要目的是让演讲者和写作者们及时获得能够为其所用的、经过认真审核的事实性材料，并以此为基础向公众提出建议。"①

汤因比显然也在承担这项任务之前接受过这样的嘱咐。 因此，报告第 1 卷宛如一部参考书，不时利用表格来罗列外交会议的时间与地点，并认真概述了哪怕十分琐碎的国际协定。 不过，这部作品拥护国联和奉行自由主义原则的立场是非常明显的，《报告》第 1 卷和第 2 卷分别对"国际权威组织及其议程"和"安全与裁军"的重视便足以反映这一点。

然而，《国际事务报告：1924 年》承载着更多的个人烙印。 与前一卷相比，它的百科全书性质较少，分析性更强。 汤因比决定围绕 4 个主题去组织第 2 卷的材料。 他有意省略了一些内容，以便留待将来再进行处理。 通过这种方式，他减轻了自己必须在 12 个月内交稿的压力，并为读者展示了那个时代更为复杂（但也更为主观）的风貌。 在记录了那一年在"安全与裁军"问题上陷入的僵局后，汤因比给予了美国与苏联十分显要的地位，讨论了美国新移民法影响下 1920 年以来的"人口流动"，并用更长的篇幅报道了第三国际（Third International）和苏联政府同其他国家重建外交关系的努力。 这种重点突出的篇幅分配意味着必须省略一些东西；汤因比在一个导言式的注释里承诺，将会在下一卷中处理 1924 年《报告》所省略的一些主题。

然而，当汤因比在 1925 年春季或夏初写下那个导言式的注释时，他并不确定自己是否还能继续为研究所工作。 当汤因比按时完成了《报告》第 1 卷从而展示了自己的毅力之际，莱昂内尔·柯蒂斯和议事会其他成员决定尝试把他留下来，任命他为研究所的研究主任（Director

---

① 《国际事务报告：1920—1923 年》，第 v—vi 页。

of Studies）。①但研究所里没有这笔钱。 如果找不到赞助者的话，议事
会是无法在这件事上最后拍板的。

因此，在 1925 年的头几个月里，汤因比再次评估了选择其他工作
的可能性。 同之前一样，他向往土耳其，并重新同伦敦的土耳其大使
讨论过前往土耳其担任教授的可能性。 最终，家庭方面的考虑让他放
弃了接受土耳其工作的想法。 但正如汤因比在致玛丽夫人的信中所表
达的那样，他对此感到十分惋惜。"土耳其正是我可以把握东西方关系
的关键节点⋯⋯当我跟现在的托尼一样大时，我开始慢慢积累关于伊
斯兰世界和东方各门语言的知识。"拒绝土耳其方面的邀请意味着他
将失去"成为专业的而非业余的东方学家"的机会。②吉尔伯特·穆雷
再度尝试为汤因比在巴黎的国联文化合作研究所（League of Nations
Institute of Intellectual Cooperation）谋求一个职位，但相关商谈陷入僵
局，并且作为该职务经济收入保障的法国政府捐赠款项并未到位。 美
国也向他抛出了橄榄枝，并且汤因比也确实接受了一项邀请，前去马
萨诸塞州威廉姆斯镇（Williamstown，Massachusetts）参加一次夏季会
议——这次会议旨在让美国商人接触关于国际事务的最新思想。 这
次会议计划于 1925 年 8 月召开。 汤因比准备借此机会拜访自己的
好友罗伯特·达比希尔。 并且他还对吉尔伯特·穆雷写道："我会
于赴美期间尝试获得被报刊派出采访的机会——或是再去土耳其访
问一次，或是去某个较大的、我在英国可以继续跟踪的国际事务焦
点地区。"③

前途的不确定性给汤因比制造着压力。 他在 3 月初再度因过度紧
张而精神崩溃（尽管这次症状较轻），卧床休息了 10 天。 穆雷一家提供
的经济帮助在缓解汤因比的焦虑方面至多只能说是有得有失：无论这种
不劳而获的收入多么具有诱惑力，经济上依赖岳父岳母的地位是无法同
汤因比对男子汉的认识彼此兼容的。 下面这封信反映了他五味杂陈的
思想状态。

① 博德利图书馆，汤因比档案，汤因比致吉尔伯特·穆雷书信，1924 年 12 月 4 日。
② 博德利图书馆，汤因比档案，汤因比致玛丽·穆雷书信，1925 年 1 月 22 日。
③ 博德利图书馆，汤因比档案，汤因比致吉尔伯特·穆雷书信，1925 年 3 月 9 日。

1925 年 3 月 9 日

亲爱的穆雷，

我感谢（言语不足以表达我的心情）你们所做的一切及相应处理方式。罗萨琳德已经告诉了我……我们已经决定接受提议，答应由您二位来填补英国国际事务研究所停止为那两卷《报告》提供报酬到威廉姆斯镇会议开始之前的财务赤字——不过我们会在英国国际事务研究所委托的任务完成后立刻把房子租出去，以便尽可能地减少亏空。她还告诉我，您二位准备把甘索普的地产永久性地转让给我们。我是不想再要您二位的任何东西了……不过，当有时间躺在床上休息的时候，我反复思量了这件事。我意识到，在竭尽全力维持收支平衡的过程中，我承受的巨大压力使得自己很难同罗萨琳德与孩子们一起生活；在某种意义上，我将这种压力也传递到了他们身上。您还记得关于那个要求把自己的毯子做得大一些，以便能够剪下这头的一块去补那头的窟窿的爱尔兰人的笑话吗？我发现，自己经常在做同样性质的事情。我以为自己是在加倍努力，但实际上那些东西来自我生活中的另一面或另一重人格。我认为，能量守恒定律对于人生和物理学而言都是适用的。但它的存在让我们感到尴尬——因为人生的需求并不恒定，而是需要在产生之际随时随地得到满足。我之所以在提到甘索普的时候说这些事情，是为了向您二位保证，我将利用这笔可以极大缓解经济压力的宝贵资源，将我本应留给罗萨琳德的毯子那头还给她，让她的生活过得更加幸福如意……

永远属于您的
阿诺德①

从穆雷夫妇那里接受一笔收入和地产馈赠并不能完全取代工作的薪水。但在仍有希望继续为英国国际事务研究所工作的情况下，汤因比并不打算签署另一份劳动合同。因此，他拒绝申请大学学院（University College）的希腊语教席，即便吉尔伯特·穆雷提醒他注意可能会有成功

128

---

① 博德利图书馆，汤因比档案。

的机会。 他写道："我不想让您认为，我打算一直依赖于您的帮助，并坚持拒绝那些并不完全如意的工作机会。 我真正的想法是先力争上游，看看能否有所斩获；如果不能的话，我一定是会降低自己的预期的……英国国际事务研究所的前两卷将在 5 月前后出版。 等到 9 月份的时候，我应该就可以知道它们究竟是否具备实用价值了。 或许它们能够为研究所争取到捐赠……我知道自己或许夸大了这两卷作品可能产生的影响。 当一个人在某件事上投入了大量精力时，他总要去评估自身努力可能带来的结果——这种评估的结果往往是一厢情愿。 您能否告诉我您的意见，我是应该坚持等到秋天呢，还是应该现在就接受（其他一些不太令人满意的——作者）工作？"①穆雷的答复大概是鼓励性的。 一周后，汤因比向他写道："昨天来了一笔意外之财。（哈佛大学的——作者）劳伦斯·阿伯特·洛威尔校长已邀请我去洛威尔研究所（Lowell Institute）做 8 场报告，报酬为 800 美元。 我会在 10 月去做这个系列报告。"②

　　当汤因比于 7 月乘船前往纽约时，他未来的工作仍旧悬而未决。但在抵达威廉姆斯镇后，他收到了罗萨琳德发过来的电报，向他报告了令人安心的消息。 一位格拉斯哥的商人与煤炭业大亨丹尼尔·斯蒂文森（Daniel Stevenson）爵士已同意资助汤因比在伦敦大学的教席，并理解他需要分配自己的时间，一边讲授国际关系史，一边为研究所撰写年度报告。 汤因比马上接受了这一任命，并向母亲报告道："我已时来运转。 丹尼尔·斯蒂芬森爵士提供了两份资助：国际关系史教授席位每年 500 英镑，英国国际事务研究所的研究主任职位每年 500 英镑。 当我上个月离开的时候，一切还都在商议中。 但我来到这里后收到了罗萨琳德发来的海外电报，告诉我资助大学教席那一部分的方案已在校委会通过了……③也就是说，我又在伦敦安顿下来了。 我至今还很难缓过神来。 但在过去两年里一直压着我的、前途未卜的重担已经烟消云

---

① 博德利图书馆，汤因比档案，汤因比致吉尔伯特·穆雷书信，1925 年 3 月 31 日。
② 博德利图书馆，汤因比档案，汤因比致吉尔伯特·穆雷书信，1925 年 4 月 8 日。
③ 当然，仅仅 18 个月前，汤因比同科拉伊斯教授席位赞助者们的冲突还在那里引发过尖锐矛盾。

散了……我又可以展望未来了。 我计划在数年内利用闲暇时间写完我的历史哲学著作。"①

　　未来确定之后,汤因比在美国一直待到了 1925 年 10 月,以便完成在洛威尔研究所的系列报告。 这是他第一次访问美国;他发现那里有许多值得了解的东西。 他在威廉姆斯镇的政治研究所会见了一批对外交事务感兴趣的美国商人与学者。 他向穆雷写道:"研究这些未来的世界主宰很有意思。""最让我忍俊不禁的是联合水果公司(United Fruit Company)的代表。 他给我们讲美国在加勒比海的政策。 他的举止充其量也就达到了北欧蛮族的水平——他最典型的特征是一个有钱有势的粗人。"②他从威廉姆斯镇前往肯塔基去拜访他的朋友罗伯特·达比希尔。 在接下来的一个月里,达比希尔介绍他认识了阿巴拉契亚(Appalachia)山区的一些农民,这些人的语言和生活方式还保留着 18 世纪的风格。 他给家里写信时问道:"你吃过灰松鼠肉吗? 那是我在山区(knobs)宴席上吃的主菜。 在我们用餐的时候,妇女们在我们头上挥动树枝,以便把苍蝇轰走——很像一座亚述浮雕上的情景。"③此外,汤因比还欣赏了达比希尔在农场里捡拾并收藏的箭头,并访问了从前水牛前去吃盐的盐渍地。 这些场景激发了汤因比对从前居住在此地的印第安人猎手的想象。

　　汤因比在纽约进行了短暂逗留,并跟拉蒙特一家(Lamonts)住在一起——他们是摩根银行(Morgan Bank)的合伙人,后者出资赞助过《巴黎和会史》的筹备工作。 这段经历让他体验了一种截然不同的美国生活方式。 10 月份在波士顿为洛威尔研究所做系列报告期间,他住在哈佛校长阿伯特·洛威尔(Abbott Lowell)家里。 作为一名波士顿上流贵族,洛威尔代表的则是另外一种美国人。 当他回国继续撰写研究报告、开始承担自己的伦敦大学的新职责时,汤因比已建立起了对美国多样性的认识,这种印象在他日后的访问中得到了进一步拓展与确认。 他还跟

---

　　① 博德利图书馆,汤因比档案,阿诺德·J.汤因比致伊迪丝·汤因比书信,1925 年 8 月 12 日。

　　② 博德利图书馆,汤因比档案,汤因比致吉尔伯特·穆雷书信,1925 年 8 月 12 日。

　　③ 博德利图书馆,汤因比档案,汤因比致维罗妮卡书信,1925 年 9 月 10 日。

美国东海岸的一些亲英的头面人物建立了私交；这些人在他日后的生涯中发挥过重要作用。可见，那是一个非常愉快的夏天——这在一定程度上也是因为汤因比暂时摆脱了在他的生活中变得日益沉重的家庭矛盾。

从表面上看，汤因比一家的状况有所改善。1922年劳伦斯出生前夕，汤因比一家买下了圣约翰森林(St. Johns Wood,伦敦市内的一处繁华街区)麦利纳街(Melina Place)3号的房子。两个较大的孩子——托尼和菲利普——大部分时间都在学校上课。罗萨琳德可以同她的小儿子劳伦斯共享天伦之乐，因为照料孩子的主要责任已被任劳任怨的保姆布里奇特·雷丁(Bridget Reddin)所承担。她在那时已成为受到信赖的家仆。正如我们即将看到的那样，她有时甚至还敢于调解阿诺德和罗萨琳德之间的矛盾。

但在表层之下，家庭里的种种关系正在变得日趋紧张。罗萨琳德显然对自己文学生涯显而易见的失败感到失望。自己的小说贴钱出版并且只卖出几百部的结果[①]当然不是她在18岁开始写作时设想的局面。以女主人和文化沙龙主持人的角色获得成功是非常适合罗萨琳德的另一条道路。但她的丈夫不想铺张浪费，并且不愿为举办宴会而打断自己手头的工作；这成了罗萨琳德在争取社交界成功时无法克服的障碍。

然而，罗萨琳德已毅然切断了自己在一战后同工党的瓜葛。她喜欢与贵族打交道，并且是一个机智、快活的人。因此，并不令人感到意外的是，当汤因比于1925年夏远赴美国期间，她写给他的信件反映了家里相当繁忙的社交生活。汤因比离开不久后，她便兴奋地向他报告，德国大使问她是不是"著名的汤因比先生"的夫人。[②]而当王后和玛丽公主于8月访问霍华德城堡时，她也担任了助理女主人的角色。

---

①　她最好的小说《幸福树》由查托与文杜斯出版社(Chatto and Windus)出版，在汤因比提供某种经济保障的前提下发行了600册，但之前曾被其他出版社退稿过若干次。博德利图书馆，汤因比档案，汤因比致吉尔伯特·穆雷书信，1926年4月14日描述了汤因比代表罗萨琳德所进行的交涉，但并未透露他给书商提供的经济担保是什么。相关书评则令人失望。参见博德利图书馆，汤因比档案，汤因比致吉尔伯特·穆雷书信，1926年10月24日。

②　博德利图书馆，汤因比档案，罗萨琳德致汤因比书信，1925年7月20日。

"我希望你能看到孩子们（托尼和菲利普）在场的样子——他们站在花园里，衣着整洁得体……在皇家贵客们同自己握手时非常到位地鞠躬。"

130　　为了纪念这次访问，皇家访客们种下了几棵树；"沿着树篱列队的佃农、教士和另外几个特殊人物"目睹了这一仪式。随后，皇家访客们进入了私密的霍华德城堡客厅。罗萨琳德写道，"我当时完全没有感到害羞，没有感到窘迫或不知所措。她们（王后和公主）非常友好坦诚；这次经历让我心满意足。"①然而，接待皇家访客、观看比赛和参与其他社交活动使得她没有多少时间去追求其他东西了。她在描述完皇家客人来访一周后向汤因比写道："你感到我写信太少，让你受了冷落。我对此感到十分抱歉。"她在同一封信中还写道："我完全没有时间创作小说，目前还没有完全整理好你的土耳其档案材料……我等到了博斯比再去尝试小说创作吧。"②

　　罗萨琳德有时会觉得自己两个较大的儿子难以管教。当时9岁的菲利普尤其如此。例如，汤因比动身赴美之前，菲利普吞下了一根针，不得不去做X光检查。罗萨琳德的反应是："他向来如此，总要搅得鸡犬不宁，让大家都不痛快，以至于我们没法不讨厌他。"③到了夏天马上就要结束的时候，"我们原本幸福的假期在结束之际突然变得手忙脚乱起来。这当然是因为可怜的菲利普——突然长了脓疱疮——我认为那是贫民窟里的常见皮肤病，传染性极强。于是，我不得不让他在家里多待上一周……此时我的情绪极其低落，想要收拾行李，菲利普骑在我身上，并且我还在为对他发火而自责"。④

　　不过，她也会在信中表达一些积极的情绪："听起来美国比我想象的更加有趣和吸引人。好吧，我希望什么时候能有机会跟你一起去那里——儿子们目前健康可爱。我非常享受和他们共处的时光，认为留

---

① 博德利图书馆，汤因比档案，罗萨琳德致汤因比书信，1925 年 8 月 22 日。
② 博德利图书馆，汤因比档案，罗萨琳德致汤因比书信，1925 年 8 月 28 日。博斯比是霍华德—穆雷家族在坎伯兰郡的另一处房产。罗萨琳德计划在主持完霍华德城堡的欢迎仪式后前往那里。正如我们之前在第四章中看到的那样，她几乎不加掩饰的、认定自己应当继承外祖母全部产业的想法使得她与那块地产真正的主人——叔父杰弗里的妻子之间关系非常紧张（或许更糟）。
③ 博德利图书馆，汤因比档案，罗萨琳德致汤因比书信，1925 年 6 月 9 日。
④ 博德利图书馆，汤因比档案，罗萨琳德致汤因比书信，1925 年 9 月 26 日。

下来是正确的选择。"①她也为汤因比的成功而感到高兴："看看今天《泰晤士报》上(对 1924 年《报告》)的那篇精彩书评吧。它跟其他社论都被放在了版心。我还没有读那篇文章，因为它实在是太长了。"②

当汤因比于 1925 年 11 月中旬返回伦敦时，两个大一点的儿子已经收拾好行李、平安返回学校了。罗萨琳德很高兴看到事业前途有了着落的汤因比回来。英国国际事务研究所(1926 年更名为英国皇家国际事务研究所)研究主任的职位让他每年拥有 153 英镑的差旅费和 500 英镑的薪水。按照丹尼尔·斯蒂文森爵士的安排，伦敦大学的教授席位每年也会为汤因比带来 500 英镑的收入。爵士提供这笔捐赠的目的在于"促进国际合作、和解与彼此善待的精神"。但他并未讲明，身兼二职的受资助者应当如何在这两个科研机构之间分配时间。汤因比如期于 1926 年初在伦敦大学做了就职报告。他指出，站在国际主义立场上去看问题可以帮助我们摆脱民族偏见。他还宣称，自己在大学和研究所兼职的身份可以让他同时与学术和现实国际事务保持联系——汤因比声称，这种结合是"史学工作的理想状态，在我们的时代里极其难得"。③

然而，正如他在多年以后为自己辩解时所指出的那样，他作为研究主任的首要职责是继续撰写年度报告。由于"一开始还要在伦敦大学上课，几次试验很快表明……同一个人是无法同时承担这两项工作的"。④现存文献并未向我们透露，汤因比究竟是如何摆脱掉在伦敦大学的授课职责的。那显然是他主动提出的要求，并且直到 1928 年 12 月，也就是英国皇家国际事务研究所、伦敦大学和丹尼尔·斯蒂文森爵士三方重新商讨合作协议的时候才得到正式批准。

131

---

① 博德利图书馆，汤因比档案，罗萨琳德致汤因比书信，1925 年 8 月 3 日。
② 博德利图书馆，汤因比档案，罗萨琳德致汤因比书信，1925 年 7 月 20 日。
③ 博德利图书馆，汤因比档案，斯蒂文森国际历史教席(Stevenson Chair of International History)就职演说。我还未能读到东京日本大学图书馆馆藏的就职讲座全文。略加改动后的文本构成了《历史研究》的开篇部分。
④ 博德利图书馆，汤因比档案，斯蒂文森教席备忘录(memorandum on the Stevenson Chair)，1953 年 6 月 23 日。汤因比撰写这部回忆录时是在回应对自己作为研究主任并不称职的责难——因为他只顾自己写作，把管理研究所课题的事务交给了研究委员会秘书安妮·克利弗(Anne Cleeve)，同时完全忽视了自己在伦敦大学的职责。这个问题在汤因比即将退休、接管斯蒂文森教席者的职责有待明确之时变得格外尖锐。

汤因比不喜欢讲课。他同巴利奥尔学院和伦敦大学的学生们相处得并不愉快。由于他的思想边界永远要延伸到自己的知识范围以外，围绕老生常谈的话题设计课程与辅导对他来说无异于一种干扰，让他无法实现自己真正渴望追求的目标——即完成自我教育，以便以这样或那样的形式完成自己从读本科期间一直梦想着的巨著。愿意同汤因比打交道的伦敦大学国际关系史专业的学生们随时可以去查塔姆楼找他；并且个别几名学生也确实这样做过。[1]但汤因比从未在伦敦大学开过一门课。他在1953年解释道，自己宁愿利用撰写研究报告工作时间之余的点滴闲暇来准备自己的《历史研究》。"伦敦大学里的一些同事为此而对我表示不满。我一直对此表示遗憾，但并不相信自己做出的个人选择是错误的。"[2]

真实情况很可能是这样的：当汤因比于1925年11月重新回到研究所时，他面临着年度报告需要赶进度的问题。由于研究所职务的中断，汤因比在1925年的大部分时间里都在做其他事情。由于重新上任的时间太晚，汤因比无法指望在1927年之前出版关于1925年国际事务的报告，或规模与前两卷相当的任何作品。然而，皇家研究所的委员会却希望他能赶上进度，定期出版这套年度国际事务报告。无论如何，那成了汤因比努力追求的目标；并且他终于在1928年7月迎头赶上。他向维罗妮卡写道："我觉得自己经历了一场恶战。""不过，在我看来，1927年的这一卷已经圆满完成了；但恐怕你还不这样认为。"当然，维罗妮卡还要编撰索引。他接着写道："我因重担卸下而感到有些手足无措，并且觉得自己在接下来3个月里所写的一切都将成为一种业余随笔。无论如何，我总得利用这段闲暇找点儿东西来写。"[3]

汤因比要写的东西当然就是他的妻子所说的"胡说八道的书"——这部书稿最终成了不朽巨著《历史研究》。汤因比在从暑假寓所写给吉

---

① 鲁斯顿·库尔邦（Rushton Coulborn，1968年去世）便是这些学生中的一员。他在1927年或1928年当上了汤因比的研究助理，帮助他准备《历史研究》的撰写工作。库尔邦在汤因比家里工作，并曾感到汤因比与罗萨琳德在午餐时间里的争吵令他处境尴尬（他多年以后将此事告诉了自己的妻子）。参见伊摩根·塞格尔-库尔邦博士（Dr. Imogen Seger-Coulbom）致麦克尼尔（W.H. McNeill）书信，1987年2月15日。

② 博德利图书馆，汤因比档案，斯蒂文森教席备忘录，1953年6月23日。

③ 博德利图书馆，汤因比档案，汤因比致维罗妮卡书信，1928年7月24日。

尔伯特·穆雷的信中描述了这一家人的疯狂写作节奏："罗萨琳德今天把书稿[一部题为《艰难的自由》(*Hard Liberty*)的新小说]寄给了查托出版社……我在您离开后的第二天完成了1927年研究报告，目前还在休息并畅想如何在承担讨厌的1928年(国际事务报告)任务之前推进我的历史哲学研究计划。"①

但汤因比并未在1928年动笔撰写准备出版的巨著手稿。相反，他正在做一件自己从1927年起已开始利用闲暇时间着手的事情：将他1921年草拟提纲中的小标题扩写成一篇篇更为详细的摘要(他现在已能做到言之有物)。这项任务十分重要，因为它要求汤因比整理自己的思路，弄清楚有史以来究竟有过多少文明兴起并解体，并将自己所了解的相关历史整合进他眼中放之四海而皆准的"兴衰"模式中去。当他在1929年夏天最终完成这份扩写后的提纲时，其文本整整占据了750页手稿，其结构与次序已同最后出版的《历史研究》定稿基本吻合。②

当汤因比的《报告》在1928年赶上日程进度时，伦敦大学已无奈地接受了这位国际关系史专业的新教授不讲课的事实了。没有人质疑他有权利利用闲暇写作自己渴望完成的那本书，但大学董事会显然认为自己受了欺骗。因此，各方重新协商了任命条件。董事会正式取消了汤因比的授课任务，任命他为国际关系史的研究型教授。伦敦大学将发给汤因比的薪水降低到每年200英镑，并另外任命了一位负责讲授国际关系史的教员。但皇家国际事务研究所薪水的上涨却填补(甚至还略有盈余)了大学收入的减少。研究所如今承诺每年支付他1 200英镑，还在支付博尔特小姐全部薪水之外再为汤因比雇用一名打字员。汤因比则承诺每年交出一部500页的报告(下一部在1928年10月31日之前交，之后在每年的8月31日之前交稿)。汤因比还承诺，在未经皇家国际事务研究所委员会事先同意的情况下，他将不再收取其他报刊的稿费和报告费用，但他每周给《经济学人》(*Economist*)写的国际事务评论

① 博德利图书馆，汤因比档案，汤因比致吉尔伯特·穆雷书信，1928年8月9日。
② 这份手稿及同《历史研究》相关的其他材料均保存于东京日本大学图书馆。我没有机会读到它，但浏览过其长达21页的目录复印件。它可以表明，《历史研究》定稿中的所有主标题在1929年已经拟就。不过，正如我们即将看到的那样，汤因比在具体写作过程中将若干主题从一部分调整到了另一部分。

132

文章不在此列。①汤因比还正式获准在每年 6 月 1 日后的任何时间离开伦敦，以便他能前往实地撰写研究报告（并且他也确实经常这样做）。与普通的学术任命不同的是，这份新合同在任何一方宣布解除 3 个月后正式废止。②

通过这种方式，汤因比可以充分利用时间从事写作或收集写作材料了——他避开了其他人学术生涯中的许多日常琐事。他也躲掉了皇家国际事务研究所内的几乎所有行政事务——他使用的简单办法是将一切都托付给一位年长且精力充沛的职员玛格丽特·克利弗女士（Miss Margaret Cleeve），由她管理研究所 20 世纪二三十年代于《报告》之外新增的研究项目与出版物。作为研究主任，汤因比所属的研究委员会支持研究所正在从事的一切事业，采纳完全由克利弗女士定夺的委员会意见。因此，他的主任头衔有些名不副实；因为他真正负责的研究都是自己一个人独立完成。他生性喜欢独往独来，认为与人合作是很困难的事情。③管理委员会纯属浪费时间；他宁可把精力花在自己的研究与写作上。

然而，正如我们已经看到的那样，皇家国际事务研究所的要求事实 133 上是非常人性化的。委员会认为，汤因比创作《报告》的速度很快。④

---

① 《经济学人》编辑部每年付给汤因比 200 英镑。新合同规定，研究所将从汤因比名义上的薪水中扣除同样数目的钱，用于他在撰写报告时利用外部帮助的费用支出。因此，汤因比的实际收入为每年 1 000 英镑，另外还有同之前一样的旅游津贴，以及用来雇用其他人撰写《报告》各部分的 200 英镑。

② 汤因比 1927 年 6 月 23 日和 1928 年 12 月 28 日的备忘录明确了他的愿望和答应的条件，并通报给了丹尼尔·斯蒂文森爵士、伦敦大学和皇家国际事务研究所。这些材料保存在博德利图书馆的汤因比档案材料里，一并发现的还有汤因比制作的一张计算如何可以雇用更多的助手、节约撰写《报告》的精力，从而为写作《历史研究》腾出时间的账单。

③ 他确曾通过某种方式与士麦那的一位曾做过教师的肯尼斯·柯克伍德（Kenneth Kirkwood）合作，为恩尼斯特·贝恩（Ernest Benn）的系列丛书《当今世界的国家》(Nations of the Modern World)撰写过其中一册《土耳其》(Turkey, 1926)。时任科拉伊斯教授的汤因比承担这项工作是为了多赚些钱，但他在开始为研究所工作后放弃了这项工作。于是出版社请求柯克伍德完成这部文稿。柯克伍德向汤因比解释道："作为合作者，我们缺乏相关经验，并且在水平上也无法相提并论……我们只能排成一列，您领路，我紧紧跟随。我希望的只是自己别拖后腿。"博德利图书馆，汤因比档案，肯尼斯·柯克伍德致汤因比书信，1926 年 1 月 30 日。两人并未真正见面，因为柯克伍德离开士麦那后在加拿大找到了一份工作。因此，两人的合作其实只需要汤因比阅读柯克伍德的文稿并提出若干修改意见而已。

④ 其他人也这样看。在 1926 年 5 月 31 日皇家国际事务研究所举行的仪式上，威尔士亲王声称："对于现实政治而言，我们迫切需要的历史是最近几年发生的事情。对于需要同时间赛跑的政治家而言，准确把握近期发生的事件并将它们联系起来是极其困难的。如今，这个研究所通过每年提供一部《国际事务年度报告》的方式满足了我们的需求。"《泰晤士报》1926 年 6 月 1 日。

而只要每卷《报告》可以按时交稿，他们就不在乎汤因比是在伦敦还是在乡间工作。 因此，他可以在伦敦的住宅与霍华德—穆雷家族的各处乡间住所之间穿梭往返——罗萨琳德负责安排全家在圣诞节、复活节和暑假期间访问这些地方。 汤因比总是随身带着手头的工作。 因为即便他赶上了年度报告的进度，可以在刚刚完成一卷、尚未开始下一卷的暑假松一口气，他那部"胡说八道的书"的宏伟计划又开始插进来抢占时间了。 这项工程占据了他的所有闲暇时光。 因为他必须广泛阅读关于东亚史、美洲印第安人史和其他外国史的著作，才能确保自己的学识能够大致匹配理解全部人类历史的宏伟抱负。 只有这样，他才有希望以必要的权威性剖析文明兴衰的悲剧模式。

我们必须敬佩他对自己选择的目标的执著。 在追求这一目标的过程中，他是无视(或几乎无视)其他诱惑的。 他最终取得的伟大成就来自在得天独厚的条件下独自进行的长期潜心钻研。 没有人敢说汤因比时间抓得不紧；但也没有人会怀疑，正是这种孜孜以求使得他无法参与正常的家庭生活，并让他从20世纪30年代中期起付出了高昂的代价。

但就目前的情况而言，汤因比在20世纪20年代后期为自己规划的生涯与生活模式是(或至少看上去是)相当成功的。 他的《报告》能够按时出版，并得到了评论家们的足够重视。 这些报告成了整个英语世界以及其他一些地区高校图书馆里的必备藏书。 皇家国际事务研究所还会将几百册报告以低于牛津大学出版社标价的优惠价格卖给自己的会员。 这些《报告》的销售收入完全可以填补编辑与印刷的支出。 而当某一卷的销量超过1 000册时(那是常有的事)，皇家国际事务研究所还可以抽取一笔版税。

这种良性的经济基础是以汤因比从纷繁复杂的报刊报道中抽取有价值信息的、令人叹服的精准眼光为依托的。 事实上，他的信息来源主要是各种日报；但他本人却无需从全世界的报纸中翻检信息。 相反，查塔姆楼里有一批精明强干的女职员。 她们会在西方世界最具影响力的报刊中检索国际事务的相关信息，并将之按主题进行分类，供汤因比和其他研究者使用。

官方文件、演说词和其他公共文稿构成了新闻报道的补充。 但官方出版物的时效性往往落后于皇家研究所的年度报告。 事实上，由于汤因比习惯将自己的文稿事先交给外交部的专家和其他掌握专门信息的官员们提出修改意见，这些《报告》事实上多少具备了官方性质。 然而，汤因比从来不是英国政府的官方代言人。 在提意见的官员们透露给他信息，以及希望他讲某些话时，汤因比本人永远在修订文稿时保留着最终的决定权。 在 1932 年以前，《报告》同官方口径的差异还很微小，但此后开始变得日益显著，正如我们将会看到的那样。

相继出版的各卷侧重于世界的不同部分。 这在一定程度上是对世界局势变化的回应，另一方面也反映了汤因比为了解同自己相距遥远的地区(中国、日本、非洲和南北美洲)历史而付出的努力。 他将欧洲之外的时事政治视为西方文明同其他已遭破坏、不再独立完整的文明与文化在全世界范围内的碰撞。 为了理解这次碰撞在现实中的种种表现，汤因比认为自己必须掌握每个相关民族与文明的早期历史。 因此，在描述发生在摩洛哥、叙利亚、阿拉伯、中国、非洲、南北美洲的事件时，他会用自己不断增长的、关于世界各地早期历史的知识(那是他在孜孜不倦地为准备自己的巨著而读书、做笔记时积累下来的)去验证时事报刊上的报道。

通过这种方式，撰写《报告》与准备"胡说八道的书"进入了互相促进的良性循环。 事实上，汤因比兑现了他在斯蒂文森教席就职演说中作出的承诺——将对时事政治的分析同史学研究结合起来，让二者相得益彰。 修昔底德和波利比乌斯在他们自己的时代里也是这样做的。 汤因比也确实希望自己能与这些伟大前辈比肩。 但他仅仅是在私下里加倍努力，从未声称自己可以同修昔底德和波利比乌斯相提并论，并且也很少在公共场合提及这种相似性。

相继出版的各卷《报告》在不同程度上反映了汤因比的个人见解。例如，1925 年的《报告》便完全收不住笔，因为汤因比用了相当于整整一卷的篇幅去讨论"巴黎和会体系建立以来的伊斯兰世界"这一主题。①

① 1925 年的其他全部史事都由马卡特内(C.A. Macartney)等人撰写，见《国际事务报告：1925 年》(伦敦，1928 年)。 维罗妮卡·博尔特写了本卷中关于东南欧的部分，还编撰了一部《国际事件与条约年表：1920 年 1 月 1 日至 1924 年 12 月 31 日》(*Chronology of International Events and Treaties，1 January 1920—31 December 1924*)，后者以单行本形式发行。 这也是她首次同意署名为这套研究报告的作者。

在写作过程中，汤因比也经常突破计划与体裁设定的限度。 随着汤因比手指的动作，文字源源不断地从他的笔下流出。 并且在创作过程中，想象力又为他提供了一系列天马行空的历史案例比较素材，以及绝妙的比喻和其他修辞手法。 这种写作风格使得最终定稿的文本远远超出了平铺直叙的需要。 这些《报告》的价值在很大程度上依赖文本中俯拾皆是的洞察力火花与令人称奇的比较。 不过，1925 年《报告》叙述伊斯兰国家事务时的那种信马由缰的写法此后再未出现。 在之后的年份里，他基本都会将文稿篇幅控制在同牛津大学出版社协议所规定的500 页上下，具体的操作方式则是将一些主题保留到后续年份的《报告》中去进行更为深入的研究。

汤因比在 1925 年《报告》中的出格做法之所以没有引起非议，至少在一定程度上是因为他对伊斯兰世界在西方化与保持独立之间两难处境的论述确实精辟。 这一卷接续上了一战期间他在外交部工作时关注过的主题——他当时认为大英帝国的前途取决于能否同"东方"达成适度妥协。 汤因比如今已经意识到，自己之前所说的"东方"只是英国人和其他西方人需要面对的文化多样性的一部分；但他仍旧认为，伊斯兰世界同西方的关系具有典型性。 在同西方打交道方面，穆斯林拥有更为丰富的经验。 他们较中国人、非洲人或美洲印第安人更明显地陷入了严峻痛苦的两难处境；那是因为他们一方面强烈要求推翻欧洲人的优势地位，另一方面又试图"采纳西方的军事技术、政治制度、经济组织和精神文化"。[1]

汤因比认为，穆斯林中的原教旨主义者们——他们希望将来自西方的影响连根铲除，恢复伊斯兰教中某一派系的原始纯洁性——不过是一批落后于时代的人，注定要被历史所淘汰。 这一观点使得汤因比的著作在 20 世纪 80 年代显得有些过时。[2]但作为对 20 世纪 20 年代[那是一个土耳其的穆斯塔法·凯末尔和伊朗的礼萨·汗（Riza Shah）崭露头角的年代]形势的分析，这卷《报告》对此后 60 年前景的展望是站得住脚

135

---

[1]　《国际事务报告：1925 年》，第 1 页。
[2]　他在 1929 年写道："如果你关注那些典型地区的话，你肯定会发现，一些早已过时的伊斯兰原教旨主义者仍在苟延残喘；但你也会看到他们的影响已经微乎其微。"《中国纪行》（*A Journey to China*；*Or*，*Things which are Seen*，伦敦，1931 年），第 117 页。

的。 汤因比对 1925—1926 年柏柏尔（Berber）山民抵抗西班牙与法国联军的里夫（Rif）战争的记述展示了他对地理地貌令人叹为观止的出色把握。 而汤因比对法国的叙利亚政策与英国的巴勒斯坦政策的分析则在很大程度上解释了 20 世纪 80 年代黎巴嫩、以色列境内冲突的原因——那些冲突主要就是为了推翻代表国联托管该地区的两个大国在 20 世纪 20 年代进行的布局。

1926 年的《报告》用一半篇幅叙述了远东与太平洋地区的事务。其中的基本主题依然如故。 汤因比将中国令人费解的巨变、日本的外交政策和印度尼西亚反抗荷兰统治的起义视为文明冲突的表现——西方文明在这一格局中蒸蒸日上，其他文明则正在走向解体。 当然，中国承受的痛苦更为复杂；因为日本也是对她下手的帝国主义列强之一，中国同西方的遭遇还包含着同日本的遭遇——日本文明的"解体"似乎比汤因比所预料的更加成功。 汤因比在这里遇到了一个需要深入剖析的谜团。 当他有机会在 1929 年访问远东地区时，汤因比便迫不及待地抓住机会，运用一手材料对这个问题进行了研究。

1926 年度《报告》的另一个与众不同之处在于：汤因比第一次在政治史叙述模式之外补充了几篇讨论经济与法律问题的文章。 由于对这些问题不感兴趣，汤因比欣然将撰写这些章节（"协约国集团的内部债务问题"、"国际钢铁业联盟"和"美国与国际法院常设法庭"）的任务交给其他人完成。 这也成了他此后的常规操作方式。

到了 1927 年，汤因比将自学的范围拓展到了新大陆，将当年《报告》近一半的篇幅留给了南北美洲（同时包括了拉丁美洲和美国、加拿大）。 此后 3 年的《报告》在侧重点分布方面不再那么离经叛道，将欧洲与国联的事务放在前面，并每隔一两年讨论一次穆斯林世界、中国、非洲和美洲国际形势的发展，以便相对全面地记录西方记者眼中那些地区值得报道的事情。 裁军、赔款、托管，以及殖民地世界中的边境划分和意大利法西斯在巴尔干地区的阴谋在汤因比的报告中占据了很大比重。 不过，尽管他的《报告》中充斥着各种失败、延期和未竟事业，汤因比显而易见的总体评价却是：国联以和平方式调解民族争端的理想在一定程度上实现了预期目标。 当劳合·乔治于 1922 年下台（那在一定程度上应归因于其土耳其政策的失败)后，汤因比总体上对英国的外交政策持肯定态度，并已完全接受了自己在皇家国际事务研究所的角色。此外，他已开始在每年投入大量精力去撰写那部“胡说八道的书”。 因此，从表面上看，汤因比已取得了扎实的成绩，并可以期待在自己的巨著最终问世之际赢得更加崇高的声望。

汤因比为“胡说八道的书”腾出时间的办法之一是越来越多地依赖维罗妮卡·博尔特去撰写《报告》中的部分内容。 她主要负责那些汤因比觉得无趣的部分，讲述国联内部展开的辩论和其他正式外交会议。他在 1927 年对维罗妮卡写道：“我一目十行地审读了你关于国联部分的草稿。”并宣称她写的东西“完全符合我的要求”。①随着博尔特女士的文字变得日益成熟和充满自信，她的草稿也就变成了最后的定稿。1931 年的时候，汤因比告诉她：“我确实需要为你对伦敦和会的记述而向你表示祝贺。 你消化了如此庞杂的材料，并将之整理成形。 你的叙述牵动着读者的思绪，带领着他们去感受真实发生过的危机……我对你写的这一章十分满意。”②

在相当长的时间里，维罗妮卡一直拒绝正式标注自己在筹备《报告》过程中所扮演的角色。 但 1929 年《报告》的扉页上写着“阿诺德·汤因比著”，并以小号字体在下面附注“在博尔特协助下完成”。这种处理方式成了此后的通例；它确实准确地反映了实际的编撰状况。汤因比负责拟定每一卷的纲目，并撰写大部分文字。 但如果没有维罗妮卡予以补充完善，并帮助核对事实、修订细节和整理定稿交付印厂的话，汤因比是无法跟上委员会的严格进度要求的(事实上他有时也会拖延晚交几周)。

最后，他在一些核心问题上也会依赖维罗妮卡的判断力。 他问道：“你认为我对法国的态度是否公平？ 我要确定自己没有冤枉法国人——尤其是因为我感觉自己可能患有高卢恐惧症(Gallophobia)。”③有时他也会采用打趣的方式：“我是一个怪人。 我永远无法容忍的一件

---

①　博德利图书馆，汤因比档案，汤因比致维罗妮卡书信，1927 年 9 月 20 日。
②　博德利图书馆，汤因比档案，汤因比致维罗妮卡书信，1931 年 6 月 24 日。
③　博德利图书馆，汤因比档案，汤因比致维罗妮卡书信，1931 年 6 月 26 日。

事是读者居然对我的作品无话可说。 因此，请你继续发表意见，否则你就会有掉脑袋的危险。 我认为，自己已通过修改与补充采纳了你的绝大多数意见。"①

然而，如果说查塔姆楼里支撑年度报告写作的人际关系相当融洽的话，汤因比同妻子和儿子们的关系则并非如此。 他们的长子托尼想读伊顿公学，②但他的父母劝说他转而去参加温彻斯特公学的奖学金申请考试。 托尼没有通过考试；但他在1928年秋被公学录取为一名普通自费生。 玛丽夫人承担了他的全部学校费用。 汤因比说自己并未感到失望，但同时承认："'虎父无犬子'的非理性愿望一直折磨着我。"③而当托尼开始在汤因比的母校就读后，汤因比告诉达比希尔："我对托尼去温彻斯特公学读书感到快乐并充满期待。 他入学时的条件可比我当年好多了。"④

然而，托尼无法或不愿承受实现父亲期望的重负。 进入青春期的他没有选择像汤因比那样发奋读书，而是陷入了郁郁寡欢的自闭。 菲利普在学校里则因为截然相反的表现而陷入了麻烦，讲了一些让老师们震惊的"脏话"。⑤相反，罗萨琳德的宠儿劳伦斯却留在家里，没有给父母惹什么麻烦。

显然，托尼和菲利普的乖戾行为至少在一定程度上是由罗萨琳德对小儿子的明显偏袒，以及汤因比在家中同样不加掩饰的甩手掌柜角色所造成的。 罗萨琳德的火暴脾气让她像自己的外祖母之前那样对身边的所有人颐指气使。 汤因比则逆来顺受，只会在入不敷出或穆雷夫妇的救济再次提醒他家庭经济处于依附状态时才会抱怨几句。 汤因比的案头永远有做不完的工作；并且他也早已习惯了通过埋头书本来逃避家庭矛盾。 但他在20年代后期的事业有成使得这种办法成了各方——罗萨琳德、儿子们、穆雷夫妇以及已经离他很远的母亲和妹妹们——都能接

---

① 博德利图书馆，汤因比档案，汤因比致维罗妮卡书信，1931年7月2日。
② 博德利图书馆，汤因比档案，罗萨琳德致汤因比书信，1927年7月31日。 罗萨琳德在这封信中承认："意识到他们(两个大儿子)的到来有多么累人真是令人沮丧。"
③ 博德利图书馆，汤因比档案，汤因比致吉尔伯特·穆雷书信，1928年6月22日。 我们有理由猜测，汤因比非常希望儿子能获得一笔奖学金，从而无需接受玛丽夫人的帮助。
④ 博德利图书馆，汤因比档案，汤因比致达比希尔书信，1928年10月21日。
⑤ 博德利图书馆，汤因比档案，罗萨琳德致汤因比书信，1928年1月19日。

受的妥协方案。

1929 年，汤因比被邀请前往日本京都去参加太平洋国际关系学会的一次会议。 这是一个不容错过的良机；于是汤因比愉快地接受了邀请。 这次旅行使得他有机会亲眼观察亚洲的一些重要地区，并体验当地的风土人情(就像他在 1911—1912 年间在希腊成功做到的那样)。 但这也意味着他要离家一段时间(后来的事实证明是 5 个月)。 不过，罗萨琳德制订了一个大胆计划：她要陪丈夫走完第一段旅途，开车穿越欧洲直抵君士坦丁堡，随后在没有丈夫陪伴的情况下返回。 她决定带上两个大儿子(15 岁和 13 岁)一道进行这次冒险。 她还安排好了格温·雷夫拉特(Gwen Raverat)、她年轻时在"剑桥帮"里的老朋友在君士坦丁堡同自己会合，并在返程途中乘坐汤因比的座位。

罗萨琳德在 1927 年买了辆车，并且很快成了一名熟练车手。 1929年 5 月，她为这次穿越欧洲的旅途买了一辆新福特；并且汤因比也学习了驾驶，以便能在妻子驾车过程中帮上忙。[①]罗萨琳德对这件事高度重视，收集了沿途所有福特车修理点的清单，告知了巴尔干地区的英国外交工作者他们的计划旅程时间表，并就车辆出现故障时如何驾驶征求了专家意见。 她还寻求了曾体验过巴尔干地区快车道的其他司机的忠告。 其中一人反馈道："从特迈斯瓦尔(Temesvar)到卡拉法特(Calaphat)的路况简直难以用言语形容……恐怕我要让你扫兴了，因为你是绝对不能带着孩子们走那条路的。"为了穿过多瑙河，他们"需要搭乘一条老朽破烂的游艇，沿着坡度为六分之一的河道逆流而上。 那很容易在河里翻船"。[②]

但风险只会进一步刺激罗萨琳德的冒险欲望。 她成功地驾驭着这个小团队，于 1929 年 7 月 23 日如期从伦敦出发，23 天后抵达君士坦丁堡——驾驶着那辆福特汽车跑了 2 044 英里。 他们的日行里程最高纪录为从阿拉斯(Arras)到凡尔登(Verdun)的 138.5 英里；但向东行驶的道

138

---

① 博德利图书馆，汤因比档案，汤因比致玛丽·穆雷书信，1929 年 5 月 2 日。 事实上，汤因比的驾驶笨拙且破绽百出。 因而他很乐意让罗萨琳德一路驾驶——之后也是如此。 他从未认真学过驾驶，而是让别人开车载着自己。

② 博德利图书馆，汤因比档案，致罗萨琳德书信，署名页已佚，1928 年 9 月 16 日于索菲亚(Sofia)。

路变得越来越差。 正如有人警告过罗萨琳德的那样，穿越罗马尼亚与保加利亚之间的多瑙河意味着他们必须沿着一块摇摇欲坠的木板驶上和驶下一条小型驳船。 在保加利亚，巴尔干山区侵蚀严重的道路也挑战着罗萨琳德的驾驶水平。 但她驾驶着那辆福特越过千难万险，直到旅途中的最后一关——汤因比夫妇遇到了无法逾越的当局盘查难关，不得不连人带车上了一列火车：这样政府才不会疑心他们是来侦察保加利亚与土耳其之间的边境要塞的。①

君士坦丁堡的美国女子学院（American College for Women）为这一家人提供了帮助。 男孩们留在那里；父母乘坐火车前往安卡拉，并在那里分别。 汤因比继续向东，前往下一站大马士革；罗萨琳德则返回君士坦丁堡，同男孩们、格温·雷夫拉特和汽车会合，随后于9月6日开始了漫长的返程。 她选择了更靠南的返程路线，选择穿过南斯拉夫而非罗马尼亚，并于三周后平安到家。 返程途中的主要麻烦是配电器故障。 这导致了严重的回火，"肯定让人想到机关枪在开火"。②但罗萨琳德设法通过英国驻南斯拉夫大使馆敦促当地的福特公司调整配校，从而解决了一个有可能让她的车瘫痪在保加利亚—南斯拉夫边境的问题。 她对这次危机的处理方式让边境哨兵们啧啧称奇；后者认为两个女子带着几个男孩驾车横贯欧洲是一件不可思议的事情。

不过，剩下的旅途多少有点儿虎头蛇尾。 作为旅途中的搭档，格温·雷夫拉特的表现令人失望；因为她一路上都在抱怨各种危险与不舒适。 罗萨琳德向汤因比写道："你应该会乐于听到这样的消息——男孩们认为，只有他们自己才是合格的旅伴。"③罗萨琳德也有所斩获。 她告诉汤因比："我寄给《晚间新闻》（Evening News）的文章获得了28英镑8先令稿酬。"她还向丈夫交代了这次返程的全部费用清单——花销

---

① 博德利图书馆，汤因比档案，关于这次旅行的非正式笔记，可能为罗萨琳德所写，但无签名。 参见汤因比：《中国纪行》，第27—31页。 该书收录了汤因比旅途期间寄给各报纸与周刊的文章。
② 博德利图书馆，汤因比档案，罗萨琳德致汤因比书信，1929年9月27日。
③ 博德利图书馆，汤因比档案，罗萨琳德致汤因比书信，1929年9月27日写于从香槟沙隆（Chalons—sur—Mame）出发的路途中。

整整 101 英镑，因为一路上不得不买新轮胎。①总的来说，这是汤因比家庭进行的一次出色探险之旅。 罗萨琳德在一定程度上回归了自己同丈夫一道调查希腊人在土耳其组织大屠杀时扮演的角色；汤因比也能在评论途经的各种景点与地貌时与男孩们分享自己的一部分学识。

在接下来的几个月里，罗萨琳德比以往更为热心地操持家务。"我做了好多整理橱柜、抽屉的工作，扔了很多垃圾（包括我的旧手稿）。 我无意中翻出了我们的结婚照（我还没有扔掉它们），惊奇地发现我们的样子已恍如隔世——那些长裙子和滑稽的帽子；并且我们年轻得还像是孩子！ 我认为我们当时就是孩子——翻翻这些相片的感觉是既愉悦又怪异的。"此外，她的署名还使用了他们婚后初期用过的宠物名字："来自深爱着你的小猫"。②罗萨琳德还探望了住在牛津的汤因比母亲，并见到了他的小妹妹玛格丽特，"她们比一两年前手头宽裕、活泼友善多了。"③

汤因比对于长期离开妻子和查塔姆楼的熟悉工作环境却有截然不同的反应。 他是在焦虑与渴望杂陈的心态下进行这次旅行的。 从多佛渡过英吉利海峡后，汤因比对母亲写道："我渴望进行这次旅行的心情就跟 18 年前（去意大利和希腊时——作者）一样迫切。"④但他有一种强烈预感，觉得自己注定要死在某块遥远的土地上，担心自己永远完不成那部巨著了。 他在出发前夕对达比希尔写道："我已在纸上列好了我的历史哲学 13 个部分中 11 个的提纲，并会在出发前把最后两部分提纲也列好。 这样的话，如果我的尸骨留在了叙利亚沙漠或戈壁滩里的话，我至少还能欣慰地想到，自己至少还把这部书的提纲留在了迈达维尔那里的一个锡盒了中。"⑤

由于预见到了这样的可能性，汤因比在动身前留下了一份长篇"遗嘱"，题为《出版指南》。"遗嘱"开篇便宣布，任何人不得破坏他已为

139

---

① ② 博德利图书馆，汤因比档案，罗萨琳德致汤因比书信，1929 年 11 月 10 日。
③ 博德利图书馆，汤因比档案，罗萨琳德致汤因比书信，1929 年 12 月 6 日。
④ 博德利图书馆，汤因比档案，阿诺德·J.汤因比致伊迪丝·汤因比书信，1929 年 7 月 24 日。
⑤ 博德利图书馆，汤因比档案，汤因比致达比希尔书信，1919 年 5 月 26 日。 梅达维尔是伦敦的一个区。

自己的书确定好的结构。"所有的章节划分和标题都应原封不动地保留下来。"随后，他列出了由 32 名专家组成的名单，指出后人在完善他的提纲时可以联系这些学者，以便获得能够支撑他主要思想的"历史例证"。他还列出了五位审读者：吉尔伯特·穆雷、史学伉俪约翰·劳伦斯·哈蒙德（John Lawrence Hammond）与芭芭拉·哈蒙德（Barbara Hammond）、特加特（加利福尼亚大学）和他的昔日同窗哈米什·佩顿（Hamish Paton）。"专家们可以提供史实；审读者则不仅可以提供史实，还能把关其他各个方面。"至于如何将自己留下的框架加工成一部完善作品，汤因比的指示如下：

> 我倾向于由罗萨琳德写完这部书——尽管她会觉得这样的安排很滑稽。书稿的篇幅和语言风格都由她定夺，只要全书的完整结构（如目录所示）能够得到保留就好。
>
> 如果博尔特小姐愿意的话，我希望她可以帮忙完成编校工作，就像她之前为我的《报告》所做的出色工作那样。
>
> 我的母亲和玛格丽特或许也乐意在完成这部书稿的过程中出一份力。①

我们很难找到比这篇文字更怪诞的遗嘱了；并且我们很难想象，通过这种合作方式完成的《历史研究》版本将会是个什么样子。汤因比显然并未意识到身边女性之间的紧张关系，被自己的一厢情愿和对其艰苦卓绝劳动成果的热情倾注蒙蔽了双眼，竟然看不到日常生活中一望即知的基本人性。

然而，无论汤因比对人际关系多么无知，他却很注意观察地貌特征，并乐于调动自己的想象力去对它们进行历史解读。因此，能够实地观察大量亚洲地貌（他从前只在书上读到过这些东西）令汤因比感到兴奋。只要旅途行程允许，他就会恢复自己青年时代的游历探索热情。因此，汤因比在一次从阿勒颇出发的远足中生平第一次拜访了幼发拉底河畔。汤因比横渡了那条河，并夸口道："我觉得这很了不起，因为那确实是一条大河，即便在枯水季也有四分之一英里宽。"②后来，他在

140

---

① 博德利图书馆，汤因比档案，1929 年 6 月 22 日备忘录。
② 博德利图书馆，汤因比档案，汤因比致维罗妮卡书信，1929 年 8 月 6 日。

中国路过了北平附近的一座号称闹鬼的寺庙，险些被困在那里过夜——因为他的探险足迹早已偏离了人们常走的大道。①

但在大部分情况下，行程安排限制了这样的探险。他通常只能满足于从火车车窗中欣赏风景，在遵守旅行日程表的情况下(官方或半官方地)访问途经的那些伟大广袤国度。例如，他在伊拉克拜访了费萨尔(Faisal)国王，并写信给维罗妮卡，请她向这位国王寄几套《报告》。②他在印度拜访了焦特布尔王公(Maharaja of Jodhpur)；他在中国会见了蒋介石(Chiang Kai-shek)，并对后者很是佩服。③在日本，他甚至参加了一场皇家赏菊会。他告诉维罗妮卡："但我最大的收获是一件长袍和一顶大礼帽。"④他一路上受到了英国外交代表们的接待，经常还会与他们建立私交。

在中东、印度和中国目睹的一切基本上合乎汤因比的预期，也就是说符合他在1921年解读安纳托利亚战争时对时事政治的分析。他的经验主要来自同各地的社会上流人物打交道；这些经验似乎可以证实，所有亚洲文明都在同西方入侵者的碰撞中走向解体。到处都在模仿、吸收西方的技术与观念。但在当地政治领导人看来，这样做的目的在于尽快摆脱政治、经济上的依附地位。⑤所有这一切都符合汤因比在一战期间及过后对世界的描述，并证实了他关于所有文明符合同一套兴衰规律的看法。

唯一的例外便是日本。日本当地文化中的一些重要元素显然一直都保持着完整。初抵日本的汤因比主动地感受着这些要素：他在"偏远山间松林中的"一座佛寺里过了一夜，⑥并观看了日本能剧(Nō plays)——那令汤因比联想到了古典时代的希腊戏剧。事实上，他总结道，自己眼中的日本是"一种仍然活着的古典文化。我无法解释清楚，将传统日本文化称为'古典'的含义是什么；但你可以在走进寺庙时强烈地感受到这一点。日本的寺院就像是用木头改建的希腊神庙一样"。⑦仍旧富有生

---

①　《中国纪行》，第220—226页。

②　博德利图书馆，汤因比档案，汤因比致维罗妮卡书信，1929年9月11日。

③　《中国纪行》，第250页。

④　博德利图书馆，汤因比档案，汤因比致维罗妮卡书信，1929年11月14日。

⑤　参见《中国纪行》，第116—119、148、256页关于印度、中国和整个伊斯兰世界都在像土耳其一样"西方化"的明确论述。

⑥　博德利图书馆，汤因比档案，汤因比致吉尔伯特·穆雷书信，1929年10月22日。

⑦　博德利图书馆，汤因比档案，汤因比致吉尔伯特·穆雷书信，1929年11月10日。

命力的日本古典文化成了汤因比难以归入其历史哲学的特例；并且就目前的情况而言，他也没有真正进行整合的尝试。①相反，汤因比不断积累着自己的阅历，并不住地赞叹日本的独特性。

汤因比留下来的文字完全没有提及自己在京都参加第三届太平洋国际学会年会(1929 年 10 月 31 日至 11 月 8 日)时的情况。可以确定的是，他在京都见到了几位对国际事务很感兴趣的美国人。其中的主要人物有昆西·怀特(Quincy Wright)和欧文·拉铁摩尔(Owen Lattimore)；汤因比日后同他们保持着友好来往。但总的来说，汤因比不远万里赶来参加的这次会议并未给他留下多么深刻的印象；并且他在其中的贡献似乎也乏善可陈。

导致该结果的原因之一在于，在汤因比眼里，太平洋地区国际学会年会正式议程的重要性远不及他同伦敦大学同事、历史学教授艾琳·鲍威尔(Eileen Power)的意外相遇。②艾琳是出于偶然巧合才来参加太平洋地区国际学会年会的——她来远东的主要目的是准备撰写一部研究蒙古帝国时代来过中国的著名欧洲人的著作。不过，既然已经到了日本，她便应邀参加了太平洋国际学会在京都组织的年会。

汤因比当然早已同她相识，并对能有一位同胞历史学家相伴而感到高兴。然而，他同艾琳·鲍威尔的友谊逐渐发展成了一种明确的爱恋关系。两人随后一道游历了中国东北和其他北部地区，访问了奉天、哈尔滨、长城和北平。鲍威尔小姐十分高雅与迷人。她不但思维活跃、史学兴趣广泛，并且拥有惊人的美貌和考究的着装习惯。③在陪同她游历中国期间，汤因比惊喜地发现，她对远东地区诸文明冲突的看法与自己十分契合。在参观完南京和上海，准备结束旅程的时候，艾琳·鲍威尔悄悄告诉汤因比，自己已经订了婚。她或许告诉了汤因比

① 参见《中国纪行》，第 289 页："日本能够成功地解决如何既能占据工业化的物质优势、又避免陷入西方式的精神贫乏的问题吗？"
② 艾琳·鲍威尔(1889—1940)是一位杰出的中世纪史家。她最著名的作品《中世纪的居民》(Medieval People，伦敦，1924 年)堪称社会史的先驱。
③ 日后成为哈佛大学教授的费正清(John K. Fairbank)于 1929 年在中国见到了艾琳·鲍威尔。根据他的回忆，艾琳是"令人瞩目的。作为一名在伦敦工作的教授，她拥有梅丽尔·斯特里普(Meryl Streep)一样的美貌(缺陷仅在于下巴总是收得太紧)。但她最突出的特点是拥有同伦敦政治经济学院相匹配的智慧(这在 20 世纪 20 年代是很高的评价——作者)。她观点犀利，思维缜密，很会打扮"。费正清致麦克尼尔书信，1986 年 1 月 17 日。

自己对拉什顿·科尔伯恩(Rashton Coulborn)的爱恋——该男子已婚且比她年纪小很多；艾琳在20世纪30年代与他同居了几年，后来嫁给了另一位历史学家迈克尔·博斯滕(Michael Posten)。

这个消息令汤因比感到十分沮丧。他自己知道他们两人并不般配，但却对艾琳的魅力着了迷。罗萨琳德像她母亲一样不爱穿着打扮；因而汤因比在同品位高雅的女性交往时感到新鲜。更重要的是，艾琳·鲍威尔和他自己一样，都对古老且遥远的事物抱有浓厚兴趣。对汤因比来说，艾琳比罗萨琳德有更多的共同语言；后者只会嘲笑他对那部"胡说八道的书"的痴迷。

在经历了一个不眠之夜后，汤因比闯进了艾琳·鲍威尔的房间，哀求她不要嫁给跟她订婚的那个人，并表白了自己对她的爱恋。①艾琳对他的举动感到困窘和惊讶，命令他马上离开。汤因比遵从了命令。他们很快就分道扬镳了。后来，到了1930年1月6日，汤因比又写了一封令人费解的信，信中一方面重申了要她解除婚约的请求，另一方面又请求她原谅自己的唐突。这封信十分古怪，值得我们予以详细引录：

> 在我获悉你订婚后的最初反应之余，我的头脑里仍旧存有一丝幻想，认为自己会是你在做出最后决定前告知此事的少数几个人之一。因为你在我心目中的美好形象显然剥夺了我的理智，并解除了我的戒备……(在华外国人的——作者)"虚幻世界"这个字眼确实恰如其分……(你回国后会轻而易举地意识到这一点)。那并不是说我的头脑中有了新的计划。告别虚幻世界后，你在那里经历的、出人意料的古怪事情不仅有可能会消失，并且注定要烟消云散——谢天谢地它必将如此，因为那是一件不会有什么好结果的坏事情。我确信，尽管它对于我而言是真实的，但它却注定与你无关。那只是突然暂时俘虏我的一些非理性的、极其糟糕的念头而已。
>
> 我知道，自己的这番努力毫无意义。我本应心平气和地接受这样的事实：一度赢得你信任的那个人的"反应"连百分之一影响你最终决定的机会都没有。因此，或许我在那个夜晚没有必要辗转反侧，思索自己应怎么做，最终被一位认为我即将(或已经)失态

142

---

① 具体时间地点不详，但可能发生于1929年12月29日至1930年1月2日期间的上海。

的、愤怒的女士逐出门去——但我没有也不会真正失态，只是感到一种绝望的困窘和哑口无言。

你知道有一种向大家描述某个熟人的真实信息（不能是主观的），让其他人猜究竟是谁的游戏吗？例如："一个40岁的已婚男子被一个未婚女子（与他同岁）逐出门去，因为在当天上午她告诉他自己已经订婚后，他告诉她自己爱上了她。"

此外，在我们乘船离开上海的那天早上，我在醒来时发现自己已经恢复了常态。①因此，你可以确信，那段不愉快的插曲已经过去了……可怜的凡人在意识到自己内心的狂野时会感到恐惧；但我确信，那正是促使我们前进的动力，并且我们总要为此付出代价。

我不会再给你写信或谈论关于你的事情了，除非你在任何时候主动打开话匣子。我希望能在夏天"如期"再见到你。

永远属于你的
阿诺德·汤因比②

艾琳·鲍威尔答复了一封简短的并未表态的便笺，但补充了一段附言：

亲爱的汤因比，我本不想再提那桩令人不快的插曲。但你信中的一段话（我反复读了几遍）让我不得不再次提笔解释。我真的不想让你误认为，我当时想赶你出去，以便你不至于"失态"……你当时突然让我大吃一惊，令我猝不及防。当时驱使着我的只是一种疯狂的、相当非理性的愿望，想要阻止你继续讲那些我不想听的话……我这样做很蠢，因为那对你造成了伤害……这将是我最后一次提及那件事。我很高兴你已摆脱了它的影响；我不希望做出任何损害我们彼此友谊的事情，并且我在与你同行途中确实感到十分快乐。

你的朋友
艾琳·鲍威尔③

---

① 根据《中国纪行》最后几页的日程表来看应当是1930年1月2—3日。
② 博德利图书馆，汤因比档案，汤因比致艾琳·鲍威尔书信，未标注日期。这可能是真正寄出信件的草稿，是用铅笔写在廉价纸张上的。我们很难想象汤因比为何要保留这份草稿，除非是他认为即便自己这些笨拙的过失也值得全部记录下来。
③ 博德利图书馆，汤因比档案，艾琳·鲍威尔致汤因比书信，1930年2月23日。这封信写于纽约，她当时在巴尔纳德学院(Barnard College)进行一学期课程教学。

汤因比见到艾琳·鲍威尔后的这次感情波折标志着他人生中经历的一次洗礼。他在她房间里的那一幕发生前后承受了巨大的心灵煎熬。他将自己的内心感受记录在了多年后出版的《往事》一书的《文人米诺牛》(Grammatikos Minotauros)中的希腊语诗篇里。这首诗反映了他自己的心境，值得我们翻译出来并加以点评。

143

这首诗题目的字面意思是"文人米诺牛"。"米诺牛"这个字眼的运用让读者想到了提修斯通过杀死克里特的米诺牛而拯救雅典的神话。事实上，整首诗都是对该神话的巧妙摘编与改写。为全诗定调的开篇描述了一个将"神样的天才"与"野蛮公牛生下的禽兽"融为一体的文人。该诗后面部分的译文如下：

> 岁月流逝，那人驾驭了成熟的公牛与"天才"
> 用强力压制着那高傲的怪物，
> 作为自我的主人，他无忧无虑地稳步前行。
> 听吧，上帝，你内心是否感到痛苦？你是否痛恨我——
> 你多年以来苦心经营的精巧成果？
> 你是否缔造了强过自己的凡人？
> 你是否嫉妒我能驾驭那头恶兽？
> 恼羞成怒的你是否给了我狠狠一击？我确实知道的是：
> 阿佛洛狄忒给了我可怕的一击，让我自己陷入疯癫；
> 我的四肢彼此撕扯，内心不再进行约束；
> 赤身裸体、孤立无援的我瘫倒在地，
> 凶残的公牛征服了我。
> 欢呼吧，道贺吧，同志们。我出人意料地得救了。
> 我凯旋而归，死敌陈尸地下。
> 世代相袭的弱小诸神一并将我暴露在
> 那只野兽的淫威之下；但天降神兵
> 挡在我身前，为我平添了十倍的斗志
> 赤手空拳的我扑上去发动致命一击
> 野兽应声俯身仆地——那是何等奇妙的事情。
> 我又像从前那样内心喜悦、掌控自我、矫健前行，
> 但我已在战斗中目睹了一位神秘天神的光辉业绩：

　　祂的形体还隐藏在迷雾之中，

　　请你向祈求见你的信徒们显现吧。①

　　这首诗明确引述了提修斯杀死米诺牛的功业；但汤因比对于他压抑自身情欲、专心写作的个人成就的赞许同样明显。②这一成就招致了诸神的嫉妒。"你是否缔造了强过自己的凡人？"他这样追问嫉妒的上帝。这确实是足以激怒上帝的自夸！　汤因比的狂妄自大当然会导致自己的神经错乱：他对艾琳·鲍威尔的毁灭性的疯狂爱恋。　所有这一切都符合汤因比在牛津教育中接受过的古典模式。　对自己熟悉的文学模板的运用缓解了汤因比内心的愧疚，也让他掩饰了自己的真实经历。

　　但在欢呼自己在不知名神明帮助下克服情欲的胜利时，另一个全新的元素插了进来——那是他在末句中祈求以更清晰面貌出现的未知神明。　这指的是某种神秘体验，它在一定程度上让汤因比摆脱了情感方面的折磨。　从此以后，汤因比不再相信"宗教本身只是一种无关紧要的幻想"——那是古典教育从前灌输给汤因比的观念。③相反，汤因比开始相信，有一种超自然的真实曾以一种近似面对面的方式同自己进行过交流。　它在本质上更接近自己童年时信奉的基督教上帝，而非希腊的异教神祇。　汤因比使用"神秘天神"去称呼那位在"世代相袭的弱小诸神"抛弃自己的情况下挺身而出的神明，这种做法说明他已意识到了这一点，因为它巧妙地化用了圣保罗在向雅典人布道时使用的字眼。④

　　不过，归根结底，汤因比并未回归他童年时的宗教信仰。　他认为基督教的信条过于离奇，回归这种信仰对他而言已经是不可能的了。相反，他由此开始了一场漫长的精神之旅，尝试通过这次以及日后另一次类似的、同精神真实性的遭遇来界定信仰——精神真实性向他呈现的方式是他智力还无法理解的，但它的存在却是不容置疑和无法否认的。　试图理解这些神秘体验的努力在汤因比日后的思想与著作中占据了很大比重；很显然，他的成熟观点在1930年甚至是多年以后都没有

----

①　耶鲁大学的伊丽莎白·迈耶帮我翻译了这首诗。
②　他可能在1922年劳伦斯出生前同妻子中断了房事。　1915年意外怀上菲利普的方式促使汤因比确信，只有完全断绝房事才能避免罗萨琳德意外怀孕；而家庭生活中的经济与个人压力无疑也让两人希望停止罗萨琳德接二连三地怀孕。
③　引文来自他自己的书：《往事》，第127页。
④　《圣经·新约·使徒行传》17:23。

最终定型。 不过，他在 36 年后写下的、描述自己在 1930 年同一位未知神明遭遇过程的文字还是值得引述的：

> 我们怎能向自己描述这样一位神明呢？祂在精神上超越了人类达到过的精神巅峰，但在某个方面又是一个活生生的人，能够完成神明与凡人之间面对面的交流。这是我的智力所无法理解的。我最接近于理解这一神秘现象的时刻是自己的两次体验——那并非一种思索过程，更像是洞察力或天启所激发的火花。每次体验都是在我承受着巨大精神压力的情况下发生的。第一次发生在我内心的善与恶展开道德斗争之际，并且我的善念一度已经濒临绝境。第二次体验则发生于与我的生命息息相关的一个人死亡——那是不幸的惨死——之际（汤因比指的是 1939 年儿子托尼的自杀——作者）。在第一次体验中，它仿佛是一种超越性的精神存在，代表着我无法企及的正义；它降临人间以助我一臂之力，给予了我那脆弱的人类正义必要的援助，使它得以赢下那场生死攸关的战斗。①

我们只能通过这段材料去尝试推断当时究竟发生了什么。 无论这次体验的性质或心理动机究竟为何，它一定承载着一种永久性地、深刻地改变了汤因比世界观的情感力量。 它和此后 1939 年的那次相似体验让汤因比从一个自满的斯多葛派新异教徒变成了对超验的精神真实性的充分、明确迹象的寻求者——他对这种精神真实性的存在虽不理解，但已不再怀疑。

相当奇怪的是，汤因比同艾琳·鲍威尔充满波折的交往历程反而修复了他与罗萨琳德的婚姻纽带。 当他开始感觉到鲍威尔小姐的吸引时，他写信给罗萨琳德，把这件事告诉了她。 这封信并未保存下来；但罗萨琳德写的两封回信展示了她令人叹服的超然态度与洞见。 1929年 12 月 11 日，罗萨琳德向北平的一个地址寄了一封信，希望汤因比能在那里收到这封信。 信件内容如下：

> 最亲爱的，
>
> 今天上午，我（在霍华德城堡——作者）收到了你从奉天②寄

145

---

① 《往事》，第 176 页。
② 根据《中国纪行》结尾处的日程表，汤因比访问奉天的时间是 1929 年 11 月 17—18 日。

来的、关于艾琳的那封信。我当然在一定程度上受到了这件事的困扰……我并不担心你想离开我投入她的怀抱。如果我也在那里的话，我是一点儿都不会害怕的（或许那是一种傲慢——我会发现，当你回家时，我的"魔力"已消失得无影无踪。人们有时确实会经历这样的事情）……我觉得，你之前从未坠入爱河的情况是不正常的；你现在产生这样的感觉很正常，因为我感到之前的你缺了点儿什么——我当然知道这听起来有点自相矛盾。但这确实有可能是因为你之前对旁人没有产生足够的兴趣，而我总归是希望你对人感兴趣的，即便那伴随着更多的风险。我认为，这种感情可能意味着你已成长或觉醒——如果那意味着我不能像之前那样对你一百个放心或料定你的行为的话（事实上也必将如此！），那么最后的结果也总会是好的……现在，我或许需要付出更多来把你留在身边，让你快乐；我确信人性就是如此，即便对于你我这样的文化人也同样适用……

我并不认为，对你而言，她可以成为比我更好的妻子；尽管她有可能是非常好的选择。那样的结合会少一些波折——我敢说，她会是一个更容易与你沟通的妻子，但事实上并不更好……

我明天回家，你再过一个月也到家了。

你的

小猫①

3 天过后，罗萨琳德收到了丈夫寄来的另一封信，宣布自己的地址发生了变更，并在附言中表示自己会较原计划提前两周回家。于是，罗萨琳德又写了一封信，因为她预计汤因比将不会收到自己的上一封信。正如下面这份摘录所显示的那样，两封信的语调几乎是一模一样的：

我非常高兴，你用那样的方式写信，告诉了我你的全部感受。被人见外和蒙在鼓里是最糟糕的情况。我最介意的就是这个。所以请继续告诉我后续情况，即便形势在北平变得更糟和更加严重。我

① 博德利图书馆，汤因比档案，罗萨琳德致汤因比书信，1929 年 12 月 11 日。我调整了罗萨琳德信件中的句读。因为她极其随意地使用破折号，以至于每段都是一个长句。

真的很在意这个，因为被蒙蔽确实很糟。预先思考各种可能性是没用的，因为人的头脑所能设想的情况太多了。我知道，如果你真的同艾琳陷入爱河的话，我一定会不舒服的。但我不认为自己已经意识到会有多么不舒服。这或许是一件好事，因为我想那可以让我意识到自己有多么爱你——我一直都没有充分意识到这一点……

还有 6 周①——总感觉度日如年。我不知道，你是否也跟我一样，觉得分别的时间极其漫长，还是说你已开始害怕回到我身边？

永远属于你的　146

小猫②

汤因比确实回来了——他在横跨西伯利亚的火车上待了整整 10 天，忍受了饥饿和其他严重不适。③当他在 1930 年 1 月 29 日返回伦敦时，汤因比对艾琳·鲍威尔的热情已经消失；迎接自己的是比这次未遂情变之前的一些场合下更为体贴的妻子。查塔姆楼的工作重回正轨；维罗妮卡仍旧一如既往地高效和得力。两个较大的儿子在学校里平平安安；7 岁的劳伦斯住在家里，并去上日课学校——他仍然是个让父母省心的孩子。至于汤因比的母亲和妹妹们，玛格丽特在牛津找到了一份称心如意的工作，负责编撰《不列颠传记词典》（*Dictionary of National Biography*），从而可以陪伴伊迪丝·汤因比住在一起。连乔斯林的日子也好过了一些——她成了剑桥的古典艺术史学家。因此，汤因比和身边的所有人都可以安定下来，过上全新的、更加自在的家庭生活了。

事实上，汤因比经历的这次情感风波反而起到了拨云见日的效果，让他的婚姻继续维持了十年之久。这在一定程度上是因为汤因比对超验性的精神真实性产生了新的信仰，从而拉近了他同罗萨琳德的心灵距离——罗萨琳德此时开始狂热地迷恋上了天主教，其原因可能部分在于她同劳伦斯之前的保姆布里奇特·雷丁之间的友谊——后者将一种虽然温和但坚定有力的爱尔兰虔诚精神引入了这个家庭。

---

①　汤因比的旅途耽搁是因为苏中两国围绕中国东北铁路所有权展开的政治斗争封锁了从中国出发穿越西伯利亚的常规道路。由于无法穿行中国东北地区，汤因比只得返回日本，从神户乘船抵达海参崴，再从那里途经莫斯科、柏林返回英国。

②　博德利图书馆，汤因比档案，罗萨琳德致汤因比书信，1929 年 12 月 14 日。

③　《中国纪行》，第 299—318 页。

此外，甘索普宅邸终于归罗萨琳德所有了。 当玛丽夫人在 1925 年将甘索普转让给女儿时，这座宅子已被租给了别人；但出租合同在 1930 年到期作废。 这样一来，罗萨琳德就可以在甘索普经营属于自己的乡间别墅，不必再利用自己的宝贵假期去霍华德城堡或博斯比（次数较少）充当地位略显尴尬的客人了。 于是，汤因比一家在 1930 年的复活节假期搬到了甘索普，用他们在伦敦家里的部分家具装点了那里。 罗萨琳德打算进一步在那里布置家具，并给丈夫回信写道："等你过来就好了。在没有你的情况下，男孩们把这里布置得像去年圣诞节时那样，我并不喜欢！ 并且你也必须在这座可爱的房子启用时到场。 你再有一天半就过来了。"①汤因比赶到后向玛丽夫人报告道："我们在这里特别幸福。它甚至超过了我们七年以来的预期；它意味着很多东西。"②

事实上，汤因比确实开始爱上甘索普了。 他正是在那里实现了自己的人生抱负，完成了《历史研究》的前六卷。 不过，罗萨琳德对这个地方的依恋反映的则是另外一种野心。 让丈夫成为一名乡绅、自己当上乡间别墅的女主人和地产领主（哪怕领地规模没有多大）成了日趋保守的罗萨琳德的梦想。 她已开始看重社会等级，同地位低于自己的人划清界限，就像自己的外祖母从前做过的那样。 因此，拥有并住进甘索普让她有了从头开始的机会——她可以将自己文学创作方面的失意抛到脑后，为自己和丈夫找到更合心意的全新角色。

罗萨琳德为这一目标努力着；汤因比也在为同时承担撰写《报告》与自己巨著的任务而奋笔疾书。 为实现各自不同梦想的忙碌一度掩盖了两人对甘索普生活的期望并不兼容的事实。 至于他们的努力经历了什么，如何最后以失败告终，那将是我们要在下一章中讨论的主题。

147
148
149

---

① 博德利图书馆，汤因比档案，罗萨琳德致汤因比书信，1930 年 4 月 10 日。"去年圣诞节"显然就是汤因比对艾琳·鲍威尔的未遂追求达到高潮的时候。
② 博德利图书馆，汤因比档案，汤因比致玛丽·穆雷书信，1930 年 4 月 15 日。

第七章　成败得失(1930—1939年)

汤因比在20世纪30年代的成就是非凡的。 他的年度《国际事务报告》继续每年大致按时问世；更重要的是，他还出版了《历史研究》的前六卷(1—3卷，1934年；4—6卷，1939年)。《历史研究》在出版后马上博得了一片赞誉；即便其未经删节的版本也取得了惊人的销量。50岁的汤因比正沿着实现其宏伟抱负的道路稳步前进；但1939年第二次世界大战的爆发打乱了他的生活节奏。 此外，在整个20世纪30年代期间，汤因比对本职工作之外的其他事务也积极参与。 他在1933年参加了英联邦关系问题会议并编纂了会议报告。 随着他的声名鹊起，汤因比也开始通过为BBC做谈话节目赚取外快；很多谈话内容都被印成了小册子。 更赚钱的副业则是在美国和英国的大学校园里举办讲座；这些活动有时也能带来出版机会。 但汤因比最重要的副业则是继续为《经济学人》杂志撰写国际事务每周专栏的文章；他还会不定期地撰写其他报刊文章。

在历史学家圈子里，汤因比的名声还没有因日后《历史研究》在二战结束后遭到的攻击而蒙受损害。 至于他的那些《国际事务报告》，汤因比在1932年后对于英国未能遵守国联集体安全规定的批评确实在外交部和国会内部引发了一些敌意；但他对国联立场的拥护也赢得了其他人的支持。

　　然而，汤因比的事业成功却伴随着他私人生活失败的加剧。 罗萨琳德在 1932 年（或 1933 年）[①]皈依了罗马天主教会。 随之而来的狂热天主教信仰使她在思想上和个人生活上同明确信奉不可知论的父亲和在信仰问题上犹疑不决的丈夫渐行渐远。 这一变故的结果是汤因比一家婚姻生活的逐渐破裂。 但既掩盖又加剧着汤因比同罗萨琳德的关系恶化的是两人同托尼、菲利普之间旷日持久的尖锐矛盾：这种不和始于 20 世纪 30 年代初，并在 1939 年 3 月 15 日达到顶峰——年仅 24 岁的托尼在向自己开枪数日后因伤势过重而撒手人寰。

　　这个时间点真是太巧了；因为 1939 年 3 月 15 日也标志着汤因比的另一种失败：正是在这一天，希特勒制服了捷克斯洛伐克的残余力量，从而践踏了当年较早时候签订的《慕尼黑协定》，戏耍了英法的绥靖政策。 从此以后，第二次世界大战的爆发已成为不可避免的、可以预见的必然事实。 因此，在 1939 年 3 月 15 日，汤因比希望通过正确引导公共舆论来防止又一场大战爆发的梦想也破灭了；他的家里一团糟；他的巨著则还没有完成。

　　宗教可以提供某种慰藉。 然而，尽管汤因比确信，自己在 1929 年和 1939 年托尼灵床前遭遇的超验性精神真实性的确存在，并且十分重要，他仍然无法心安理得地做一名虔诚的基督徒。 信奉罗马天主教或许可以为他解惑，并重建他和罗萨琳德的亲密联系。 但汤因比仍然不肯相信基督教的核心教义。 尽管罗萨琳德信仰坚定，并且汤因比自己也在情感上倾向于天主教，他却仍旧略显固执地坚持听从自己理智的召唤。

　　在个人生活的痛苦面前，汤因比的事业成功实际上显得微不足道。 不过从事后诸葛亮的角度看，毫无疑问的是，汤因比个人生活的挫折在很大程度上要归咎于他一心扑在工作上的态度。 笔耕不辍的他没有时间去关心自己的儿子们和身边的其他人。 在搬到甘索普之初，罗萨琳

---

　　① 具体日期难以确定。 在约翰·奥布莱恩（John A. O'Brien）编：《通往大马士革之路》（*The Road to Damascus*, 2 vols., 伦敦，1949 年）上卷，第 143—146 页的自述中，罗萨琳德声称自己在 1932 年接受了罗马天主教信仰。 但倘若如此，从下文中的家书来看，她肯定是将这一秘密一直保守到了 1933 年。 根据玛格丽特·汤因比的回忆，罗萨琳德的改宗发生于 1933 年。

德一度为汤因比设计了乡绅的角色。 事实上，汤因比也为满足妻子的愿望做出过最初的努力。 他在 1931 年向维罗妮卡写道："我享受着修剪草坪的宁静生活，并试图用身体力行的方式证明，刺激文明发展的最优挑战必须是适度的。"①罗萨琳德很认可他的努力，并在当年年底承认："我很想知道 1932 年会是什么样子？ 无论全世界的情况有多么糟糕，1931 年对于我们一家人来说倒不是个坏年头。"她的落款一如既往："非常爱你的小猫"。②

　　但汤因比不会放弃他的主要目标。 1930 年 1 月从亚洲平安返回后，汤因比意识到，动笔撰写自己从童年时代起就在计划、准备的巨著的时候到了。 他由来已久的问题仍然是写作时间不够。 他最初以为自己可以用两个夏天完成这本书。③但对于汤因比而言，没有一个夏天是完全自由的。 即便他已完成了当年的那卷《报告》，文稿仍需要进行审读与修改；并且突然降临的工作也会占用他的可支配时间。 他向维罗妮卡写道："我之前甚至要在浴室里读书，并完善为 BBC 写的谈话稿。我刚刚抽出时间去撰写自己那本胡说八道的大书。"④到了 1930 年 8 月 11 日，汤因比宣称自己的那本巨著已写出了 150 页手稿。 到了这个月月底，已完成的篇幅增加到了 187 页。 他在 9 月中旬胜利宣布，第一部分书稿已经完成。⑤当汤因比在 10 月收到从查塔姆楼寄来的铅字稿时，他兴高采烈地写道："我为自己笔尖写出了这么多东西而感到惊奇。我写完了自己的'《创世记》'(Book of Genesis)的三分之二。"⑥到了下一个复活节假期，重回甘索普的汤因比表示："撰写我那本胡说八道的书时最糟糕的一点在于，我的思路很难从那项工作中摆脱出来。"⑦

151

---

①　博德利图书馆，汤因比档案，汤因比致维罗妮卡书信，1931 年 8 月 5 日。
②　博德利图书馆，汤因比档案，罗萨琳德致汤因比书信，1931 年 12 月 31 日。
③　"只有真正动手之后，你或许才能知道完成一部巨著到底需要多久。 我在整理好笔记后认为完成自己的整部《历史研究》只需要两个时间充裕的暑假，结果它整整耗费了我 25 年。"
④　博德利图书馆，汤因比档案，汤因比致维罗妮卡书信，1930 年 7 月 24 日。
⑤　博德利图书馆，汤因比档案，汤因比致维罗妮卡书信，1930 年 8 月 11 日、1930 年 8 月 28 日与 1930 年 9 月 13 日。
⑥　博德利图书馆，汤因比档案，汤因比致维罗妮卡书信，1930 年 10 月 25 日。 所谓的"创世记"当然就是《历史研究》的第 2 章《诸文明的起源》，它与相关附录和第 1 部分导言共同构成了作者出版的《历史研究》第 1 卷。
⑦　博德利图书馆，汤因比档案，汤因比致维罗妮卡书信，1931 年耶稣受难日。

然而，汤因比在查塔姆楼的职责意味着他每年要有一半时间远离这项事业。汤因比边创作《历史研究》、边撰写《国际事务报告》的工作模式要求他在每年的1—6月天天去查塔姆楼上班——唯一的例外是在复活节春假里前往甘索普。每年年底，维罗妮卡会对查塔姆楼裁剪的媒体信息进行分类整理，剔除其中的重复内容。随后，汤因比会浏览这些材料，为下一部《报告》拟定纲目，决定哪些内容是重点，并将各个部分分配给自己、维罗妮卡或第三方。

多年以后，维罗妮卡在汤因比去世后写就的回忆录中，解释了他们的工作方式。"确定章节后，阿诺德就去亲自撰写最重要的章节，我负责分配给自己的章节。汤因比和罗萨琳德大约在6月底离开伦敦前往甘索普。汤因比会在那里集中时间写完《历史研究》的下一部分，但同时还要处理与《报告》有关的一切信件，检查文稿拼写，最后监督定稿付印。我当时为每卷编写索引，还会利用空闲时间为牛津大学出版社寄来的《历史研究》清样编订索引。通常情况下，我是没有时间休暑假的；但我也有几年在甘索普同阿诺德和罗萨琳德共度过几周时间。"①

随着时间的推移，维罗妮卡在《报告》的实际编撰过程中开始承担比重越来越高的任务。"不过，在我印象里只有那么一年，我撰写的篇幅超过了阿诺德；并且他永远亲自撰写最重要的部分。然而，最初几年过后，我们总会找一位固定的作者负责记述经济事务；并且一些特定主题也经常会被分配给其他作者。"②其他作者的姓名会被列在每卷目录中各自负责的章节后面；但维罗妮卡同汤因比的工作则你中有我，以至于无法对他们各自负责的章节进行区分。事实上，汤因比有一次公开宣称，自己有时候根本搞不清楚，某段文字的初稿究竟是由谁负责的。具体原因在于，维罗妮卡对汤因比初稿的修改越来越自由；汤因比反过来又修改了她的文稿。这样一来，最后的定稿成了两人名副其实的共同作品。维罗妮卡的名字被附在每一卷扉页汤因比的名字之

---

① 维罗妮卡：《汤因比与维罗妮卡的关系：1924—1975 年》（*Relations between Arnold and Veronica Toynbee, 1924—1975*），打字稿。

② 《汤因比与维罗妮卡的关系：1924—1975 年》。

下，显示着两人的事业合作关系。

尽管作者们会自觉地保持中立态度，每一卷《报告》还是会不可避免地暴露他们对于国际局势的个人看法。 自从劳合·乔治支持希腊人对抗土耳其人的近东政策在 1922 年破产以后，汤因比对英国外交政策总体上的同情态度一直维持到了 1932 年。 他对工党的兴趣在 1922 年以后迅速消失(就跟这一兴趣的产生一样突兀)。 汤因比从一个政治活跃分子蜕变为一个无党派人士。 总的来说，他对英国国内外事务所持的立场是自由主义的。

152

同对英国政府的态度一样，汤因比也谴责法国人妨碍裁军、阻挠本可能修正凡尔赛体系若干不平等之处的条约修订。 他告诉吉尔伯特·穆雷："我确实对法国人意见很大；如此聪明的民族是没有资格做这种蠢事的。"①他又对在查塔姆楼工作的克利弗女士说道："我自认为从巴黎和会的时候起就开始反感法国人……在反法情绪的驱使下，我几乎要变成一个爱国者了。"②

汤因比的爱国情绪也体现在他对 1929 年的经济崩盘以及随之而来的大萧条的解读方式上。 1931 年《报告》一开始讨论的便是"可怕的1931 年"(Annus Terribilis 1931)里的"精神状态"。《报告》在开篇处写道："在一个十分突出的特征上……1931 年是和之前的其他年份截然不同的。 在 1931 年里，全世界的男男女女都在认真思考并公开讨论着这样一个问题：西方的社会制度是否会就此崩塌、一蹶不振。"他接下来断言道："这套制度是英国的；因为英国的事业、技术、创造发明和她所承担的责任在构建这套制度的过程中发挥了引领作用。"此外，"对于之前主要由英国人建立的经济秩序而言，德国人与英国人是它在1931 年解体时的主要受害者。 法国人和美国人则应为这次解体而承担主要罪责"。 这部分文字的主要内容是拿这场危机同罗马的灭亡进行比较。 但汤因比总结道，法国人和苏联人"对英国式经济秩序(世界性的、以自由贸易为基础的)的残余力量丧失了信心"，从而提出了一个目

---

① 博德利图书馆，汤因比档案，汤因比致吉尔伯特·穆雷书信，1931 年 7 月17 日。

② 皇家国际事务研究所档案(Royal Institute of International Affairs, Archives)，汤因比第 4 辑第 1 号，汤因比致安妮·克利弗书信，1931 年 7 月 18 日。

前"尚无法回答"的问题。①

同经济领域一样，1931 年在政治上也是一个恐怖之年。因为日本军队于 9 月 18 日进攻中国，开始对东北地区进行侵略。日本的攻势是对美国及英国等其他国联列强的挑战；因为这一举动不仅违反了《国联公约》(Covenant of the League of Nations)，还触犯了在 1928 年将战争界定为非法行为的《凯洛格条约》(Kellogg Pact) 和 1922 年的《华盛顿条约》(Washington Treaty)——而美国是这两份条约的签约国。因此，汤因比声称，日本的扩张是对整个"集体安全"体系的"严峻考验"(acid test，借用威尔逊总统的名言来说)。②但事态在 1933 年已经趋于明朗：美国和英国政府都不准备维护远东的集体安全原则。美国仅满足于做出不赞成的姿态——它拒绝承认日本政府的有效性；而在美国不肯充当中流砥柱的情况下，大不列颠也无心承担在远东地区的责任——它拒绝启动针对日本的国联制裁机制。

汤因比认为，这些行为是怯懦的表现，逃避了大不列颠本应肩负的法律责任。他私下里强烈地表达了自己的情绪。他写信告诉吉尔伯特·穆雷："这意味着放弃了所有维护法律与秩序的努力。我认为，英国公众的态度是对国联、在华贸易乃至英联邦弃之不顾——但盲目的他们并未意识到，这将标志着'大不列颠的末日'(finis Britanniae)。"③他认为，托利党"不惜一切代价争取和平"的政策"是对英国帝国主义传统的彻底背叛，④着实古怪"。⑤4 天后，汤因比建议国联同盟会 (League of Nations Union，吉尔伯特·穆雷领导的民间组织) 应当组织抵制日货的活动。⑥但当岳父邀请他加入国联同盟会执行委员会，从而能够在这方面做些事情时，汤因比又予以拒绝，声称自己要抓紧一

153

---

① 汤因比(维罗妮卡协助编辑)：《国际事务报告：1931 年》(伦敦，1932 年)，第 1、7、14、25 页。汤因比认为法国和美国的关税政策应对大萧条负主要责任。美国国际关系专业教授昆西·怀特写信向汤因比表示祝贺，认为他"将'可怕的年头'中的纷繁事件整合成了一个整体"。博德利图书馆，汤因比档案，昆西·怀特致汤因比书信，1932 年 12 月 29 日。

② 《国际事务报告：1931 年》，第 432 页。

③ 博德利图书馆，汤因比档案，汤因比致吉尔伯特·穆雷书信，1932 年 2 月 16 日。

④ 英文版原文此处为 "breech"(臀部)，疑为 "breach"(背叛)之笔误。——译者注

⑤ 博德利图书馆，汤因比档案，汤因比致吉尔伯特·穆雷书信，1932 年 2 月 18 日。

⑥ 博德利图书馆，汤因比档案，汤因比致吉尔伯特·穆雷书信，1932 年 2 月 22 日。

切时间创作那部"胡说八道的书"。"我确信，我每次坐在委员会里的时候都会希望，自己能利用这份宝贵时间去干点儿别的……诸如此类的事务一直在让我分心——它们的任务并不仅仅是研究事实，而是为了达到某个特定目的——尽管我或许也赞同这个目标……尽管国联的意识形态是与民族主义的意识形态泾渭分明的，我认为二者所采用的文化手段却没有什么两样。"①因此，他的个人行为同英国政府的做法在本质上毫无区别。跟国王陛下的政府一样，汤因比也拒绝插手远东地区的斗争。

查塔姆楼在 20 世纪 30 年代初已获得半官方的地位。因此，主持研究所事务的人并不希望因公开反对官方政策而得罪政府。因此，汤因比在撰述日内瓦会议讨论日本侵略行径时的虚与委蛇和大不列颠拒绝推动制裁时讲得十分隐晦。②他对维罗妮卡写道："西蒙（Sir John Simon，时任英国外相——作者）的远东政策着实无耻。我很难在提及他的时候坚持《报告》的固有风格——尽管在对付这样一个彻头彻尾的混账东西时，平实的风格显然是最有效的。"③

然而，无论他有多么不赞成大不列颠逃避集体安全责任的做法，汤因比心里清楚，世人也必须考虑到进行干预的一些不利因素。首先，英国（或美国）在远东地区采取的任何措施都有可能激化诸文明之间的暴力冲突，那是汤因比非常不愿意看到的。他还意识到，美国必须全心全意地执行国联的制裁措施；否则的话，英国和其他国联成员国是不可能仅仅通过空口威胁和贸易禁运而遏制日本的。鉴于没有一个欧洲国家打算为一个空洞原则（无论集体安全的理念有多么重要）而在远东打一场战争，现实的政治局势要求大不列颠必须避免与日本兵戎相见。

20 世纪 30 年代初远东地区的复杂局势反映了这样一个事实：英国已不是一个欧洲强国。鉴于 1907 年以后南非联邦（Union of South Africa）中英国人与布尔人的关系明显走向好转，莱昂内尔·柯蒂斯和英国皇家国际事务研究所的其他一些主要领导人一直衷心希望，大英帝国

---

① 博德利图书馆，汤因比档案，汤因比致吉尔伯特·穆雷书信，1932 年 7 月 7 日。
② 如《国际事务报告：1933 年》，第 484—518 页。
③ 博德利图书馆，汤因比档案，汤因比致维罗妮卡书信，1933 年 1 月 3 日。

的全部或大部分属邦能够融合为一个和谐、活跃的政治共同体。 他们相信，只有这样一来，大不列颠才能变得更加强大，维系自己 19 世纪时在世界舞台上的领导地位。

当然，后来的历史并未朝着这个方向发展。 在印度，要求独立的呼声正在日益高涨；加拿大人、澳大利亚人和南非人更在意的是本国政府，而非接受大不列颠的领导。 然而，经济萧条和日本对中国的侵略确实向全体英联邦国家提出了新的尖锐问题。 抱有帝国情怀的皇家国际事务研究所认为，如果能够组织一次讨论如何应对这些新形势的非官方会议的话，它将有助于官员们和政治家们更好地将英联邦团结在一起。 为此，第一届非官方的"英联邦关系问题会议"于 1933 年 9 月 11—21 日在加拿大多伦多召开，联合赞助方为皇家国际事务研究所和它在加拿大刚刚成立的兄弟研究所。 汤因比当然参加了这次会议，并在会后编撰了备忘录。①

根据汤因比的记载，这次会议的主要议题是英联邦能否作为一个新型超级大国而走向繁荣，借助共有的政治遗产而克服海洋的障碍；还是说英联邦及其附属各国应当转而依赖国联及其《公约》中阐述的集体安全框架。 他向一位同事报告道："无论如何，与会者都对集体安全体系抱有浓厚兴趣……这是本次会议最突出的成果之一。"事实上，如果没有国联的话，英联邦本身"生存下去的机会微乎其微"。 因此，所有人在总结自己发言时都"对集体安全体系赞誉有加"。②因此，这次会议对于莱昂内尔·柯蒂斯对未来的展望而言是一次沉重打击，但却并未真正令汤因比感到失望。 汤因比将自己的希望寄托在国联与和平的改革方式之上——他从未相信一个卷土重来的、政治上铁板一块的大英帝国能够在新时代中立足。

这次会议结束后，汤因比访问了哈佛大学，应洛威尔校长之邀做了系列报告，探讨了尚未出版的《历史研究》涉及的几个议题。 他写道："无论如何，波士顿的听众们对于我的胡说八道似乎还是很认可

---

① 汤因比编：《英联邦内部关系问题》（*British Commonwealth Relations*，伦敦，1934 年）。

② 博德利图书馆，汤因比档案，汤因比致盖索恩—哈代书信，1934 年 1 月 1 日。

的。"①与此同时，汤因比正在审校《历史研究》前几卷的清样。 他向维罗妮卡写道："看到这部'胡说八道的书'印成铅字当然令人愉快。今天上午，我刚刚寄回修改过的前 208 页清样。 印刷赋予了文字一种特别的权威色彩。 我认为，正如我在脚注引文中看到的那样，自己在征引《圣经》与其他权威作品为我所用方面是非常得心应手的。"②

汤因比随后从哈佛大学一路向西，首先拜访了芝加哥，并沿途在布法罗等地做了一系列报告。 请他去芝加哥(汤因比称之为"伪巴比伦")的主要是西北大学(Northwestern University)。 汤因比写道，该校校长邀请他跟自己的学校"建立联系，仿佛我是一件临时巡展的昔日大师作品或巴黎艺术品一样。 说我拥有如此稀有的价值当然是一种恭维；但尽管他们确实客气，这毕竟不是在说笑话。 等我到了得克萨斯，我就该成了业已灭绝的渡渡鸟或大海雀了"。③相比芝加哥而言，汤因比更喜欢自己旅途中的最西一站——得克萨斯州的丹顿(Denton)、北得州州立师范学院(North Texas State Teachers' College)所在地。 他从那里折向东边，一路发表关于当前时事的报告，取道圣路易斯和亚特兰大抵达华盛顿和纽约。 他从纽约返回了阔别近 3 个月之久的伦敦和查塔姆楼。

汤因比在旅途中拜访了一些老友，其中包括罗伯特·达比希尔和"威尔·韦斯特曼(Will Westermann)，巴黎和会上坐在我对面的人物"。④他在安大略省的金士顿(Kingston)住在了加拿大传教士麦克拉伦家中，后者曾于 1921 年带他拜访过士麦那的土耳其人聚居区。 但这些访问都很短暂，很难让汤因比在为自己安排的紧密日程下松一口气。汤因比希望多赚一些讲课费，对于沿途的各种活动邀请来者不拒。 从经济收入角度来看，他的这次旅行的确非常成功："我很高兴地听说，您挣回来的钱比自己预计得还要多。"⑤他的小儿子劳伦斯这样写道。

然而，精疲力竭的代价也异常沉重。 汤因比写道："就很多方面而

155

---

① 博德利图书馆，汤因比档案，汤因比致维罗妮卡书信，1933 年 10 月 28 日。
② 博德利图书馆，汤因比档案，汤因比致维罗妮卡书信，1933 年 10 月 20 日。
③ 博德利图书馆，汤因比档案，汤因比致维罗妮卡书信，1933 年 11 月 4 日。
④ 博德利图书馆，汤因比档案，汤因比致维罗妮卡书信，1933 年 11 月 28 日。
⑤ 博德利图书馆，汤因比档案，劳伦斯·汤因比致阿诺德·J.汤因比书信，1933 年11 月 14 日。

言，我很享受这次学术访问。 然而，如果我当真要下地狱，我现在可算知道自己要在那里干什么了——地狱的刑罚肯定就是像这样永无休止地赶进度。"不过，他对美国人的好客印象深刻，并且很享受被当成重要人物的感觉。 他告诉维罗妮卡："进一步熟识之后，我发现自己更喜欢他们了。"①

事实上，在北美的三个月里，汤因比承受着特别沉重的压力。 在英联邦会议的最后几天里，由于在如何撰写会议备忘录这个问题上左右为难，汤因比承受了他自称的那种"轻度精神崩溃"，陷入了完全失眠的状态。②安眠药多少可以缓解这种痛苦。 但汤因比在之后几年里几乎离不了这种药，这让自己身体也不太好的罗萨琳德感到焦虑。③医生认为，她的智齿问题到了非治不可的地步；于是她在 11 月去护士站拔掉了智齿。 随后，她在父母的陪伴下度过了一段恢复期。 她写道："妈妈是可爱的……她无限温柔。"然而，"我很害怕自己受不了她的独断专行和严格管制。 这让我吃惊地想起了童年时的鲜明情景……那是非常糟糕的回忆；因为它确实破坏了妈妈无限柔情的效果"。④另一方面，"我跟爸爸的关系一直是相当快乐与融洽的；我认为他差不多已经完全原谅我的'叛教'了"。⑤

罗萨琳德说的叛教指的是她皈依罗马天主教的事情。 她本人出版于 1949 年的自述声称，她从童年起就对天主教产生了兴趣，因为她听说了穆雷家族的祖先们因在爱尔兰坚持天主教信仰而遭受磨难的事迹。然而，罗萨琳德指出，具有决定性意义的事件是：她在豆蔻年华的 16 岁被送往意大利进行健康疗养，在那里第一次阅读了《圣方济各的小花》（*Little Flowers of St. Francis*）。⑥

---

① 博德利图书馆，汤因比档案，汤因比致维罗妮卡书信，1933 年 12 月 3 日。
② 博德利图书馆，汤因比档案，汤因比致维罗妮卡书信，1933 年 9 月 26 日。
③ 博德利图书馆，汤因比档案，罗萨琳德致汤因比书信，1933 年 11 月 3 日。
④ 博德利图书馆，汤因比档案，罗萨琳德致汤因比书信，1933 年 11 月 21 日。
⑤ 博德利图书馆，汤因比档案，罗萨琳德致汤因比书信，1933 年 11 月 28 日。
⑥ 奥布莱恩编：《通往大马士革之路》第 1 卷，第 143—146 页。 该书汇集了若干英美文学家皈依天主教的自述，其中包括伊芙琳·沃（Evelyn Waugh）、克莱尔·博斯·卢斯（Claire Booth Luce）和其他名气较小的人物。 这些人中还有汤因比较年长的妹妹乔斯林——她于 1929 年成为天主教徒，并像主教纽曼（Cardinal Newman）一样认为英国国教派的信条是无效的。 但第 2 卷中乔斯林自述（第 195—201 页）的说法带有很强的个人感情色彩，同罗萨琳德接受的版本构成了鲜明的反差。

罗萨琳德年少时对天主教的兴趣是一种探索禁忌的方式。 那是因为，她的宗教教育一直被吉尔伯特强烈的不可知论所控制，后者将基督教和其他神秘宗教的兴起视为一种可悲的"误入歧途"①——也就是认为它们摒弃了使得古希腊人值得学习、效仿的理性精神。 然而，正如我们已经看到的那样，罗萨琳德还尝试过其他形式的逆反。 从现存信件来看，她在青春期对无政府主义思想和血腥狩猎活动的接触比她的宗教信仰更为重要；并且她对天主教的兴趣直到 20 世纪 20 年代后期才开始死灰复燃。 到了那个时候，小说创作事业的失败使得罗萨琳德对个人事业的失望之情溢于言表，这或许促使她更加露骨地展示着自己在婚后初期一度努力克制的桀骜不驯。 无论如何，关于她重拾宗教热忱的最早现存证据出现于 1929 年，也就是她同父母去度假、同父亲就"宗教假说"问题进行辩论的时候。②不过，在那个时候，反对父亲还不意味着反对丈夫。 她在同一封信里接着写道："这让我意识到，我们两个在许多重要事情上意见一致是有多么奇妙和幸福。"

她的叛逆在下一个阶段里由言辞转化为行动。 在汤因比游历亚洲期间(也就是在上海接受情欲的考验、遭遇深刻改变其世界观的精神真实性时)，罗萨琳德接受了英国国教派洗礼，从而成为了一名基督徒。这让她的父母大吃一惊，或许也让汤因比惊讶不已。 他向自己的母亲解释道："至于罗萨琳德的受洗，它碰巧发生在我不在场的时候；她很担心我是否会对此表示介意。 我倒是并不介意，因为我并不相信，她一戴上自己幻想的某个标签，就会改变宝贵的自我。 因此我目前还并不担心——但我恐怕无法在极端情况出现时保持冷静——例如，倘若她打算成为一名天主教徒的话，那我可就要担心了！ 不过幸好这件事还没有被提上日程。 就我自己而言，我反对一切信条的决心变得更加坚定了。 我无法想象自己会皈依任何一套宗教体系。"③

当罗萨琳德真的流露出接受天主教信仰的意愿时，汤因比的第一反应是要阻止她的新一轮离经叛道。 他建议妻子去看精神病医生，作为

156

---

① 吉尔伯特·穆雷：《希腊宗教的四个阶段》(*Four Stuges of Greek Religion*，纽约，1912 年)。 第 3 章标题如此。
② 博德利图书馆，汤因比档案，罗萨琳德致汤因比书信，1929 年 3 月 25 日。
③ 博德利图书馆，汤因比档案，汤因比致玛丽·穆雷书信，1930 年 4 月 18 日。

一名以知识分子自诩的现代女性，罗萨琳德遵从了汤因比的建议，去接受了心理分析研究所（Institute of Psycho—Analysis）的西尔维娅·梅·佩恩（Silvia May Payne）医生的诊疗。 佩恩医生声称罗萨琳德是完全健康的；但罗萨琳德还是一度有所收敛。 她在 1949 年写道："我觉得不能再这样下去了；上帝并不希望我违拗丈夫的意愿……随后，他出人意料地突然改变了念头。 在我什么都没说的情况下，他有一天来找我，声称自己犯了错误，我应当拥有去跟神甫见面的自由。 事实上，他还通过自己的秘书（那是一位天主教徒）为我安排了一次会面。"①

那位秘书当然就是劳伦斯之前的保姆布里奇特·雷丁；她担任管家时多年的任劳任怨让她在汤因比家里拥有了相当特殊的地位。 她在罗萨琳德改宗过程中扮演的角色可能比现存文字材料所反映的更为重要。 布里奇特·雷丁乐于接受虔诚、忠实的管家身份，这完全符合罗萨琳德的贵族范和同下人划清界限的愿望。 因此，信奉一种能够维系布里奇特的忠心、让她心甘情愿地替自己完成养育小儿子等苦差事的宗教，对于罗萨琳德的社会地位追求的吸引力其实不在任何神学动因之下。 这一点在罗萨琳德驳斥父亲观点的文章《异教徒君子的失败》（*The Good Pagan's Failure*）中体现得十分明显：该文将 20 世纪 30 年代末野蛮与平等原则的大行其道归咎于对天主教视野下人间与天界等级体系的否认。②

157　　无论出于何种动机，改宗后的罗萨琳德终于摆脱了父母的阴影，③并走上了一条坚持 10 年之久的、劝说丈夫也要将天主教视为疗救尘世痼疾唯一良方的斗争道路。 她的观点并未说服丈夫；并且汤因比的思想独立性或许让她感到愤怒。 在她改宗那一年，刚刚年满 17 岁的儿子菲利普对她就宗教问题同人争论的做法十分反感。④从目前公开的材料

① 奥布莱恩：《通往大马士革之路》，第 1 卷，第 148 页。
② 罗萨琳德：《异教徒君子的失败》（伦敦，1939 年），第 141 页及其他各处。
③ 霍华德城堡所有权的父死子继也改变了罗萨琳德同那处祖先活动中心的关系。1932 年，杰弗里的妻子毫无征兆地突然去世；她跟罗萨琳德之间的长期矛盾也便到此为止。 吉尔伯特·穆雷告诉妻子："看看今天下午霍华德城堡的情况吧：可怜的女主人去世的局面显得出乎意料且可悲。 孩子们变得更加快乐健谈了，我的感觉也更加自在——同杰弗里关系极好的罗萨琳德当然更是如此。"博德利图书馆，吉尔伯特·穆雷档案，第 472 号，吉尔伯特·穆雷致玛丽·穆雷书信，1932 年 9 月 17 日。 但杰弗里也于 1935 年去世，城堡的新继承人（一个小男孩）跟罗萨琳德没有什么交情。 因此罗萨琳德在霍华德城堡的自在时光只维持了 3 年而已。
④ 菲利普·汤因比：《旅途片段：1977—1979 年的自传式日记》（*Part of a Journey：An Autobiographical Journal, 1977—1979*，伦敦，1981 年），第 9 页。

看，罗萨琳德的观点尚不成熟；它们可能只是貌似动听，并不能真正让人信服。[1]然而，罗萨琳德十分执拗，并且对其能力充满自信。因此，儿子的责难和丈夫对自己神学信仰的不敢苟同肯定是让她难以接受的。

吉尔伯特·穆雷将对女儿改宗的情绪深深埋在心底。玛丽夫人向汤因比写道："确实没什么好说的。她的父亲并没有跟我谈这件事，而是起身滑冰去了(他们当时正在瑞士度假——作者)。我想他确实将这件事情视为一场不幸……但我认为，这件事大概仅仅让他们真正彼此疏远了一段时间而已。我认为，除非为了她的幸福(当然这件事确实很重要！)，我并不希望你效仿她，因为那对你的史学才华十分不利。"[2]

几天后，汤因比答复道："事实上一切都好。罗萨琳德成为天主教徒这件事情并未导致我与她的不和。事实上，我反而确信，这件事把我们更紧密地联系在了一起。"不过，他接下去写道："在我所能预见的范围内，我是根本不可能成为天主教徒的。"他还指出，与接受马克思主义和法西斯主义相比，罗萨琳德皈依天主教的做法是在"高度理性化的世界崩塌之前"相对积极的一种回应方式。"我个人不打算接受其中的任何一种信仰。然而，要想在这样一个世界里抽身世外、冷眼旁观就好比在维苏威山口的观测站里观察火山如何喷发一样困难。我想我们必须意识到，罗萨琳德性格非常刚强与坚定，天主教会不大可能让她变成另一个人，即便它有意想这样做。"[3]

这样一来，汤因比为了自己和妻子的相处而对后者的改宗做了轻描淡写的处理。但他无法大事化小的是他同长子托尼关系的变化。从1930年起，托尼开始通过拒绝看齐父亲在温彻斯特公学的辉煌成绩来表达自己青春期的逆反情绪。回家过暑假时，托尼拒绝努力弥补自己落下的课程，而是陷入了沉默的自闭之中。不知所措的父母向一位医生寻求医学帮助；后者告诉汤因比，托尼患了"青春期发育迟缓并由此

---

①　除了《异教徒君子的失败》之外，罗萨琳德还出版了 4 本小册子：《时间与永恒》(*Time and the Timeless*，伦敦，1942 年)、《虔诚的生活》(*The Life of Faith*，伦敦，1943 年)、《废弃之泉》(*The Forsaken Fountain*，伦敦，1948 年)和《下一旅程：终点即起点》(*The Further Journey*：*In My End is My Beginning*，伦敦，1953 年)。布道者罗萨琳德的生涯轨迹与小说家罗萨琳德的十分相似——《异教徒君子的失败》受到的关注要比后续作品多得多。

②　博德利图书馆，汤因比档案，玛丽·穆雷致汤因比书信，1933 年 8 月 3 日。

③　博德利图书馆，汤因比档案，汤因比致玛丽·穆雷书信，1933 年 8 月 8 日。

产生紧张情绪的疾病，其表现便是同我作对，刻意在各个方面跟我表现得不一样。 这一解释似乎符合事实"。①

托尼同父亲划清界限的决心是坚定不移的。 结果是他在 1932 年因学业欠佳而从温彻斯特退学。 尽管托尼本人希望去印度服兵役，②父母却决定送他去德国，希望他在接受一年的私人教育后能够被某所德国大学录取。 这一方案意味着可以摆脱父亲的阴影，于是托尼兴高采烈地接受了这个新的安排。 汤因比写道："我仍旧相信，如果一切顺利的话，我们还是可以把他引领到正路上来。"③

但当托尼在 1933 年夏天从德国返回甘索普后，他同父母的关系跌至了新的谷底。 托尼继续自闭，在玩弄枪支中挥霍着时光，还为了争取劳拉·博纳姆·卡特(Laura Bonham Carter)的爱情与菲利普闹得不可开交。 罗萨琳德写道："他们两个似乎都成了她的牺牲品。"④

汤因比对托尼的表现感到十分费解与失望——这跟他青年时代对父母殷切期望的反应是截然相反的。 他没有时间或耐心去安排毫无效果的谈话；因为他永远承担着各种写作任务的重负。 但托尼的自闭使得他们的家庭关系痛苦不堪。 伊迪丝·汤因比在儿子前往北美后不久写道："恐怕你在离开时心情很沉重，因为男孩们表现愚蠢并且难以沟通。"⑤汤因比答复道："是的，我确实很担心，尤其是担忧托尼的情况……他心里肯定郁结着某些烦心事，但我们搞不清楚那是什么。 ……他这个夏天什么都没做，对身边的一切毫无兴趣(例如他去年还很喜欢的网球)。"⑥罗萨琳德试图在家庭不幸面前强作欢颜。 她告诉丈夫："我相信一切总会好起来的。 我并不认为那是你或孩子的错，但他们和

① 博德利图书馆，汤因比档案，汤因比致玛丽·穆雷书信，1930 年 9 月 22 日。
② 博德利图书馆，汤因比档案，罗萨琳德致汤因比书信，1932 年 8 月 12 日。
③ 博德利图书馆，汤因比档案，阿诺德·J.汤因比致伊迪丝·汤因比书信，1932 年 11 月 30 日。
④ 博德利图书馆，汤因比档案，罗萨琳德致汤因比书信，1933 年 9 月 8 日。 参见菲利普·汤因比：《分道扬镳的朋友们：回忆而立之年的埃斯蒙德·罗米利和贾斯柏·里德利》(Friends Apart: A Memoir of Esmond Romilly and Jasper Ridley in the Thirties，伦敦，1954 年)，第 37、46 页对自己第一次"幼稚爱情"的记载。 博纳穆·卡特家族是当时显赫的自由派家族之一。
⑤ 博德利图书馆，汤因比档案，伊迪丝·汤因比致阿诺德·J.汤因比书信，1933 年 9 月 27 日。
⑥ 博德利图书馆，汤因比档案，阿诺德·J.汤因比致伊迪丝·汤因比书信，1933 年 10 月 9 日。

你目前确实合不来。"①

　　但罗萨琳德同样觉得托尼难以管教。"他自己说对什么都不感兴趣；他对火器痴迷的死灰复燃其实只是为了填补自己的精神空虚而已，并不是真正的兴趣爱好……我们能为他做些什么呢？"②她决定向佩恩医生——她自己希望成为天主教徒时咨询过的那位心理专家——求助。托尼"爽快地接受了就诊建议"。③罗萨琳德写信告诉汤因比，检查结果是佩恩医生"认为托尼对菲利普的妒意非同小可，强调应当尽可能地将两人隔开。她还认为托尼其实非常爱我——只是有时羞于表达而已"。④

　　当汤因比从北美返回之时，较年长的两个男孩已经平安地摆脱了困境，家庭关系也随之走向缓和。开始在拉格比公学读最后一年书的菲利普令蒙羞的托尼相形见绌。他学习成绩优异，并且还是学校橄榄球队的队长。他对母亲写道："你认为托尼是'害群之马'的看法或许是正确的；但我同样也要责备自己。我衷心希望下一年会一切顺利……我已经开始真切地爱上这个地方了。"⑤托尼则如愿被波恩大学(University of Bonn)录取。他很快在大学里加入了一个学生联谊会，并向家里报告道："我跟其他(联谊会里)来自莱茵河流域的同学参加了一场抗议《凡尔赛条约》的示威游行，并且表现十分活跃。"⑥

　　另一方面，年仅 11 岁的劳伦斯则享受着母亲无尽的关爱，因为他是"爸爸最温顺、最快乐的宝宝"。⑦他毫无怨言地接受了天主教教育，并于 1935 年离家进入了甘索普附近由安普尔福斯修道院僧侣们主办的学校。这件事建立了汤因比同安普尔福斯之间的联系，这层关系在接下来的若干年里变得日益重要。

　　无论情况有多么不顺心，汤因比从不允许家里的麻烦影响自己的工作；而最重要的工作就是他的那部巨著。1930 年夏，时年 41 岁的汤因

159

　　① 博德利图书馆，汤因比档案，罗萨琳德致汤因比书信，1933 年 9 月 6 日。
　　② 博德利图书馆，汤因比档案，罗萨琳德致汤因比书信，1933 年 9 月 27 日。
　　③ 博德利图书馆，汤因比档案，罗萨琳德致汤因比书信，1933 年 10 月 28 日。
　　④ 博德利图书馆，汤因比档案，罗萨琳德致汤因比书信，1933 年 11 月 3 日。
　　⑤ 博德利图书馆，汤因比档案，菲利普·汤因比致罗萨琳德书信，1933 年 10 月 8 日。
　　⑥ 博德利图书馆，汤因比档案，安东尼·汤因比(Antony Toynbee)致罗萨琳德书信，未标注日期。
　　⑦ 博德利图书馆，汤因比档案，罗萨琳德致汤因比书信，1933 年 9 月 13 日。

比开始了为《历史研究》撰写注释的、具有里程碑意义的工作。他本人对于这项事业的重要意义坚信不疑，但却对他人是否会接受它严重缺乏信心。正如我们已经看到的那样，他已不再称之为"历史哲学"，而接受了罗萨琳德贬低它的绰号——"胡说八道的书"，以此作为一种谦辞。然而，汤因比坚定不移地完成着他为自己设定的任务，表述着他历史视野内的一切知识与观念。自己的阅读经历让汤因比确信，中国、印度乃至错综复杂的中东历史记载都可以被纳入一系列悲剧式的文明周期，其中每一个都同他 1920 年在牛津所做的出色报告"希腊的悲剧"所概括的希腊文明原型如出一辙。

汤因比在阅读过程中寻找着与他所了解的古代地中海世界相似的要素；他的活跃想象力通常也确实能够找到自己想要的东西。但他有时也会失败。"我再过一两天就会把福尔拉尼（Furlani）论巴比伦宗教的书还回去。他帮我解决了那个等式的问题——X：巴比伦宗教 = Xity：希腊宗教。正如我怀疑的那样，这里的'X'与我设想的并不一致。这很奇怪；但这些例外也告诉了我一些东西。"①

若干古怪的不合常规，如公元 7 世纪倭马亚哈里发王朝（Ummayad Califate）的突然兴起——那是一个并未整合之前已经存在的显著文明的世界性国家——迫使汤因比提出了一些牵强假说，以便挽救他的学说体系。为此，他宣称被穆罕默德（Mohammed）的新教义所鼓舞的阿拉伯征服者们"不自觉地、无意中"成为了"叙利亚"文明的领导者②——该文明在亚历山大征服时代转入地下达千年之久。在汤因比之前，没有任何人提出过这样的叙利亚文明概念。我们似乎有理由认为，是汤因比本人建构了整个概念，以便将倭马亚哈里发王朝视为拥有自身文明的世界性国家。③

尽管存在着诸如此类的牵强杜撰，汤因比还是运用自己的出色想象

---

① 博德利图书馆，汤因比档案，汤因比致维罗妮卡书信，1930 年 7 月 24 日。
② 《历史研究》，II，第 361 页。
③ 当然，这意味着阿拉伯征服者确实从同叙利亚、美索不达米亚希腊化的上层阶级与操闪族语的下层阶级的长期文化隔绝中获得了好处。但在对外征服前夕迅速发展成型的新生穆斯林文明在原始的阿拉伯—穆斯林内核外又补充了希腊与波斯元素——汤因比将这一文化混合体贴上"叙利亚"的标签或将之等同于阿黑门尼德王朝时期文化疆域的处理方式是毫无道理的。

力和博闻强识构建了一幅鲜明的、令人着迷的人类历史演变图景。他本人知道这套体系的魅力，确信它的真实性，并努力通过描述相似模式的反复再现和最重要的一些循环周期去解读整部人类历史。在汤因比看来，精神与情感状态永远是至关重要的因素。人类会在不同的时间或地点暂时接受某种文明的限制与福利；然而，只有在"拥有创造力的少数人"不断成功地应对了接踵而至的挑战的情况下，他们的追随者们才会心甘情愿地赞同这些人所倡导的一切革新。

160

然而，人性的固有弱点意味着，每个有史可考的文明的发展早晚总会被血腥的战争所阻碍。为了修补战争造成的创伤，"占据统治地位的少数人"必须(或至少可以)通过建立世界性国家来实现和平。但这意味着一刀切式的强制性高压；因为占据统治地位的少数人已不再拥有创造力，并且无法获得臣民与追随者的自愿顺从。强制带来的是离心离德，营造了文明体系内外的无产者；二者将联手揭竿而起，通过转而推广一种新宗教和利用战乱瓦解虚弱的世界性国家来摧毁那个摇摇欲坠的文明。

这种人类历史观突出强调了战争的作用，将之视为导致文明崩溃的核心要素与基本动因。在 20 世纪 30 年代初，当汤因比正在撰写《历史研究》的前三卷时，第一次世界大战仍在公众的记忆中占据着挥之不去的中心位置。汤因比的历史观引出的一个显而易见的问题在于：西方文明究竟是已像其他文明那样崩溃，还是能够通过建立可行的国际秩序来创造性地应对挑战，从而为西方赢得另一次发展机遇。当《历史研究》于 1934 年问世之际，这个问题似乎仍然悬而未决。因此，《历史研究》的第一部分成了为集体安全辩护的一项宏观背景论据——随着 1934 年后法西斯与纳粹对欧洲和平的挑战愈演愈烈，这种辩护色彩在汤因比的年度《国际事务报告》中也体现得日趋明显。

到了 1931 年 12 月，汤因比的作品已完成了足够多的内容，有资格去联系牛津大学出版社的负责人汉弗莱·米尔福德(Humphrey Milford)了。汤因比写道："我想知道，您是否会考虑出版我的一本大部头著作……我称之为《历史研究》。"①这封信接下来对这部作品与弗雷泽的

---

① 博德利图书馆，汤因比档案，汤因比致汉弗莱·米尔福德书信，1931 年 12 月 31 日。这是那个低调、不事张扬的标题第一次在汤因比的现存材料中出现，有可能就是那时拟定的。

《金枝》进行了比较，声称自己计划出版六卷，分三次出齐，每次出版两卷。 四周后，米尔福德答复道："我无法拒绝您的《历史研究》，尽管它篇幅巨大。"[1]他接下去提出了一份交稿进度建议；双方很快于1932 年 2 月 18 日签订了出版合同。 该计划暂定共出版六卷，每卷篇幅在 500—600 页之间；卖出的前 750 册抽取 10％的版税，之后每册抽取12.5％版税，分配给作者(75％)和皇家国际事务研究所(25％)。 汤因比十分感激汉弗莱·米尔福德如此爽快地接受自己这部著作；[2]尽管至少另外两家在英语学术界、文学界已占据举足轻重地位的出版社也对这部著作流露出了浓厚兴趣。[3]

这项工程很快变得尽人皆知；因为汤因比在 1930 年夏的书稿写作任务完成后便开始将草稿寄给许多朋友和同事征求意见。 他起初有些犹豫不决、态度谦卑，或许是因为他的确对于自己研究人类历史的新方法即将获得的反响没有把握。 他对维罗妮卡写道："我完成了'胡说八道的书'的第一部分，涵盖了计划中的第 1—187 条目。 我并不确定它真的言之有物或糟糕透顶。 但大家的批评意见会让我心中有数。"[4]他向自己的岳父写道：

1930 年 10 月 27 日

亲爱的穆雷，

这是我那本"胡说八道的书"的第一部分。如果你有空读一下的话，我将很乐意倾听您读后的感想。我自己并不确定它是否真的是在胡说八道。[5]

吉尔伯特·穆雷的答复似乎没有保存下来。 不过，尽管他对某些细节持保留意见，他的总体态度是非常热情的。 汤因比的答复清楚地

---

① 博德利图书馆，汤因比档案，汉弗莱·米特福德致汤因比书信，1932 年 1 月 28 日。
② "对我而言极其幸运的是，米尔福德对这部书的前景充满信心。 我本以为这类作品已经过时。"博德利图书馆，汤因比档案，汤因比致维罗妮卡书信，1933 年 8 月 21 日。
③ 早在汤因比联系汉弗莱·米尔福德之前的 1931 年 12 月 18 日，里乌(E.V. Rieu)已邀请汤因比将他的"历史哲学"著作投稿给梅休因出版社。 在得知牛津大学出版社将出版该著作时，他写道："我无法掩饰对于自己无法出版您的作品的失望之情；我认为，历史将证明那是一部极其重要的作品。"博德利图书馆，汤因比档案，里乌致汤因比书信，1932 年 3 月 1 日。
④ 博德利图书馆，汤因比档案，汤因比致维罗妮卡书信，1930 年 8 月 28 日。
⑤ 博德利图书馆，汤因比档案。

反映了这一事实：

亲爱的穆雷，

你这么快读完了我的作品，真是太好了。我比任何人都更加需要得到你的评价，而你的反馈意见也是最先回来的。

我意识到它给你的第一印象并非无法接受——这对我而言是莫大的宽慰：让一个人判断自己的想法是否合理是极其困难的。

这类作品必然要面临的危险是想法怪诞。我看得出来，根据你的意见，我最古怪的想法是对西方文明的负面观点。我会对你指出的那两处进行修改，并在统稿时将全文中这方面的问题通改一遍……

我知道自己确实存在着贬低西方文明的倾向。我经常思索自己为什么会有这样的念头，以便能够做到适可而止。我认为，那在很大程度是由于自己的"无法融入"；这让我对温彻斯特公学、巴利奥尔学院和大英帝国抱有同样的敌意。它在一定程度上也来自大战的影响。跟我年龄相仿的一代人都会将之视为自己亲身经历的、主要由西方文明缔造的一段历史。从某种意义上讲，这种情绪也是古典教育的产物。我认为自己怀有一种文艺复兴式的情愫，认为古代世界才是人类精神的真正家园；后来的一切都是不完美的——例如不纯正的拉丁文。

这封信讨论了吉尔伯特·穆雷指出的几个具体问题，随后写道：

我很高兴你喜欢我的比喻。我日益清晰地看到，柏拉图试图用神话来解释真正重要的道理的做法是正确的。

我的整部作品都是关于历史意义和生命意义（就我自己狭隘的眼界所见而言）的一篇神话。

你是否有过这样的体验：自己二三十年前读过或思考过的东西如今又进入了你的思绪，仿佛你从前一直都在无意识中准备着自己今天的作品呢？这正是我在写作这本书时一直都有的感觉。例如，当我在思考文明的起源，并摒弃了种族与环境的解释方式时，我入学后才读到的浮士德"天国序言"突然浮现在自己的脑海之中。我意识到，上帝与魔鬼的赌注是解释文明发生动力的更好解释模式。

我现在又开始重读《浮士德》，并找到了多处让我自己的思想变得更加明晰的启示。

非常感谢你抽出时间阅读我的书稿。我想找机会跟你当面讨论它。我希望能在明年夏天完成1930年《报告》后把书稿的第二部分寄给你……

永远忠于你的

阿诺德①

在其寄送前几卷草稿、提前征求意见的所有人——诺尔曼·贝恩斯(Norman Baynes)、阿尔弗雷德·齐默恩、哈德逊(G.F. Hudson)、约翰·劳伦斯·哈蒙德、乔治·古奇(George Gooch)、哈米什·佩顿、吉布(H.A.R. Gibb)和他的母亲伊迪丝·汤因比等人②——当中，汤因比同自己岳父的交流是最为顺畅的。因此，这段关于他如何从学生时代的记忆中汲取灵感、在撰述《历史研究》前几卷时利用了这些潜意识的叙述是极其坦诚的，很能说明汤因比所使用的方法。多年以后，汤因比声称自己的研究方法是经验主义的，同斯宾格勒的教条主义截然相反。③但更恰当的字眼或许应当是具有不加掩饰的直觉特征或充满诗意。当然，史学写作永远具有诗性。汤因比著作的独特之处不过是其作品的诗性超出了书斋式史学著作的规范(那是19世纪后期的德国大学课堂所规定的)而已。

在1934年，汤因比笔下历史画卷的波澜壮阔与强大感染力深深打动了同时代的英语世界读者。这一点在《历史研究》前三卷受到的广泛好评

---

① 博德利图书馆，汤因比档案，汤因比致吉尔伯特·穆雷书信，1930年12月27日。汤因比确实又把《历史研究》后面的部分寄给了穆雷征求批评意见。穆雷告诉妻子："我正在手不释卷地读那本'胡说八道的书'。书写得非常精彩，渊博程度令人叹为观止。"博德利图书馆，吉尔伯特·穆雷档案，第472号，吉尔伯特·穆雷致玛丽·穆雷书信，1932年9月11日。

② 汤因比于1931年12月告诉汉弗莱·米尔福德，齐默恩、哈蒙德、贝恩斯和佩顿都读过了手稿。我列举的其他人都可以在汤因比的档案里找到单独证据；他可能还征求过其他人的意见。并且《历史研究》第二部分的征求意见者名单又扩充了很多，以至于几乎全英国所有的顶尖史学家都就《历史研究》中的某一部分同汤因比进行过交流。除个别例外之外，他们的答复并未保存在博德利图书馆的汤因比档案文件内。这些文本可能跟《历史研究》的手稿、汤因比的笔记和其他各种相关材料一道存放在日本大学图书馆。我无法参考这些材料，因为日本大学图书馆的负责人要求只能在给这部分馆藏建立好日文索引后才能将它们对公众开放。不过，显而易见的是，《历史研究》前几卷发行之后，英语世界的文学界与史学界均对这部作品赞誉有加。

③ 汤因比：《文明经受考验》，第10页。

中得到了充分证实。《泰晤士报文学副刊》(*Times Literary Supplement*)用了整个头版和两列中缝刊载了一篇相关书评。 该文宣称本书为一部"由崇高的精神构思、用勤奋的双手写就的作品",而对其赞誉保留的余地仅仅是"该书的伟大程度尚需后人来给出答案"。 莱昂纳德·伍尔夫(Leonard Woolf)在《新政治家与民族》(*New Statesman and Nation*)上发表的文章则指出:"本书的视野开阔与包罗万象是如此令人叹服,以至于评论者肯定会感到,区区数百字……是不足以充分讨论这样一部巨著的……自大战以来,还没有哪部新出版的作品能够令阅读品位健康的读者们如此兴奋与欢乐。"哈蒙德在《曼彻斯特卫报》上称之为"对历史的气魄宏大、章法谨严、持论平正的哲学式研究",并总结道:"阅读汤因比先生的史著对于绝大多数人而言都将成为一次意义非凡的体验。"吉尔伯特·穆雷是最早称赞自己女婿著作的评论者之一。 他在《观察家报》(*The Observer*)上宣称:"它无疑是一部巨著。"[①]

唯一的负面言论(汤因比日后将饱受这样的学术批评)来自伍德沃德(E.L. Woodward)的文章。 他先是称这部书为"十分有趣、才华横溢的研究成果",随后质疑道:"读者不免要怀疑,汤因比教授(或在现有学术水平下的任何一个个人)是否真的能够确信,自己从浩瀚历史信息中挑选出来的材料不会遭到学术界的攻击。"[②]

与批评界的赞誉相称的是这样一本大部头学术著作的惊人销量。到了 1935 年 1 月,也就是出版仅仅六个月后,第 1 版就已经脱销。 汤因比和研究所共获得了 333 英镑的版税收入。[③]第 2 版对一些小的笔误

[①] 《泰晤士文学副刊》1934 年 10 月 4 日;《新政治家与民族》1934 年 8 月 18 日;《曼彻斯特卫报》1934 年 6 月 26 日;《观察家报》1934 年 6 月 24 日。 汤因比在答谢时对穆雷写道:"您是阅读全书第一部分手稿的第一人,并让我相信它并非胡说八道。 您或许并未意识到,这些评价对于鼓励我继续这项事业有多么重要。 因此我要两次对您表达诚挚的谢意:一次是在一两年前的私下场合,另一次是在昨天的公共场合。"博德利图书馆,汤因比档案,汤因比致吉尔伯特·穆雷书信,1934 年 6 月 24 日。

[②] 《观察者报》(*The Spectator*)1934 年 7 月 6 日。 汤因比旧日恩师林赛私下里的批评意见要尖刻得多。 他抗议谓:"像你这样妄想在学术上名垂青史的人着实不该对加尔文主义进行那样荒唐的评价。"博德利图书馆,汤因比档案,林赛致汤因比书信,1934 年 7 月 23 日。

[③] 博德利图书馆,汤因比档案,汤因比致维罗妮卡书信,1935 年 1 月 14 日:"到 12 月底为止,'胡说八道的书'获得的版税收入已高达 333 英镑! 你是否允许我动用其中的四分之三进行非常合我心意的庆祝——也就是资助你参加这次旅行……你是怎么打算的?"

（汤因比的母亲很擅长发现这些错误）进行了订正。①最初三卷所受欢迎的热烈程度超出了汤因比的想象。 鉴于他取得的卓越成就，牛津大学授予了汤因比荣誉学位。 这让他十分高兴。 在接下来的几年里，汤因比著作的版权页上都署名"阿诺德·J. 汤因比，牛津大学荣誉文学博士"[Arnold J. Toynbee, Hon. D. Litt.(Oxon)]。 就连他晚年时代的公众人物生涯也在此时打下了一点小小的基础——流行杂志《人人》(Everyone)于 1935 年 1 月将他评为"本周之星"(Personality of the Week)。

寄给他的私人信件也同公共赞誉保持着同样的调子。 阿尔弗雷德·齐默恩写道："我在翻阅这部作品时越来越深切地崇拜里面的'胡说八道'（千真万确！）。"②索默维尔(D.C. Somervell)——一名跟汤因比并不太熟的教师（但此人的名字后来同汤因比紧密联系在一起，因为他将《历史研究》的前六卷节编压缩为几百页的篇幅）来信声称，他将这本书读了两遍，认为它"极其有趣和引人入胜"。③现存材料没有记录罗萨琳德对丈夫巨大成功的反应；但多年以来被她称为"胡说八道的书"的作品居然赢得了如此赞誉，这显然让她无法心安理得。 而对自己文学创作事业失败的记忆也很可能会使得汤因比的成功在罗萨琳德的心目中产生某种苦甜参半的感觉。

关于汤因比《历史研究》前几卷的最初反响，有两点似乎是值得注意的。 首先，《历史研究》第 1—3 卷在美国引起的公共反响相对较小，尽管那里是他二战后声名最盛的地方。 诚然，有几位知名教授在学术期刊上发表了关于该书的正面书评；但纽约的评论圈子却对这部作品无动于衷——这或许是因为汤因比在书中加入了大量并未配上译文的古希腊语、拉丁语、法语和德语引文，从而令评论家们望而却步。 美国读

---

① 伊迪丝告诉汤因比："第 4 页第 1 行中的'Die Romische Staatsrecht'应改为'Das Romische Staatsrecht'。"博德利图书馆，汤因比档案，伊迪丝·汤因比致阿诺德·J. 汤因比信，1934 年 11 月 6 日。 她在另一封信中写道："我对你的出色记忆力充满信心，以至于在自认为发现书中的细微笔误时都会十二分小心。"但她确实相当得意地指出，汤因比混淆了罗兰德·亨特(Rowland Hunt)、罗兰德·希尔(Rowland Hill)和一位亨利·法塞特(Henry Fawcett)——后者尽管年少失明，却在 1880 年当上了邮政大臣。 博德利图书馆，汤因比档案，伊迪丝·汤因比致阿诺德·J. 汤因比信，1934 年米迦勒节。
② 博德利图书馆，汤因比档案，阿尔弗雷德·齐默恩致汤因比书信，1934 年 6 月 29 日。
③ 博德利图书馆，汤因比档案，索默维尔致汤因比书信，1934 年 9 月 11 日。

者们习惯上认为，掉书袋式的著作总归是难以卒读的，并且无疑会对一部前三卷只覆盖了两个小标题(提纲中共列出了13个)的作品产生畏难情绪。 可见，在伦敦之外，汤因比著作获得的反响基本仅局限在专业圈子之内，很多是一种礼貌性的回应，甚至往往只是敷衍了事。[①]

其次，当我们站在这几卷问世半个多世纪之后的时代进行回顾时，我们很容易意识到，是某些特定情势造就了对这部作品最初的热烈反响。 出版时机是至关重要的，因为1934年恰好是大不列颠一战后与二战前的节点。 希特勒于1933年在德国上台，并于1936年同意大利法西斯结盟——其原因在于英法对意大利1935年入侵埃塞俄比亚的无动于衷——从而构成了对大不列颠的新威胁。 因此，一部将战争视为文明解体决定性要素的著作表达了20世纪30年代后期公众的焦虑情绪，具有一种特殊的感染力与忧患色彩。 根据汤因比的观点，西方文明是否已经或即将崩溃这个问题的答案归根到底取决于，1914—1918年的大战究竟是像宣传口号所说的那样，是一场"消灭战争的战争"；还是仅仅是第一次世界大战(那恰恰是我们如今对它的称呼)。 因此，汤因比在《历史研究》前几卷中插入的遥远古老案例在20世纪30年代后期的英国读者眼中都具有突出的时事政治意义。

具有讽刺意味的是，尽管汤因比"以哥白尼的方式"(Copernican)[②]否认了民族史与西欧史在整部人类历史中的中心地位，他取得成功的另一个秘诀却是他确认了一些公众读者们耳熟能详的观念。 汤因比打破陈规的宏观理论并不妨碍其作品中仍然充斥着19世纪的种种具体传统观念。 例如，他有意避免使用"进步"(progress)这个字眼，但仍会谈论"通向人类努力目标的文明前进法则，即人向超人的转化过程"。[③]他在另一段落里提到了"在全人类和全体生命的表现与成就中显现的、无所不在的力量"。 我们可将之视为一种超越性的力量，称之为上帝或

164

---

① 菲奥娜·莫顿编：《阿诺德·汤因比书目》，第4—5页列出了关于前三卷的29篇书评，其中13篇发表在英国，10篇发表在美国，其他则分别发表于德国、法国、西班牙、挪威和日本的专业期刊。

② 汤因比在二战后不久用这个天文学的类比来描述吉尔伯特·穆雷的"耶路撒冷—雅典—罗马历史中心论"同自己史观的分歧。 博德利图书馆，汤因比档案，汤因比致吉尔伯特·穆雷书信，1953年11月21日。

③ 《历史研究》，I，第194页；另参见III，第383页。

无所不在的"生机"（*élan vital*）。①这些话语令人回想起汤因比童年所经历的维多利亚与爱德华时代，并削弱了其主要论点——西方文明不过是 21 个"在哲学意义上彼此相通"的文明的样本之一——的震撼效果。这样一种新旧思想的杂糅符合那个时代的口味。他的书一方面具有激进与革命色彩，另一方面又包含着足够多的旧日信念。这使得读者们感到未来并非不可救药，西方文明仍有得救的可能；并且上帝（或其世俗化身"生机"）仍然主宰着一切。

然而，拓荒地位才是汤因比这部作品具备持久重要意义的首要原因。这几卷作品的重要意义主要在于这样一个简单事实，即它们将史学视野的范围拓展到了汤因比之前的历史学家们不曾设想过的广度。通过在历史中搜寻罗马帝国（世界性国家）及基督教与蛮族入侵之结合（他认为那反映了前后相继文明之间的"继承与接纳"）的对等物，汤因比辨认出了至少 21 个文明。他列出的这份充分发展起来的 21 个文明名单，以及他详细讨论了的另一类古怪的"流产"与"停滞"文明——爱斯基摩文明、奥斯曼文明、斯巴达文明，等等——使得他的研究范围与分析广度具备了不折不扣的世界性。

通过这种方式，汤因比向他的读者展示了当时西方学术界所能理解的整部人类历史画卷。无论他举出的实例有多么精细详尽，他的这部宏大历史仍是一部简史。《历史研究》体例的基本优点是全面，能够将全部已知或可知的人类历史容纳进来。自大约 17 世纪以来，西方世界一直没有出现过这样的作品——因为当时的知识阶层被迫放弃了以亚当为全人类共同祖先的《圣经》叙事体系，理由是它无法同从美洲与其他地区涌入欧洲的新知识相兼容。

我们或许有理由认为，冯·赫尔德（Johann Gottfried von Herder，1744—1803）关于独立文明（每个独立文明都表达着一种主要以语言和文学为载体的独特民族精神）的观念其实跟汤因比的平行文明观同样复杂。②但赫尔德对欧洲以外的世界几乎不感兴趣；他主要关心的是如何

---

① 《历史研究》，I，第 249 页。
② 汤因比显然不知道赫尔德的巨著《人类历史哲学的概念》（*Ideen zur Philosophie der Geschichte der Menschheit*，1784—1791 年）。无论如何，赫尔德的名字并未出现在《历史研究》的浩瀚索引中，尽管汤因比本应意识到赫尔德的论述对自己学说的先导作用。

批驳声称法兰西垄断了真实文明的观点。 此外，在 19 世纪接下来的数十年里，欧洲学者们的视野变得更加狭窄，否认了无法对"进步"有所贡献的时代与区域的历史重要性。 而无论他们究竟如何界定所谓的"进步"（自由、实力抑或财富），它始终是一项欧洲的专利。 归根结底，这套历史观在史学家那里具有黑格尔主义（Hegelianism）的意味；它的狭隘视野（同 18 世纪的学术前辈们相比）在工业革命与民主革命后欧洲人对其他民族取得的优势助长下进一步走向极端。

165

　　除斯宾格勒外，汤因比较所有前人都更有力地挑战了这套自以为是的历史观。 斯宾格勒与汤因比共同展示了史学视野的新维度；但汤因比在二者中的地位更加突出。 那是因为英语的影响力较斯宾格勒使用的德语更加广泛；汤因比列举的案例更加广泛，并且比斯宾格勒那一代学者更接地气（斯宾格勒将历史解释为人格化抽象观念的产物——如"狄奥尼索斯式"与"阿波罗式"的文化。 这样的表达方式在英语世界的读者眼中显得陌生，并且对于并不熟悉德国哲学理想主义观念的人来说显得晦涩和难以置信。 因此，同能够接受汤因比不太抽象的著作的公众相比，斯宾格勒的读者必然更加有限）。

　　汤因比的独门绝技是他令人眼花缭乱的诗意发挥。 他赋予了"挑战与应战"、"退却与回归"、"内部与外部的无产者"、"拟态"以及其他许多旧有词汇以新的含义。 他在想象历史发展的若干可能性时打开了令人目不暇接的全新维度。"流产的远东基督教文明伪造的生存权"[1]是一个绝好的例子，反映了汤因比想象力的成熟与广度。 汤因比在这段文字里将景教与拉丁世界的基督教视为对等物，比较了它们在遭遇 8 世纪早期阿拉伯穆斯林进攻时的不同命运。 但汤因比的绝大多数读者对中亚的景教文化没有概念，而拉丁基督教则是他们心目中的正统——学校课本里中世纪史的核心。 汤因比将后者同景教相提并论，且仅仅视之为伊斯兰文明半野蛮的对手。 他的处理方式撼动并挑战着伴随其读者成长的、他们耳熟能详的民族中心主义历史观。 这些富有新意的历史观在汤因比讨论其他一些不那么为人熟知的历史时反

---

[1]　《历史研究》，II，第 446—452 页。

复再现(汤因比叙述这些事件时充满自信的专家口吻是连斯宾格勒也不敢使用的),①并使得阅读《历史研究》成为一次头脑的探险之旅。

半个多世纪以后,阅读汤因比的著作仍不失为一次探险。汤因比令人眼花缭乱的广博知识、大胆比较与深刻反思,再加上若干趣闻轶事的点缀(如法国骑兵于 1794 年俘获了一支荷兰舰队,因为他们可以在冰上驱驰,而船只很容易被冻住②),这一切使得《历史研究》的前三卷值得获得所有人的关注;即便他罗列的 21 个文明及其生命周期已不再像本书问世时(另一场可能摧毁欧洲文明的战争当时正隐约可见)那样令人信服。

然而,无论前三卷的成功如何令人欣慰,它们的出版并未缓解汤因比的工作压力。他撰写年度《国际事务报告》的职责一如既往;报刊写作的任务也要占用他的时间;并且摆在他面前的还有《历史研究》13 个标题中的余下 11 个。纽约的洛克菲勒基金会用于支持汤因比研究的 8 000 英镑资助③确实令研究所的财务状况有所改善,但却令汤因比产生了一种前所未有的紧迫感,认为自己必须"尽快出版《历史研究》的第二部分,以便展示自己的研究所得"。④因此,他努力向前赶进度,甚至不惜付出健康的代价。在努力撰写书稿以至于"超负荷运转"后,⑤汤因比不得不休息一段时间。他向维罗妮卡吐露:"我现在试图搁笔几天,以便摆脱失眠的困扰。"⑥但他在 3 天后又回到了书桌前,"因为……这就像是一场竞赛;我要么抢先抵达终点,要么就会被即将发生的某种政治变故迎头赶上"。⑦

汤因比对另一场战争的巨大恐惧促使他对作品的最初框架进行了重大调整。他告诉维罗妮卡:"现在,我将计划中第 6—8 部分的大部分内

---

① 奥斯瓦尔德·斯宾格勒的腔调其实比汤因比更富有预言色彩,但其论述范围相对狭窄,因为他只探讨了欧亚大陆上的几个文明。

② 《历史研究》,II,第 263 页。

③ 1932 年提供的这笔资助支持的是查塔姆楼的研究,而非汤因比个人的工作。汤因比列出了一长串潜在的研究课题,但这笔经费事实上似乎主要是被用来支持他自己的工作的。参见博德利图书馆,汤因比档案,汤因比:《查塔姆楼研究计划》(Plan for Chatham House Research),1932 年 2 月。

④ 博德利图书馆,汤因比档案,汤因比致吉尔伯特·穆雷书信,1935 年 10 月 21 日。

⑤ 博德利图书馆,汤因比档案,汤因比致维罗妮卡书信,1936 年 8 月 21 日。

⑥ 博德利图书馆,汤因比档案,汤因比致维罗妮卡书信,1935 年 9 月 9 日。

⑦ 博德利图书馆,汤因比档案,汤因比致维罗妮卡书信,1935 年 9 月 15 日。

容并入了第5部分,并且第5卷已即将完成。 可见我的进度还不太糟糕。"①这里的"部分"指的是最初提纲中的正标题;其中第5部分"诸文明的解体"之后应为第6部分"世界性国家"、第7部分"世界性教会"和第8部分"英雄时代"。 通过将后三部分的"大部分内容"并入第5部分,汤因比极大地拓展了"诸文明的衰落"与"诸文明的解体"这两个单元的研究范围。 当《历史研究》的第二部分于1939年8月(第二次世界大战全面爆发前一周)按时出版之际,最初提纲中只有这两个条目是继续保留在目录之中的。 尽管如此,随着《历史研究》第二部分(4—6卷)的出版,汤因比关于诸文明兴衰规律想说的大部分东西都已落成了文字。 最初提纲中尚未予以论述的内容只剩下了"诸文明在时间上的接触"、"诸文明在空间上的接触"和对"西方文明前景"的专门评论;并且他最初设置的那些标题尚未阐述他自己的理论观点。因此,在第二次世界大战爆发之际,汤因比已有理由认为,无论接下来将会发生什么,他事实上已经完成了他在20世纪20年代为自己设置的基本任务。

　　汤因比实现这一目标的方式是用挑战身体极限的方式疯狂工作。随着事业与个人生活忧虑感的增强,失眠重新开始困扰汤因比。 他不得不频繁服用安眠药,尽管他恐惧且厌恶依赖药品。②1937年,他尝试了另一种治疗办法,即请求获准拜访安普尔福斯,参与修道院的日常生活,以便放松自己并恢复心灵的宁静。 他写信告诉维罗妮卡:"我和朋友们在修道院里住了一周。 这是一个安宁快乐的地方,对我很有好处。"③这次拜访让他同安普尔福斯的一名修士哥伦巴·卡瑞-埃尔维斯(Columba Cary-Elwes)结下了深厚友谊——后者在汤因比初访这座修道院时担任着图书馆馆员。 投身修道院日常生活所获得的情感慰藉也帮助汤因比巩固了在压力巨大的这些年头里表现得十分突出的强烈宗教热忱。 但简而言之,偶尔的喘息之机很难缓解他的疯狂工作节奏。他对自己永远忠诚的助手与同事夸口道:"我在8天里改好了第四部 167

　　① 博德利图书馆,汤因比档案,汤因比致维罗妮卡书信,1936年10月21日。
　　② 博德利图书馆,汤因比档案,汤因比致维罗妮卡书信,1936年11月5日。
　　③ 博德利图书馆,汤因比档案,汤因比致维罗妮卡书信,1937年1月13日。

分五分之二的内容，这还不赖。 你对疑难问题的解答……加快了我的工作进度。"①

并不令人惊讶的是，一个在圣诞节当天还忙着伏案写作的人会让自己的儿子们变得桀骜不驯。 当菲利普也和托尼一样反抗父母的权威时，家里的问题变得格外尖锐。 但菲利普着实这样做了——1934 年，18 岁的他成为一名共产党员。 充满激情的性格促使菲利普以极其张扬的方式贯彻着他的新信条；这比之前托尼的自闭更令父母痛心。 汤因比向母亲伊迪丝报告道："我们同菲利普发生了一起十分糟糕的冲突。我们上周三待在柏林时，他一时兴起离开了拉格比公学，跑去加入了伦敦的'共产主义青年组织'，并参加了莫斯利（Mosley）举行的集会。 尽管他自己决定在星期五上午返回了拉格比公学，从而避免了被学校开除；可我们还是得马上把他带走——我们昨天这样做了。"②

为了解决如何安置菲利普的问题，汤因比夫妇转向安普尔福斯修道院求助。 修士们同意接纳菲利普为一名访客，希望能引导他悔过自新，并为他提供争取第二年秋季进入牛津大学的备考环境，尽管菲利普已被拉格比公学勒令退学。 出人意料的是，菲利普比父母想象中更爽快地接受了这一安排；但到了次年夏天，他又跑去结交自己的共产主义阵营新朋友们了。 汤因比告诉维罗妮卡："唉，说到你好心好意打听的那件事，菲利普让我们陷入了更大的麻烦。 他违背了自己的诺言，从牛津途经伦敦去了迪耶普（Dieppe），又跟那个加入了共产党的男孩罗米利（Romilly）见面了……真正严重的问题在于，就我们从菲利普本人那里听说的信息来看，罗米利的'共产主义青年书店'实为种种罪恶的温床。 当然，我们不能全信菲利普的一面之词；但跟这号家伙交往确实有可能让人万劫不复。""我承认，自己有些方寸大乱。 这在一定程度

① 博德利图书馆，汤因比档案，汤因比致维罗妮卡书信，1937 年 12 月 31 日。
② 博德利图书馆，汤因比档案，阿诺德·J.汤因比致伊迪丝·汤因比书信，1934 年6 月 12 日。 奥斯瓦尔德·莫斯利（Oswald Mosely）是英国法西斯主义的领袖，菲利普在那次集会上遭到了殴打。 参见菲利普·汤因比：《分道扬镳的朋友们》对他自己和埃斯蒙德·罗米利（Esmond Romilly，菲利普追随此人抨击英国公学制度、宣传共产主义）那次表现的、代表个人立场的叙述。 汤因比给母亲写信之前曾说好要陪她去探望父亲。 他解释道："不幸的是，我这次去不了北安普顿了，因为我在安置好他（菲利普）之前不能安排别的事情。"这对于他母亲而言肯定是个残酷打击；因为她一直坚持独自对丈夫进行痛苦的探望，并且儿子几乎从未用陪她前往的方式表示过支持。

上是因为我不如罗萨琳德那样敢作敢当；但更重要的是，亚当的古老罪恶控制了我，让我愤怒地痛恨自己当前的处境——这当然是人之常情，但它显然是错误和无益的……这是怎样的生活！"①

　　菲利普的张扬和托尼的自闭确实激怒了他们的父亲。 这只能让他的处境越来越糟，因为汤因比本人确信，对儿子们的表现发火总归是不对的。 汤因比在一生中并不习惯于犯错误；但他这次却难辞其咎。 难怪他会受到失眠的困扰！ 难怪他会用疯狂的工作来麻醉自己！

　　在一部写于汤因比逝世之后的回忆录里，菲利普在回顾自己的青年时代时总结道："他(汤因比——作者)完全无法理解儿童和青年人，并且对他们也没有多大兴趣。 我和两个兄弟在他眼中只是累赘而已。 直到今天，我仍然能够清晰地回想起他从书房的窗口探出头来的情景：他的脸上写满了愤怒；他大声叱责我们太吵闹了。"此外，"他反复告诉我们，把我们养大是件很费钱的事情"，总的来说，他"没有时间和精力去琢磨、理解他身边的亲人们……他的习惯是给自己的朋友和家人贴上某些标签，例如'弗雷德里克(Fredrick)，一个善良但大手大脚的人'，或'多萝西，意志坚定，但愚蠢地溺爱她自己的子女'。 某人一旦被他贴好了标签，便几乎再无摘下来的可能……他从此就会这样看待那位朋友，不会认为还有继续观察他的必要"。②

　　就事论事的话，菲利普的看法似乎是有道理的。 但他遗漏了汤因比的一个主要特点：他一直在努力通过和和气气与埋头工作去缓和同身旁他人的紧张关系。 正如我们已经看到的那样，汤因比对人情世故缺乏常人具备的敏感。 他非常需要被崇拜自己的女性包围；但他的习惯与观念却让他无法同情自己身处青春期的儿子们。 孩子们的反应是用反其道而行之的极端叛逆表现来回应他和罗萨琳德对自己的殷切期望。

　　罗萨琳德失去了对儿子们的控制；但她在宗教中找到了慰藉。 她于 1938 年 8 月写给母亲的信在一定程度上反映了她的心理状态。 玛丽

168

---

　　① 博德利图书馆，汤因比档案，汤因比致维罗妮卡书信，1934 年 9 月 4 日。 对菲利普年少时乖张行为充满同情的叙述见杰西卡·米特福德：《菲利普的多重面貌：记菲利普·汤因比》，第 11—38 页。
　　② 菲利普·汤因比：《阿诺德·汤因比：一曲赞歌》(Arnold Toynbee-A Eulogy)，《以繁荣求和平幸福：世界发展论丛》(PHP: A Forum for a Better World，1976 年 5 月)，第 6—8 页。《以繁荣求和平幸福》是在日本发行的一份英文刊物。

夫人当时刚从甘索普回到家中；罗萨琳德认为有必要为自己辩护。 她写道：

> 我还相信，你可能认为我对两个大孩子太残忍了……我不知道自己能否令人满意地澄清一切，为自己做好所谓的"申辩"，证明我并非像你设想的那样铁石心肠、无动于衷。你要知道，我对男孩们的糟糕表现……忧心忡忡——我认为他们是自己在这个世界上最关心、最挂念和付出最多的人。当我最初意识到这些问题并迫使自己面对它们时，我一度几乎一败涂地。我痛恨并畏惧生活，以至于我整个人几乎快要散架了。然而，我找到了自己此前从未发现的上帝；祂……完全压倒了尘世的罪恶与苦难……
>
> 我知道，自己仍然很可能受到小儿子（劳伦斯——作者）的伤害。我继续对他并为他抱有希望，并一如既往地关注他如何成长与生活。然而，我也会尽力做好他也会让我失望、悲伤的准备。倘若果真如此的话，我依旧会对上帝的至善坚信不疑。①

这便是汤因比在甘索普阁楼里创作《历史研究》第二部分时的可悲家庭背景。 此外，让他的家庭不幸雪上加霜的是潜藏在他个人耀眼成功背后的、他的毕生事业面临失败的隐患。 正如我们之前看到的那样，为了证明自己在一战期间拒绝参军的决定是正确的，汤因比决定投身一项真正重要的事业——缔造安全、持久的和平。 但用和平方式解决国际争端的想法在 1934 年后越来越像是一种一厢情愿：各国重新扩军备战，埃塞俄比亚(1935—1937)和西班牙(1936—1938)的战事预示着欧洲核心地带也将重燃战火。 国联集体安全理想在 1934 年后的迅速破产以一种潜在但极其痛苦的方式摧残着汤因比的自尊。

汤因比个人在内心深处受到的伤害使得他对墨索里尼(Mussolini)进攻埃塞俄比亚的事件反应十分激烈。 当国联刚开始应对意大利的扩张问题时，汤因比以为阻止意大利人并不困难。"我个人主张关闭(苏伊士)运河，不惜为此同意大利一战。 我无法坐视一场可怕的战争在东非

169

---

① 私人收藏，罗萨琳德致玛丽·穆雷书信，1938 年 8 月 4 日。 跟之前一样，我将罗萨琳德几乎无处不用的破折号替换成了自己认为合适的标点符号。

爆发，而我们本是可以迅速阻止它的。"①他用一种末世论的口吻来描述这场冲突。"这是真正重要的事情——所有善与恶的力量如今都压在他们的后腿上。我认为我们应当采取行动。"②他又写道："我认为确实有可能爆发战争。但即便如此，如果我们不敢冒一场小规模战争的风险，在师出有名的情况下去对付一个不足为惧的侵略者的话，那么我确信，要不了多久，我们就得为保住自己的性命——也就是我们自己的发肤而战……大英帝国将成为他们眼中的肥肉。"③三个月后，他的情绪仍旧高亢。"我相信我们如今必须有所表示，看看墨索里尼是会进攻我们，还是会在不发一枪的情况下接受失败。我相信，一旦《公约》成功地约束了一个世界大国的话，这一构想便成功了——前提是我们自己同时也要做出牺牲，开启和平改革的安全阀。人们现在已经用尽了所有恫吓手段；局面已经很明朗了。"④

但到了 1936 年 4 月，汤因比的希望和如意算盘一下子全部落空了。英国和法国拒绝支持对意大利的有效制裁。汤因比私下里抱怨道："一切是如此幼稚与龌龊；我一想起来就感到恶心。"⑤而在公开场合，汤因比又用希腊文写了一首诗，借以表达自己的沮丧心情——这次是对一位鲜为人知的古代作家莫斯库斯(Moschus)诗篇的讽刺性改写；汤因比随后把诗稿投给了《泰晤士报》。1936 年 4 月 22 日，汤因比的希腊文诗篇在"编辑信箱"一栏发表，同时附有他在查塔姆楼的老同事盖索恩-哈代提供的英语译文。译文内容如下：

阿比西尼亚人与欧洲人的墓志铭

尽管没有我们的武器或技术，这些人仍然敢于直面

极其恐怖的战争，因为他们是男子汉。

他们在近战肉搏中并不发抖，安详地走向死亡；

他们以自由人的身份，高贵地战斗到最后一刻。

① 博德利图书馆，汤因比档案，汤因比致吉尔伯特·穆雷书信，1935 年 10 月 21 日。
② 博德利图书馆，汤因比档案，汤因比致维罗妮卡书信，1935 年 10 月 9 日。
③ 皇家国际事务研究所档案，汤因比第 4 辑第 1 号，汤因比致艾维森·马卡达姆书信，1935 年 9 月 15 日。
④ 博德利图书馆，汤因比档案，汤因比致吉尔伯特·穆雷书信，1935 年 12 月 23 日。
⑤ 博德利图书馆，汤因比档案，汤因比致维罗妮卡书信，1936 年 4 月 17 日。

可尽管科学让我们变得强健与伟大，

我们却注定也要忍受他们命运的折磨。

但我们又无缘像他们那样进入战士的墓穴；谴责我们的诸神

收回了背信弃义者的这项权利。

　　义愤让汤因比确信，英国政府出卖了民族与帝国的利益，更不消说出卖了人权和国联的基本原则以及汤因比个人及其事业的立身之本。如何在《国际事务报告》里描述这些罪恶成了汤因比所面对的一个微妙问题，因为在查塔姆楼主事的人通常是不会抨击英国政府的，并且领导皇家国际事务研究所的委员会里也有些人完全支持英国政府之前的做法。

　　汤因比的原则是明确的。他向伯明翰大学的副校长写道："如果不为尊者讳的话，我们可以说，英国的表现跟之前在舞台中心扮演着令人忌恨角色的法国、德国或日本别无二致。"①尽管如此，汤因比还是预测将有一战。他对维罗妮卡写道："这将是怎样的故事——如果讲不好这个故事的话，我们又会受到怎样的责骂！"②

　　由于汤因比的观点早已尽人皆知，查塔姆楼的领导人采取了预防措施，对1935年《报告》第2卷的文字（关于意大利与埃塞俄比亚战争的内容）进行了检查；③并且他们同意出版这部分内容的前提是汤因比要在序言中加上一段话，表示这些问题是"仁者见仁、智者见智的"。④评论者们确实指责了汤因比，认为他背离了客观立场，对英国的政策进行了"道德评判"。但汤因比并不退让，对这些批评者只付之一笑——他拒绝回答关于这些指责是否有道理的问题。⑤

　　1936年4月英国对国联的背叛使得汤因比的世界观发生了根本转变。此后，他放弃了所有运用世俗生活中的手段治疗西方文明弊病的希望。他自己确信，只有通过重塑世人的思想与精神，用崇拜上帝去

---

　　① 博德利图书馆，汤因比档案，汤因比致格兰特·罗伯森（Grant Robertson）书信，1937年1月29日。

　　② 博德利图书馆，汤因比档案，汤因比致维罗妮卡书信，1936年7月17日。

　　③ 在这个案例中，汤因比打破了《报告》按年份组织材料的体例，将对这场战争及相关外交活动的叙述延伸到了1936年。

　　④ 皇家国际事务研究所档案，汤因比第4辑，写给汤因比的、未署名的备忘录，1936年8月17日。

　　⑤ 博德利图书馆，汤因比档案，汤因比致维罗妮卡书信，1936年12月24日。

代替对狭隘民族国家的自杀式崇拜，人们才有机会挽救西方文明的衰落。 他从未对这种皈依(或重新皈依)的前景完全绝望；但他相信，人类思想在从 20 世纪居于主导地位的错误信仰中觉醒之前还要经历更多的磨难与考验。 事实上，他的历史观认为，民族主义及其蜕变成的集体自我崇拜可以促使具有创造力的少数人远离日常琐事的喧嚣，并在未来某个时间东山再起，重塑解救时弊的信仰体系。 他渴望成为这批少数人中的一员，苦苦寻求着对上帝的全面认识。 然而，尽管汤因比尝试过祷告，并定期通过参与安普尔福斯那样的修道院生活去寻求慰藉，他却从未真正找到过自己追求的东西。 汤因比自己同超验性的精神真实性的接触始终是转瞬即逝和雾里看花式的，尽管这些经历对于他的个人生活而言的确非常重要。

由于汤因比在 1936 年放弃了和平解决国际争端的自由派的、世俗式的希望，此后发生的一系列事件包括 1939 年 9 月的大战爆发，都没有再像埃塞俄比亚危机那样在汤因比心中激起如此巨大的波澜。 因此，当 1938 年的战争恐慌在慕尼黑会议上达到顶点的时候，汤因比仍能平静地写道："我认为痛苦已经过去了。 最痛苦的时刻出现于 1935—1936 年间；如今的事件只是当时变故的自然余波而已。"①

尽管如此，汤因比终归是无法彻底放弃维系和平的希望的。 在 20 世纪 30 年代后期的背景下，维持和平最重要的条件是让希特勒领导的德国同 1918 年的胜利者们达成某种妥协。 汤因比长期以来一直认为，凡尔赛体系对德国进行了不公的惩罚，并指责法国人的不肯让步。 即便在希特勒于 1933 年上台之后，汤因比依旧相信，重新划分东部边境、安排非洲殖民格局的提议可以争取到德国公共舆论的支持，消除希特勒狂热煽动的祸害。②1934 年，汤因比访问了德国，并同一名纳粹的意识形态宣传骨干阿尔弗雷德·罗森博格(Alfred Rosenberg)讨论了德国的"和平动机"和对殖民地的需求。 汤因比的结论是希特勒的国内政策较自己预想的更具压迫性，但他"对纳粹政权的外交政策……不再

171

① 博德利图书馆，汤因比档案，汤因比致维罗妮卡书信，1938 年 9 月 8 日。
② 希特勒上台约 6 周后，汤因比向吉尔伯特·穆雷提议，希望他领导的大不列颠国联同盟会倡议重新划分德国与波兰的边界，但遭到了穆雷的拒绝。 博德利图书馆，汤因比档案，汤因比致吉尔伯特·穆雷书信，1933 年 2 月 20 日。

像之前那样担心了"。①

两年后(1936 年 2 月),汤因比重返德国,这是他迄今为止同纳粹最重要的一次接触。 弗里茨·贝尔贝博士[Dr. Fritz Berber,外交事务专家、里宾特洛甫(Ribbentrop)的心腹]邀请汤因比前往波恩、汉堡和柏林做学术报告。 在柏林,汤因比前往德国法学会(Akademie für deutsches Recht),发表了关于"和平变革"的演讲。 他的发言大受德国听众的欢迎。 汤因比宣称:"身在英国的我们已经开始苦苦思索,通过何种可行的方式与手段才能对'一无所有者'和'占有资源者'(我们自己是其中的首要代表)的地位进行和平调节。"汤因比的设想是将德国的前殖民地还给德国治理,但必须是在"托管"与"国际监督"的体系之下完成。 他进一步提议,应当按照"中国海关的运营模式"实现整个热带非洲通信、卫生等技术性服务管理机构的国际化。②这是德国的民族主义者们梦寐以求的。 一位英国外交官告诉汤因比:"人们到处热烈讨论着你的报告……尤其是那些和外国打交道的商人们。"③

然而,同希特勒对汤因比柏林之行的利用相比,汤因比在公共场合的这些表现是微不足道的。 到了 1936 年 2 月底,欧洲的势力均衡局面即将发生决定性的变化。 因攻击埃塞俄比亚而受到国联制裁的意大利正在同德国走向联手。 法国人则刚刚批准了同苏联结盟。 希特勒重新扩军的计划开始令德国的陆军和空军变得令人生畏。 在这种局面下,希特勒决定利用意大利同英法之间的裂痕,重新占领被《凡尔赛和约》(1919)和《洛迦诺公约》(1925)设为非军事区的莱茵河西岸。 1936 年 3 月 7 日,德国部队向法国边境的进军令英法两国措手不及。 两国将对条约的这次新破坏报告给了国联;后者在经过数周乃至数月的辩论后仅仅采取了消极默许的态度。 这次得逞牢牢巩固了希特勒在国内外的地

---

① 博德利图书馆,汤因比档案,汤因比致洛锡安爵士(Lord Lothian)书信,1934 年 6 月 21 日。 那正是菲利普从拉格比公学逃学的事件迫使汤因比和罗萨琳德改变计划回家的时候。

② 博德利图书馆,汤因比档案,演说词打字稿。

③ 博德利图书馆,汤因比档案,特蕾西·菲利普(Tracy Philipps)致汤因比书信,1936 年 3 月 29 日。 汤因比还收到了英国驻柏林大使馆的布雷恩(T.F. Breen)发来的贺信,写信时间为 1936 年 2 月 28 日。 另一方面,查塔姆楼的一位发言人认为有必要发表声明,指出汤因比在柏林的发言只代表"他的个人见解",不能代表查塔姆楼。 这两份文件应当存放于皇家国际事务研究所档案,汤因比第 4 辑。

位。 这是因为，1936 年 3 月以后，法国军队已无法指望像从前那样，在下一场战争中在德国领土上作战了。

当汤因比于 1936 年 2 月末抵达柏林时，希特勒当然已盘算好了自己要走的那一步险着。 他的重新扩军计划还远未完成；事实上，后来出征的德军早已接到秘密指令：一旦法国人进行动员并开始反击，他们就马上从非军事区撤出。 为了尽量避免这种丢人现眼的事情发生，希特勒在采取恢复德国大国地位的第一个公开军事动作之前采取了一些特殊手段，以便安抚(并迷惑)英法的公共舆论。 制造对己有利舆论的第一个特殊动作发生于 1936 年 2 月 20 日：希特勒接受了法国记者贝特朗·德·茹弗内尔(Bertrand de Jouvenal)长时间的私人采访，并慷慨激昂地表示，自己希望结束法德之间的仇怨。[①]一周后，希特勒(或他的某个手下)选择汤因比为英国公共舆论的适宜塑造者，决定让他进行一次同样的私人采访。[②]

于是，在近两小时期间，"领袖"(Führer)向汤因比讲述了"他的个人使命是拯救这个世界免受共产主义的威胁"，德国同大不列颠达成共识的重要意义，以及他在欧洲与海外目标的温和节制。 同很快将采访内容发表在 1936 年 2 月 28 日《巴黎午报》(*Paris—Midi*)上的德·茹弗内尔相比，汤因比并不急于公开发表希特勒试图传递的信息。 相反，返回英国后不久，汤因比便于 1936 年 3 月 8 日向英国外交部长安东尼·伊登(Anthony Eden)和首相斯坦利·鲍德温(Stanley Baldwin)提交了一份机密备忘录。[③]这份文件保存在汤因比收藏的文件中，并附有伊

172

---

① 关于希特勒当时的讲话摘要，见汤因比与维罗妮卡：《国际事务报告：1936 年》(伦敦，1937 年)，第 257 页。

② 汤因比在《交游录》，第 283—285 页中就自己如何被选中与希特勒会谈提供了略有不同，但并不一定存在逻辑矛盾的叙述版本。

③ 汤因比并不是主动采取这一行动的。 相反，此事缘起于 1936 年 3 月 8 日在阿斯托尔家里举行的一场晚宴，汤因比在宴会上讲述了同希特勒会谈一事。 前内阁首相、鲍德温的好友托马斯·琼斯(Thomas Jones)当时在场，他认为首相应当了解汤因比所讲的这些事情。 他在日记中是这样记述此事的："汤因比刚刚访问德国回来……他同希特勒进行了长达一小时四十五分钟的谈话。 他确信希特勒真诚希望建立欧洲和平及同英国的亲密伙伴关系……我要求汤因比把自己的印象写下来并制作成打印稿，第二天早上就把它交给鲍德温和伊登。"

"我的意图是让鲍德温在大方向上下定决心，即认可希特勒的价值，在消除了最后一道羞辱的情况下尝试同他友好相处。"托马斯·琼斯：《日记与书信集：1931—1950 年》(*A Diary with Letters*, 1931—1950, 伦敦, 1954 年)。

登写于3月11日的已收凭据。 由于英国政府已在入侵当天(3月7日)确定了应对方案,①汤因比关于采访希特勒内容的报告是不可能左右领导人的决策的;但它有可能进一步加强了鲍德温和伊登对德国武力夺回莱茵河流域领土事件的息事宁人态度。

尽管如此,汤因比的备忘录仍是有价值的,因为它反映了作者个人的观点。 当总结自己在德意志公署(German Chancery)听到的那篇长篇演说时,汤因比强调,希特勒想要收回前德国殖民地,但并无征服欧洲的野心。 汤因比对"领袖"意图的解释如下:"国家社会主义②的基本原则是在纯粹的民族基础(即重新统一整个德意志民族,但拒绝接纳其他任何人)上建立一个国家。"他还写道:"希特勒说:'我需要得到英国的友谊。 如果你们英国人愿意同我交朋友的话,你们可以提出自己的条件——如果你们希望的话,其中甚至可以包括关于东欧的条件。'"汤因比随后插入了自己的评论:"我十分确信,在这样一个节骨眼上,希特勒对我讲的话是真诚的。"

然而,希特勒并未完全掩饰自己改变欧洲乃至世界均衡局势的意图。 他说:"奥地利早晚会落入我们手中。"他接下去说道:"如果大不列颠需要一个朋友来对抗日本的话,为什么那个朋友必须是苏联呢?为什么就不能选择德国?"

"领袖"的大部分讲话都是在谈论历史,尤其是针对着苏联的威胁。 事实上,希特勒历史知识的准确和观点的犀利令汤因比赞叹不已——前者将斯大林的共产主义视为亚洲蛮族侵袭欧洲的漫长历史[可上溯到匈人(Huns)和阿瓦尔人(Avars)的时代]中的最近一次攻势。③更重要的是,希特勒让汤因比确信,纳粹政府确实希望且需要同英法达成和平共识。 汤因比将自己对希特勒需求与意图的预测总结如下:

173

希特勒处境的不利之处在于,他始终在德国民众眼中扮演着一

---

① 鲍德温当天在国会里讲道:"在欧洲,我们最需要做的事情莫过于保持冷静、约束自己,并继续尝试让法国和德国一道同我们建立友谊。"《国际事务报告:1936年》,第276页。
② 原文为 National Socialism, 即纳粹。 ——编者注
③ 《交游录》第278—283页对这次会谈的记载强调了希特勒不惜一切代价也要反对苏联的立场。 在回忆中,汤因比隐瞒了自己试图通过1936年3月8日那份备忘录影响英国政策的个人努力。 相反,他表示尽管希特勒十分狡诈,自己却并未相信纳粹德国的和平意图。 但备忘录向我们揭示的情况却有所不同。

个戏剧化的角色。迄今为止，他的身份一直是与布尔什维克为敌的领袖……如果他继续以此为首要角色的话，那么我们很难设想，他如何能够避免同苏联人的那场迟早会发生的军事冲突……我感觉，他已经开始意识到这一危险……并且他渴望改变自己的角色，以"表现良好的欧洲公民"和"英国盟友"的身份出现在人们的视野里——从而让自己反苏的角色退居幕后。对他而言，这是在国内赢得声誉及合法地位的途径之一——并且他必须通过某种方式实现这一目标。如果他能用和平手段而非战争手段达到目的的话，我相信那会让他轻松很多。

因此，我相信，英国方面的任何反应……都会引起希特勒那边同样性质的强烈回应。①

汤因比的乐观希望并未马上化为泡影。日内瓦关于如何制裁意大利的马拉松式辩论仍在继续；而到了 3 月份，莱茵河流域问题也被国联提上了日程。汤因比由此看到了全面修改凡尔赛体系的机会。他在 1936 年 3 月 20 日写道："事态的发展似乎比人们 10 天前的预计要好些。""我希望并且相信，这些事件的最终结果将相当于召开了一次新的和会……协商的解决方案将全面取代之前强加的体系。"②

当这些过高的期望在 4 月化为泡影时，汤因比的幻灭感是非常严重的。他在私下里开始认为，一个新的世界帝国已经呼之欲出，并相信苏联人和德国人将在 20 世纪竞争罗马人的地位。他向自己的美国朋友昆西·怀特写道："我个人倾向于认为，德国人将压倒苏联人，扮演罗马人的角色。并非不可想象的是，英法或许会接受这一至关重要的既成事实，而不会为此发动另一场世界大战。"③两年后，当慕尼黑危机爆发时，汤因比改变了认为英国会向德国人屈服的念头："我认为德国会在几天后重复自己在 1914 年的举动：在确信英国不会投入战斗的情况下入侵某个小国，随后发现自己判断错了。"④

---

①　这两段引文均来自博德利图书馆，汤因比档案，致外交部备忘录，1936 年 3 月 8 日。

②　博德利图书馆，汤因比档案，汤因比致杜福尔·冯·费兰斯(A. Dufour von Ference)书信，1936 年 3 月 20 日。

③　博德利图书馆，汤因比档案，汤因比致昆西·怀特书信，1936 年 7 月 9 日。

④　皇家国际事务研究所档案，汤因比第 4 辑第 1 号，汤因比致玛格丽特·克利弗书信，1938 年 9 月 10 日。

在面对战争阴云密布的局势时，他的情绪波动得很厉害，几乎每日一变。1938 年 9 月 29 日，张伯伦(Chamberlain)从慕尼黑返回，并宣称带回了"我们这个时代的和平"。汤因比对此的第一反应充满了矛盾。他写道："张伯伦的政策当然有可能是一种一厢情愿……但我还是感觉，形势已发生了重大变化，（德国人的——作者）破坏力量已在很大程度上得到了遏制。"①他在文章《对 1938 年 9 月及此后前景的初步看法》(First Thoughts on September *1938* and After)中宣称："民族自决原则终于得到了一视同仁的应用，可以造福那些不幸在 1919—1921 年间属于失败者一方的民族了。"②

然而，他的论调在两周后又发生了变化。这一点在他写的随笔《慕尼黑事件之后》(After Munich)中得到了清晰反映——该文在英国皇家国际事务研究所的出版物上发表，旨在引导新国际形势下的公众舆论。汤因比认为，英法已丧失了"保留大国身份的最后机会"，因为欧洲的民族自决原则"注定将制造出一个被德国霸权控制的中欧"。他断言，继续抵抗德国已无可能。这些观点令人震惊，以至于他的老友盖索恩—哈代奉命转告汤因比：在目前的情况下，至少研究所是不会发表他的文章的。否则的话，"那将成为对希特勒十分危险的鼓励"。③

理解汤因比对国际形势判断变化历程的一条线索是：他确信多元主权并立的局面[汤因比自己习惯于称之为"割据政权"(parochial states)]是一种罪恶，必须通过某种方式加以克服。他对维罗妮卡写道："我认为，唯一具有建设性的、值得为之奋斗的事业是超越民族国家的主权——我将长期沿着这条路走下去，即便它将引导我去支持某个十分暴虐的国家。"④正如汤因比在战争爆发不久后所承认的那样，这很可能意味着要对希特勒妥协。他说道："我们有理由认为，这个世界迫切需要政治统一……即便付出需要忍受极端暴政的代价，那也是值得的……

---

① 博德利图书馆，汤因比档案，汤因比致维罗妮卡书信，1938 年 10 月 1 日。
② 博德利图书馆，吉尔伯特·穆雷档案，85 号，第 154—161 页。
③ 博德利图书馆，汤因比档案，汤因比：《慕尼黑事件之后》，1938 年 11 月 18 日，附有盖索恩-哈代未标明日期的便条。
④ 博德利图书馆，汤因比档案，汤因比致维罗妮卡书信，1938 年 9 月 8 日。

我并非主张世人现在应当做出决定……我们都在摸索中前行，目前还很难看清局势。"①然而，希望通过合理改革在一定程度上解决国际问题的传统自由主义希望仍旧在汤因比丰富的想象中挥之不去。《慕尼黑协定》遭到撕毁后，汤因比向维罗妮卡解释道："战争的结果是不可想象的。 我能想到的、最具建设性的解决办法是建立一个永久性的欧洲合众国(United States of Europe)去遏制德国，并争取将她的各部分一点点地纳入这个联邦体系。"②

在 1938 年，这样的希望无异于做白日梦；但怯懦地向纳粹统治屈服又是不可接受的。 汤因比已不知道该如何思考，推荐实行怎样的国家政策。 相反，他抓紧一切空闲时间去完成《历史研究》的下一部分——这一部分讨论的无疑是当时特别应景的主题："诸文明的衰落"和"诸文明的解体"。

当然，他继续承担着准备年度《国际事务报告》的任务。 由于二战前夕的国际事务风云变幻，这几卷报告的篇幅也变得越来越大。 但洛克菲勒基金会的捐赠和查塔姆楼获得的其他收入使得汤因比可以聘请其他学者去完成报告中的重要部分。 两位皇家国际事务研究所的新成员开始承担固定的写作职责；有些章节还被委托给研究所外的若干作者。 但最重要的是，汤因比开始越来越多地依赖自己的老搭档、不知疲倦的维罗妮卡·博尔特。 她负责大致遵照出版时间表整理好报告文稿，进行到位的编辑，编撰索引，并核对文本的准确性。 对于查塔姆楼在 1939 年二战爆发之前年复一年出版的，内容充实、篇幅可观、令人印象深刻的系列《报告》而言，她是一位完全称职的(或许承担得还要更多)的编撰者。

尽管如此，汤因比的心思已完全不在他编撰的那些《报告》上了。在充满激情地批判了英国对意大利—埃塞俄比亚战争的政策后，后续的《报告》回归了按编年体例准确记录细节的风格，不再(或极少)对政策进行公开评价。 正如我们已经看到的那样，汤因比自己对政治形势走向的看法便充满了矛盾；并且他也无意于同查塔姆楼或白厅(Whitehall)的

---

① 博德利图书馆，汤因比档案，汤因比致泰特利(S. Tetley)书信，1939 年 9 月 27 日。
② 博德利图书馆，汤因比档案，汤因比致维罗妮卡书信，1938 年 8 月 29 日。

领导们发生冲突。通过把大部分写作任务交给他人，自己主要负责策划与编辑工作，汤因比可以最大限度地减少自己在报告上投入的精力，从而腾出手来更多地关注他真正感兴趣的东西。他始终认为，自己的真正使命是撰写一部历史巨著；而《历史研究》前几卷引起的强烈反响进一步让他确信，这才是真正重要的事业。为此，他竭尽全力加快写作进度，并于1938年底完成了即将付印成第4—6卷的、堆积如山的手稿。

在这几卷等待印刷的过程中，汤因比个人生活中的两场灾难接踵而至。他的母亲于1939年2月去世。这件事引起了汤因比辛酸的回忆和强烈的悔恨。我们已无从了解他的具体感受；因为汤因比的妹妹玛格丽特销毁了他寄来的一封信。在那封信里，除谈论了其他事情外，汤因比还回顾了父亲精神失常之际他同母亲关系的破裂经过。尽管如此，玛格丽特回信中隐晦的暗示至少清楚地表明，汤因比对自己同母亲关系裂痕的加剧痛悔不已。玛格丽特答复道："我很高兴你能如此坦率地写信给我，谈论你和妈妈的关系。但这封信让我为你感到悲伤，其程度远远超过了我对自己感到的悲伤。我确实真心相信，像你所说的那样，你早年跟妈妈的亲密关系是极其宝贵的和几乎牢不可破的；十分遗憾的是，你后来失去了这一纽带，其原因部分在于那件有违自然的事情。所幸的是，我不认为妈妈猜到过这一点……但她有时也会感到，你似乎同她保持着距离；甚至可以说是非常疏远——尤其是考虑到你之前同她的亲密关系……这令她感到困惑。"[1]猜测导致1909年汤因比同母亲决裂的"有违自然"之事究竟为何恐怕是徒劳的。但他似乎确实为此感到自责。

不过，汤因比没有去看望他的父亲并通报伊迪丝去世的消息。他的两个妹妹代他完成了那个任务。乔斯林是这样记述她们的那次拜访的："玛吉（Margie）和我刚从北安普顿回来。我们无法向你形容此行究竟有多么令人欣慰。我们直截了当地告诉了爸爸关于妈妈的事情；他好像完全没有精神疾病一样。他完全明白发生了什么，并像玛吉和我

---

① 博德利图书馆，汤因比档案，玛格丽特·汤因比致汤因比书信，1939年2月23日。

获悉此事时那样情不自禁地开始哭泣。　他完全没有提及自己的日常起居与烦恼……他很有风度，准许我们长时间地亲吻他，没有像之前有些时候那样退缩……尽管被笼罩在那层阴云之下，他对妈妈和我们的爱一如既往。　至少在今天，这份爱冲出了云层。　这可以表明，妈妈对他的所有那些悲伤且痛苦的拜访是多么值得——它看似有害无益；但她却耐心地坚持了下来。"①

　　未及抚平母亲去世这一创伤的汤因比很快又遭受了更为沉重的打击。　他的长子托尼在同与自己订婚的女孩争吵后愤然向自己开枪，并在几天后的 1939 年 3 月 15 日离开了人世。　三年前，托尼在波恩大学读完一年书回家时是一名充满激情的反纳粹分子。　因此，他肯定不会继续留在德国读书；并且在尚未完成学业就被温彻斯特公学开除的情况下，他也无法获得进入某所英国大学求学的资格。　托尼曾要求加入苏联红军，以便在抗击希特勒的事业中发挥真正活跃的作用。　汤因比并不赞成这个想法。　但为了安抚执拗的儿子，汤因比还是安排托尼会见了苏联驻英大使伊万·麦斯基(Ivan Maisky)。　后者明确表示，害怕间谍混入的苏联红军不想接纳外国志愿者。　在事后同丈夫交换意见时，罗萨琳德宣称："托尼的举动十分古怪。　我也有同样的感觉：他在得知自己无缘加入苏联红军时其实松了一口气。"②

　　不过，托尼在德国期间展现出了相当可观的语言天赋，学习了多种斯拉夫语言，甚至还尝试过学习古波斯文。　由于大学学术训练的支离破碎，托尼显然并不适合步入外交生涯；但担任一名英国驻外领事似乎是个不错的替代方案。　托尼顺从地参加并通过了相关考试。　他得到的第一项任命是前往北平生活三年，以便掌握汉语。　他的父母对此感到喜出望外。　汤因比对维罗妮卡写道："我几乎不敢相信这是真的。"托尼的表现"有条不紊，以至于没有人能挑出刺来——除了他在拿出来福枪或左轮手枪持枪许可证时提出质疑的警察"。③

　　托尼在北平患上了影响心脏健康的热病。　在卧床休息数月后，他被

---

① 博德利图书馆，汤因比档案，乔斯林·汤因比致汤因比书信，1939 年 2 月 18 日。
② 博德利图书馆，汤因比档案，罗萨琳德致汤因比书信，1936 年 1 月 4 日。
③ 博德利图书馆，汤因比档案，汤因比致维罗妮卡书信，1936 年 5 月 11 日。

送回了国内，解除了领事一职，改任海外贸易部（Department of Overseas Trade）的国内职务。①但托尼十分厌恶在伦敦的行政职员生涯，并决定辞职。 这让他的父母感到沮丧。"我们刚刚从菲利普那里听说托尼确实打算辞职，并向托尼下了最后通牒。 这确实是一场危机，因为……他事实上将陷入失业状态。 我们希望能够开导他——就像我们两年前（在麦斯基的帮助下）让他远离了苏联红军一样。"②显然，托尼这一次在父母的意愿面前屈从了。 但8个月后，他以向自己开枪作为报复。 一场失意的恋爱风波是他自杀的直接导火索；但父母对他举止的极端反对意味着，这一枪抗议的不仅是同他发生口角的年轻女孩，还有他的父母。

由于托尼未能一枪打死自己，汤因比夫妇忍受了更加剧烈的痛苦。 罗萨琳德痛不欲生。 而在儿子撒手人寰之前，病床旁边的汤因比也有足够的时间去忏悔自己未能尽到作为父亲的责任。 他再度经历了一次神秘体验。 汤因比在30年后这样回忆道："那仿佛是一种超验性的精神存在，代表着我和弥留之际的那个人都无力提供的爱；它在那个苦难的时刻揭开了让我们不知道上帝一直就在身旁的帷幕。"③人们可以理解，汤因比在那个时刻为何需要上帝的仁慈与原谅。 更让他感到痛苦的是，就在托尼去世的当天，希特勒向波希米亚的残余抵抗势力发动了进攻。 那块领土本是《慕尼黑协定》划给捷克人的。 这样一来，认为纳粹的野心仅限于民族自决体系下属于德国的那部分领土的幻想便彻底破灭了。

哥哥的自杀困扰着菲利普；后者也起了轻生的念头。 尽管他在牛津表现良好，尽管（或恰恰由于）他信奉共产主义，同父母和解仍是一件办不到的事情。④但当时仍在安普尔福斯读书的劳伦斯却成了父母的救

---

① 沃德-斯科特（Vaud-Scott）致安东尼·汤因比书信，1938年7月4日，菲利普·汤因比夫人收藏。
② 博德利图书馆，汤因比档案，汤因比致维罗妮卡书信，1938年7月15日。
③ 汤因比：《往事》，第176页。
④ 菲利普的文学创作生涯始于他出版于1936年的一部小说。 他曾在伯明翰当过一阵子新闻记者，但在托尼自杀之际辞职——这令他的父母感到难过和烦心。 他也跟几个姑娘闹得死去活来过；但菲利普的自杀倾向跟他年轻时的大部分举动一样都是一种装腔作势。 他的挚友贾斯帕·里德利（Jasper Ridley）寄来的信或许反映了他对托尼之死的态度："如果你在与我见面后不久就自杀了的话，我将视之为对我的大不敬。"菲利普·汤因比：《分道扬镳的朋友们：回忆而立之年的埃斯蒙德·罗米利和贾斯帕·里德利》（修订版，伦敦，1980年），第143页。 菲利普·汤因比夫人准许我翻阅了菲利普那个时期留下的大量日记。 这些文字明确反映了他对托尼的深挚感情，以及他同父母和自己追求着的几个姑娘之间阴晴不定、含糊不清的关系。

星，发挥了超出其他所有人的作用。 汤因比向维罗妮卡承认："当看到他走下火车时，我们两人感到自己再度拥有了他，仿佛他刚刚出世一样。"①三人一道前往法国进行全身心休养。 但汤因比是无法逃避劳苦的——在他们出国期间，出版社寄来了《历史研究》第 4—6 卷的最后清样和索引。 于是汤因比又尽职尽责地坐下来，在正式出版之前对它们进行最后一次检查。②

上述这部汤因比巨著的第二部分即将出版之际的相关背景可以告诉我们，汤因比在描述诸文明的衰落与解体时使用的语调何以会如此激动和具有预言性。《圣经》的引文在文稿中俯拾皆是；并且汤因比在分析诸文明如何死亡时倡导进行精神与宗教改革。 他在一个段落中明确接受了基督道成肉身的信仰——但他后来又不敢确认这条信仰的真实性。③他还明确预言了即将到来的世界帝国——那是他在日后的公开言论中一直回避的话题。④

读者的反响不再像 1934 年时那样众口一词。《泰晤士文学副刊》将汤因比同吉本相提并论，认为汤因比指出了吉本将罗马帝国的灭亡归因于蛮族和宗教胜利的错误。"他在一部题材（较吉本著作）更为宏大的作品中指出：蛮族的胜利只是一种幻觉；而加利利人（Galilean）事实上是被征服者。"英国历史学家中冉冉升起的新星泰勒（A.J.P. Taylor）称赞了"这部巨著令人叹服的渊博学识"，但感到"难以接受它的主要观点"，并为汤因比"固执地将每一个历史事件纳入严格的框架体系"感到遗憾。 史学家兼哲学家科林武德（R.C. Collingwood）私下里对汤因比写道："像其他一切对历史多少有一点兴趣的人一样（我认为如此），我也正在阅读您最近出版的二卷著作。 我必须写信向您道贺。 令我感到惊讶的是，世上居然有像您这样、拥有如此渊博历史知识的人……而拥有如此丰富的知识，却又能够信手拈来运用它们而不是被其压倒的人物

① 博德利图书馆，汤因比档案，汤因比致维罗妮卡书信，1939 年 3 月 18 日。
② 博德利图书馆，汤因比档案，汤因比致维罗妮卡书信，1939 年 4 月 25 日。
③ "就这样，宣扬犹太裔弥赛亚是上帝肉身的《福音书》由加利利人宣讲，却被外邦人所牢记。"《历史研究》，IV，第 263 页。
④ "几个区域性集权国家并立的格局迟早会让位于一个普世性的集权国家——民主制与工业化的力量终究会让后者至少在自己的自然疆界范围内掌控一切。"《历史研究》，IV，第 179 页。

更是少之又少。"①

另一方面，吉尔伯特·穆雷却感到自己无法继续保持之前对这部著作的热情。他在读完部分手稿后写道："我承认，自己对这一章感到困惑。它给我的印象是……你已经成了罗萨琳德的代言人！……我并不认为摆脱宗教束缚是我们面临的唯一或主要危险……请原谅我的直言不讳。你知道的比我多得多；但我确实觉得你应当改变自己，使用另一种更加客观的口吻。"他的署名是"你永远的朋友，那个信奉理性的老头"。②

178　　事实上，突如其来的战争阴云转移了人们对《历史研究》第二部分出版的注意力——因为这几卷恰好问世于大战爆发前夕。战争急剧改变了人们的正常生活，甚至将甘索普——汤因比撰写其里程碑式著作全部前六卷的地方——变成了一座兵营。罗萨琳德在从那里搬出时哀叹道："我怀疑我们今后是否还有机会住在这里。""我甚至不认为霍华德城堡还能保留下来。这是一个时代的终结——只有安普尔福斯会延续下去……如此结束这一章是多么令人心伤。"③事实证明，她的预言并不准确。但汤因比同罗萨琳德的共同生活在他们搬出甘索普后并未维持多久；并且正如我们将在下一章中看到的那样，这场战争还改变了他179　们两人生活中的其他许多方面。

---

　　① 《泰晤士文学副刊》1939 年 8 月 19 日；《曼彻斯特卫报》1939 年 12 月 1 日；博德利图书馆，汤因比档案，科林武德致汤因比书信，1939 年 10 月 12 日。
　　② 博德利图书馆，汤因比档案，吉尔伯特·穆雷致汤因比书信，1935 年 4 月18 日。
　　③ 博德利图书馆，汤因比档案，罗萨琳德致汤因比书信，1939 年 9 月 9 日。

第八章　第二次世界大战
（1939—1946 年）

　　1939 年 9 月 3 日，英法两国向德国宣战；这让汤因比的生活陡然发生了新的转折。 就事业而言，他的工作单位变成了牛津大学，他成为一个准政府机构——外交研究与出版署（the Foreign Research and Press Service）——的领导人，该机构就坐落于他从前就读的巴利奥尔学院。而对于私人生活来说，1939 年 4 月托尼的自杀，以及他们在 9 月份搬出甘索普迁居牛津等一系列变故切断了他之前同罗萨琳德建立的纽带。折腾了一年之后，罗萨琳德又搬到了伦敦，并于 1942 年决定与那个已不被她视为丈夫的男人分道扬镳。

　　这件事对汤因比自尊心的打击几乎是致命的。 他考虑过自杀，并一度濒临发疯的边缘。 但他的宗教信仰、维罗妮卡的帮助和他自己的工作习惯最终占据了上风。 于是，顶着个人生活中的无尽凄凉，汤因比继续在事业上高歌猛进。 他领导的研究团队先是承担了确定英国战后目标的任务，随后在 1943 年正式隶属于外交部。 日益繁重的责任并不能完全抵消私人生活的失意。 在多次寻求同罗萨琳德和解未果后，汤因比于 1946 年同罗萨琳德离婚，并迎娶了维罗妮卡。 可见，汤因比在二战中的处境比在一战中更为艰难。 罗萨琳德对他的抛弃比他在

1914—1918 年间对自我的背叛更富有伤害性，因为那是无法用言辞加以掩饰的。 战争结束时的汤因比患上了面部痉挛；该病症伴随着他的余生，成为其痛苦的写照。

1939 年战争的爆发并未出乎任何人的意料之外，对于在查塔姆楼工作的国际问题专家们而言尤其如此——他们早在开战一年多以前就开始筹划皇家国际事务研究所将在战争期间扮演的角色了。 汤因比坚决认为，研究所不应被降格为一个官方或非官方的政治宣传机构。 他更喜欢的是自己在一战后期扮演的那种负责建言献策的专家角色。 正如他向盖索恩-哈代解释的那样："我不知道你是否还记得战争后期在特雷尔(Terrell)和海德拉姆-莫雷领导下的政治情报局。 我本人就在那里工作，并对自己得以摆脱政治宣传任务、重新回归探索真理的事业感到的欣慰记忆犹新。 如果我们的研究所能在另一场战争中扮演那一角色的话，那么它将承担对本民族至关重要的职责，并且……我们也不会因通过这种方式参与战争而出卖灵魂或损失名誉。"①

想让外交部意识到自己需要外部帮助绝非易事；但在阿兰·利珀——外交部官员及汤因比从前在政治情报局的同事——负责同查塔姆楼沟通的情况下，达成共识的机会就来了。 1939 年 8 月 4 日，外交部同意将研究所成员及其收藏的媒体报道剪裁资料安置在牛津大学巴利奥尔学院，并承担这次搬迁的大部分费用。 该团队在新工作单位的任务是为有需求的任何政府部门提供准确的外交事务情报。 牛津大学也是这次安置活动的参与者；因为外交研究与出版署(那是这个新机构的官方名称)计划将牛津大学里的一批专家吸纳为自己的工作人员。 该机构的财政来源十分复杂。 政府提供其最初预算的 80%。 剩下的经费一部分来自牛津大学(它继续支付加入外交研究与出版署的大学教师们的薪水)，另一部分来自皇家国际事务研究所(它承担着汤因比及其若干主要助手的薪水)。②

---

① 博德利图书馆，汤因比档案，汤因比致盖索恩-哈代书信，1938 年 3 月 31 日。
② 关于最初的 8∶2 分成比例，见博德利图书馆，汤因比档案，汤因比致卡尔(E.H. Carr)书信，1939 年 12 月 13 日。 查塔姆楼档案，2/1/7b 号保存了当时牛津大学的一些杂项文件。 1942—1943 年的一份预算草案表明，由于出版署承担了新任务，最初的财政计划也进行了相应调整。 根据 1942—1943 年的这份预算草案，外交研究与出版署计划支出 67 568 英镑，其中 7 600 英镑来自牛津大学，3 271 英镑来自皇家国际事务研究所。 汤因比的年薪为 1 325 英镑；维罗妮卡的为 600 英镑；布里奇特·雷丁的为 208 英镑。

作为外交研究与出版署的领导者，汤因比发现自己突然陷入了官僚机构内部勾心斗角的旋涡之中，那是他的性格难以面对的问题。他向自己的一位老同学坦承："我本希望去对付德国人，同时又不让自己那些血气方刚的年轻同事过分仇恨德国人；但到目前为止，我四分之三的精力都耗费在了应付其他英国同胞的攻击和调解各部门矛盾之上——这些情感比对德国人的任何仇恨都要强烈得多。"①他对另外一位莫逆之交写道：

> 我现在的生活十分诡异，那是我之前从未设想过的。我偶尔会跟一些知名人物协调非常重要的事情，并带领我在这里的同事们为他们做些有用的事情。但我的大部分精力仍耗费在了……如何挫败内耗式的阴谋与诽谤之上。我不知道，各部门之间目前的这种敌对关系究竟是否正常。我在上一次战争爆发时还只是个小字辈，可以对这类事情不予理会。我怀疑，哪里有政治权力，哪里就有阴谋和背叛——政治是人类各项事业中从未得到净化的重灾区。这至少是我阅读历史时的感受，并且如今得到了现实工作经历的证实……我习惯于过着深居简出的生活，只跟我尊敬、喜爱的人们打交道；争权夺利的事情在这样的环境中是不存在的。现在，我却不得不在污浊的大海里游泳，并保持自己的头不被罪恶的波涛吞没。如果只是为了个人前途的话，我早晚会为了"爱惜自己的羽毛"而退出斗争的。但幸运的是，我必须为了履行对查塔姆楼、国王陛下和同事们的职责而坚持下去，因而可以在一定程度上用超然物外的态度去处理这些事情。或许我在这件事上有点儿自欺欺人……就我所能了解到的情况而言，我的行政工作完成得还不赖；至少我还能掌控局势。②

181

从某种意义上讲，汤因比确实掌控了局势：他领导着急速扩大的职员队伍，安排着自己麾下专家们的任务与角色。他在同玛格丽特·克利弗的尖锐斗争中全身而退——后者起初认为汤因比应当把行政权交给

---

① 博德利图书馆，汤因比档案，汤因比致大卫·戴维斯书信，1940年12月15日。
② 克里斯坦·佩珀编：《一位历史学家的操守：汤因比与安普尔斯福勒斯教士哥伦巴·卡瑞-埃尔维斯通信集》，第80—81页，汤因比致哥伦巴书信，1940年12月5日。

自己，就像他从前在查塔姆楼的习惯做法那样。他率性而为的管理方式也没有因公开的告发而作出改变——写给《泰晤士报》的一些信件抱怨汤因比为自己在查塔姆楼的一些熟人发放高薪。①

即便到了 1943 年初，当外交研究与出版署已壮大到拥有了 177 名专业职员的时候，领导该机构的汤因比仍旧试图维持着一种学院式与准学术式的管理精神。例如，他会在每周五下午组织向所有人开放的非正式研讨班，邀请较年长的职员轮流分析本周重要事件。汤因比这一举措的用意在于拓展职员们的视野，打破专家们的门户之见，营造一种同志情谊。他的努力也确实在一定程度上获得了成功。②

不过，那个时代的人们并未普遍接受汤因比对自己行政能力的乐观看法。试图推翻汤因比领导地位的努力从未取得过实质性进展。这既是因为汤因比本人声名显赫；又是因为攻讦他的人自己的行政能力也无法令人信服；还因为汤因比能够利用自己在温彻斯特公学、巴利奥尔学院和查塔姆楼积累的人脉展开反击，从而为自己及其领导的团队赢得支持。然而，就连维罗妮卡——汤因比最亲密的同事和最同情他的朋友——也认为他不适合担任行政领导者。她在创作于汤因比去世后的回忆录中写道："毫无疑问，这次领导专家团队的经历对于阿诺德而言算不上成功……例如，我记得有那么几次，当汤因比同某位专家讨论某个棘手难题时，汤因比会不住地说'好的'，似乎表明他在被对方的观点牵着鼻子走。那位专家会认为阿诺德赞同自己的计划，并会在意识到阿诺德其实并不认可他的想法时大失所望。"③

汤因比一直难以同他人融洽地合作。他对自己和同事的要求都很高。只有维罗妮卡完全达到了他的预期和要求；而维罗妮卡之所以能做到这一点，是因为她在工作中比汤因比更加忘我。但汤因比又认为，当面指责他人是一种侮辱和不可取的失态。当出现观点或计划分

① 《泰晤士报》，致编辑的信，1939 年 11 月 8 日与 1939 年 12 月 9 日。汤因比的主要攻击者为卡尔，此人领导的、坐落于伦敦大学的外交出版署（Foreign Publicity Division）是外交研究与出版署的主要竞争对手。参见博德利图书馆，汤因比档案，卡尔致汤因比书信，1939 年 12 月 11 日，以及汤因比于 1939 年 12 月 13 日给出的尖酸答复。
② 皇家国际事务研究所档案，汤因比第 4 辑第 1 号，每周集会资料。1943 年 1 月 23 日的研究所人员构成见皇家国际事务研究所档案第 2/1/7b 号。
③ 维罗妮卡：《汤因比与维罗妮卡的关系：1924—1975 年》，打字稿，第 8—9 页。

歧或某人的表现未能达到自己预期的时候，汤因比会习惯性地予以忍
让，希望矛盾会自动得到化解。　但富有讽刺意味的是，追求完美的理
想让汤因比在行政管理活动中扮演了一个刺眼的好斗者角色。　汤因比
对他人针对自己的批评表现得极度敏感，并将局外人的质疑视为无礼的
侮辱。　自尊心和受到伤害的荣誉感要求汤因比进行不依不饶的猛烈回
击——而他对此是极为擅长的。

　　新任务、新人事关系和见解分歧导致了外交研究与出版署内部及其
同其他政府部门之间的重重矛盾。　汤因比一直对此感到沮丧；但他又
固执且虚荣地维护着自己的领导地位。　他挫败竞争对手的办法是为自
己下属的工作效率与成果价值进行辩护，并努力争取外交部长安东尼·
伊登等头面人物的支持。　汤因比的努力获得了成功。　他于1941年6
月对维罗妮卡写道："我们显然已经转危为安：伊登已确信我们是有些
用处的。"除为外交媒体提供每周评论外，"我们还会提供另外一批关于
时事(如阿拉伯联盟)的……每周短评。"①到了1942年年初，外交研究
与出版署还按照一战期间各国背景信息汇编的蓝本编撰了介绍许多国家
的手册。②

　　汤因比和外交研究与出版署的其他成员也在英国关于可能的和约条
款的讨论(早在1939年即已开始)中占据着主导地位。③汤因比在外交
研究与出版署中设立了一个"和平目标部"(Peace Aims section)，以便
帮助制定英国处置战后世界格局的官方政策。　这些努力很快同世界基
督教协进会(World Council of Churches)日内瓦总部的国际磋商走向合
流。　在世界基督教协进会的牵头下，一个美国教士代表团于1941年10
月前往巴利奥尔学院，同汤因比和一批英国教俗人士共同商讨和平目
标。　在这次会晤中，汤因比第一次见到了将显著提升自己战后在美国
声望的一个人物——美国公正与长期和平基础研究会(American Com-
mission to Study the Basis for a Just and Durable Peace)主席、纽约神学

①　博德利图书馆，汤因比档案，汤因比致维罗妮卡书信，1941年6月5日。
②　博德利图书馆，汤因比档案，汤因比致维罗妮卡书信，1942年1月14日。
③　博德利图书馆，汤因比档案，佩顿(W. Paton)致汤因比书信，1939年12月14
日。该信描述了一名挪威教士贝尔格拉夫主教(Bishop Berggrav)对英国的访问，此人带
来了据说是德国方面提出的和谈条件。

院联合会(President of Union Theological Seminary in New York)主
席、可敬的亨利·范·杜森博士(Reverend Dr. Henry Van Dusen)。①
在美国真正成为战争盟友后,第二个美国代表团造访了巴利奥尔学院,
随行人员中就有未来的美国国务卿约翰·福斯特·杜勒斯(John Foster
Dulles)。②

汤因比在这些会晤中扮演的角色既有官方性质,也有非官方的一
面。 一方面,他掌握着一些足以影响和平条件的英国官方文件,那是
政府禁止他分享给世界基督教协进会的。 与此同时,他又可以以私人
身份畅所欲言。 当汤因比就同美国人谈话过程中的开放程度征求官方
意见时,政府给他的指示(下达于会后一周)如下:"我们确实认为,汤
因比同杜勒斯进行开诚布公的交谈是安全的和有好处的,不过……他也
应避免涉及任何与英美政府意见相左的话题。"③

汤因比作为同美国人交流的中介的身份在 1942 年夏发生了新的转
向;因为纽约的洛克菲勒基金会邀请他访问美国,以便"商讨战后诸问
题"。④工作单位批准他接受这次邀请。 于是,汤因比于 8 月 23 日乘飞
机离开英国,直到 1942 年 10 月 20 日才返回伦敦。 这是汤因比第一次乘
183 坐飞机。 他称之为"一种十分奇妙的旅行方式——我前一天还坐着大游
览车在某个偏远乡村的角落里参观(他是从爱尔兰起飞的——作者),第二
天晚上便飞越了一片大洋"。⑤之后在美国境内的航空旅行则激发了汤
因比在云上翱翔的诗兴:"我们的飞机自下而上穿越云层,仿佛一艘浮
上水面的潜艇。 随后,它从看似平坦坚实的云层上方掠过。 那仿佛是
《创世记》里的苍穹,又像是西西伯利亚草原的风光。"⑥

① 博德利图书馆,汤因比档案,媾和会议报告,巴利奥尔学院,1941 年 10 月 2—3
日。 阿尔弗雷德·齐默恩、林赛和纽约枢机主教同汤因比一起听取了范·杜森关于美国
在战后格局安排问题上立场的陈述。
② 博德利图书馆,汤因比档案,媾和会议报告,巴利奥尔学院,1942 年 7 月 6 日。
杜勒斯在 1953—1959 年总统艾森豪威尔(Eisenhower)执政期间担任国务卿。 他在 1942
年时是一位与长老派关系密切的非教士名人和纽约律师。
③ 博德利图书馆,汤因比档案,外交部文笺,1942 年 7 月 13 日,署名为弗朗西
斯·伊文斯(Francis Evans)。
④ 皇家国际事务研究所档案,汤因比第 4 辑第 8 号,瓦尔特·马洛里(Walter Mal-
lory)致汤因比书信,1942 年 7 月 6 日。
⑤ 博德利图书馆,汤因比档案,汤因比致维罗妮卡书信,1942 年 8 月 23 日。
⑥ 博德利图书馆,汤因比档案,汤因比致维罗妮卡书信,1942 年 9 月 20 日。

但汤因比在美国所承担的工作要比体验航空旅行的兴奋与新奇重要得多。 首先，他获准参加了列奥·帕斯沃尔斯基(Leo Pasvolsky)主持的国务院战后事务筹划会议。 正如他在旅行接近结束时告诉维罗妮卡的那样："我住在哈利法克斯大人(Lord Halifax)家里……经常同帕斯沃尔斯基见面，并讨论专业性的细节问题。"①汤因比受到了美国人的热烈欢迎。 他写道："《报告》和那部'胡说八道的书'就是我的名片——并且它们很好地帮助了我。"②更重要的是，汤因比关于公正、持续和平的理想同与他会晤的那些美国人不谋而合。 汤因比宣称："我确信自己在交友方面建树颇丰。 我希望这次访问能够迅速促成两国的常规性合作与人员往来；它至少可以为轮子润滑……许多美国人同我们十分相似，拥有共同的美德与局限。"③

在汤因比获准出访期间，英国外交部禁止他公开谈论时事政治，但准许他同"有价值的团体"进行磋商。④资助汤因比这次旅行的洛克菲勒基金会希望他到首都华盛顿以外的地方去传播自己的观点，并在纽约国际关系委员会(Council on Foreign Relations in New York)的帮助下组织了全国各地的"有价值的团体"来跟汤因比交流。 在华盛顿同帕斯沃尔斯基和国务院打了两周交道后，汤因比开始进行一场全国旅行，访问了包括休斯敦、洛杉矶、芝加哥在内的十来个美国城市，以及路易斯维尔、得梅因与圣保罗等许多较小城镇。 他在沿途各站会见由编辑、律师、教育工作者和其他对国际事务感兴趣的专业人士组成的小型团体，宣讲实现公正、持久和平的必要条件。 他的核心思想在于：持久和平要求美国在国际事务中扮演活跃角色，摒弃它在 20 世纪二三十年代奉行的孤立主义政策，并用某种形式的世界政府取代民族国家的主权。

这些会晤中最重要的一次发生在 10 月 7 日的普林斯顿(Princeton)。汤因比在那里会见了杜勒斯和公正与长期和平委员会的其他成员——他们同曾派遣代表团前往牛津拜访汤因比的世界基督教协进会存在着密切

---

① 博德利图书馆，汤因比档案，汤因比致维罗妮卡书信，1942 年 10 月 15 日。
② 博德利图书馆，汤因比档案，汤因比致维罗妮卡书信，1942 年 9 月 5 日。
③ 博德利图书馆，汤因比档案，汤因比致维罗妮卡书信，1942 年 9 月 13 日。
④ 博德利图书馆，汤因比档案，汤因比访美备忘录，未标注日期。

联系。范·杜森在写给英国公正与长期和平委员会主席的一封信中总结了汤因比的讲话要点:"令杜勒斯和我吃惊的是,汤因比认为,除世界政府之外别无解决世界秩序主要问题的有效手段。他的具体建议是重建一个世界性的国联。它从一开始就要囊括所有同盟国成员,并尽快将轴心国成员吸纳进来;同时还要指定四个负责任的大国来维持秩序。"对于1942年的美国听众而言,这样的言论是难以理解的。范·杜森明确指出,当普林斯顿的听众们最终达成共识,认为"除有组织的、高效的世界政府外,避免第三次世界大战或秩序混乱将无法可想"时,"杜勒斯并不情愿地被迫承认,这个结论是合理的"。[1]

汤因比收藏的文件中保存了一份关于这次会议所达成共识的打字稿。它证实了范·杜森报告的准确性。例如,打字稿宣称"此后,新的(世界——作者)政府必须独立于所有民族或民族团体之外;每隔一段时间确定其权限与人事任命的那些人有责任将从前的中立与敌对国家也吸纳进来","或许有人会认为我们的提议过于大胆,另一些人则觉得时机尚不成熟。但我们在下结论前并非没有对这两点进行过深思熟虑","作为基督徒,我们有责任广泛宣传这个世界业已形成的相互依存关系所导致的道德后果。这个世界已经成为一个整体。组成它的各成员国已不再拥有行使其'主权'或保持'独立地位'的道德权利——它们如今不过是一种不计他人损失的法律权利而已。现在已经到了各民族必须放弃这种不道德权利的时候了"。

显然,通过对传统美国孤立主义的意外挑战,汤因比为自己赢得了一些重要信徒的皈依。他在普林斯顿的胜利还不是终点。当天晚上,范·杜森在纽约安排了一次晚餐聚会。汤因比在会上首次见到了亨利·卢斯(Henry Luce)——《时代》、《生活》(Life)与《财富》(Fortune)等杂志的出版商。凭借其出版物的影响,卢斯已成为美国舆论的有力塑造者。卢斯在中国长大成人,是一名长老会(Presbyterian)传教士的儿子;此人作为出版商所取得的巨大成功便在一定程度上得益于他同传教士思想如汤因比所倡导的新世界秩序观念保持着密切联系,并乐于利用

---

[1] 博德利图书馆,汤因比档案,范·杜森致佩顿书信,1942年10月15日。

自己的杂志去支持这些主张。 在范·杜森的餐桌上听到的一席话令卢斯印象深刻；于是他邀请汤因比抽出一晚上的时间去同"《时代》、《生活》与《财富》工作组"的高级编辑与作家们交流。 这次会面被安排在 10 月 19 日，即汤因比返回伦敦的前一天。 汤因比自己收藏的文件与《时代》杂志的官方档案库似乎都没有保留说明当时情况的任何材料。 但我们很容易推断出，确立汤因比在美国声望的 1947 年《时代》杂志封面故事正是起源于 1942 年 10 月范·杜森晚宴上亨利·卢斯同汤因比的初次谋面。

当然，汤因比并不知道，这次旅行如何塑造了他未来的命运。 他在返回后写给外交部的机密报告将印度列为影响英美良好关系的主要障碍。 汤因比指出，通过对非自治领土实行国际托管来"瓦解帝国主义"是消除美国人对大英帝国的疑虑的唯一途径。[1]他于 1936 年在柏林提出的建议也与此类似。 这表明，1939 年大战的爆发并未显著改变汤因比的政治观点。 他仍旧信奉自己从一战时起便坚持的观念，即消除战争是西方文明所面对的至关重要、高于一切的挑战；人类的前途要么是建立一个像罗马那样的、征服了全世界的帝国；要么就是组成某种形式的自愿同盟——国联与古希腊的阿凯亚(Achaea)同盟、埃托利亚(Aetolia)同盟(不幸的是未能获得成功)是后一种模式的历史先驱。

不过，汤因比的宗教思想确实发生了明显变化。 一方面是由他对国联的希望落空而造成的；另一方面则来自家庭的压力。 汤因比将国联的失败理解成一种信仰的失败。 英国和其他地方的居民们根本就不相信，通过公开讨论、立法与外交来调解国际争端的自由主义药方能够解决问题。 因此，即便政治家们想那样做，他们也通过动员获得对集体安全与法治原则的足够支持，从而让国联的体系运转起来。 他还将共产主义和法西斯主义的兴起视为两场宗教运动，认为这两种意识形态在 20 世纪 30 年代取得显著成功的原因在于这些信仰确实赢得了普罗大众的支持。 他在公开发表于 1935 年 4 月 9 日的、写给《曼彻斯特卫报》编辑的信中写道：

---

① 博德利图书馆，汤因比档案，外交研究与出版署主任机密报告(Director of Foreign Research and Press Service, Confidential Report)，1942 年 10 月。

　　我个人确信，导致当今世界战乱的首要原因是人类对民族、集体或国家的偶像崇拜。这种部族崇拜是人类最古老的宗教形式，只有在人类真正皈依了基督教或另一种高级宗教时才会得到克服……人类的灵魂厌恶精神空虚；一旦它看不到基督教中的上帝，它就必然要去崇拜黑天（Juggernaut）与火神……

　　事实上，战争机器对于人心的吸引力来自这种火神崇拜向个人提供的自我牺牲机会。无条件的顺从、自我约束和自我牺牲显然是那些穷兵黩武的国家崇拜（无论是法西斯主义还是共产主义）的力量之源；它们自上次大战结束以来赢得了最多的信徒。在懂得为上帝的王国自我牺牲之前，世人将继续为"第三帝国"（Third Reich）或别的什么替代它的偶像（Ersatz—Götzen）自我牺牲。

　　在用上面这段话表达了自己对政治的看法后，汤因比此后一直坚定不移地相信，用世俗的、理性的方式解决棘手的政治问题的办法是行不通的。他本人于 1929 年同某种精神存在的遭遇、罗萨琳德激进的天主教信仰（1933 年以后）和菲利普同样激进的共产主义信仰（1936—1939年）将宗教、政治信仰问题连同仇恨一同带入了汤因比的家庭。而 1939年托尼的自杀，以及这次危机中超验性存在的再现又为汤因比提供了进一步的动力，促使他去寻找一种值得为之而战、为之而死的信仰。

　　为了同罗萨琳德保持良好关系，汤因比必须接受天主教信仰。然而，即便在自己最为心甘情愿的时候，汤因比也未能真正接受教会的那些教条。但他可以（并且也确实如此）同天主教建立密切联系。这起初是为了罗萨琳德；后来则是因为拜访安普尔福斯修道院可以让他接触一种富有魅力的生活方式和一些新朋友，其中最重要的一位便是哥伦巴·卡瑞-埃尔维斯。

　　汤因比在给教父哥伦巴的一封信中概括了他对天主教兴趣的演变历史。这封信写于他计划同罗萨琳德离婚，从而有可能断绝两人的通信往来之际。信件内容如下：

　　　　以下是我对自己接触天主教会过程所做的、尽可能忠实与准确的自述：

　　　　首先，我最初的接触是为了皈依后的罗萨琳德与劳伦斯。但就罗萨琳德的情况而言，我只同教会有过蜻蜓点水式的交往。如你所知，她的皈依令我感到心神不宁和忧心忡忡。但我努力克服着这些情绪……

第二阶段的情况是这样的。通过与天主教会的友好接触……我开始崇拜并爱上了它，更确切地说是其中的一个天主教组织（安普勒福斯）和若干天主教人士（其中最重要的是你……）我在安普勒福斯意识到，自己正站在上帝之光照耀世界的一扇窗前……在我看来，上帝通过安普勒福斯向我展示的那些善与真相是对我用爱与同情而非敌意去对待罗萨琳德与劳伦斯的皈依的意外犒赏。

我与安普勒福斯的这种关系保持得越久，我就越是感到，自己通过并仰仗安普勒福斯而与上帝同在。我坚实地步步靠近信仰，但我认为它始终是一种行为习惯层面上的信仰，与教条信仰截然有别。我还谈不上弃绝具体的天主教信仰……那种相信超物质世界并进而信仰教士力量的世界观，因为我从来都没有接近过它。

倘若我说服了自己（我这样一个拥有天才头脑的人），让自己信奉这种教义的话，我原本是可以挽救同你、同安普勒福斯或许甚至是同罗萨琳德的关系的——这些都是我生命中十分宝贵的东西，与我的超群智力有所不同——我将后者作为上帝赐予自己的禀赋加以利用，但却无法在其中找到个人的幸福。我的一切个人兴趣都指向这样一个方向……那正是你祈祷我能走上的道路：尽管明知放弃会导致巨大的个人损失，我还是坚持放弃这一选择。通过这种方式，我抵制了一种强烈诱惑，履行了自己对上帝的职责（我已体会到它有何等艰难）。难道你不是这样认为的吗?[1]

可见，作为罗萨琳德和汤因比的挚友，教父哥伦巴的责任感同样令自己骑虎难下。 为此，他指责汤因比因自己的智慧而傲慢自大，并于1944年同他绝交；于是便有了汤因比在上面引文中的这段自白。 哥伦巴坚守着自己纯洁的、不容置疑的虔诚信仰，那是他出生于一个英国天主教家庭、随后接受严格天主教教育的过程中打下的烙印。 他在牛津

---

[1] 佩珀：《一位历史学家的操守》，第171—173页，汤因比致哥伦巴书信，1944年9月20日。

的专业是现代语言。但当他同汤因比见面时，阅读涉猎广泛的他已经成为一个学识渊博（尽管主要集中于神学领域）的人。他很快就开始向汤因比请教，从信徒的兴趣角度出发向他咨询关于时事与历史的问题。在两人交往之初，他也希望自己能够成为上帝的工具，指引一位几乎令自己敬畏的大学者接受天主教信仰。

187

为此，哥伦巴的言辞中充满了恭维话："愿上帝保佑你……像圣奥古斯丁、圣托马斯(S. Thomas)那些伟人一样……掌握你所生活时代的一切知识；它们的总和必然指向一个真实、自然且超自然的世界。"[①]他又写道："我在上一封信里指出，你如何能够成为国王们的哲学家。但令我欣喜的是，我在书中（《历史研究》第 6 卷）读到了哲学家们永远提不出的见解！你肯定是一位圣徒。"[②]

但作为一名修士和天主教徒，哥伦巴教父也感到自己有责任提供精神指导。他在 1939 年 7 月写道："你应当……每天向上帝祈祷半小时。由于这是我主动提出的建议，请你认真考虑它。"汤因比答复道："我会尝试采纳你的建议，每天抽出半小时进行祷告。"[③]几个月后，到了 9月 3 日（也就是战争爆发的那一天），汤因比写道："除了将你视为我最亲近的朋友之一外，我还感到你是指引我走向上帝的那扇门。"[④]哥伦巴则在回信中声称："在我看来，我们在有生之年里所知的或能够知道的唯一权威只有现在的天主教会。我在耐心地等待上帝在合适的时机召唤你入教，成为你这一代人的领袖，敢于去面对我们祖先的原罪……并用自己的行动去进行弥补。"[⑤]

然而，正如我们看到的那样，汤因比认为对上帝的职责要求他拒绝皈依，即便对安普勒福斯和罗萨琳德的依恋要求他接受天主教信仰。但从 1937 年起，他每次休假时总要抽出一两周去拜访修道院，并认为这些访问有利于自己调整身心。他在一次这样的访问途中写信告诉维

---

① 《一位历史学家的操守》，第 16 页，哥伦巴致汤因比书信，1937 年 2 月 23 日。
② 《一位历史学家的操守》，第 43 页，哥伦巴致汤因比书信，1939 年 11 月 29 日。
③ 《一位历史学家的操守》，第 34、35 页，汤因比致哥伦巴书信，1939 年 7 月 24日与 1939 年 7 月 25 日。
④ 《一位历史学家的操守》，第 37 页，汤因比致哥伦巴书信，1939 年 9 月 3 日。
⑤ 《一位历史学家的操守》，第 47 页，哥伦巴致汤因比书信，1939 年 9 月 22 日。哥伦巴所说的"祖先的原罪"指的是英国国教改革。

罗妮卡："我永远能在这里感受到和谐。因为人们可以在这里观察到人类的生活方式，并意识到它是好的；我们无需从神学的角度去思考宗教，并顾虑到它的所有那些约束性禁忌。"[1]

每天进行的祈祷、凝视哥伦巴送给自己的一件十字架以及妻子的表率都促使汤因比接纳着基督教的思维与表达方式。他在 1940 年牛津大学圣玛丽学院教堂里的一次讲话中公开暴露了自己向传统基督教的靠拢。他在报告中自始至终使用着基督教的正统语言，并在结尾处宣称："教徒身份把我们同之前来过这个世界的、自觉的上帝忠仆们联系在一起……无数见证者保护着我们。他们曾在对信仰虚妄神明的战争中奋斗并获得胜利，我们如今必须奋斗并再度获胜。"[2]

当法国人的防线在德国闪电战（Blitzkrieg）面前土崩瓦解之际，汤因比于 1940 年 5 月 23 日在牛津发表的伯奇（Burge）演讲更加鲜明地反映了一种十分传统的、类似天主教的基督教精神。[3]将这篇演讲同他1920 年的报告"希腊的悲剧"进行比较是很有意思的。1920 年的汤因比列出了《历史研究》前三卷的提纲，认为所有文明都符合他自己在希腊罗马史中读到的悲剧模式。1940 年的汤因比又列出了统领其巨著后几卷的纲目，转而认为主要通过忍受苦难获得的精神进步才赋予了尘世中的人类历史以意义。1940 年，当法国业已陷落，欧洲文明的崩溃似乎已迫在眉睫之际，汤因比事实上已扭转了对文明与宗教历史关系的看法。在 1920 年的版本中，宗教是孕育文明的茧，将知识与技能从一个文明传递给它的后继者。而在 1940 年的版本中，文明是为宗教服务的：因为衰落中的苦难促进了精神的进步。

汤因比的伯奇演讲宣称："如果把宗教比作一辆马车的话，承载它走向天国的或许就是尘世间文明的周期性衰落。文明的演化或许是周期性的和周而复始的；而宗教的发展方向可能是持续线性上升的。"汤因比对"后基督教时代的西方世俗文明"评价颇低，认为它"至多只是

188

---

① 博德利图书馆，汤因比档案，汤因比致维罗妮卡书信，1941 年 1 月 31 日。
② 博德利图书馆，汤因比档案，牛津大学教堂布道词，1940 年，但无具体日期。
③ 汤因比：《文明经受考验》，第 225—252 页。哥伦巴读完讲稿后认为"那是我一生中最奇妙的时刻之一……全文毫无松散之处，每一句话都给人带来纯粹的快乐"。佩珀：《一位历史学家的操守》，第 67 页，哥伦巴致汤因比书信，1940 年 6 月 24 日。

前基督教时代希腊罗马文明的无谓重复，甚至可能是在精神进步之路上的恶性倒退"。 这是因为，"倘若世俗的西方文明灭亡了，基督教将不仅能够继续生存下去，还会通过新的灾难体验而增加经验与改善处境"。"传统天主教形式的"基督教会将有望成为"最后一批文明和所有其他高级宗教的遗产"。①

在这样的情况下，精神的演进必然会发展到新的高度，因为"基督和在祂之前的列位先知留给教会的，以及教会……成功地积累、保存并同一代代基督徒分享的是日益丰富的启示与恩泽——这里的'启示'指的是对上帝真实本质与当前、今后人类真实本质的发现、揭示或在上帝引导下的发现；这里的'恩惠'指的是靠近并逐渐趋同于上帝的意愿、动力或上帝指引下的意愿。 随着尘世间灵魂接受精神启示机遇的增加，这个世界无疑将拥有无尽的进步可能性"。②

如果说1920年的牛津演讲构成了《历史研究》最初思路的宣言与导论的话，那么1940年的伯奇演讲同样可被视为汤因比修正后的世界观宣言——这种世界观在第5—6卷(出版于1939年)的许多段落中业已零星出现，并将在《历史研究》的后四卷(出版于1954年)中占据主导地位。

我们有必要针对汤因比思想的根本转变指出以下两点。 首先也是最为明显的是，汤因比修正后的观点更接近于传统看法，将基督教视为高于一切的信仰，并肯定了进步(至少是在精神层面上)的真实存在。它代表着对汤因比童年时代思想模式的回归，否定了他在读书期间接受的古典教育。

其次，家庭关系破裂所带来的个人苦难显然是汤因比思想转变的主要催化剂。 但令个人的挫折与失意雪上加霜的则是政治局势的恶化与世界大战重启战端。 而当这些个人与公众的苦难在二战结束后成为历史，汤因比也放弃了对天主教的情有独钟和对典型基督教语言的使用；而他对佛教和其他非西方宗教的敬意则变得十分突出。 1940年是英国

① 《文明经受考验》，第235—236、236、239、243页。
② 《文明经受考验》，第249页，他认为新教"尚不成熟"，因为它抛弃了天主教的制度武器。 见第243页。

似乎即将步法国后尘走向失败的一年，也是汤因比同罗萨琳德的关系即将走向不可调和的决裂的一年。　汤因比在公开场合对传统基督教语言的运用也正是在这一年达到了顶峰。　当他重拾完成自己巨著的工作时，汤因比的信仰已变得更具普世性色彩，对世界上所有的高级宗教持友善态度。　并且，正如我们即将看到的那样，汤因比非但没有在教父哥伦巴的劝说下皈依天主教，反而最终让哥伦巴摆脱了灌输给自己的狭隘天主教思想，转而接受了更具普世色彩的基督教信仰。

阻碍汤因比接受天主教、刺激其对宗教进行反思的时间是他同罗萨琳德决裂之时。　从明面上看，事情的来龙去脉是非常清楚的。　但由于罗萨琳德系统销毁了私人信件与其他材料，以及其他人有意藏匿在他们眼中令人感到尴尬的相关记录，我们无法得知罗萨琳德的心路历程。[①]因此，我们无法详尽、系统地描述她受苦、胜利与妥协的心理变化；但她很可能相继体验了所有这三种心境，并且其转折过程十分剧烈，以至于让她在晚年陷入了深深的绝望。

明面上的事实经过是这样的。　1939 年 9 月甘索普大门关闭后，罗萨琳德前去投奔住在牛津的丈夫。　汤因比为她在外交研究与出版署谋了一份差事，让她负责提供天主教媒体报道的每周摘要。　这意味着他们两人几乎都回到了同 1914 年如出一辙的处境。　汤因比对哥伦巴解释道："我发现在这里的情况十分诡异。　因为在 1914 年战争爆发之际，我就在巴利奥尔学院做讲师；如今，把我冲出去的波涛又把我带了回来……今天，我从自己的日常工作中抽出了一个小时，前往巴利奥尔学院的报告厅做了一场学术报告——就站在我 26 年前第一次做报告的那个地方……我的妻子起初觉得自己的工作很奇怪；但她现在已逐渐适应了，并且她的具体工作——跟踪《罗马评论》(*Osservatore Romano*)和世界上其他天主教媒体的报道——在某种意义上也是她的老本行。　不

---

① 博德利图书馆中关于吉尔伯特·穆雷的档案剔除了关于罗萨琳德与汤因比分道扬镳的所有材料，尽管从吉尔伯特·穆雷跟妻子和其他亲密朋友的通信习惯来看，他是不会回避女儿离婚这一话题的。　狂热的天主教徒、罗萨琳德的朋友和吉尔伯特·穆雷的前任秘书琼·史密斯是穆雷去世后管理其档案的 3 个人之一，她可能销毁了让自己感到尴尬的一切材料。　与这种整体销毁方式类似的是罗萨琳德的情人理查德和她的儿子菲利普在她死后决定烧毁她的日记；那或许是因为他们相信罗萨琳德希望这样，或许是日记的内容让他们感到震惊。

管怎样，要是没有这样一个差事的话，她会因无法管理甘索普那样的宅子而感到茫然若失……我们住在舰船街（Ship Street）3 号……房东人很和气，所以说我们住得不错。"①

汤因比所说的"在某种意义上也是她的老本行"隐瞒了一些事实。因为罗萨琳德发现自己失去了儿子们，失去了自己的大房子，并且距离父母和丈夫过近也令她感到不自在。 相反，汤因比则对在牛津的生活颇为满意。 他向哥伦巴吐露道："必须承认，在这样的场合下，我很高兴能住在这里，而不是伦敦。"②当德国对英国的空袭于 1940 年 9 月进入高潮时，牛津的居民们每晚都能看到伦敦升起的火光。 罗萨琳德认为自己必须开始做一些实实在在的事情，而不是仅仅坐着读报纸。1940 年 10 月 10 日，汤因比告诉哥伦巴："罗萨琳德已开始在伦敦为'精神之剑'（*Sword of the Spirit*）工作，为伦敦流离失所的家庭提供乡间住处。 我并不愿意让她暴露在更大的危险之下——尽管危险对她具有某种吸引力——但她已经厌倦了牛津的案头工作，希望能够有所改变。"③

在反对罗萨琳德对冒险的爱好时，汤因比再次暗示了他同妻子新的紧张关系。 在罗萨琳德于 1940 年 9 月离开牛津到汤因比于 1942 年 8 月飞往美国期间，汤因比多次在周末去看望过罗萨琳德。 这些拜访有时伴随着激烈的争吵。 事实上，罗萨琳德有一次指责汤因比是懦夫，因为他不敢跟自己一起住在伦敦。 汤因比多年以后承认道："罗萨琳德希望我放弃当时在牛津的政府工作，同她一道住在伦敦。 我拒绝了，因为我认为自己应当忠于职守。 于是她奚落我害怕空袭。 这令人如鲠在喉。"④

她的嘲讽确实很伤人；因为汤因比觉得她的说法可能是对的。 无论如何，他在第一次世界大战中的表现毕竟引来过同样的批评。 在

---

① 《一位历史学家的操守》，第 40 页，汤因比致哥伦巴书信，1939 年 10 月 19 日。
② 《一位历史学家的操守》，第 72 页，汤因比致哥伦巴书信，1940 年 7 月 14 日。
③ 《一位历史学家的操守》，第 77 页，汤因比致哥伦巴书信。"精神之剑"是致力于在英国社会内促进社会公正的天主教组织。 另参见博德利图书馆，汤因比档案，汤因比致大卫·戴维斯书信，1940 年 12 月 15 日："她（罗萨琳德）喜爱这份工作，并多少有点儿过于喜欢生活在轰炸下的刺激感觉。"
④ 《一位历史学家的操守》，第 167 页，汤因比致哥伦巴书信，1944 年 7 月 9 日。

1914 年，罗萨琳德还是劝说他留在家里、用痢疾作为逃避兵役借口的人之一。 如今她却攻击汤因比在 1914 年听了自己的话、在 1940 年拒绝了自己的行动召唤。 我们或许有理由在此回顾一下本书之前引述过的、她在发表于 1914 年的小说《崎岖之路》中写下的一段话："哪怕他对她使用暴力，哪怕他对她的尖刻批评暴跳如雷，哪怕他的爱情放肆无礼，情况也总比现在要好。 他对她过于体贴斯文，以至于她对自己的粗俗感到难堪。 因为她尽管明知对方的好，心中却一直渴望某个不那么完美的恋人。"[1]我们有理由设想，汤因比在家庭琐事中对罗萨琳德习惯性的言听计从确实令罗萨琳德大失所望。 她(至少在某些心境下)希望拥有一位独断专行的丈夫、言语和行动上的英雄，而非汤因比这样的书生。 不管怎样，称呼丈夫为懦夫毕竟是一种出格的侮辱，对于言者罗萨琳德和听者汤因比而言都是如此。 两人的融洽关系从此一去不复返了。

更具有决定性意义的事件在于，罗萨琳德找到了一个新的爱恋对象——年轻的多米尼克派教士(Dominica)理查德·基欧(Richard Kehoe)。 此人生于美国，但在英国接受教育，并成了一名受人欢迎的布道者和在牛津受人尊敬的圣经学者和神学家。 我们不清楚罗萨琳德和理查德是何时见面的；那可能发生在罗萨琳德在外交研究与出版署与汤因比共事期间。 我们也不清楚他们是从何时起成为恋人的。 谁又晓得汤因比是否意识到自己遇到了一个情敌呢？ 他对身边人物的情绪极不敏感；并且人们也很难怀疑两个以虔诚天主教徒自居的人会在一起谈情说爱。

事实上，这两个人的搭配也确实显得非常古怪。 理查德比罗萨琳德小 15 岁。 在两人公开同居许久之前，汤因比和其他人都相信两人的关系如同母子。 理查德很可能确实是罗萨琳德此前挚爱的儿子们的情感替代品。 但托尼已于 1939 年死去；菲利普则始终桀骜不驯，不肯同父母和解；劳伦斯则在从安普尔福斯毕业并在牛津大学学习了 4 个学期后参军了。 他在 7 月加入了坦克军官训练营；汤因比和罗萨琳德都预

191

---

① 罗萨琳德：《崎岖之路》，第 257 页。

料他可能会在战场上牺牲。 即便能够逃过此劫的话，年满 20 岁的劳伦斯显然也已经长大成人，开始告别父母走向独立。 长期以来，罗萨琳德一直爱劳伦斯多于爱其他儿子们，并爱儿子们多于爱丈夫。 如今她的爱被夺走了。 这个同自己一样信仰坚定的、年轻的多米尼克派教士便填补了她情感生活中的空白。

罗萨琳德的这次感情变故很可能是暴风骤雨式的；但现存证据只有她在 1942 年 5 月身体垮过一次。 汤因比写道："她就住在海格特（Highgate）我之前住过的那间病房里；病根也跟我的一样，仅仅是过度劳累而已……撰写书稿、在伦敦东区工作，再加上自己做饭和在空袭下生活，这一切对她来说太艰难了；这并不令人感到奇怪。"①汤因比所说的书稿是两本讨论宗教的小册子。 其中第一部出版于 1941 年，题为《时间与永恒》；第二部出版于次年，题为《虔诚的生活》。 两本书在英语文坛的影响力都不及她发表于 1939 年的散文《异教徒君子的失败》；并且二者都没有过多涉及她对自己的家庭包括丈夫汤因比的感情问题。

但这些感情确实在经历着急剧变化；因为引起我们注意的下一个事件便是罗萨琳德决定永远同汤因比分道扬镳。 她离开汤因比的决定是在 1942 年秋作出的，那正是汤因比为自己战后在美国的声名鹊起奠定基础的时候。 多年以后，维罗妮卡回忆了汤因比是如何发现罗萨琳德弃自己而去的，以及当时发生的具体情况：

坐飞机返回英国后，他径直前往罗萨琳德的公寓，却发现她并不在那里——我想她是有意避开的，因为汤因比已预先告知了他到达的时间。他回到牛津给我打了电话，我很热情地迎接了他。当他最终同罗萨琳德见面的时候，罗萨琳德提出了让两人的婚姻延续下去的条件；汤因比认为那些条件是不可接受的。他之后返回了牛津。到了 1942 年圣诞节前夕，他向我询问，如果他可以因遭到妻子抛弃为由离婚的话，我是否愿意嫁给他。尽管当时已成为一个不

---

① 《一位历史学家的操守》，第 115 页，汤因比致哥伦巴书信，1942 年 5 月 19 日。汤因比身体垮掉是 1941 年 12 月的事情。 此事迫使罗萨琳德出手相救。 她先是安排汤因比住进一家天主教疗养院，随后在他出院几天后准许他住进自己在伦敦的公寓。 博德利图书馆，汤因比档案，汤因比致维罗妮卡书信，1941 年 12 月 18 日与 1941 年 12 月 30 日。

可知论者，我还是讨厌离婚——那是从我的父亲、一名英国国教派教士、威尔特郡一个小教区的牧师那里继承来的观念。但我信赖阿诺德的为人；我喜欢他，并且看得出来他需要帮助。于是我说，如果他跟罗萨琳德离婚的话，我愿意嫁给他；如果他又跟罗萨琳德和解了的话，那么我就再抽身离开。①

但这个故事还有另外一半。它令汤因比的事业成功同个人生活的失败构成了令人痛苦的鲜明反差。他在向哥伦巴道歉自己迟迟没有复信时解释道：

> 我最近的工作确实非常忙碌。在遭到了3年多的冷遇后，我和在巴利奥尔学院的同事们总算取得了一次较大的成功。外交部已作出决定，从4月初开始将我们纳入其组织机构。我们将并入他们的另外一个机构，并且几乎肯定会搬迁到伦敦。你可以想象，这一切意味着我有很多工作要做。但这是一项愉快的工作，并且也不是我一直未能复信的原因。

192

> 迟迟无法提笔的真正原因在于：我不能给自己最亲密的一位朋友写信，同时又不告诉他一件我不忍吐露、可能会令他伤心不已的事情。

> 尽管我们双方都付出了许多努力，罗萨琳德同我之间的裂痕仍在加深，如今已走向最终的分道扬镳。我现在终于告诉了你这件事情。请你原谅，我暂时还无法详谈具体细节，只能告诉你事情的导火索是我有可能搬回伦敦工作。换言之，我的事业成功伴随着罗萨琳德和我生活中的一场极其可怕的灾难。②

罗萨琳德的抛弃对于汤因比不啻为一场大地震。他之前没有预料到会走到这一步。婚姻与家庭对于他而言是生活的基础。在汤因比看来，他之前的所作所为(以及他未能做到的)都不足以构成罗萨琳德放弃妻子职责的理由。起初，汤因比感到自己无法理解妻子的表现。但批评罗萨琳德又将摧毁他的情感世界，因为那将瓦解妻子在他心目中的崇

---

① 《汤因比与维罗妮卡的关系：1924—1975年》，打字稿，第9页。罗萨琳德关于维系婚姻提出的、令汤因比无法接受的条件是"两人各过各的，但汤因比可以在她发出邀请时登门拜访"。参见《一位历史学家的操守》，汤因比致哥伦巴书信，1943年7月29日。
② 《一位历史学家的操守》，第137页，汤因比致哥伦巴书信，1943年2月25日。

高形象——那是自婚前一直主导着两人的关系、促使汤因比崇拜妻子并对她言听计从的基础。①

1942 年的危机酷似汤因比之前经历的另一次风波——也就是他的母亲因哈利·汤因比精神失常而无法给予自己通常的关爱时的局面。正如我们之前看到的一样，汤因比那次的第一反应是骑车前往伯明翰，很可能是去拜访一位同自己很亲密的姑姑。维罗妮卡无疑在 1942 年扮演了那位姑姑的角色，在汤因比从美国返回之际对他予以热烈欢迎，并在接下来的几周内竭尽所能让他安下心来。但正如她的自述所明确反映的那样，她并不渴望取代罗萨琳德成为汤因比的妻子。她需要的或者愿意接受的不过是两人自 1925 年起建立的同事关系而已。多年以后，她列举了自己"作为妻子的许多缺陷"："我当时还十分羞涩。尽管我在他的陪伴下能够完成筹备大使馆午餐会或酒会等工作(我从来没有尝试过自己一个人做这些事)，我有时肯定还是会让他觉得有些尴尬。"②但在被抛弃的最初几周里，汤因比确实急需一颗定心丸。因此，当汤因比询问时，维罗妮卡半推半就地答应在汤因比合法离婚后嫁给他。

然而，无论是在工作中还是作为妻子，维罗妮卡显然都是那个忠实的助手。因此，她答应最后嫁给汤因比的有条件承诺并不能真正填补罗萨琳德解除同汤因比婚姻所造成的空缺。在日常生活中，汤因比之前一直完全依赖他的妻子，就像他小时候依赖母亲那样。但维罗妮卡是永远无法扮演这一角色的——她是汤因比的助手，不是他的顶头上司。汤因比对这一点有着强烈感受。在获得了维罗妮卡的完全赞成后，汤因比开始了他漫长而艰苦的、争取失而复得的努力——他试图同罗萨琳德破镜重圆。

汤因比为完成这一目标的主要方式是进行自省并努力纠正他在自己身上找到的错误。但他对自己的义愤和痛苦往往直言不讳——因为罗

---

① 在于 1943 年 5 月寄给哥伦巴的一封近似自述的长信里，汤因比或许声称自己是一个"娶了女神的人"。但这封信后来丢失了。参见《一位历史学家的操守》，第 135、160—161 页。无论如何，在读过哥伦巴送给自己的这封现已遗失的信后，吉尔伯特·穆雷便用"娶了女神的人"这句话来概括汤因比婚姻中的问题。《一位历史学家的操守》，第 140—141 页，吉尔伯特·穆雷致哥伦巴书信，1943 年 7 月 3 日。

② 《汤因比与维罗妮卡的关系：1924—1975 年》，打字稿，第 11 页。

萨琳德执拗地想要摆脱她所说的（并非全无道理）、汤因比对她"专横的依赖"。①汤因比有一次对自己的妹妹玛格丽特抱怨道："她把我当成一只旧手套扔掉了。"②他对自己的秘书布里奇特·雷丁宣称，罗萨琳德的"做法是不正确的"。③他对哥伦巴说道："我认为，我们两人关系的构成要素包含着分别来自她和我的一部分正确的处事方式；对它的任何改动都会破坏原本应当支持她建立起完善人格的家庭关系框架。"④

　　但他主要还是在自责。他的第一桩举动便是"比孩提时代以来的任何时候都更积极、更卓有成效地祈求上帝"。⑤他在 1943 年 9 月 29 日欣然接受了哥伦巴的看法，认为"上帝降下这场灾祸的用意在于让我摆脱对那个造物的偶像崇拜，让我从中解放出来，将上帝作为自己最重要的依靠"。⑥但在 5 个月后，汤因比遇到了无法克服的障碍，使得他不能继续确信，同罗萨琳德关系的破裂确实是上帝使他走向完善计划中的一部分。"我和罗萨琳德的渐行渐远和我们家庭的破裂是一块永远无法抚平的伤痕；我对如何看待这件事感到困惑。它显然是一种恶，因此它本身不可能来自上帝的意志……难道服从上帝的意志就意味着必须对某些不可能来自上帝意志的东西逆来顺受吗？这让我困惑不解。"⑦

　　同哥伦巴的基督徒式对话无法为汤因比答疑解惑。事实上，汤因比早已预料到自己将陷入神学思考中的死局，于是选择了另外一种伏案读书写作的解决方式——那是他在青年时代面对情感危机时惯用的老办法。他的具体做法是写了一首题为《甘索普》的长诗。正如他向吉尔伯特·穆雷解释的那样："我在写这首诗时希望它能为我驱除幽灵。我经常发现（我敢说你也有过同样的感受），当你把困扰自己多年的问题落成文字后，这些问题就不再困扰你了——无论结果是好是坏。但不幸的是，迄今为止，'这首诗还没有产生同样的效果'。"⑧穆雷的回信似

---

① 《一位历史学家的操守》，第 159 页，汤因比致哥伦巴书信，1944 年 3 月 12 日。
② 回忆性的口头访谈，1986 年 2 月 15 日。
③ 《一位历史学家的操守》，第 165 页，布里奇特·雷丁致哥伦巴书信，1944 年 7 月 3 日。
④ 《一位历史学家的操守》，第 137 页，汤因比致哥伦巴书信，1943 年 6 月 18 日。
⑤ 《一位历史学家的操守》，第 132 页，汤因比致哥伦巴书信，1943 年 2 月 25 日。
⑥ 《一位历史学家的操守》，第 144 页，汤因比致哥伦巴书信。
⑦ 《一位历史学家的操守》，第 157 页，汤因比致哥伦巴书信，1944 年 2 月 23 日。
⑧ 博德利图书馆，汤因比档案，汤因比致吉尔伯特·穆雷书信，1943 年 10 月 20 日。

乎没有保留下来。 但它显然对这首诗并不怎么认可，因为汤因比在下一封信中写道："你对这首诗的表达过于直白的意见很对，我希望能在自己那本'胡说八道的书'里实现真正的抒怀……我自己认为，'变'是精神与艺术领域得以生生不息的源泉……我在一定程度上变成了我失去的爱人——那是我今生今世拥有过的或即将拥有的东西中最宝贵的（我可以这样评价罗萨琳德，并不意味着对维罗妮卡的不忠或贬低）。我要么变，要么死去。 就这样吧——这是我看到的前方唯一可行的道路。"①

1969 年，汤因比在《往事》一书中发表了该诗略加修订后的版本。这或许意味着他在日后对这首诗的评价比之前更高。 该诗前几节表达了他对甘索普的依恋、同那里的家庭与历史渊源和渴望在那里生活到老的愿望。 在第 6 节里，他甚至声称，远离甘索普的痛苦也不能斩断这根纽带。

> 甘索普，我仍然拥有你……
> 我的悲喜早已融入了你的土地，
> 你的面貌写进了我的书里，
> 在帕萨迪纳、伯明翰、孟买——
> 不曾听过你名字的读者们——
> 将为你的魅力而莫名感动。
>
> 还有谁能占有你，如果不是我？
> 我的阴魂将徘徊于奥尔斯树林，
> 我的鬼魅将高坐在阁窗之上，
> 霸占着你，让一切来访者退却，
> 那种魔力不可战胜。

但在大胆宣示了自己通过文学成就所取得的这项占有权后，汤因比接下去宣称：

> 我的鬼魂控制甘索普的魔力

---

① 博德利图书馆，汤因比档案，汤因比致吉尔伯特·穆雷书信，1943 年 10 月 26 日。

是一种黑暗的欲望。

并且称：

我不会去做欲望的奴隶。

为了逃避这种束缚，汤因比在全诗末节中宣称：

欲望、我的主子——也是上帝的仆人：

我将在为上帝效劳时披戴欲望的枷锁，

记忆的创伤促使我去体会上帝的用意，

神恩的熔炉将我的悲痛化作行动……

将魔鬼的欲望变成侍奉上帝的天使之光。

最初的版本随后提及了罗萨琳德。 但汤因比出版的文本删去了接下来的前两行，从而扭转了全诗结论的含义。

罗萨琳德占据着我眼前和内心的地平线——

她冷漠又令人神魂颠倒，有如雷斯摩尔上空高悬的彩虹——

轻盈的森林女精、熟睡的英雄

催命的缪斯、无法捉摸的女神

我对你有着无尽的爱；

我将爱你直到永远；

我将为你把自己的爱献给上帝。

你点燃我爱情的美貌

是上帝的面容向祂的造物闪耀的光芒。

我把你错认成了上帝之美，

对你的爱没有节制，

崇拜了你而非你的创造者，

上帝之光湮没在我的黑夜之中，

我已将上帝展示面容时佩戴的面纱

变成了遮掩天降迹象的柩衣。

上帝钟爱的造物啊，我将一直爱你，

但今后我会为了创造者的缘故爱你

用哥伦巴的眼光凝视你——

195

透过玻璃在你身上看到上帝的轮廓，

面对面地同你一道仰望上帝。①

古典与基督教主题在这首诗中的杂糅是汤因比心境的生动反映。但正如他向岳父承认的那样，同哥伦巴的神学或他自己的宗教修行相比，这首诗中的咒语并不能更好地缓解他所忍受的痛苦与不幸。为此，他只好转而向精神治疗求助，在吉尔伯特·穆雷的建议下去看了在之前的危机期曾诊疗过罗萨琳德、托尼和菲利普的西尔维娅·佩恩医生。为了帮助医生进行诊断，他请神父哥伦巴将自己于1943年5月写给后者的一封多少具有自白性质的、追述了他与罗萨琳德关系的长篇书信退还，把它交给佩恩大夫，作为提供背景的一种便利方式。这封信后来不见了。②

汤因比向哥伦巴写道："我正在接受心理分析师佩恩夫人的治疗。她并没有对我进行正规诊治，而是采用了人们常说的'谈话疗法'……她让我看到了自己潜意识中的一条三段论式推理。'我的父亲通过发疯得到了母亲的关注；如果我也发疯了，那么我也会重新获得妻子的关注。'意识到这种自欺欺人……是很有帮助的。"③到了1944年8月，佩恩大夫的帮助已让汤因比确信，这场风波主要应归咎于罗萨琳德，并且他也应当顾及维罗妮卡的感受。他向哥伦巴解释道：

> 我目前还只能看清事情的一部分，而非全貌。我能看到，如果罗萨琳德和我能够破镜重圆，那将是一项正确的、理应执行的选择。但那可能会（在已经发生了这些事情之后）毁掉维罗妮卡的生活（尽管维罗妮卡也认为我们应当这样做）。让一个无辜的人受苦怎么可能会是好事呢？她可是因为自己的爱而被卷到罗萨琳德和我的过错中来的！
>
> 我的错误在于，当罗萨琳德让赶回家的我吃了闭门羹后，我离开了她而转向维罗妮卡。其原因（但并不足以成为借口）在于：一

---

① 打字稿原件存放在博德利图书馆的汤因比档案里。付印版（《往事》，第393—401页）仅仅删除了提及罗萨琳德名字的两行，从而使得"催命的缪斯"（也就是他的本职工作）成了替代上帝的崇拜对象（以及甘索普及其周边环境）。这一修订可能反映了汤因比想法的改变，但更可能是为了避免公众再去揭开他被罗萨琳德抛弃的伤疤。

② 《一位历史学家的操守》，第135、160—161页。

③ 《一位历史学家的操守》，第162页，汤因比致哥伦巴书信，1944年5月19日。

个风尘仆仆赶回家的人在发现自己没有进家门的权利时确实会感到震惊。正如你知道的那样，当我从震惊中恢复过来后，我又在维罗妮卡的祝福下向罗萨琳德敞开了大门……我确信，除了那次之外，自己从未严重冒犯过罗萨琳德。我作为丈夫的不称职并非自愿犯下的罪过；并且我正在努力通过治疗来改善自己心理上的不够成熟。然而，如果……罗萨琳德跟我复合了的话，那么我就对维罗妮卡犯下了极其严重的罪行，因为是我打破了她和我在从前那种友爱但有分寸的友谊中用来分隔彼此的屏障。①

196

　　哥伦巴发现自己陷入了左右为难的境地——因为他至少在一定程度上也算得上罗萨琳德的亲密朋友。 罗萨琳德写给哥伦巴的一封信保留了下来，并多少反映了她当时的心境。 她宣称："我衷心希望他一切都好……但我确实对他又要结婚这件事耿耿于怀。"然而，反对这场婚姻的基本理由——它将妨碍汤因比"日后加入教会"——如今已经不复存在，因为"几乎可以肯定的是，我们的婚姻是不合法的。 我早就应该废除(原文如此)它了，甚至不需要专门跑一趟罗马。 其理由是你最先指出的——我在结婚时(1913 年)还没有受洗……奇怪的是，这让我感到如释重负，因为我长期以来感到自己并未真正嫁给他的想法几乎得到了完全证实……在我看来，所有这一切都清楚无误地表明，上帝的意志认为我们应当分手——也就是说我们原本就不应当走到一起……但我怀疑阿诺德恐怕不会也这么认为"。②

　　毫无疑问，汤因比吃惊地发现，罗萨琳德如今已有理由相信，自己并未名正言顺地嫁给过他。 尽管如此，如果她肯回心转意的话，汤因比答应重新缔结一门符合宗教要求的婚姻。 但罗萨琳德对此不感兴

---

　　① 《一位历史学家的操守》，第 170 页，汤因比致哥伦巴书信，1944 年 8 月 9 日。汤因比关于"当罗萨琳德让赶回家的我吃了闭门羹后"的说法意味着他将同罗萨琳德的分道扬镳同自己早先跟母亲的关系破裂相提并论，因为后者同样"让赶回家的他吃了闭门羹"，毫无征兆地卖掉了汤因比从小在那里长大的房子。 即便在娶了维罗妮卡之后，汤因比还是几乎神经质地担心自己会突然陷入无家可归的境地。
　　② 《一位历史学家的操守》，第 136 页，罗萨琳德致哥伦巴书信，1943 年 6 月 17 日。 罗马教廷的教会法长期以来一直规定，已受洗者和未受洗者之间是不能缔结合法婚姻的。 1918 年以后，该条款被解读为只适用于罗马天主教的洗礼。 但当 1913 年罗萨琳德和汤因比结婚时，更极端的解读方式认为，受过英国国教洗礼的汤因比迎娶未入教的罗萨琳德是不合法的！

趣，而是坚定地拒绝继续同他生活在一起。 因此，汤因比不情愿地以被抛弃为理由在 1944 年 5 月 27 日提起诉讼，但迟至 1946 年 8 月 13 日才最终获准合法离婚。

到了 1944 年秋，汤因比对天主教的兴趣已变得十分淡漠。 这一方面是因为佩恩大夫的世俗性开导，一方面则是由于他认为天主教会事实上把罗萨琳德从自己身边夺走了，甚至还让她有理由认为他们从未缔结过合法婚姻。 因此，他有意识地不再像从前那样，利用暑假去访问安普尔福斯修院。 而在汤因比获准离婚、他皈依天主教的希望也随之破灭之际，哥伦巴于 1944 年 9 月决定断绝了两人之间的通信关系。 该关系直到 1946 年 6 月才得以恢复。

但汤因比是一个非常执着的人。 可以合法离婚并再婚的前景并不能抵消他委屈地遭受无可挽回的损失的失落感。 维罗妮卡是无法取代罗萨琳德的。 婚姻并不能增加多少她业已提供的同情与敬意；并且这一点点补偿也不足以填补罗萨琳德在他感情生活中留下的空缺。 因此，他继续挽留着罗萨琳德，在正式离婚前安排了同她的两次长谈，分别在 1944 年 9 月 23 日和 1945 年 10 月 11 日。 他向吉尔伯特·穆雷报告了第一次和解努力的情况："我们聊了六七个小时。 气氛是平静和友好的。 我感觉我们确实重新考虑了整个事情的来龙去脉……罗萨琳德态度很和气，但意见也十分明确：她不爱我，跟我生活在一起毫无乐趣，对我的事业也不感兴趣……我们承认，在目前的情况下，破镜重圆的条件是不存在的。"汤因比很担心她的未来。 他指出："她陷入了自己的世界，因为她封闭了……对同自己最亲近的人的情感。""如果她在冰封自己对所有人情感的状态下度过余生的话，那对她本人而言也是一场悲剧。"他提出的解决方案是去看心理医生，但罗萨琳德拒绝了这个建议。①

接受了佩恩大夫的指点迷津后，汤因比如今已能够对罗萨琳德的行为作出心理学解释。 他在给吉尔伯特·穆雷的下一封信中写道：

  在两周前的谈话中，她特别强调，同我结婚让她陷入了家庭生

---

① 博德利图书馆，汤因比档案，汤因比致吉尔伯特·穆雷书信，1944 年 9 月 24 日。

活之中，那是她在我求婚几个月前特意逃往伦敦以便躲避的。在她心目中，她如今同我、同菲利普及其家人的一刀两断正是1911年那次逃避的成功复制——而上一次逃避却因为她的结婚和生子而失败了……

　　这是每位母亲在孩子们业已长大成人、自己拒不放手将对他们有害无益的情况下必然要面对的问题。因此，每位母亲在那时都需要找到一项新的事业，以便承载她的全部精力与天赋——罗萨琳德找到的便是天主教信仰。但她在这样做的时候其实并不需要同她的家人一刀两断：她可以同自己长大成人的、基本可以同自己平起平坐的孩子们建立新的关系，那完全是可以同她自己新的精神与文化生活并行不悖的。①

汤因比无法理解，罗萨琳德为何不能认同这一观点。

一年后，又一次7个小时的长谈同样归于徒劳。

　　罗萨琳德提出的条件一如既往……她要过自己的生活……我最后一次告诉罗萨琳德，我不可能答应她的条件。我不得不承认，自己提供不了她想要的东西，就跟她提供不了我想要的东西一样。对她爱莫能助的感觉令我沮丧，因为她真正需要的东西显然比她的宗教生活与实践所能提供的要多。她现在希望有一个丈夫；她本能地害怕离婚，并恐惧老来孤单……她看上去非常疲惫与可怜，我永远忘不了自己离开时她脸上的表情。尽管我十分愿意帮助罗萨琳德，但却爱莫能助，这种感觉是极其痛苦的。但凡人必须认识到自己的局限。②

显然，罗萨琳德隐瞒了自己同理查德·基欧的恋情。后者在放弃多米尼克派修士身份后更名理查德·斯塔福德(Richard Stafford)，同罗萨琳德在坎伯兰郡的一座农场上从1956年一起生活到她1967年过世。两人在1956年之前的关系一直隐藏得很好，尽管他们肯定从之前某个时候起已经开始同居——正如理查德在罗萨琳德去世后不久因酒后失言

---

① 博德利图书馆，汤因比档案，汤因比致吉尔伯特·穆雷书信，1944年10月2日。
② 博德利图书馆，汤因比档案，汤因比致吉尔伯特·穆雷书信，1945年10月12日。

而向菲利普吐露的那样。①汤因比压根就没有怀疑过这一点；并且罗萨琳德和理查德可能还在最后走到一起之前经历过某些严重的情感风暴。但相关的证据已被精心销毁；后人的凭空猜测只能是徒劳的。②

维罗妮卡平静地接受了未婚夫同罗萨琳德长期的藕断丝连；或许她跟汤因比一样，也对安排好的这场婚事感到犹豫不决。她当时已经 48 岁了，并且在 1942 年 12 月半推半就地答应嫁给汤因比时已经表明了自己的态度。此后不久，汤因比告诉哥伦巴："维罗妮卡认为我们应分开一段时间，在不同的地方做不同的事情，以便确保为罗萨琳德敞开大门。"③但汤因比认为这种顾虑超过了"良心要求的限度"；并且现存的信件再未提及这件事。维罗妮卡本人在回顾这件事时只是说："这段等待期对于阿诺德而言极其艰难。我在当时自己的身份所许可的情况下……尽可能多地陪伴着他。"④汤因比对这种"许可"看得跟维罗妮卡本人一样重。例如，他直到婚前一个月才开始在公开场合拥抱维罗妮卡。⑤

然而，在私下里，两人的感情正在走向成熟。汤因比在 1943 年对"亲爱的"写道：

> 你昨晚非常可爱——当然不是说你之前不可爱！但你有时候是极其甜美温柔的。愿上帝保佑你，
>
> 爱你的
>
> 阿诺德⑥

汤因比在 1945 年已经能够写道："自从离开母亲之后，我从未感受过这样的体贴。"⑦他在婚前几周告诉维罗妮卡：

---

① 《一位历史学家的操守》，第 571 页，汤因比致哥伦巴书信，1974 年 2 月 22 日。罗萨琳德的日记就是在那时被销毁的。

② 罗萨琳德：《废弃之泉》，第 134—142 页用较长篇幅解释了情欲之爱如何能够成为发现真实的上帝之爱路上的台阶。她的论证或许是对自己同理查德关系的解释。她所写的最后一本小册子《下一旅程：终点即起点》第 7 页进一步声称有必要"冒着为了基督而受到愚弄的风险而献身"。她当时还是狂热的天主教徒，并无疑认定自己的行为在宗教上是合法的。但当她在坎伯兰郡的农场上同理查德同居后，其行为在天主教教义中的正当性就消失了。

③ 《一位历史学家的操守》，第 142 页，汤因比致哥伦巴书信，1943 年 7 月 29 日。

④ 《汤因比与维罗妮卡的关系：1924—1975 年》，打字稿，第 10 页。

⑤ 《汤因比与维罗妮卡的关系：1924—1975 年》，第 11 页。

⑥ 博德利图书馆，汤因比档案，汤因比致维罗妮卡书信，1943 年 4 月 5 日。

⑦ 博德利图书馆，汤因比档案，汤因比致维罗妮卡书信，1945 年 8 月 7 日。

亲爱的，关爱、忠诚和超然物外（你是一个毫无保留地将是非置于个人利益之上的圣人）使你成为上帝派来守护我渡过难关的天使。愿上帝保佑你这个小甜心（Sweetkin）。（我仿佛看到了你读到这个娇小名字时的笑容。）

爱你的

阿诺德①

维罗妮卡坚定不移的崇拜②与关爱确实是支撑汤因比渡过1942—1946年难关的首要精神支柱。但其他一些因素也帮助汤因比从他自称的"一筹莫展的绝望状态"中逐渐摆脱出来。③首先，他坚持了一辈子的、通过埋头读书写作来逃避个人困境的做法仍然有效。1943年6月，汤因比搬回伦敦，领导着由1939年成立于巴利奥尔学院的外交研究与出版署成员和来自外交部的一批专家合并组成的全新外交部研究局（Foreign Office Research Department）。这次重组使得汤因比和他的下属们从局外人成了政府工作人员。日理万机的外交部官员们很快发现，自己在面对无数问题时都需要这个新成立的研究局提供专家建议和背景信息。

由于希特勒开始在战局中处于下风，提出双方都能接受的议和条款已成为当务之急。以战胜者姿态崛起的两个超级大国——美国和苏联——的未来关系对于大不列颠的前途命运尤其显得至关重要。此外，世界各地也出现了一系列地方性问题；汤因比领导的一批才华横溢、学富五车的男女学者们承担起了为英国政策制定者们在需要作出复杂决策时及时提供准确信息的责任。毋庸置疑的是，通过归纳问题和为掌权者提供各种选项，这批信息提供者确实在塑造政策过程中发挥了重要作用。

汤因比并未像在一战中那样专门负责任何一个具体区域。相反，

---

① 博德利图书馆，汤因比档案，汤因比致维罗妮卡书信，1946年8月11日。

② 维罗妮卡写道："我的主要优势在于我推崇他的《历史研究》，事实上还包括他的几乎全部作品。"这段话是为了佐证她关于"跟我在一起后，汤因比逐渐变得比同罗萨琳德婚后初期以来的任何时候都更加快乐"的说法。《汤因比与维罗妮卡的关系：1924—1975年》，打字稿，第11—12页。

③ 博德利图书馆，汤因比档案，汤因比致吉尔伯特·穆雷书信，1944年3月27日。

他同高级官员们(包括外交大臣在内)建立了常规性的合作关系,编辑局内其他人的报告,并参与日常行政工作。汤因比忙得不可开交;但他愿意承担这项工作,认为它非常重要——因为它直接影响着公正、持久和平的前景。

随着同盟国集团已开始稳操胜券,汤因比也变得越来越乐观。他对吉尔伯特·穆雷写道:

> 我毫不怀疑,用不了 25 年,这个世界将在政治层面上团结起来,并废止战争——至少是在几百年内。唯一的问题是通过何种方式实现?是通过国联体系建立合作吗?如果这一点可以做到的话,我们就能够为未来保留当前世界的许多自由与多样性,文明也会实现令人难以置信的大发展。这就是我们在挥霍掉了第一次机遇后,还值得为争取第二次组建国联的机会去打这场战争的理由。我们值得为此而耗尽自己仅存的一点点力量,因为我们这一次的努力确实有望获得回报。另一方面,我们也必须承认,历史经验让我们在这一点上无法保持乐观。尽管我能想出 20 来个与我们的情况相似、通过武力走向政治统一的例子,却想不出一个借助合作方式实现这一目标的案例。因此,我承认我们或许将目睹美苏之间的决斗。如果它果真发生的话,我预料美国人将会是主动进攻的一方······但苏联人将最终胜出,因为他们拥有更严肃的人生目标,并掌握着更丰富的人力、国土与资源。
>
> 我们将在英国努力阻止那件事的发生。那绝对是值得一试的。[1]

直到 1946 年年底,当战胜者们之间的分裂已日益变得水火不容时,汤因比的情绪仍然没有发生太大的变化。他写道:“我对事态前景并不感到悲观。”但他承认,第三次世界大战的威胁是显而易见的:“我还看到了其他的可能性——如一个艰难的但并非灾难性的自己要生存但也容忍他人生存的阶段。我并不相信我们一定会遭遇灭顶之灾。”他反对建立全欧洲的联盟。“如果欧洲真想独立于 3 个世界大国之外,那么

---

[1] 博德利图书馆,汤因比档案,汤因比致吉尔伯特·穆雷书信,1944 年 6 月 28 日。

它的唯一出路便是成为德国领导下的、希特勒的欧洲。 否则的话，它就只能成为苏联或英美同盟的附庸；那只会让大国之间的关系变得更加危险。"他接下去指出，在全世界范围内建立联合国(United Nations)是维护和平的唯一可行框架。 如果这个计划失败了的话，欧洲就只能"坐视列强混战"。"我们仍然只是希腊英雄们的没落子孙(Hellados Hellas)，而我们泯灭的代价对于全世界而言太高昂了。"①

由于自己能够在这样的时刻在塑造英国政策方面真正发挥重要作用，汤因比得以重拾对自己本职工作的目标与重要意义的信心——这种信心在1936—1940(1941？)年期间一度动摇，并几乎土崩瓦解。 显然，这对因失去罗萨琳德而陷入绝望的汤因比而言是一种莫大的安慰。 200 通过疯狂工作，汤因比几乎可以排除一切干扰，同时(并非出于偶然)将维罗妮卡留在自己身边。 汤因比非但没有像普通人那样，让个人生活中的麻烦干扰自己的工作，反而凭借毕生如一的纪律与习惯成功完成了压在他书桌上的艰巨写作任务。

1945年5月，对汤因比心存感激的英国政府提出要授予他高贵的圣米歇尔(St. Michael)与圣乔治(St. George)骑士头衔，"以便表彰您为国家作出的贡献"。 汤因比拒绝这一荣誉的理由令人惊讶——骑士身份"将给我目前的工作带来麻烦"，影响他"同来自其他民族的人打交道，其中就包括美国人"。②

除了为外交部做了卓有成效的工作，获得了维罗妮卡始终如一的支持外，同菲利普关系的明显改善也为汤因比增添了力量。 1939年8月斯大林同希特勒签订的互不侵犯条约促使菲利普放弃了他的共产主义信仰；而他在三个月后同安妮·鲍威尔的婚姻则在一定程度上解决了他的放荡不羁问题。 安妮拥有可观的个人收入。 这使得菲利普可以放手去追求自己的文学理想，而无需谋一份固定差事去养家糊口。 相反，他可以去创作小说，并取得了一定成绩。 他的父亲是这样评价其中一部

---

① 博德利图书馆，汤因比档案，汤因比致吉尔伯特·穆雷书信，1946年10月27日。

② 博德利图书馆，汤因比档案，汤因比致外交部书信，1945年5月28日。 这个借口似乎毫无道理，因为美国人是很推崇有头衔的英国人的。 汤因比的做法很可能只是在宣泄对这一头衔授予的不满——因为那不过是对外交部门高级官员的常规赏赐。

作品的:"你拥有很强的表现力,也知道如何运用文字表达自己的想法;我承认,你在这方面的能力是在突飞猛进的。说完了形式……我们再来聊聊内容。我要指出的是,这本书跟你妈妈早年的小说存在着一个共同弱点……身处少年时代的你和身处少女时代的她一样,生活在一个过于狭小与特殊的圈子里,很难让对你们的作品有兴趣的读者透过文字表面理解到背后的文学原型……我并不怀疑,随着你的不断成长,'完全适应家庭生活'的体验……很可能会让你告别那种空泛、单薄的寓意主题……你是有天赋的。如果一切顺利的话,我相信你会凭借它造就伟大的事业。"①

　　在完成其第二部小说后不久,菲利普如愿应征入伍。在更换过多个岗位后,他在战争结束时担任着第 21 陆军集团总部后勤部的低级军官。汤因比更看重的则是 1943 年他的第一个孙女约瑟芬(Josephine)的出生,以及约瑟芬的妹妹波莉于 1946 年来到人世。菲利普确实开始适应了家庭生活。而在父母不和这件事上,他是完全站在父亲这边的。

　　劳伦斯依恋母亲的程度远胜过他对父亲的感情。但他起初由于自己麻烦缠身的缘故,没有过多地关注父母之间的问题。但到了 1944 年年底,罗萨琳德发现自己同劳伦斯的关系也开始变得疏远。菲利普写给汤因比的一封信证明了这一点:"很遗憾,你告诉我的关于弟弟的事情让我非常生气。他的过错居然是患了弹震症和想同琼·阿斯奎斯(Jean Asquith)结婚! 妈妈怎么能因为这样的理由而讨厌他呢? ……很遗憾,我认为她其实是个非常恶毒的女人。"②1945 年,劳伦斯不顾母亲的反对而结婚,并在从军队退伍后成了牛津的一名画家和艺术教师。他的妻子是一战期间英国首相的孙女。她在获得硕士学位后同时肩负起了当医生和做家务的工作,甚至在他们的第一个孩子罗萨琳德于 1946 年出生后依然如此——此后汤因比又多了一个可以宠爱的孙女。③

201

---

　　① 私人收藏,阿诺德·J.汤因比致菲利普·汤因比书信,1943 年 12 月 8 日。
　　② 博德利图书馆,汤因比档案,菲利普·汤因比致阿诺德·J.汤因比书信,1945 年 1 月 1 日。劳伦斯本人并不相信母亲曾因他患了弹震症而怪罪自己,但记得母亲起初对自己未婚妻的不信任。但罗萨琳德后来同媳妇达成了和解,两人相处得非常不错。信息来自 1987 年 12 月 18 日口头采访。
　　③ "我刚刚同本、琼和小罗萨琳德度过了一个幸福的夜晚归来。"博德利图书馆,汤因比档案,汤因比致维罗妮卡书信,1946 年 6 月 10 日。

总的来说，汤因比有理由为自己尚在人世的两个儿子安然无恙地渡过了二战难关而感到欣慰。 两个人的婚姻生活都很美满，并且事业发展似乎也很顺利。 在这样的情况下，汤因比同他们在战前的紧张关系已烟消云散；汤因比也开始为他长大成人的儿子们和尚在襁褓之中的孙女提供自己虽然遥远但情真意切的关爱。

1945 年 8 月，汤因比与福克兰(Frankland)家族的堂兄弟们(他们都是农民)共度暑假。 他告诉维罗妮卡："我感觉好多了。 发挥积极作用的一部分因素是我重新发现了——可以这么说——自己的亲人；我之前一直都是跟罗萨琳德和她的家人共同生活在一起的。"①

然而，事实证明，同罗萨琳德离婚并不意味着他需要离开罗萨琳德的家人。 毕竟，早在同汤因比断绝关系之前，罗萨琳德已经在写作《异教徒君子的失败》时同自己的父亲断绝关系了。 尽管吉尔伯特·穆雷现存信件的缺失使得我们无法复原穆雷一家在自己女儿与丈夫离婚之际的看法，吉尔伯特·穆雷和玛丽夫人似乎都认为，他们的女儿要承担主要责任。②无论如何，汤因比在第二次结婚三天前告诉穆雷："我一直觉得，您和玛丽夫人不只是罗萨琳德的父母，也像是我的父母。 倘若我在失去了罗萨琳德的爱之外又失去了你们的爱的话，我将无法忍受如此巨大的损失，肯定会垮掉的。"③

由于自己的亲生父亲在二战前期(1941 年 1 月 24 日)已经去世，维系同吉尔伯特·穆雷的关系对于汤因比而言便显得格外重要。 汤因比参加了父亲的葬礼，但至少从外表上看，他同父亲的情感纽带早在多年以前就完全断绝了；哈利的去世对他而言更多是一种解脱而非打击。但父亲之死意味着吉尔伯特·穆雷代理父亲的角色变得更为重要。 因此，当汤因比意识到，自己同穆雷一家的友好关系在同罗萨琳德离婚后还能延续下去时，那对他而言是一种实实在在的慰藉。

尽管所有这些因素都在帮助汤因比恢复情绪稳定，他还是在 1946

---

① 博德利图书馆，汤因比档案，汤因比致维罗妮卡书信，1945 年 8 月 2 日。
② 吉尔伯特·穆雷最初表示反对。 他在 1943 年 7 月 3 日退还汤因比那篇自述长信(后来佚失了)时对哥伦巴写道："我相信，正是由于阿诺德认可自己'娶了女神的人'，两人的关系从一开始就走上了歧途。"《一位历史学家的操守》，第 141 页。
③ 博德利图书馆，汤因比档案，汤因比致吉尔伯特·穆雷书信，1946 年 9 月25 日。

年春经历了最后一次严重的精神危机。 发作地点是在巴黎——对1919年巴黎和会上罗萨琳德同他的合作的回忆在那里显得格外苦涩；因为汤因比正在进行第二次（这次基本以失败告终）建立和平的外交努力。 到了1945年12月，同盟国集团已充分消弭了彼此之间的分歧，从而能够于1946年春在巴黎召开正式的和会。 汤因比被指定为英国代表团成员；他将自己承担的新职责视为自己从政生涯的顶峰。 因此，他于1946年4月再次前往巴黎，就"我们应对哪些争执坚守立场，而在哪些问题上做出让步"向新组建的工党政府外交大臣恩尼斯特·贝文（Ernest Bevin）提出建议。①

　　汤因比承担的政府职责使得他有机会同上层人物来往。 他写信告诉维罗妮卡："我很享受同贝文一家的晚宴。 贝文是一个懂得生活、充满活力、经验丰富的人；他特别喜欢处理难题。 我问他组建贸易同盟和当外交大臣哪个更困难。 他不假思索地回答说，当外交大臣难。"②贝文的这一答复确实展示了自己的丰富经验，正如汤因比在5月8日所写的那样："和会在今天上午步入危机……你要么在一两天内就会见到我，要么——同样可能出现的情况——和会进程突然柳暗花明，并开始收获成果。"③事实上，这次和会于5月16日休会，在6月15日复会；到了7月12日再度休会，最后一次复会则从1946年7月29日开到了10月15日。 汤因比没有继续参加7月中旬之后的议程。

　　汤因比自然会对同盟国各方势力无法缔结令人满意的和约而感到失望；而同维罗妮卡天各一方和对巴黎往事的痛苦回忆更令他的心境雪上加霜。 他在1919年无疑还是一个年轻人；但劳合·乔治对其建议的拒绝仍然令他感到痛苦。 虽然贝文在1946年采纳了自己的建议，但那对汤因比而言也算不得多大的安慰——因为这次和会总体上是失败的，这意味着汤因比无法通过为建立公正、持久和平作出贡献而达到自己职业生涯的巅峰。 这已足够令人感到悲哀；但真正刺伤他的则是罗萨琳德在1919年还陪伴着自己，热烈憧憬着两人在和平年代里的共同生活。

---

① 博德利图书馆，汤因比档案，汤因比致维罗妮卡书信，1946年4月27日。
② 博德利图书馆，汤因比档案，汤因比致维罗妮卡书信，1946年3月3日。
③ 博德利图书馆，汤因比档案，汤因比致维罗妮卡书信。

他写信告诉维罗妮卡:"我感到很糟糕,一方面是由于第一次和会期间同罗萨琳德与哈蒙德一家……以及阿兰·利珀在那里的悲伤记忆,另一方面则是因为孤身一人的缘故。"①他在两周后承认:"我有时会感到心烦意乱,尽管我相信自己并未暴露这一点……我不相信自己真的会垮掉,虽然或许我真正遇到的危险比我前来时设想的还要多。 但没有人能拒绝这样一个好机会。"②当汤因比在 7 月不得不再次重返巴黎时,他已预见到了最后的结果。"我确实非常沮丧。 我确信,补救这一切的办法是去开创一些新的事业,诸如回家动笔写我那本'胡说八道的书',抑或再次前往美国去做一些调查研究。"③

　　当和会在 7 月中旬再度休会之际,汤因比决定辞去自己在外交部的职务,重新返回查塔姆楼担任研究部主任。 查塔姆楼的委员会渴望重起炉灶;汤因比同样渴望重操自己在和平时代的旧业。 他告诉维罗妮卡:"我很高兴,自己没有在上一次或这次大战后长期从政。 真正有价值的工作应当是能够凭借自己的努力而有所成就的。"④毫无疑问,到当时为止,汤因比凭借个人努力所取得的最高成就便是那部尚未完成的《历史研究》。 汤因比已下定决心,任何事情都不能阻拦他完成这部不朽之作。

　　早在 1939 年战争爆发前夕,汤因比已为了万无一失而将自己的全部笔记和草拟提纲寄往纽约,委托那里的外交关系委员会(Council on Foreign Relations)代为保存。 由于自己从外交部离任的日子逐渐临近,汤因比也提出了拿回这批文件的请求。 当他还在巴黎的时候,第一批包裹已经到达。 返回伦敦后,汤因比马上开箱利用起这批材料,并利用自己同福克兰家族亲戚共度假期的机会创作《历史研究》。 他告诉维罗妮卡:"我正在整理'胡说八道的书'第 6—8 卷的注释,并将自己在战争期间的一些零星笔记补充进去。"⑤但很久以前,汤因比已经重启自己活跃的创作生涯了。 他告诉吉尔伯特·穆雷:"我在西摩兰

203

① 博德利图书馆,汤因比档案,汤因比致维罗妮卡书信,1946 年 4 月 26 日。
② 博德利图书馆,汤因比档案,汤因比致维罗妮卡书信,1946 年 5 月 7 日。
③ 博德利图书馆,汤因比档案,汤因比致维罗妮卡书信,1946 年 7 月 17 日。
④ 博德利图书馆,汤因比档案,汤因比致维罗妮卡书信,1946 年 5 月 6 日。
⑤ 博德利图书馆,汤因比档案,汤因比致维罗妮卡书信,1946 年 8 月 19 日。

(Westmoreland)时每天为这部书的下一册写 4 页内容，发现自己之前整理好的素材还在那里，等着我把它们编写成书。"①

然而，影响汤因比一生的巨变已迫在眉睫。1946 年 8 月 13 日，他同罗萨琳德的离婚最终成为了事实。1946 年 9 月 28 日，汤因比在肯辛顿的登记局同维罗妮卡·马乔里·博尔特完婚。这件事刻意保持低调，几乎可以说有点鬼鬼祟祟。证婚人为维罗妮卡的亲戚约翰·博尔特(John S. Boulter)和汤因比的旧日同窗好友大卫·戴维斯——后者也是当年他同罗萨琳德婚礼的见证人。

汤因比和维罗妮卡本希望举行另一种婚礼。正如汤因比向他的另一位老同学摩根主教解释的那样："我们两人都希望举行一场宗教婚礼。我们都是被英格兰的教会抚养成人的——维罗妮卡是教士的女儿。尽管我们两个人都没有接受过传统的信仰考验，我们仍自视为英格兰教会的一员，希望我们的婚姻能得到它的祝福。"②但英格兰教会厌恶离婚。于是摩根主教作出了决定，声称自己不能主持再婚者的婚礼，即便这个人是他的老同学。但作为一种补偿，他邀请这对夫妇在办完民事婚礼后立刻前往教堂。于是，新婚夫妇从肯辛顿的登记局径直前往温彻斯特；摩根主教在公学礼拜堂以他们的名义举办了一场圣事。

几个月后，汤因比收到了一封短笺，内容如下：

伦敦威敏寺枢机主教

亲爱的汤因比先生：

我要通知您的是，根据司法程序的裁定，您同罗萨琳德·穆雷的婚姻关系在教会法上是无效的。

约瑟夫·格兰特向您致意③

也就是说，在同维罗妮卡开始新生活后不久，汤因比终于正式同罗萨琳德分道扬镳。这对新婚夫妇起初难以找到住处，因为伦敦的房源

---

① 博德利图书馆，汤因比档案，汤因比致吉尔伯特·穆雷书信，1946 年 9 月 25 日。

② 博德利图书馆，汤因比档案，汤因比致摩根书信，1946 年 8 月 11 日。

③ 博德利图书馆，汤因比档案。这份文件未标注日期。但根据《一位历史学家的操守》，第 137 页，这一决定是在 1946 年 12 月 13 日交给汤因比的。

非常紧张。因此，汤因比只得搬到维罗妮卡那里去住。他在向自己的美国朋友达比希尔讲述自己离婚与再婚的经过时写道："生活的这些变幻无常是非常古怪的。在过去的那些年头里，我目睹了父亲的疯癫和托尼的自杀。但我的生活如今又重回正轨了。我现在必须赶上这班车：我暂时还只是一个居无定所的人，但我们相信总会在伦敦拥有自己的房子。如今我们在维罗妮卡家里度蜜月——清洁橱柜、擦鞋并幸福地一起做着各种家庭琐事。"[①]

1947 年 5 月，汤因比夫妇在完婚 8 个月后搬进了肯辛顿彭布罗克广场 45 号的一间小房子里。这次搬家伴随着对旧日信件的整理归类，其中也包括罗萨琳德写来的信。称自己"几乎死而复生"[②]的汤因比感到做这件事令他伤心欲绝。下面这份文件清楚地反映了这一点。

204

1947 年 5 月 18 日星期日

我已走过了人生中的上一章（它相当漫长），正在开启新的一章。维罗妮卡和我刚搬进这座房子；我正在对自 1939 年以来保存的文件进行分类整理。

这批文件里包括我从罗萨琳德那里收到的全部信件：从她接受我求婚的第一天（1913 年 5 月 31 日）直到我们的分手（1942 年 11 月）……

我不希望这些信件在我死去的时候遭到销毁。我希望它们能被保存下去，并被交给我们的一个孙子或孙女……他或她距离罗萨琳德和我足够远，不会感受到我们经历的那种忧伤；但他或她又跟我们足够亲近，足以对我们产生同情。

我对罗萨琳德的爱始终如一；但那并不意味着我在婚姻破裂这件事上的责任比罗萨琳德小。在 1942—1946 年间的挑战迫使自己在要么成熟、要么灭亡之间做出抉择之前，我一直是个小孩子，是无法与她相提并论的。我不知道——并且谁也无法知道——罗萨琳德究竟是能够跟别人幸福地白头偕老，还是说她潜意识中的火气注

---

① 私人收藏，汤因比致达比希尔书信，1946 年 10 月 3 日。
② 博德利图书馆，汤因比档案，汤因比致吉尔伯特·穆雷书信，1947 年 5 月 18 日。

定要在人生中的这个阶段以大同小异的方式爆发（无论她的丈夫是谁）。我只知道，像她的众多家族成员一样，罗萨琳德是不幸的；并且我未能保护她免于这种不幸。

愿上帝怜悯并宽恕我们两人。我相信祂已在托尼身上显示了慈悲。

愿上帝祝福你，罗萨琳德。你像来自另一个世界的精灵，先是进入了我的生活，随后飘然而去。我知道你给予过我多少；或许我也给过你一些东西——比你在1942年回顾我们生活时认为的要更多。我爱你。我对上帝和你感到愧疚，因为自己没能成为你想要的那样一位丈夫。

阿诺德·汤因比①

这张悲伤的便条标志着汤因比有生以来最痛苦的一段经历的结束。他的情感创伤缓慢地走向痊愈；因为他同维罗妮卡的生活注定还要创造属于自己的传奇与幸福。

---

① 博德利图书馆，汤因比档案。 他在声称这个袋子装满了"罗萨琳德寄给我的所有信件"时犯了错误，有几封信是放在他的其他文件里的。

第九章　名与利(1946—1955 年)

汤因比于 1946 年回归查塔姆楼后不久，索默维尔的《历史研究》前六卷节编本便于 1947 年出版。 它立刻成了一部畅销书，尤其是在美国大受欢迎。 随之而来的知名度使得汤因比首次成为一名公众人物。 但汤因比并未过分看重新获得的名利。 如果说这件事对他有什么影响的话，那就是加快了他的写作节奏——汤因比是不允许那些新出现的分心事务(报告、约稿和采访)影响他为自己设定的目标的。 他的计划是完成《历史研究》并赶上年度《国际事务报告》的进度，后者的出版因为二战之故一度中断。

汤因比的新婚妻子维罗妮卡同他一样渴望着手开始这些事业，一如既往地帮助他编辑文稿、制作索引、提供参考文献并填充细节内容。同罗萨琳德截然相反的是，维罗妮卡在社交或其他事务中都是完全不希望独当一面的。 她的生活就是她的工作。 做家务令她感到厌烦。 她对衣食并不讲究，并且害怕参加娱乐活动。 事实上，维罗妮卡经常回避因丈夫声名鹊起所带来的社会交际活动，宁愿自己一人留在私密的书房里。 同汤因比一样，维罗妮卡从小就学会了凭借在读书写作方面出人头地来克服自己天生的羞涩。 因此，在她的影响下，汤因比走上了自己愿意追寻的道路，即克服声名鹊起给自己带来的种种干扰，加快进度去完成《历史研究》和年度报告。

随着手头事务变得日益繁忙，战争岁月留下的伤痕也在被逐渐抚平。 新近获得的名利并不能完全填补失去罗萨琳德给汤因比造成的创伤。 但自己报告获得的热烈反响、围着自己转的大批记者和对其作品赞不绝口的编辑们、维罗妮卡在情感和实际工作中提供的可靠支持都让汤因比的生活变得日渐如意。 他原本希望从心高气傲、对自己并不心悦诚服的罗萨琳德那里得到的崇拜如今却来自社会公众，尤其是美国公众。 汤因比深知，他的新崇拜者们既缺乏鉴别能力，也并不高贵；经常还会曲解他的意思，以便使之合乎自己头脑中固有的观念。 但他很享受这种万众瞩目的感觉，在接受采访方面几乎有求必应，并欣然同纽约的牛津大学出版社公共关系领域的专家们进行了合作。

汤因比在 1947 年后的美国所享受的地位是之前的任何一位历史学家都不曾拥有过的。 因为他突然被当成了一位充满智慧的专家；他关于时事政治、过往历史、宗教和形而上学问题的讲话均得到了来自各层次的、渴望在一个动荡的战后世界获得指导的听众们的热切关注。 但尽管他得到了如此多的关注，并且他在新闻界的几次抛头露面有声有色，汤因比仍旧是那个渴望真知、满腹经纶、不善言辞的人。

他的教养无疑在塑造其名声方面发挥了作用。 美国的新闻记者们并不熟悉汤因比身上由爱德华时代的英国塑造出来的那种气质——它将外表的谦恭有礼和内心的不容置疑合而为一。 这两种看似截然对立的特征像油和醋一样混合在一起，向簇拥在他周围的新闻记者们展示了一种独特人格。 与他们经常打交道的演员、政治家等公共人物相比，汤因比展示了一种令人耳目一新的、截然不同的形象。 而汤因比也很喜欢同美国媒体打交道。 那主要倒不是因为记者们本身，而是因为他们至少可以让汤因比的一部分智慧和洞见影响美国公众——汤因比确信，即便他们自己完全没有做好准备，美国公众注定是要在下一个世纪里领导世界的。 这种你情我愿的融洽关系维持了大约 10 年，尽管双方在 20 世纪 50 年代中期均已暴露出了幻灭的征兆。

当汤因比于 1955 年从查塔姆楼退休之际，他已如愿看到《历史研究》的后四卷于 1954 年付梓，并且关于二战期间国际事务的 11 部报告也在筹备中。 到这时为止，汤因比在美国声名日盛，尽管主要来自英国和欧洲大陆的批评意见也越来越多。 他对美国和世界舆论的主要影响正是在这些年里实现的。 汤因比的声音一度以一种低调谦逊但效果显著的方式影响了美国外交政策的转向，帮助美国取代了英国在一战前的世界中所扮演的角色。 这在很大程度上可以解释汤因比何以会如此大受欢迎，因为他在 1947—1955 年间向美国听众传递的信息几乎始终带有恭维和勉励的色彩。 他始终将自己对"乱世"中民主制度有效性的疑虑埋在心底。 而当他的确表达了同美国主流观点不同的见解时，人们起初也没有过多地怪罪他，只是将他的这些言论视为这个值得关注的头脑中偶然跳出的一些奇思怪想而已。

诚然，当汤因比于 1946 年 8 月离开政府岗位时，他完全想象不到，自己将在美国得到怎样的待遇。 他迫切需要解决的问题是同查塔姆楼讨价还价，以便后者能够允许自己完成《历史研究》的写作。 他一度试探性地提出过要去牛津大学万灵学院任教，①同时减轻自己在查塔姆楼职责的方案。 该计划安排其他人撰写从 1947 年起的年度报告战后部分，以便他能将自己的主要精力投入完成《历史研究》，同时为查塔姆楼领导一个写作团队，去承担二战期间年度报告的写作任务。②该计划需要当时还无法马上到位的经费，并且万灵学院的教职还八字没有一撇。 为了填补这段空白期，汤因比应邀于 1947 年 2 月 10 日至 3 月 13 日期间前往布林莫尔学院(Bryn Mawr College，费城附近)做 6 场报告，介绍"那本胡说八道的书的片断内容"。③而在多伦多所做的其他报告(4 月 8—9 日)和游览安大略、魁北克的行程安排让他在大西洋彼岸一直待到了 4 月 24 日。 因此，当牛津大学出版社于 5 月底在纽约出版《历史研究》前六卷的节编本时，汤因比就在那里，很方便接受记者们的采访。

美国之行也使得汤因比能够开启同洛克菲勒基金会的谈判，以便争取到一笔经费，将自己在查塔姆楼的职责连同 5 年内完成《历史研究》的任务一并完成。 1953 年，他在《历史研究》最后几卷已经完成、还

207
208

---

①　与牛津大学其他学院不同的是，万灵学院没有本科生，因而其教师没有教学任务。

②　博德利图书馆，汤因比档案，汤因比致艾维森·马卡达姆(Ivison Macadam)书信，1946 年 4 月 4 日。

③　博德利图书馆，汤因比档案，汤因比致吉尔伯特·穆雷书信，1946 年 10 月 27 日。

在等待出版之际写信告诉布林莫尔学院的院长凯瑟琳·麦克布莱德(Katherine McBride):"您要知道,我永远忘不了 1947 年的那一天——您在看到我需要投入更多时间来撰写著作时推荐了洛克菲勒基金会。多亏了您的建议,我才完成了如今的四卷清样。"①

但汤因比的个人陈述在争取到这笔基金的过程中同样功不可没;因为他在 1947 年 3 月 24 日纽约午餐中向基金会负责人约瑟夫·威利茨(Joseph Willetts)介绍的研究设想十分令人信服,促使后者第二天便向艾维森·马卡达姆(当时查塔姆楼最主要的行政职员)写信,建议他申请一份基金,以便汤因比每年能来普林斯顿高等研究中心 3—4 个月,在心无旁骛的情况下撰写自己的巨著。 大方的威利茨还表示,基金会有可能为年度报告提供经费,以便雇用更多的人手。 他在结尾处写道:"我希望您不会担心我要干涉查塔姆楼的事务,或是把汤因比从皇家国际事务研究所挖走!"②

汤因比敦促马卡达姆接受威利茨的建议,指出每年访问一次美国的机会对于他的事业而言是很有必要的。"这个国家正在迅速成为世界中心。 如果不能同美国的思想领袖们保持密切私交的话,我们很难了解那里的实际状况,并获得访问美国可以带来的第一印象。 此外,由于个人处境的变化,我已无法像在两次大战期间那样隐居在乡间——那是我同时写作《历史研究》和年度报告的必要条件之一。"③简言之,普林斯顿可以成为甘索普的替代品。 跨越大西洋的通勤可以取代他在战前用来撰写《历史研究》的约克郡假日。

马卡达姆欣然同意申请基金。 洛克菲勒基金会随后同意自 1947 年 7 月 1 日起每年向查塔姆楼提供 2 500 英镑,用来完成战争期间年度报告的撰写工作;基金会还为汤因比从 1948 年起的每次美国之行支付 4 500 美元。④

---

① 博德利图书馆,汤因比档案,汤因比致凯瑟琳·麦克布莱德书信,1953 年 3 月 30 日。
② 博德利图书馆,汤因比档案,约瑟夫·威利茨致艾维森·马卡达姆书信,1947 年 3 月 25 日。
③ 博德利图书馆,汤因比档案,汤因比致艾维森·马卡达姆书信,1947 年 3 月 31 日。
④ 博德利图书馆的汤因比档案中保留了这份协定和汤因比同洛克菲勒基金会之间的其他信件往来。 根据汤因比在 1954 年 5 月 17 日写给艾维森·马卡达姆的一份备忘录,洛克菲勒基金会后来又为关于二战的研究报告提供了 60 000 英镑资助。

在这一安排仍然悬而未决之际，汤因比应邀担任了剑桥大学的皇家史学教授(Regius Professor of History)。 这是一个非常尊贵的职位，其分量甚至超过了与之分庭抗礼的牛津教授席位。 相继担任过该职务的著名史学家有阿克顿勋爵(1902 年去世)、伯里(1927 年去世)和克拉克(G.C.N. Clark)——政府在克拉克即将退休之际邀请汤因比做继任者。阿克顿勋爵策划的剑桥三史——《剑桥古代史》《剑桥中世纪史》和《剑桥近现代史》——使得剑桥大学的皇家教授头衔声名远扬。 那是因为这几部厚重的作品包含着英语世界的集体学术成果，在确定英国(以及美国)学术史的范围与内容等方面功不可没。 如果汤因比愿意的话，他原本是可以利用剑桥皇家史学教授的影响力去集合学术世界的各支力量，编撰一部全新的、名副其实的普世史的。①但在汤因比的心目中，编撰他人的作品不如完成手头业已开始的工作更能实现其学术抱负；而同教授头衔捆绑在一起的教学与学术行政事务则令他打起了退堂鼓。尽管如此，汤因比毕竟为此而心动。 这样一项任命将使他占据不容他人置疑的学术制高点，有利于他宣传自己坚持的宏大历史观。 他甚至可以在剑桥大学建立比较文明史的研究机制，使这门学科得到学术界的尊重——尽管批评者们之前反对他的看法。

吉尔伯特·穆雷建议他接受这项任命。 汤因比的妹妹、此时自身已成为剑桥大学著名学者的乔斯林却表示反对。 乔斯林表示："在我们进行了那次谈话之后，我越想越觉得业已远离学校生活多年的你不会喜欢它。 你会怀念从事真正属于自己的事业时的那份自由……而美国方面的资助将赋予你这种自由。"②

迟至 1947 年 6 月 18 日，汤因比一直举棋不定。 这是因为他确实很想去剑桥，尽管他明显更倾向于接受洛克菲勒基金会的资助——后者完全可以满足他的愿望和抱负。 问题在于，他当时还不确定真的能够拿到这笔资助。 即便在对方通知他资助已获批准之后，汤因比仍然向

209

① 事实上，克拉克已开始策划编撰一部《新编剑桥近现代史》。 该书最终得以问世，尽管编辑人选经历过多次调整。 该书内部各部分之间的矛盾充分暴露了参与该项目的史学家们对其主题的缺乏共识——那与阿克顿勋爵在 20 世纪初主编的《剑桥近现代史》的完整性(但主题局限性较强)形成了鲜明反差。
② 博德利图书馆，汤因比档案，乔斯林·汤因比致阿诺德·J.汤因比书信，1947 年 6 月 7 日。

克拉克写道："我在事业生涯中从未做出过更为艰难的决定。"①他随后解释道，如果接受皇家教授头衔的话，他再过 7 年就要退休——这段时间实在太短，难以让他对剑桥大学产生很大影响，并且还要牺牲其专著——那是汤因比最希望完成的事业——的写作进度。

从短期得失的角度看，汤因比选择普林斯顿和查塔姆楼（以及尽快完成他的巨著）的决定当然是明智的。然而，如果将目光放得长远，倘若能够创建一个世界史学者的剑桥学派的话，汤因比的影响力可能会变得更大。他将在英国长期保持万无一失的学者身份和崇高地位，那将冲淡时俗报刊记者们用来塑造他在美国声望的那些华而不实光环的影响。后者招来了学术界的不少妒意，促使那些名气远逊但忿忿不平的历史学家们对他展开口诛笔伐。不过，鉴于汤因比在性格上喜欢独往独来，他关于自己无法在短短 7 年内对剑桥大学的史学研究产生重大影响的判断或许是正确的。并且在他做决定时，汤因比还无法预见到自己日后在美国获得的声望高度以及学术界对此充满敌意的反应。

洛克菲勒基金会的资助开始投放后，查塔姆楼便需要重新同伦敦大学协调汤因比的身份问题了。双方最终于 1948 年 12 月做出了安排：汤因比被重新任命为国际关系专业的斯蒂文森研究教授（Stevenson Research Professor），这意味着他无需在伦敦大学里承担任何固定职责。这次任命也规定了期限：具体退休时间为 1954 年 9 月 30 日，届时汤因比已经 65 岁。伦敦大学的领导们明确表示，他们会要求斯蒂文森教席的继任者承担教学和其他学术职责，无论那个人是谁。

早在汤因比同伦敦大学就斯蒂文森教席续聘一事达成协议之前，洛克菲勒基金会向查塔姆楼提供的资助已经能让汤因比心满意足地（尽管有些辛苦）开启战后工作模式。他已彻底摆脱掉了撰写年度《国际事务报告》战后部分的工作。该任务被委托给了比汤因比年轻得多的彼得·卡尔沃科雷西（Peter Calvocoressi）。②作为查塔姆楼的研究主任，

①　博德利图书馆，汤因比档案，汤因比致克拉克书信，1947 年 6 月 18 日。
②　事实上，卡尔沃科雷西发现自己无法按时在 1948 年出版一部关于 1947 年的《报告》。乔弗里·巴勒克拉夫（Geoffrey Barraclough）和瓦特（D.C. Watt）相继接手了他的工作，但每个人的进度拖得越来越晚。到了 1977 年，当所谓的"年度报告"进度已滞后 13 年之久时，瓦特在出版了姗姗来迟的 1963 年《报告》后最终放弃了这一事业！

汤因比自己主要负责策划并编辑关于二战期间(1939—1946年)的报告。他很快放弃了每年一卷的体例，而是将战争视为一个整体，安排不同作者负责具体的国家或特定主题[如《租借法案》(Lend—Lease)]。为这样一项工程配备写作班子是件困难的事情，并且需要耗费很多时间。

完成二战部分《报告》各卷的最初期限是1952年。但由于多位作者未能按时交稿，出版时间被一拖再拖。事实上，最后几卷直到汤因比退休3年后的1958年方才问世。这些拖延令汤因比感到困惑和沮丧；因为他原本以为其他人的写作会跟自己一样顺利，并且也会像自己一直以来那样遵守交稿期限。与此同时，为自己减轻撰写《报告》任务的做法也可以表明，汤因比在1946年后对这部分工作已相对不再那么重视。他对各部分作者的选择较为随意，经常依靠朋友和人脉关系进行挑选；并且他自己也不会解雇那些写作进程缓慢或作品毫无洞见的作者。因此，关于二战的多部《报告》成了令人失望的大杂烩；汤因比负责的战前各卷中的灵感与才气已不可复见了。①

他最重视的始终是自己的个人成果，即《历史研究》的最后几卷。他在每年的大部分时间里待在伦敦，上午留在家中写作。他习惯于在中午前后到达查塔姆楼。他和维罗妮卡会同其他同事们在地下室食堂里共进午餐；汤因比随后去处理自己的编辑、监督和回复邮件等事务。他会在晚间回家，简单吃一口晚饭后便开始将自己为《历史研究》所读的一切材料整理成笔记。而当汤因比在普林斯顿的时候，他会将几乎一整天都用于写作——占用其时间的只有来往通信、同媒体打交道和做公共讲座(他在《历史研究》定稿之前坚持每年只在美国做一次报告)。

但适度在公众面前抛头露面是必不可少的；因为《历史研究》前六卷节编本在美国的出版令读者们兴奋不已。由于这本书大获成功，并对汤因比日后的人生产生了很大影响，我们有必要对它多说几句。三个彼此独立的因素共同造就了该书出版后的轰动效果。首先，索默维

211

---

① 个别几部《报告》——其中包括乔治·基尔克(George Kirk)关于中东的记载和威廉·麦克尼尔关于同盟国阵营内部关系的记载——还具备成一家之言的价值。但基尔克对巴勒斯坦犹太人的敌意使得他的很多言论说得过满；并且这个问题在1952年被一位评论家注意到了。这让汤因比和查塔姆楼的处境极其尴尬。查塔姆楼档案，汤因比第4辑第32号提供了完整细节。

尔最初的动机是为了自己的方便而对前六卷进行了节编；其次，亨利·卢斯和《时代》杂志的其他主要负责人从 1942 年起对汤因比的世界观表现出了浓厚兴趣；最后，在战时的朋友和同盟苏联突然化身为竞争对手和潜在敌人，而战时敌人德国和日本至少已变成需要美国保护的附庸（如果说还不是朋友的话）的情况下，美国公众感觉自己有必要寻求外部的指导建议。 美国对英国和中国的传统态度迫切需要得到重新塑造。那些信服汤因比的智慧、接受其指导的美国人事实上构建了他们的祖国同大不列颠之间的特殊关系。

我们先表第一个因素——索默维尔。 索默维尔是汤布里奇公学（Tonbridge School）的一名历史教师。 当他于 1943 年 9 月写信给汤因比，告诉他自己完成了《历史研究》前六卷的节编本（"大概总共 550—600 页"）时，两人还并不相识。①汤因比对此感到不悦。 他答复道："我真的很惊讶。 我认为这单独的一册书……删节掉的不仅是前六卷，而是整部作品的许多内容……因为我觉得，任何买了这部节编本的人都会以为它概括的是整部书。"汤因比之所以感到焦虑，还因为他一直打算自己编写一部节要，但要等到《历史研究》各卷按计划出齐后才开始动手。"这本提纲挈领的单行本还能让我有机会重新整合全书的观点。我在写作统领全局的提纲（相当详细）时的思想确实是一个整体；但那是1927—1928 年时的情况，我的观点此后又有所变化。"尽管如此，汤因比还是表示想看看索默维尔文稿的一部分样章，甚至还感谢他"如此认真地对待这本书，为它投入了那么多时间和精力"。②

索默维尔马上寄去了自己文稿中的第一部分，并建议将自己的节编本与《历史研究》的后几卷同时出版，这样或许可以为读者提供一条从整体上把握这部作品的捷径。③然而，汤因比在 1943 年被外交部的各种公务缠身，过了好几个月才通读了索默维尔的文稿。 他最后写道："真不好意思，我发现距咱们上次通信已过去了一年多。 我在你的文稿寄来后不久其实就读完了一半，但随后我便忙得不可开交。"不过，汤

① 博德利图书馆，汤因比档案，索默维尔致汤因比书信，1943 年 9 月 12 日。
② 博德利图书馆，汤因比档案，汤因比致索默维尔书信，1943 年 9 月 22 日。
③ 博德利图书馆，汤因比档案，索默维尔致汤因比书信，1943 年 9 月 24 日。

因比对自己读到的文本很满意,并提议要亲自对索默维尔的文稿进行编辑,以便准备日后将之出版。①汤因比在 1944 年 12 月初告诉索默维尔:"我已经详细审校了你的文稿,但大部分改动……都是细节性的。"②索默维尔答复道:"我感到十分抱歉。 我自己的粗心大意让你审校时费心不少。 我的借口只能是自己在制作节编本时并未认真想过要出版它,只是为了自娱自乐而已。"③

　　事实上,索默维尔对汤因比《历史研究》前六卷的节编水平是很高的。 他几乎完全忠于汤因比的原文,只是在将节编后的各段落连缀起来时略微补充了自己的一些话。 他的高明之处恰恰在于他所省略的东西。 由于省略了汤因比的大部分例证和借题发挥——它们有时候篇幅很长——节编本的观点变得较原书明确了很多。 汤因比涵盖全世界的文明兴衰循环论、明显的基督教真理观④和对进步观念半遮半掩的重新肯定⑤都是美国读者们很容易接受的。 那些渴望看到美国在世界范围内维护和平、防范革命的人会衷心赞同汤因比的意见——他在讨论了"解体的节奏"后宣称:"我们必须并且也应当祈祷,如果我们抱着悔悟之心谦卑恳请的话,上帝还会一如既往地给予我们的社会以宽恕。"⑥

　　1944 年 10 月,牛津大学出版社的汉弗莱·米尔福德表示,自己"乐意出版索默维尔的节编本,当然前提是得到汤因比博士的赞同"。他建议的版税抽取比例是查塔姆楼 2.5%,汤因比 5%,索默维尔 5%。⑦然而,汤因比又花了整整一年时间才完成了对节编本的修订;尽管他写信告诉索默维尔说:"在整整 1 000 页的篇幅里,我只对你的原稿

①　博德利图书馆,汤因比档案,汤因比致索默维尔书信,1944 年 10 月 26 日。
②　博德利图书馆,汤因比档案,汤因比致索默维尔书信,1944 年 12 月 1 日。
③　博德利图书馆,汤因比档案,索默维尔致汤因比书信,1944 年 12 月 7 日。 事实上,索默维尔编撰节编本的最初目的是为了吸引自己儿子的兴趣,后者觉得原著的六大卷太令人望而生畏了。
④　"天使们歌咏的降生并非希腊或另外哪个希腊类型社会的重生。 那是天国之主肉身的降临。"《历史研究》节编木(纽约,1947 年),第 532 页。
⑤　"历史车轮的永恒转动(如汤因比在那段文字中描述的'诸人类社会诞生、成长、衰落与解体过程中昙花一现的人类历史')并非每次革命中的无谓重复;它承载着车子不断接近终点。"
⑥　《历史研究》(节编本),第 554 页。
⑦　博德利图书馆,汤因比档案,米尔福德致安妮·克利弗书信,1944 年 10 月 23日。 这一版税分配比例事实上被认可了。

提出了 3 处实质性的修改意见。"①文字校对和编撰索引也要耗费额外的时间，因而这本仅仅 600 页的节编本直到 1946 年 5 月 23 日才下印厂，于年底在伦敦正式出版。 该书在纽约的出版发行则一直拖到了1947 年 3 月的最后一周，因为关税限制导致将伦敦排好的书版直接海运到大洋彼岸、在美国境内印刷装订会更省钱。 在美国最初发行的13 000 册迅速售罄。 到了 4 月，数量更大的第二次重印本也在进入书店一周后遭遇了同样的命运。 随后的几次重印仍然供不应求，到了 1947年 9 月已统共卖出了 10 万册。 牛津大学出版社的一位发言人不无得意地承认，在最初的 3 个月里，这部书"缺货的时候比有货的时候更多"。②

牛津大学出版社美国分社抓住了这一机会，在 1947 年底之前已斥资 3 万美元用于该书的广告宣传，并在《大西洋月刊》（*The Atlantic Monthly*）、《生活》、《纽约时报书评》（*New York Times Book Review*）、《耶鲁评论》（*Yale Review*）、《新闻周刊》（*Newsweek*）和《时代》等各类刊物上安排发表了对这部书的简介和书评。 它实现了出版商的梦想，让包括汤因比本人在内的所有相关人士都大吃一惊——但汤因比仍对这项事业心怀疑虑，担心省略了书中大量"经验基础"细节的删节本会把他的史著变成一篇关于诸文明兴衰模式的简化提纲。③

他写信告诉吉尔伯特·穆雷："我确实对认可我这本书的美国读者们的诚心诚意佩服得五体投地。 令我震惊的是，各个阶层中都有很多人要么读过我的书、要么对书中所讲的内容了解很多。 显然，这些人认为该书对他们自己起到了指导作用。"④他起初认为自己的名声将转瞬即逝。"通过在美国出版《历史研究》节编本，牛津出版社把我的名声炒作到了极致。 但我很快就会变成一只过气的老狮子了。"⑤

然而，汤因比直到 20 世纪 60 年代才变成过气的老狮子；这主要应

213

---

① 博德利图书馆，汤因比档案，汤因比致索默维尔书信，1945 年 10 月 8 日。
② 博德利图书馆，汤因比档案，1948 年 1 月 27 日出版商颁奖典礼上来自牛津大学出版社的亨利·瓦尔克(Henry C. Walck)发言稿复印件。
③ 博德利图书馆，汤因比档案，汤因比致杰拉德·霍普金斯(Gerard Hopkins)书信，1946 年 6 月 18 日。 汤因比之所以给霍普金斯写信，是为了抗议《历史研究》节编本广告的措辞。 当对方告诉他已排印好的广告无法更改时，汤因比提供了自己心目中适合作为未来广告词的版本，以便"淡化对模式的宣传"，强调"这部作品实证的一面"。
④ 博德利图书馆，汤因比档案，汤因比致吉尔伯特·穆雷书信，1947 年 3 月 8 日。
⑤ 博德利图书馆，汤因比档案，汤因比致吉尔伯特·穆雷书信，1947 年 4 月 19 日。

归功于《时代》向美国公众介绍这部作品及其思想的方式。 我们在前文中已经看到，早在 1942 年 10 月，汤因比已经会见并打动了《时代》《生活》与《财富》等杂志的出版商亨利·卢斯。 卢斯不只是一位闻名遐迩的、自我奋斗成才的生意人和美国公共舆论的塑造者。 他还试图继承父母的布道使命，但把注意力从父母工作的中国转移到美国（以至全世界）这一新的布道区域来。

根据一位同情他的传记作者的描述，卢斯相信"人类是可以在尘世间向着更高阶段进化（大致相当于由人间之城前进到上帝之城）的过程中同上帝合作的"。[1]他还相信，美国承担着领导人类走向那些高级生活境界的天定使命——前提是美国人认识到自己的使命，并配合造物主确保其意志得以实现。 事实上，这正是他办杂志的目的——他并不是为了赚钱，尽管这些杂志的成功让他在年轻时就已经十分富有。

卢斯的立场使他同汤因比之间既亲近又疏远。 正如卢斯在 1952 年11 月 14 日同手下编辑们共进晚餐时解释的那样："10 年以前，我加入了一个信仰阿诺德·汤因比的小团体。 我喜欢他看待事物的方式——那跟当时流行的所有思想截然不同。 但到了五六年后，当汤因比名满天下之际，我意识到自己在一点上同他存在分歧，并且那是至关重要的一点。 汤因比只将美国视为欧洲文明的外围。 我却视美国为上帝领导下的特殊一员，并对他说'不是这样的'。 我的精神导师对我的见解摇头反对。 有人说我的观点是在对一个民族进行偶像崇拜。 我完全清楚这一罪过的危险。 但我要说的是，我们必须鼓起勇气去面对上帝意志所造就的既成事实。"随后，在详细解释了他所理解的新闻报道客观性后，卢斯接着说，"信仰让我们确信这样一点：人生确实是有意义的。我们还知道，人生的充分意义包含着神秘的甚至超自然的一面。 那是因为关于人类历险之旅的真理——终极性的真理——是人类的有限智慧所无法理解的，无论我们有多么聪明。"[2]

这段话清楚表明了最初把卢斯吸引到汤因比身边的是什么，而导致

① 约翰·杰瑟普（John K. Jessup）编：《亨利·卢斯的思想》（*The Ideas of Henry Luce*，纽约，1969 年），第 10 页。
② 《亨利·卢斯的思想》，第 70—71 页。

二人分道扬镳的又是什么。 由于《时代》《生活》和《财富》等杂志在美国商界与知识分子圈子中流传甚广，汤因比在美国名声的大起大落在很大程度上取决于卢斯对他的看法，以及此人主办的杂志是如何有选择地向其读者呈现汤因比的作品和其他言论的。

此外，卢斯对汤因比思想个人反应的变化是同美国人对国际事务看法的巨变高度一致的，这进一步强化了卢斯名下出版物对美国公共舆论的影响。 当然，卢斯本人在引领这些转向方面是很有影响力的。 早在1941年2月17日，当他在《生活》亲自署名发表社论《美国的世纪》时，卢斯认为美国将注定要在20世纪下半叶成为世界上其他国家的领袖与榜样。

这篇社论构成了在1936—1941年间主导美国公共生活的、"孤立主义者"与"干涉主义者"之间漫长争论的一部分。 这篇文章支持卢斯所属的美国东北部阵营，反对关于民族命运的保守派观点——其代言人主要来自美国中西部。 孤立主义者们认为美国应当坚持19世纪避免卷入国外事务的政策，并满足于仅仅通过自己树立的榜样去影响其他国家。 主要以纽约为大本营的东北部集团领袖们看到英国已无法维持自己在19世纪扮演的海洋主宰与国际经济秩序领袖角色，并希望由美国来接管其地位。 为了挫败德国和日本称霸世界的企图，美国必须对欧洲进行超过孤立主义者们所能容忍限度的积极干涉。

1941年12月的珍珠港事件结束了这场争论，但并未确定美国将永久性地参与任何海外事业。 当战事在1945年结束时，几乎所有美国人起初都预料自己国家的军队将回国解散，就像1919—1920年时的情况那样。 各种国际问题都将留给新成立的联合国、通过集体协商的方式解决。 如果一切按照该政策支持者的意愿进行的话，那么美国有希望既延续自己传统上的孤立主义政策，又享受到对国际事务进行干涉的好处。 但到了1946年年底，当在巴黎举行的几次和会未能拿出同德国、日本签订和约的方案时，美国人的幻想开始破灭了。 孤立主义者同干涉主义者的辩论死灰复燃，并且变得比之前更加紧迫。

到了1947年，苏联外交部长莫洛托夫在巴黎和会上的搪塞策略让几乎所有美国人认定，苏联是迅速建立公正战后秩序的首要障碍。 此

214

外,随着共产主义革命运动对和平与秩序带来的新影响,苏联的拒不妥协更加令人感到不安。 无论美国人把目光投向欧洲和亚洲的哪一个角落,他们都会看到,当地的共产主义正在执掌政权(有些地方得到了苏联的支持,另一些地方则是自发行为)——至少表面看上去是这样。

在这样的形势下,美国该怎么办呢? 对于大部分美国人而言,这都是一个痛苦的抉择。 事情在1947年3月12日达到高潮——杜鲁门总统要求国会批准对希腊、土耳其政府进行援助,以便两国能更好地应对来自国内外的共产主义势力挑战。 5天后(3月17日),《时代》的编辑们对这场斗争的赌注和美国的天定命运进行了解释。 为此,他们在杂志封面上刊登了一幅汤因比的肖像照。 封面上的汤因比专注地目视前方,观察着攀登者们在几乎垂直的峭壁上爬上跌下。 打开这本杂志的读者会意识到,这些攀爬者象征着一个个文明;但为了影响那些没什么心思去阅读杂志里面内容的人,编辑们用附在汤因比肖像下面的一句话概括了封面主题所传达的信息:"我们的文明并未注定走向灭亡。"那正是在1947年3月发行了15万份的这期《时代》所表达的核心主旨。

这正是美国公众想要听到的声音。 它引起了极其热烈的反响,因为《时代》概括的汤因比历史观似乎回答了自战后以来令美国公众中善于思考的那批人感到压抑、困惑的国际关系问题。 六周后,一封"出版者的信"(发表于1947年4月28日那一期)宣称:

> 就我所知,《时代》和我们的其他杂志都从未发行过像汤因比那一期的刊物……我们为所有想要这一期的读者准备了重印本,并将之提供给我们认为会对它感兴趣的人。迄今为止,反响是极其热烈的。反馈来自历史学、哲学和人类学的教授们,来自美国学院与大学的系主任们,也来自公立与私立中学的校长们……提供反馈的还有7个州的州长、企业家、国会议员和普通公民、广播电台的播音员和新闻记者们……宗教人士在其中占据了醒目位置。

> 这些反响令《时代》的编辑们产生了浓厚兴趣。对于他们而言,历史学家汤因比及其正在写作过程中的作品的故事提供了超乎寻常的挑战与机遇……《时代》的各位编辑不时提出过选择汤因比为封面人物的建议,但我们最后选择的这个时机恰到好处。之所以

215

这样说，是因为该期恰逢牛津大学出版社宣布将向普通读者发售《历史研究》前六卷节编本之际——因为汤因比关于历史的新颖观点是最适合解决现实中的那些难题的。

去年秋天，这期策划进入了《时代》杂志专题策划部门的议事日程……一位研究者和负责撰写文稿的作者通读了《历史研究》已出版的 3 488 页文字。两人都在阿诺德·汤因比今年前来美国做报告时同他见了面。当时作者面对的问题是如何将这些汗牛充栋的材料和复杂的思想转换成简明扼要、易于传播的形式。在《时代》杂志社收到的众多赞美之词中，有一篇最好地诠释了《时代》编辑们在策划汤因比专题时希望获得的反响："在这个美国人需要对将直接影响全世界的问题做出决策的时代，他们应当理解文明的本质和演变规律是怎么一回事。《时代》杂志和汤因比帮助他们满足了这一需求。"

毫无疑问，这篇报道中的自我吹嘘色彩使得我们必须对它的可靠性打些折扣。但无可辩驳的事实表明，这篇文章确实在很大程度上影响了美国人的观念。《时代》杂志社共收到了 14 000 多份要求重印这一期的请求；索默维尔《历史研究》节编本的巨大销量同样证实了《时代》封面故事的影响力。牛津大学出版社纽约分社第一年和第二年的《历史研究》精装节编本的发行总量分别是 129 471 册和 214 544 册。[1]在《时代》与亨利·卢斯的帮助下，汤因比一夜之间（名副其实）成了在美国无人不晓的知名人物。随后，他的声名又从美国传播到世界的大部分地区（但其他国家对他的接受更为缓慢和有所保留）。

汤因比的人生从此发生了翻天覆地的变化。但在分析那篇文章对汤因比个人与生涯的影响之前，我们有必要详细分析，《时代》是如何有选择地将汤因比"复杂的思想转换成简明扼要、易于传播的形式"的。该杂志的 9 位高级编辑之一惠特克·钱伯斯（Whittaker Chambers）负责撰

---

① 谢尔顿·迈耶致麦克尼尔书信，1987 年 2 月 3 日。伦敦截止到 1948 年 3 月 31 日的总销量为 14 431 册。在美国月刊俱乐部（Book of the Month Club）的图书销量也很大。但我们已无法还原相关数据，并且这些销量也没有统计在牛津大学出版社的总销量里。根据查塔姆楼档案，汤因比第 4 辑第 3 号中的一份文件，汤因比第一年在美国的版税收入高达 7 926 英镑 1 先令 9 便士。那几乎是他年薪的 4 倍。

写汤因比的封面故事。①钱伯斯是一名放弃了早年信仰的前共产党员，并在不久后成了 1949—1950 年前国务院官员阿尔杰·希斯(Alger Hiss)间谍案的主要证人，从而在美国无人不晓。尽管此人的性格难以捉摸，但他对于理想是非常看重的。在于 1938 年放弃马克思主义后，他正在 1946—1947 年间寻找一种取而代之的世界观，于是把汤因比当成了救命稻草。读完六大本《历史研究》后，钱伯斯断言汤因比将取代马克思，成为理解历史意义与人类命运的最佳向导。那至少是他在《时代》的那篇文章中表达的观点。

他在文章开头处提到了英国从希腊的撤退，认为大英帝国的日薄西山正是"西方文明本身危机的写照……从二战爆发之初起，美国便必须自觉代替英国去承担自己从前不愿扮演的角色：即作为基督教文明残存部分的领袖去抗击威胁它的力量"。那需要对文明和历史的理解。"但大多数美国人对历史问题的理解水平仅仅是认为有人在作恶而已。"幸运的是，"这个世界拥有最好的知识储备、适合为他们传道解惑的那个人上周就在美国——阿诺德·约瑟夫·汤因比教授正是在美国身处十字路口的关键时候现身的英国文化使者，他为布林莫尔学院的年轻女士们做了 6 场报告"。

随后，钱伯斯声称汤因比的书是"自卡尔·马克思的《资本论》以来诞生在英国的、最发人深省的历史理论著作"，并认为他已超越了斯宾格勒，因为"他在后者那里发现的史学是托勒密式的，而留下的成果则是哥白尼式的"。文章主题概述了汤因比的生平，随后总结了《历史研究》中的一个观点，强调汤因比用攀岩者的形象来比喻人类社会对其面临的挑战所做出的或成功、或失败的回应(封面上的攀岩者是对该比喻的视觉呈现)。

钱伯斯在文章结尾处写道："汤因比说，我们的文明正处于危机期(在他看来始于宗教改革中的历次战争)，但或许这次危机已濒临尾声。他之所以还保留着微茫的希望，是因为尽管拿破仑进行过一次尝试、德

---

①　博德利图书馆，汤因比档案，弗吉尼亚·卡里克(Virginia Carrick)致汤因比书信，1947 年 3 月 7 日。卡里克女士时任牛津大学出版社纽约分社的销售部主任，因而能够了解若干相关细节。参见惠特克·钱伯斯：《见证》(Witness, 纽约，1952 年)，第 505 页，他在那里宣称自己组织了《时代》的汤因比封面人物策划。

国人进行过两次尝试，他们都未能建立世界性国家。 但《历史研究》的宏大布局和精细研究凸显了一层让我们看到希望的意义：历史发展的决定性动力不是物质因素，而是精神元素。 人类的活动是随着时间推移而在世界舞台上展开的；真正的剧情呈现的是人内心的精神状态。

217 它取决于人对生活挑战的回应方式。 由于人类的回应能力具有无限多样性，没有一个文明(包括我们西方文明在内)是注定要灭亡的。"

《时代》将汤因比的历史观视为一种行动号召——美国所应采取的行动便是迎接挑战，捍卫基督教文明(而非西方文明或汤因比经常提到的"后基督教文明")。 (文章在讨论到汤因比对诸文明崩溃之际潜在救亡者的描述时断言："人类历史上只出现过一位让一切焕然一新的救世主，那就是耶稣基督——人类战胜苦难与死亡的最高象征。")

显然，这篇文章的策划融合了汤因比与卢斯的观点，并且《时代》的作者与编辑们严重歪曲了汤因比的思想以便使之符合 1947 年 3 月的具体情形。 当然，正是这种歪曲吸引了如此众多的美国人，促使他们在汤因比的书中寻找关于自己和这个世界种种不确定性的答案。 作者意图与读者反应之间出现偏差的现象是十分常见的，这是任何阅读关于自己作品评论的作者都心知肚明的。 1947 年 3 月汤因比在美国公众中的声名鹊起并非早有预谋，而不过是读者和评论家们永远乐于纵容的、对作品常见的选择性回应的一个高度戏剧化的案例而已。 钱伯斯的做法不过是为了让汤因比的思想"易于传播"而已——而他的成功是出乎所有人意料之外的。

早在《时代》封面故事的突出影响变得显而易见之前，亨利·卢斯便邀请汤因比为自己的另一份发行量极广的杂志《生活》撰写一篇文章。 杂志设定的主题是西方文明的未来。 但当汤因比就这个问题发表了意见之后，卢斯却决定不予发表。 这很可能就是卢斯意识到自己的美国天定使命观同汤因比有所不同的时刻。 无论如何，他通过牛津大学出版社销售部负责人转达给汤因比的退稿理由是"卢斯先生认为您的文章讨论的更多是人类的未来而非西方文明的未来"。[①]作为补偿，《生

---

① 博德利图书馆，汤因比档案，弗吉尼亚·卡里克致汤因比书信，1947 年 3 月 12 日。

活》的编辑们准备了一系列问题来采访汤因比，希望借此引导他对美国的未来作出更为具体的预言，尽管汤因比本人事实上并不愿意这样做。不过，杂志社为了这篇起因于卢斯与汤因比关于如何看待美国命运的分歧与角力的文章而向汤因比支付了高昂的 1 500 美元稿费。①

　　在很长一段时间内，卢斯的美利坚民族使命观和汤因比对所谓"部落崇拜"的强烈反对之间的分歧一度偃旗息鼓，因为在 20 世纪 50 年代中期之前，美国在欧洲和亚洲推行的所有重大政策都得到了汤因比的赞同。诚然，汤因比反感美国对共产主义者及其"同伙"的迫害——当中国共产党于 1949 年 10 月宣布成立新国家后，这场运动在华盛顿达到了高潮。汤因比的一位朋友欧文·拉铁摩尔便成了受害者之一。汤因比曾公开（但措辞婉转）对约翰-霍普金斯大学（Johns Hopkins University）开除拉铁摩尔一事表示遗憾。②但美国的重大举措——在恢复西欧繁荣方面贡献巨大的马歇尔计划（1948—1952），表明美国在 1949 年后承担起保卫西欧责任的北约军事同盟，以及为遏制北朝鲜共产主义政权扩张而以联合国名义发动的朝鲜战争（1950—1953）均得到了汤因比的支持（尽管有时是违心的）。 218

　　汤因比在 1953 年 5 月对吉尔伯特·穆雷写道："我认为如今是美利坚世界帝国形成过程中的第一阶段。她的专制将比苏联、德国或日本（我确信这三个国家是备选项）轻微得多。如果我们迎来的确实是美利坚帝国的话，那么我们还算是幸运的。"③他甚至以一种相当镇静的情绪思考着第三次世界大战爆发的可能性。"我们至少不必像罗马人那样，在注定成为和平与统一的缔造者 170 年后方才意识到自己的使命。倘若我们可以一蹴而就，从扎马（Zama）战役之后的黎明进入亚克兴（Actium）海战后的黎明、将两场决定性战役合而为一的话，我们便有望以足够低廉的代价换取统一与和平，从而让我们身处其中的世界得到极

---

① 博德利图书馆，汤因比档案，弗吉尼亚·卡里克致汤因比书信，1947 年 4 月 3 日及 1937 年 4 月 8 日。
② 他参与撰写了一本匿名小册子：乔治·博阿斯（George Boas）与韦尔勒·哈维（Wheeler Harvey）编：《作为学者的拉铁摩尔：对各领域学者回应的随机汇编》（*Lattimore as Scholar： A Few Random Selections from the Responses of Widely Diverse Scholars*，巴尔的摩，1953 年）。
③ 博德利图书馆，汤因比档案，汤因比致吉尔伯特·穆雷书信，1952 年 5 月 18 日。

大改善。"①他在另外的情绪下表现得更为乐观。 他向一位加拿大记者写道:"我相信,西方各国将像群星拱月一样围绕在美国周围,成为铁板一块。 在我看来,这或许将为我们的历史开启前景光明的新篇章……倘若一切顺利的话,我们将看到一个工业化的民主社会,它将有利于从前局限在少数族群之中的文明的进一步拓展,最终将使之泽被亚洲和非洲如今处境悲惨的农民们。"②

但汤因比对于美国人显然是有所保留的。 作为一名优秀的古典学者和有教养的英国人,他并不信任民主制。 1949—1950 年期间在美国蔓延的反共浪潮令汤因比"多少有些恐慌;尽管当今的共产主义不是无可指摘的,但它也可能迅速变成另外一个样子——谁又能说得准呢?"③他对吉尔伯特·穆雷写道:"开明专制或许是有可能实现的最佳统治模式,但恐怕我们已经回不去了。""在现实政治环境中,就治理广大民众的问题而言,或许仁慈的独裁统治才是祸害最小的政体。"④他对民主制的最大意见是民众主政容易导致全面战争。 他对一个崇拜自己的美国人写道:"西方国家(包括美国在内)的政府越民主,这些国家就越是好战无厌。"⑤

在公开场合下,汤因比满足于在演讲和采访中用相当笼统的口吻评价美国在欧洲和亚洲的政策。 他对马歇尔计划促进日后欧洲经济共同体形成的举措感到欢欣鼓舞。 他在 1952 年对吉尔伯特·穆雷写道:"难道欧洲不是正在走向统一吗?""从德国人的罪恶中结出的善果似乎正在占据上风——但这一结果幸福得令人不敢相信。"⑥但在汤因比眼里,与那些庞然大物相比起来,即便一个统一的欧洲也实在过于渺小了。 他同一位无话不谈的好友写道:"依照我的设想,我们恐怕要忍受

---

① 博德利图书馆,汤因比档案,汤因比致鲁比申科(A.E. Raubitschek)书信,1950年 1 月 31 日。 鲁比申科是普林斯顿大学的古典学教授。 他当然熟知公元前 202 年的扎马战役结束了第二次布匿战争,而公元前 31 年的亚克兴战役建立了罗马帝国。
② 博德利图书馆,汤因比档案,汤因比致弗兰克·安德希尔(Frank H. Underhill)书信,1951 年 11 月 15 日。 安德希尔是多伦多大学的一位教授。
③ 《一位历史学家的操守》,第 244 页,汤因比致哥伦巴书信,1949 年 4 月 28 日。
④ 博德利图书馆,汤因比档案,汤因比致吉尔伯特·穆雷书信,1953 年 10 月 21 日。
⑤ 博德利图书馆,汤因比档案,汤因比致尤里奇(A.E. Eurich)书信,1952 年 8 月15 日。
⑥ 博德利图书馆,汤因比档案,汤因比致吉尔伯特·穆雷书信,1952 年 9 月 29 日。

苏联、亚洲和非洲对西方一百年的围攻。但我们有理由希望,如果西方国家团结起来的话,我们将能够守住城池,最终将这场围攻引向对我们有利的、四平八稳且悬而未决的结果。无论如何,西方对世界其他地区长达 400 年的围攻同样是无果而终的。"①

　　与大多数美国人不同的是,汤因比从不认为最危险的挑战将来自苏联。他在 1949 年纽约一次书展的午餐会上将苏联人比作"一桶鲱鱼中的一条鲶鱼"。正如对鲶鱼的恐惧②会让鲱鱼们努力游得更快,从而保持健康一样,同苏联的竞争也会促进欧洲的统一,并促使各国公正地对待工人阶级。更重要的是,这还会促使西方采取行动,以便满足亚洲与非洲广大农民的需求。③正如他在 1952 年解释的那样:"对于大多数人而言,当前的头号敌人是西方的帝国主义,而非苏联的共产主义。而西方对此却仍未醒悟。"④两年后,他对这个问题的警觉程度有所下降:"我设想,随着西欧帝国主义的痛苦解体过程业已完成,亚洲人和非洲人争取平等地位的决心(我相信那是当今世界上最强大的力量)将促使他们转而反对苏联。"⑤

　　汤因比认为,权力政治最终将依附于宗教。因为只有借助正确的宗教信仰,西方才有望赢得愤怒的亚洲、非洲广大民众的支持。他对哥伦巴写道:"我认为,只要我们具备那样的意愿,我们就有能力让世界上的绝大部分国家团结在美国周围。但我并不相信,我们能在缺乏宗教基础的情况下做到这一点。我要说的是,只有基督教、伊斯兰教和印度教联合起来,才有可能压倒共产主义。各宗教的共识在于:首先,它们都确信凡人并非神明;其次,终极性的元素是精神而非物质。这是两大重要支柱;不知各宗教能否在此基础上走向团结?"⑥

　　在"美国之音"的一次广播节目中,汤因比在更为宏观的视野下阐述了宗教与政治你中有我的关系:"对人类的终极挑战来自上帝。这种

---

①　博德利图书馆,汤因比档案,汤因比致吉尔伯特·穆雷书信,1952 年 5 月 18 日。
②　汤因比的比喻显然搞错了,因为鲶鱼是一种食草的淡水鱼类。他想说的也许是角鲨——一种小型鲨鱼。
③　博德利图书馆,汤因比档案,在纽约哈罗德图书公司与作者午餐会上的讲话稿(Speech to New York Herald Book and Author's Luncheon),1949 年 4 月 13 日。
④　博德利图书馆,汤因比档案,汤因比致吉尔伯特·穆雷书信,1952 年 11 月 15 日。
⑤　博德利图书馆,汤因比档案,汤因比致吉尔伯特·穆雷书信,1954 年 6 月 18 日。
⑥　《一位历史学家的操守》,第 265 页,汤因比致哥伦巴书信,1950 年 8 月 15 日。

挑战在形式上可能来自其他民族或自然环境。 但表面现象的背后则是上帝与人的遭遇。 这是非常普遍的宗教思想。 它可一直追溯到以色列与犹太人的列位先知……就我所知，这是关于人间万事最深刻、最发人深省的见解。"①

然而，汤因比的宗教观念与情感是在不断发展变化的。 随着罗萨琳德的离去，汤因比已不再对天主教情有独钟，而是开始看重更为宽容的印度诸宗教。 他在 1954 年总结道："我们的任务无疑是将印度的兼收并蓄同巴勒斯坦的一神教融合起来。"②他在驳斥哥伦巴的观点时说道："将自己的荣耀献给教会并不能让基督徒们真正变得谦卑……所有的高级宗教都希望全人类能无条件地皈依自己，并声称自己拥有绝对权威。 我认为它们是对同一真理不同方面的反映；但所有这些宗教也都在传遍全世界的过程中接受了各种负担与渣滓。"③他在对吉尔伯特·穆雷写信时讲得更加直白："所有这些宗教都必须完成从其偶然形成的信条里筛选出永恒真理的繁重任务……这种真理只能以神话形式呈现，而神话又必须在具体时间与具体场所的日常生活中变得有血有肉。 因此，永恒真理永远需要新的神秘外衣。 不幸的是，宗教人士却厌恶这条原则。"④一年之前（或许是半开玩笑地），汤因比同吉尔伯特·穆雷就未来世界性宗教的必备性质达成了一致意见："它必须是宽容的（不能像犹太教那样）、反教条的（不能像希腊宗教那样）和反迷信的（不能像印度教那样）。 我确信，所有这些传统宗教形式的神职人员们都想烧死我（如果他们可以随心所欲的话）——共产主义者们当然也一样，因为他们是既迷信又教条主义和势利的。 但除了在这几点上有所保留外，我是一个同情亚洲的人。"⑤

汤因比始终坚信，曾在 1929 年和 1939 年个人危机期间两度为自己提供慰藉的精神真实性占据着宇宙的中心。 此外，他还感到，自己同

220

---

① 博德利图书馆，汤因比档案，汤因比的"美国之音"（Voice of America）谈话稿。 原文未标注日期，但根据它在文件夹内广播稿中的位置来看，它可能播出于 1950 年或 1951 年。
② 博德利图书馆，汤因比档案，汤因比致西尔维斯特（R.L. Sylvester）书信，1954 年 12 月 21 日。
③ 《一位历史学家的操守》，第 199 页，汤因比致哥伦巴书信，1947 年 8 月 31 日。
④⑤ 博德利图书馆，汤因比档案，汤因比致吉尔伯特·穆雷书信，1952 年 12 月 25 日。

第一本质(Being)的遭遇正是上帝向敏感个人显现这一悠久传统的一部分。 只有上帝自己才知道这些人选的择取标准；而这些人需要通过承受某种特定苦难来接受祂的信息。 汤因比从未自诩为先知，并在别人这样做时感到困窘。 但他也从未否认过这一头衔，并且一度几乎宣称自己就是先知。 例如，他在 1949 年 11 月 30 日为英国心理分析学会(British Psycho—Analytical Society)所做的报告中宣称，诗性的真理与科学的真理不过是永远无法企及的终极真理的两个侧面。 由于这两种可获得的真理形式都是人类所需要的，我们必须允许"潜意识(the Unconscious)像从前那样，在今后的日子里继续通过古老的诗歌和预言为自己发声。 这些传统的表达方式是人类文明开化以来认识与行动的必备武器"。①

这当然正是汤因比在《历史研究》最后几卷中所做的工作；其中再明显不过的便是末章非同寻常的标题"探求历史真相背后的意义"。 那是他在1930—1931 年里援引歌德的《浮士德》去解释文明成长时犹犹豫豫、略带窘迫地尝试的事情。 它如今已成为汤因比首选的论述方式，因为他已开始相信，承载着诗性真理的隐喻和神话其实能够比一切科学论述更好地让人类接近上帝。 作为人生的终极目标和史学研究的特殊目标，那是一种至高无上的目的。 汤因比自己宣称："描述事实的诗歌引领着我们去认识历史事实背后的意义，那是来自上帝的启示，承载着同祂进行沟通的希望。"②

既然汤因比下定决心要向世人揭示上帝的存在，那么他就确实扮演了先知的角色，并且难免要受到被视为妄想自大狂的责难。 鉴于 1947 年后他在美国讲堂和客厅里得到了那么多溢美之词，这项指控愈发显得有理有据。 我们将会看到，批评家们很快就会把汤因比切割成同他们一样无足轻重的小块。 但汤因比的个人举止却从未展现出妄想自大狂的迹象。 相反，他始终是彬彬有礼甚至略显羞涩的；他会见名不见经传的陌生人，倾听他们的见解，并谦逊地表达自己的看法。 汤因比的

① 汤因比：《史学参照下的诗性真实与科学真实》(Poetical Truth and Scientific Truth in the Light of History)，《国际心理分析期刊》(International Journal of Psycho Analysis)，XXX(1949)，150。
② 《历史研究》，X，126。

221　　宗教信仰同他的举止态度关系密切。　失去罗萨琳德一事在很大程度上让他完成了洗心革面。　他写信告诉公学时代的好友大卫·戴维斯:"我日益深刻地认识到,弃绝自我中心主义是律法与诸先知书的精髓所在。"①他又讲道:"我认为,摆脱自我中心主义意味着找到真实的、更为积极的中心,那就是涅槃(Nirvana)或上帝(我确信那只是真理的两个不同名字而已)。　因为崇尚自我已是非常积极的东西,能够取而代之的东西必须更为积极。'尝试摆脱'只是途径;现象背后的真理则是目标——我猜想是这样的。"②

　　在这一理想指引下,汤因比拒绝赞美自己,哪怕是宣称自己的思想正确无误。　他写信告诉法国学者雷蒙·阿隆(Raymond Aron):"我的努力目标是提起世人的兴趣,鼓励他们将历史视为整体和对人类事务系统研究的一部分。　进入该领域的人越多,我自己的作品就会被越快地取代。　我将把那一天的到来视为自己成功的标志。"③他还效仿马克思的口吻宣称:"我不是一个'汤因比主义者',因为我不想确立任何一种武断的、干巴巴的教条主义。"④

　　在公开场合下,汤因比有时会为了取悦读者而采用婉转变通的说法。　在英国,尽管他抱怨"我们寄于美国的篱下",⑤但他仍会为美国辩护。　在瑞典,他宣称英国应当效法18世纪之瑞典的榜样,凭借"物资匮乏条件下的道德胜利"⑥步入强国之林。　他在阿拉伯进行宣传时则声称,阿拉伯人应当教授全世界如何将对地方主权的忠诚和对世界统一体的忠诚结合起来,因为他们自己的地方政权就是依附于伊斯兰世界这一整体的。⑦最突出的是,他对美国人一直都很客气,总是耐心地回

---

　　①　博德利图书馆,汤因比档案,汤因比致大卫·戴维斯书信,1954年8月21日。
　　②　博德利图书馆,汤因比档案,汤因比致大卫·戴维斯书信,1954年8月25日。
　　③　博德利图书馆,汤因比档案,汤因比致雷蒙·阿隆书信,1954年10月21日。
　　④　博德利图书馆,汤因比档案,汤因比致罗伯特·雷德菲尔德(Robert Redfield)书信,1954年7月1日。
　　⑤　博德利图书馆,汤因比档案,查塔姆楼谈话稿:《当前危机中的美国政治、公共舆论与感情倾向》(Politics and Opinion and Feeling in America in the Present Crisis),1951年2月15日。　这是听众仅限于查塔姆楼内部成员的每周谈话中的一篇。
　　⑥　博德利图书馆,汤因比档案,谈话稿:《从瑞典历史看英国的未来》(Britain's Future in the Light of Sweden's Past),宣读于1954年3月17日。
　　⑦　博德利图书馆,汤因比档案,BBC广播稿:《世界与西方》(The World and the West),1953年3月12日。

答美国新闻记者的问题,小心翼翼地避免对美国进行公开批评。 当然这更多是出于风度礼貌,而不仅仅是一种政治策略。

当《历史研究》的最后几卷于 1954 年出版之际,曾在 1947 年 3 月掠过汤因比头顶的舆论风暴再度掀起高潮。 在两次风暴期间的 6 年里,汤因比过着隐士般的生活,每年辗转于伦敦和普林斯顿之间,努力在各种令他分心的事务中挤出时间来完成《历史研究》。 但各种杂事,即便是各所美国大学发来的、报酬丰厚的讲座邀请都是汤因比难以拒绝的。 汤因比喜欢赚钱和受人恭维,尽管他会对最出格的奉承嗤之以鼻。 1948 年,他因接受了两份这一类邀请(分别来自纽约哥伦比亚大学和阿拉巴马州伯明翰的一所大学)而陷入了麻烦之中。 他起初以为,如果自己选择向听众呈现自己未发表的章节的话,他可以在不影响写作进度的情况下完成报告任务。 但两份邀请都要求发表报告内容,而牛津大学出版社反对预先发表已签约书稿中尚不成熟的文字。 几经周折之后,各方最终达成妥协:哥伦比亚大学获准出版了 400 份巴普顿(Bampton)报告的讲稿,其标题为《西方文明的前景》;牛津大学出版社还用将提供《历史学家们的灵感》讲稿文字(该章已做好出版准备)的空洞许诺将阿拉巴马州那所大学搪塞了过去。

汤因比利用即将出版的书稿内容做报告的行为也冒犯了洛克菲勒基金会;那里的官员反对汤因比在已经接受他们为完成《历史研究》所提供的资助后又去巡讲赚钱。 汤因比懊悔地答复道:"我接受基金会慷慨资助的目的……是为了完成我的书,而不是多赚钱。"[①]此后直到洛克菲勒基金会的资助在 1954 年结束时为止,汤因比一直尊奉着自己立下的规矩:做报告不收取费用,并且在每年访问美国期间只接受一所普林斯顿之外的大学的一次邀请。 他通常会以《历史研究》最近完成的一节内容为题做报告,并在接受此类邀请时小心翼翼地拒绝单独发表讲稿的请求。

旅行是汤因比难以拒绝的另外一项分心事务。 跟在美国做报告的

222

---

① 博德利图书馆,汤因比档案,汤因比致维勒特书信,1948 年 10 月 13 日。

规矩一样，汤因比于 1947 年后每年为自己安排一次旅游。 于是，他在 1948 年游览了希腊和土耳其，几乎每天都在沿途各站做报告。 1949 年，他用同样的方式游览了荷兰、德国和丹麦。 他在 1950 年前往法国，并第二次去了荷兰，于次年访问爱尔兰和西班牙，并在 1952 年去了瑞士和加拿大。 汤因比于 1953 年前往罗马，以六位"贤哲"之一的身份应邀出席了欧洲议会（Council of Europe）组织的圆桌会谈。 在战后参与组建欧洲经济共同体第一阶段的领导者们、法国与意大利前任外相罗贝尔·舒曼（Robert Schuman）和加斯帕里（Alcide de Gaspari）在场的情况下，汤因比做了题为"欧洲的精神与文化问题"（The Spiritual and Cultural Problem of Europe）的发言。 在参加这次圆桌会议的所有人中，只有汤因比获得了觐见教皇的机会——那得益于好友哥伦巴的预先安排。 汤因比对此十分感激，但他却抗议道："生活在这种尘世荣华中的处境多么可笑！ 我好不容易才及时赶回去同总理佩拉（Pella）共进午餐。 我坐在加斯帕里身边，他也是'六贤哲'之一。 在这些人中我特别喜欢他和舒曼。"[1]

汤因比当时已名满欧洲。 足以证明这点的一个事实是苏联科学院院士亚历山德罗夫（G. Alexandrov）已经认为有必要在 1954 年 2 月 10 日的《莫斯科文学公报》（*Moscow Literary Gazette*）对汤因比进行谴责，认为他"对美国极尽谄媚之能事"，并鼓吹要"消灭所有国家和民族的主权"。[2]

通过这些旅行和在其他公共场合的抛头露面，在所到之处做报告和接受采访，汤因比在报纸杂志上发表了大批文章，有时还会出版单行本小册子。 其中一些文章是他自己写的；另一些则是预先准备好的谈话稿；还有一些则是在回答记者提问时的即兴发挥。 其中大多数文章探讨的都是《历史研究》中的主题或世人关注的时事热点问题。 他的高产令人惊讶，正如下面这份发表文章统计表所反映的那样：[3]

---

[1] 《一位历史学家的操守》，第 320—323 页。 教皇送给他一枚徽章；他回赠了自己之前撰写的一篇论文的复印件。 见第 323—334 页，汤因比致哥伦巴书信，1954 年 10 月 14 日。
[2] 博德利图书馆，汤因比档案，《莫斯科文学公报》剪报。 文章为英文。
[3] 列表数据来源为菲奥娜·莫顿：《阿诺德·汤因比书目》。

1946 年	2 篇
1947 年	9 篇
1948 年	11 篇
1949 年	9 篇
1950 年	8 篇
1951 年	8 篇
1952 年	12 篇
1953 年	19 篇
1954 年	24 篇
1955 年	30 篇

在 1951 年 8 月之前，汤因比一直将自己的主要创作精力用于完成 　223
《历史研究》。 而其报刊文章在此之后的猛增一方面反映了他在完成巨
著后释放的精力是何等旺盛，另一方面也反映了他在 1954 年完成其巨
著最后四卷之际乐于公开发表半自传式评论的心境。①

1948 年，在汤因比的声望方兴未艾之时，牛津大学出版社出版了
他近期主要演讲稿与文章的合集，题名为《文明经受考验》。 除三篇以
外的其他全部重印文章都写于 1946—1947 年间，并反映了汤因比在那
几年里对美国人的乐观看法。 他在最初发表于《纽约时报》(*The New
York Times*)的一篇文章中追问道:"我们如何才能得到拯救呢?""我们
在政治上需要建立世界性政府的制度性合作机制，在经济上找到……介
于自由经营和社会主义之间的可行方案，在精神生活方面将世俗的上层
建筑置于宗教基础之上。"在畅想了如何面对这些挑战后，汤因比总结
道:"这些谜语读起来很难; 但它们确实明确告诉了我们需要了解什
么。 这些谜语告诉我们，未来主要依赖我们自己。 我们无需屈服于不
可抗拒的命运。"②因此，毫不奇怪的是，该书再度流行一时(尤其是在
美国)。 跟《历史研究》节编本一样(并且篇幅还要小得多)，这本书讲
出了美国人想听的话，说出了他们需要知道的东西。

① 从 1951 年完成文稿到 1954 年正式出版之间的漫长间隔是由出版商的耽搁和汤因
比自己的修改、补充与调整共同造成的。

② 《文明经受考验》，第 39—41 页。

但汤因比下一部重要作品的命运可就不一样了。 在完成《历史研究》的剩余部分和将之出版为四大卷（7—10 卷）的间歇期里，BBC 公司邀请汤因比去录制 1952 年的瑞斯（Reith）系列讲座。 以 BBC 第一位编导命名的这些讲座旨在称霸当年的广播市场，并向不列颠民族传递重要信息。 汤因比最终接受了邀请，将自己的系列讲座拟题为"世界同西方的遭遇"。①

由于占据着英国国内广播节目的黄金收听时段，这些讲座吸引了大批听众，并引发了英国爱国人士们的强烈义愤——他们认为汤因比关于大英帝国正在迅速解体的说法是极不公平的。 这是因为，汤因比回顾了西方从前的对外扩张史，关注着西方的优势地位给亚非人民精神上带来的愤慨与痛苦，却对西方人带给殖民地臣民的福祉（或所谓"福祉"）只字未提。 此外，他还将俄国描述成西方对外扩张的牺牲品之一，并把当前西方世界同苏联之间的冲突在本质上视为西方基督教精神遗产同马克思唯物主义学术的异端之间的宗教竞争——但这份遗产早已被世俗化的西方世界愚蠢地弃若敝屣了。

可见，他的这些报告批判了欧洲（以及美国）在"下贱的私生子"（齐普林语）面前的自命不凡。 大部分英国人觉得汤因比的言论过于刺耳——因为当时的共产主义威胁正迫在眉睫，并且大英帝国的未来也并非毫无希望——尽管印度、缅甸、锡兰业已独立，而马来亚正在共产主义游击队的折磨下奄奄一息。 伦敦的《泰晤士报》在汤因比最后一场报告做完后的第二天发表社论，抨击汤因比将共产主义视为一种"精神力量"的处理方式。 但最耸人听闻的攻击来自几个月后：一名信奉天主教的记者道格拉斯·杰罗尔德（Douglas Jerrold）出版了小册子《关于西方的谎言》，将汤因比指斥为基督教文明的叛徒和共产主义的走狗。《泰晤士文学副刊》上一篇基本支持杰罗尔德观点的评论触发了延续两个月之久的、以读者致编辑信件形式进行的激烈论战。 这些信件后来被收集起来单独出版。②

224

---

① 出版时标题为《世界与西方》（伦敦，1953 年）。
② 《"希望的倡议"——关于汤因比与杰罗尔德的争鸣：〈泰晤士文学副刊〉读者来信及主要相关文章重印》（"Counsels of Hope"：The Toynbee—Jerrold Controversy：Letters to the Editor of the Times Literary Supplement, with Leading Articles Reprinted, 伦敦，1954 年）。

汤因比也进行了回击，否认自己是任何人的走狗，至少肯定不是共产主义的马前卒。 他声称，共产主义"过于狭隘，并且被歪曲得太厉害，似乎无法永久性地满足人类的心灵和头脑"。①教父哥伦巴等人对汤因比进行了声援。 但总的来说，我们有理由认为，汤因比在英国的名声因他本人的言论而蒙受了损失。 正如他自己声称的那样，他用"西方世界之外广大民众的眼睛去看待世界与西方之间的遭遇"，从而"让我的法兰克野蛮人同胞们感到不太舒服"。②《每日电讯报》(*Daily Telegraph*)在 1954 年 6 月 21 日的社论文章中概括了这场辩论，指责汤因比企图用虚无缥缈的佛教和掺水的基督教来取代悠久的爱国主义传统。

汤因比私下里感到受了伤害并一头雾水。 他写信告诉对自己相对和善的一位批评家："我很快就看到，许多人——包括一些起初对我没有任何敌意的人——误解了我在瑞斯讲座中表达的意思。 尽管我此后一直在努力澄清，但没能把意思表达得完全透彻的人毕竟是我自己。"③但设法补救已经太迟了。 在如此明显地冒犯了自己的同胞后，汤因比在英国的名声一落千丈，尽管他在 60 年代初之前继续在美国受人尊敬。

另一个起初不那么明显，但从长远看更为重要的批评意见可追溯到1948 年。 当时，汤因比同荷兰历史学家彼得·盖尔(Pieter Geyl)在BBC 的 3 台节目中探讨了这样一个问题："历史的发展存在固定模式吗？"盖尔对汤因比《历史研究》的经验基础提出了质疑，指出了许多史实错误，并质疑"挑战与应战"等概念的价值，认为汤因比出示的证据并不能支撑他得出的结论。 汤因比为自己犯下的明显错误作出了道歉，但却为自己辩护道："赋予历史以意义的工作是我们这个时代所迫切需要的。"他承认"存在着许多分析历史的不同方式，其中每一种在其适用范围内都是正确的和能够说明问题的；就像在解剖尸体时那样，

---

① 博德利图书馆，汤因比档案，汤因比致《泰晤士文学副刊》编辑书信，1954 年 4 月 16 日。

② 博德利图书馆，汤因比档案，BBC 阿拉伯文广播稿，1953 年 3 月 12 日。 汤因比并不会讲阿拉伯语。 这篇文字稿应该是由别人翻译并代为宣读的。

③ 博德利图书馆，汤因比档案，汤因比致斯蒂芬·金-豪尔书信，1954 年 9 月 22 日。

你可以选择通过暴露骨骼、肌肉、神经或是血液循环系统来了解身体的本质"。 就他本人而言，"只要我能揭示历史的一个真实方面的话，我便会感到心满意足。 后人在同一领域著作淘汰我的作品的速度越快，我认为自己取得的成就便越大"。①

盖尔的语气是非常温和的；并且他在批评汤因比时仍对后者毕恭毕敬。 但他关于《历史研究》的宏大体系并非建立在准确史实基础上的看法在学术界引起了广泛争议。 在汤因比成名之前，学术界各领域的专家们对他不大注意，认为自己无法从一部包罗万象的世界史著作中学到关于本人专长领域的任何东西。 但在 1947 年之后，英语学术界里所有自视甚高的史学家们突然都不得不对汤因比发表自己的看法。 大多数人选取的捷径便是在汤因比的书中进行检索，看看他在自己的专长领域里都说了些什么。 他们通常总能找到可批评的地方——因为即便在没有犯下出格错误的情况下，汤因比也不可避免地要遗漏很多东西，而只从专家们知道的事实中选取一部分来支撑他自己的观点。 于是，批评与贬损(对汤因比声望的忌妒之心往往起到了火上浇油的作用)的回潮也开始侵蚀汤因比在美国、英国学术界的名声。②

但对汤因比学问广度与深度的敬畏与崇拜抵消着这些鸡蛋里挑骨头做法的消极影响。 当《历史研究》第 7—10 卷最终于 1954 年问世之际，这四大本中的 2 688 页文字再度以一种令人眩目的方式展示了汤因比的博学。 一位评论家写道："我们拥有了这个世纪(或许是一切世纪)的'巨著'之一。"③这一评价得到了广泛认可，即便那些在很多问题上不同意汤因比见解的人也这样看。

汤因比出版的书目中列出了关于这四卷的 28 篇书评和不少于 32 篇论文。 但 1954 年后发表的、关于《历史研究》全书的文字还要多得多，并使用了英文之外的多种语言。 在汤因比书目罗列的、对《历史研究》进行总体评价的 80 篇论文中，有 30 篇发表于 1954—1956 年期

---

① 博德利图书馆，汤因比档案，BBC 广播稿，1948 年 1 月 4 日。
② 阿什利·蒙塔古(Ashley Montague)编：《汤因比与史学：批判论文与书评》(*Toynbee and History：Critical Essays and Reviews*，波士顿，1956 年)中的许多撰稿人都诠释了这一学术界的恶习。
③ 弗雷德里克·舒曼(Frederick L. Schuman)，《汤因比博士的种种悖论》(The Paradoxes of Dr. Toynbee)，《国民》(*The Nation*)1954 年 11 月 6 日，第 405 页。

间——它们很可能是借着《历史研究》最后一部分出版的东风而写就的。①几乎所有评论者都会在汤因比的作品中找到某些自己并不认可甚至对此表示遗憾的文字；但这些瑕疵并不影响他们去崇拜汤因比的宏伟理念和在众多领域展示出的渊博学识。

这几卷作品确实堪称汤因比的代表作，尽管其中也暴露出了一些汤因比赶进度时留下的急就章痕迹。②他预测读者的反响会是毁誉参半的。他写信告诉吉尔伯特·穆雷："我并不急切地期待作品出版，因为我不认为这几卷能够得到前两部分获得的良好反响。"③在回顾时，他特别对自己采用的做作文风感到懊悔不已。④

但到了 1954 年 11 月，当汤因比为了参加这几卷作品在美国的发售仪式而抵达纽约后，他轻松自如地投入了牛津大学出版社组织的新一轮媒体曝光浪潮之中。新闻采访、新闻短片广播节目和电视节目关注的更多是作者，而非作品本身——显而易见的原因是面向大众的新闻报道根本不可能全面介绍一部如此庞杂的作品。汤因比配合地提供了关于家人和自己的许多信息。他的妹妹乔斯林对亨利·卢斯《生活》杂志上刊登的一篇文章感到怒不可遏。她写道："你没有权利为了出名而这样利用你的父母和家人！"汤因比多少有点儿闪烁其词地回复道："我压根不想要这种名声。但我避免不了这些事情，至少在美国是万万不行的。"⑤

《时代》刊登了一篇长达 10 栏的评论文章。其他的美国流行杂志——其中最重要的是《读者文摘》和《纽约时报杂志》（*The New York Times Magazine*）——也借这几卷出版之机刊载了关于汤因比的专题文章。牛津大学出版社纽约分社的销售部负责人自豪地指出，在 1954 年

---

① 这些数据统计来自莫顿：《阿诺德·汤因比书目》。这些文章的语种比例似乎比其他数据更能说明汤因比在西方世界里的声望传播情况：其中有 45 篇文章为英文，9 篇为德文，5 篇为西班牙文，3 篇为法文，2 篇为俄文，荷兰文与葡萄牙文各 1 篇。

② 汤因比这次没有按照预先审阅文稿的读者意见修订文本，而是觉得将他认为需要认真对待的评论放在脚注里，原文则未做改动。

③ 博德利图书馆，汤因比档案，汤因比致吉尔伯特·穆雷书信，1954 年 8 月 26 日。

④ 博德利图书馆，汤因比档案，汤因比致约翰·克罗福顿（John Crofton）书信，1968 年 5 月 29 日函声称："这四卷文风的情感恣放与千回百折如今让我细思恐极。"

⑤ 博德利图书馆，汤因比档案，玛格丽特·汤因比致阿诺德·J. 汤因比书信，1954 年 12 月 15 日，附有乔斯林的附记；汤因比的答复草稿未标注日期。

11 月至 1955 年 1 月期间，她的办公室已直接或间接地促成了关于汤因比的 3 幅新闻漫画和不少于 1 473 份新闻剪报的问世。①

对于任何一部书而言，此等待遇都是惊人的——对于一部如此庞大、广博的作品而言尤其如此。然而，事实证明，这是汤因比在美国声望的最后一次爆发。他必须坚持的言论和美国人想听的话正在渐行渐远。将汤因比炒作成新闻明星的那股翻云覆雨的力量转眼间就会让他成为明日黄花。因为这类新闻媒体总是喜新厌旧的；它们不断寻找着能够被塑造成公众偶像（或靶子）的新人。汤因比或许正是这样的例子之一。

汤因比在美国声望的衰落还有另外一个更加重要的原因。他在 1947 年被誉为"这个世界拥有最好的知识储备，适合告诉美国人何为文明、如何同某个文明打交道的人"。②但同写作《历史研究》前几卷的时候相比，汤因比在最后四卷中对诸文明及其基本意义的看法已发生了转变。寻求确定真理的读者们必然会受到这种观点变化的困扰。如果说他在 1934 年的观点错了的话，那么他在 1954 年仍然很可能是错的。《时代》与卢斯试图为汤因比的历史观包装上的、金科玉律式的权威性，以及众多美国人已经认可的有价值思想是经不起这种折腾的——在作者亲自承认了以往的错误、一批充满敌意的学生批评又围绕着他的某些往往微不足道的错误大做文章的情况下尤其如此。

汤因比对之前观点的修正涉及文明与宗教的关系问题。正如我们已经看到的那样，汤因比在 1929 年和 1939 年（后一次的感受更加强烈）同他眼中超验的精神真实性的个人接触，以及他在 1937 年之后同天主教的暧昧关系促使他相信，历史发展的核心与意义便在于对上帝与世人关系的缓慢、痛苦的澄清。他本人经历的苦难和同上帝的接触（非常有限）是该进程的一部分——尽管是很小的一部分。在经历了这些体验后，他的作品自然必须讲述自己已经领悟到的东西，即便这意味着他必须推翻自己之前说过或相信的某些东西。

---

① 博德利图书馆，汤因比档案，出版统计（Summary of Publicity），1955 年 2 月 1 日。
② 《时代》，1947 年 3 月 17 日，第 71 页。

因此，在撰写《历史研究》第七卷《世界性教会》时，汤因比改变了最初的写作计划。 在 20 世纪 20 年代，汤因比曾将教会视为能够将解体中的文明转变为"依附性"文明的蚕茧——后者只有在成功应对各种挑战后才能发展，其中之一便是从神学蚕茧中破蛹而出。 但他在第 7 卷中写道："《历史研究》的作者不得不承认，他自己也在很多年里信奉着这种关于教会角色与本质的傲慢看法。"他仍旧认为该观点"在其适用范围内是正确的"。 但尽管具备一部分真实性，它也具有很强的误导色彩，因为蚕茧的角色只是"关于世界性教会的全部真相中十分渺小、并不具备代表性的一部分"。①关于教会和宗教的全部事实在于文明是服务于宗教的，而不是相反。 与他之前的认识不同，诸文明并非人类至高无上的艺术品；而人生的终极目标是更好地同上帝融为一体。完成这一使命(无论其效果有多么不完美)的恰恰是各种高级宗教。

汤因比在构思和完成其巨著期间的价值判断发生了巨大变化。 他或许应当在 1946 年彻底抛弃最初的写作提纲，撰写一本截然不同的新书来阐释他对历史发展模式与意义的全新理解。 但那将意味着对之前几卷《历史研究》的公开否定；而汤因比并不准备那样做。 他仍旧信奉书中的大部分观点，如诸文明彼此独立的观念、它们的"成长—衰落—解体"模式及其他许多看法。 此外，汤因比当时已经为撰写《历史研究》的结尾部分做了大量准备工作。 因而，当他的大量笔记与详细提纲在纽约逃过战争磨难顺利归来时，汤因比并未想过要从头开始。相反，他努力按照最初设计的提纲完成了这部作品，只在其新观点要求做出调整的地方进行了改动。

无论如何，最终的结果成了一堆令人难以理解的大杂烩。 后四卷中的许多段落来自他最初的、世俗性的写作框架，读起来使人认为解决问题(尤其是政治与军事问题)的人类智慧构成了历史发展的主线。 汤因比对这些问题仍抱有浓厚兴趣，因而能够在写作第 7 卷时插入一篇以地貌与军事技术为主要元素的古波斯阿黑门尼德王朝专题研究，并用第 8 卷的大部分篇幅详细描述了近现代西方人是如何切断了俄罗斯、巴尔

227

---

① 《历史研究》，VII，第 393 页。

干半岛、印度、中东、远东和南北美洲的其他文明进程的。第9—10卷的大部分内容都在分析诸文明之间的空间与时间联系，同样在解释现象时将上帝抛在了一边。汤因比为人熟知的博学、不时闪光的洞见与引人深思的概括在这些段落中仍旧一如既往地令人赞叹。

但同附着在其最初计划之上的这些段落交织在一起的还有另外一些段落；汤因比在那些文字里阐述了关于人类处境的、具有宗教性和超越性的新观点。他基本上未能消除这两类文字在语调上的深刻差异。更严重的是，新观点导入了一种割裂式的逻辑缺陷，造成了全书体系的支离破碎。那是因为，如果将他对文明与宗教真实关系的新观点贯彻到底的话，它将否定之前相关探讨中大部分内容的价值，使之落入汤因比此前批判民族历史时将之纳入的那种"不相干的、无意义的"范畴之中。

汤因比在一定程度上意识到了这一逻辑矛盾，但并未通过压缩或删除作品里重视世俗历史的长篇论述来作出回应。他自己说道："我们的研究如今将自己带到了这样一个节点：诸文明就像我们在研究开始时提及的近现代西方小国那样，已不再构成一个值得研究的主题，并丧失了它们的历史重要性——除非它们左右了宗教的发展历程。站在更高明立场上的我们忽然发现，自己研究的这一范畴业已丧失了自身特有的统一性。在我们按上升顺序排列的社会名单中，一等文明和次等文明构成了两个独立范畴。二者彼此之间存在着区别和等量级差异，而衡量这种差异的标准在于它们各自对促进高级宗教繁荣发展贡献的价值高低。在这方面居于第三流的文明已不在我们的考察范围之内。"①如果是这样的话，读者有理由质问：汤因比为何要用第8卷的几乎全部篇幅来讨论西方文明同世界其他地区的遭遇呢？它毕竟是"第三流文明"的头号代表；毫无价值的它理应被排除在《历史研究》的论述范围之外。

汤因比的回答如下："我一如既往地急于完成自己的这部作品。我认为该书反映的是世俗化西方人的鲜明观点，他如今已走到了世俗化的

228

---

① 《历史研究》，VII，第449页。

极限。"①换言之,汤因比的使命既是研究世俗化的思想,又是对其进行矫正。 这种杂糅所导致的不一致并非他的直接责任。 其他人——也许是未来的某一代人,或是某种来自上帝的新启示——将会把汤因比留下的碎片织在一起。

显而易见的是,汤因比对自己文化立场的调整还让他付出了高昂的额外代价。 这种贬低(或不如说是哀叹)西方世界自 17 世纪思想世俗化以来所有历史的史观注定要令汤因比的崇拜者们不悦和失望。 他对历史意义的新看法将把美国置于何处? 难道美国的开国之父们信奉的不正是汤因比所哀叹的历史观吗? 汤因比为真正的基督徒——他们本可能会认可他对世俗化的批评意见——提供的慰藉也聊胜于无。 他写道:"人类接近唯一真实上帝的途径不可能是整齐划一的;因为人性本身就具备能够结出丰硕果实的多样性,那是上帝创造性工作的标志之一。"②此外,"所有其他宗教中没有一种像基督教那样⋯⋯在不计后果、不顾罪孽的情况下镇压了一切异端,并仍然获得并保持了统治地位的"。③ 这些情感流露让汤因比站在了所有并不认可他对现代文明之全盘否定的美国人的对立面上。

汤因比《历史研究》最后几卷中的矛盾和使他失去美国公众瞩目的观点变化是一点点地发挥作用的。 许多评论者们都意识到了汤因比对文明与宗教价值评判的变化;而他对一切现存宗教的离经叛道是一向如此的。 但汤因比作品中的深层矛盾在很大程度上仍是潜藏着的。 大部分人会对他们原本就不认可的内容弃之不顾(甚至根本就没有读到)。 似乎没有什么人对汤因比史学研究的世俗路数和宗教路数之间的逻辑矛盾感到不安。

229

汤因比本人也没有感到不安。 那在很大程度上是因为,在他写作后四卷并享受着社会名望的巅峰时,他个人宗教诉求的热忱也在慢慢消退。 这种缓慢退潮并未阻止汤因比将自己于 1937—1946 年间苦苦探询后形成的新看法插入《历史研究》的最后几卷。 但宗教焦虑的缓解也

---

① 《一位历史学家的操守》,第 224 页,汤因比致哥伦巴书信,1948 年 8 月 4 日。
② 《历史研究》,VII,第 442 页。
③ 《历史研究》,VII,第 438 页。

让他能够回到自己 1927—1929 年的笔记中去，重燃世俗文明史的旧日热情。事实上，汤因比同时生活在两个世界之中，并且感到自己无需对新旧观点进行调和。

为了理解其心境变化，我们必须回顾一下汤因比在 1947 年声名鹊起后所经历的个人与家庭生活变化。当美国方面的版税开始滚滚而来之时，汤因比决定把自己获得的新财富投资在两座西摩兰农场上——那是堂兄弟拉文·福克兰(Raven Frankland)为他购买与经营着的。其中一座农场里的房间是为他空着的；他同维罗妮卡在那里度过了几个暑假。但此地与二战之前甘索普的相似构成了一种令人痛苦的回忆。他向公学时代的一位老朋友解释道："当你对一个地方进行改造时——我们幸运地在这里拥有了这样的机会，多亏了美国那边版税的蜂拥而至——你可以在这里挖草根；在重温了'一个垮掉了的人'的经历后，我很高兴做这样的工作。"①不过，西摩兰的吸引力远逊于甘索普；在那里度过的时光对他而言始终没有太多的意义。

造成这一局面的部分原因在于，正如我们在最后一章里看到的那样，汤因比在 1946 年同维罗妮卡的婚姻从一开始就不成其为对罗萨琳德离开他的损失的真正补救。当然，维罗妮卡在他生活中的地位上升了，但实质性的问题却并未改变。她始终都是汤因比一切文学创作活动中的可敬助手。维罗妮卡也承担起了家务——但做得很少，因为她跟丈夫一样都以案头工作为主要事业——并陪伴汤因比出行或在公共场合出席。这些角色增强了维罗妮卡从前提供给汤因比的情感支持；汤因比也很快就完全依赖她日复一日的默默高效服务。但维罗妮卡始终无法取代罗萨琳德的地位。他从未崇拜过她。两人之间的崇拜关系是截然相反的——因为维罗妮卡的欠缺常识使得她可以崇拜任何人。

我们有理由认为，上帝在汤因比的情感世界中取代了罗萨琳德的地位。倘若果真如此的话，我们便无需奇怪何以随着遭到罗萨琳德抛弃的创伤痊愈，他对上帝的迫切需求也就烟消云散了。伤口确实在缓慢愈合，但花费的时间超出了汤因比的预期。汤因比于 1947 年 7 月再次

---

① 博德利图书馆，汤因比档案，汤因比致大卫·戴维斯书信，1949 年 8 月 6 日。

访问了安普尔福斯。 他一开始向维罗妮卡报告道："我在这里的生活非常安宁——我很高兴重新建立了自己十分珍视的联系，并能保住我一度以为已经失去了的东西。"[1]但到了第二天："昨天，甘索普伤痕依旧令我痛苦……我很珍视自己同修士们的友谊；我并不认为哥伦巴还想劝我皈依天主教（其他修士则从未尝试过那么做）；他似乎仅仅满足于同我分享彼此共有的东西。"[2]

230

1947 年在安普尔福斯触发汤因比"甘索普伤痕"的是罗萨琳德写来的、警告他远离那里的一封短笺。"如果你还在意我的话……那么我真诚地恳请你不要去甘索普或霍华德城堡。 既然你已有了自己的新家和新妻子……我认为要求你离开此地并不过分。"[3]将他逐出自己心爱地方的严厉惩罚令汤因比伤心不已。 他日后对哥伦巴写道："在那里（安普尔福斯——作者）度过的 4 天既是幸福的，又令人伤感。 伤感是在向后看的时候，幸福则是向前看。"[4]为了抚平自己的伤痕，汤因比用希腊文和英文各创作了一首诗。 英文诗中的下面这一选段可以表明他的反应有多么激烈：

> 上帝啊，我是您手中的竖琴，
>
> 而您弄断了我的琴弦。
>
> 现在您却要求我用无弦的琴为您演奏。
>
> 在最近的日子里，您已选定了我为仆从；
>
> 您在这衰朽的手脚上印下了
>
> 修昔底德与但丁的印记。
>
> 您让我也成为您的工具，正如您令他们疯狂一样……
>
> 我的弦已断，我的根已裂，我血流不止。
>
> 主啊，我为您给予的痛苦伤痕而祝福您；
>
> 上帝爱谁，便让他经受考验，
>
> 鞭笞衪所接纳的每个子民。[5]

---

[1]　博德利图书馆，汤因比档案，汤因比致维罗妮卡书信，1947 年 7 月 12 日。
[2]　博德利图书馆，汤因比档案，汤因比致维罗妮卡书信，1947 年 7 月 13 日。
[3]　博德利图书馆，汤因比档案，罗萨琳德致汤因比书信，1947 年 7 月 2 日。
[4]　《一位历史学家的操守》，第 191 页，汤因比致哥伦巴书信，1947 年 7 月 17 日。
[5]　《一位历史学家的操守》，第 193—194 页忠实还原了全文。 这首标注日期为 1947 年 7 月 16 日的诗显然写于从安普尔福斯返回后不久。

可见，汤因比私下里将自己同修昔底德、但丁和耶稣基督相提并论。 或许正是由于这些类比显得不大谦逊，汤因比并未像在《往事》一书中发表同时期创作的希腊文诗歌那样发表这首诗。《往事》中的诗用几乎同样激烈的言辞表达了凄凉心境，但却在渊博学识的掩护下避免了过度自我张扬。

此后直至 1954 年为止，汤因比拒绝了安普尔福斯修道院几次三番的邀请。 他解释道："我发现自己太容易受到旧日回忆的影响了。"①他同罗萨琳德的联系很少，并且这些交往至少有些别扭。 她在 1947 年11 月写道："我很高兴听说你挣了不少来自美国的版税——能在这个时候持有美元是极好的。"随后，她声称自己因修缮甘索普而手头拮据，要求汤因比给劳伦斯 150 英镑，并再借给他 50 英镑，以便缓解儿子的债务危机。②

1951 年，罗萨琳德的财务状况因母亲馈赠的土地和其他财富而有所好转——因为穆雷夫妇希望尽量减轻自己去世之前的压力，决定趁活着的时候就把大量财产移交给自己尚在人世的两个孩子——罗萨琳德和他们最小的儿子斯蒂芬(Stephen)。 罗萨琳德此后一直非常富有。 但她在拿到这笔新财产仅仅三个月前还手头拮据，并指责汤因比在离婚后分配财产时没有把她有权利拿到的一切都交出来。 汤因比在这一指责刺激下迅速作出反应，在回信中提供了详尽准确的账目罗列。

罗萨琳德倒是确实有足够的风度道歉，声称自己现在已认可汤因比的做法是"完全公平"的。 但她接下去说道："如你所知，我从来不会过分在意账目……所以当我突然发现自己的积蓄几乎已经山穷水尽的时候，我自然会以为自己受到了不公的对待——但我很抱歉对你进行了不公的指责，同时在得知是自己错了的时候也欣然接受了这一事实。"③

不久之后，罗萨琳德搬到了她继承的一座位于坎伯兰郡的农场上，同理查德·斯塔福德住在了一起，并从此远离了甘索普。 她向汤因比解释道，自己将在适宜的时候将那块地产交给劳伦斯，并且不会收取任

---

① 《一位历史学家的操守》，第 249 页，汤因比致哥伦巴书信，1949 年 9 月 21 日。
② 博德利图书馆，汤因比档案，罗萨琳德致汤因比书信，1947 年 11 月 11 日。
③ 博德利图书馆，汤因比档案，罗萨琳德致汤因比书信，1951 年 3 月 29 日。

何租金。 这个消息让汤因比感到高兴。"我相信自己早晚会跟劳伦斯、琼和小罗萨琳德一起生活在那里。"汤因比对维罗妮卡如是说。①

因此，到了 1951 年后，汤因比和罗萨琳德都重新步入了人生正轨，并在空间上彼此远离，同时也告别了他们心爱的甘索普(尽管喜爱原因迥异)。 汤因比一点点地淡忘了自己失去的妻子。 他们很少见面，但在 1953 年底，当罗萨琳德做甲状腺肿瘤手术之际，汤因比前去医院看望了她，并发现她"面色憔悴"。②不过，当她于 1954 年再度住院(这次是因为曾夺走她妹妹艾格尼斯生命的阑尾炎)时，③汤因比不在国内，因而没有去看她。

在那个时候，汤因比的心灵创伤终于愈合了。 他巨著的最后几卷即将付梓。 他与维罗妮卡的日子变得越来越如意——当然忙得不可开交，但却一路顺风顺水。 因此，汤因比于 1954 年 8 月再度造访安普尔福斯，并为谨慎起见带上了维罗妮卡。 这次他没有再次

> 像上次那样陷入崩溃 (你知道，那曾经让我长期远离此地)。为了化解那段痛苦体验，我把精力倾注到了那部"胡说八道的书"的最后几卷中去，相信如果自己能够多少帮助世人通过历史接近上帝的话，那么我的生命总归是有意义的。我对罗萨琳德的感情——我相信自己可以很肯定地这样说，就像我昨天所验证的那样——是一种夹杂着罪孽的爱，因为我无法提供她所需要的东西……我惊异于这片土地对我产生的巨大魔力……我身体中的一部分已经融入了那些地方，赋予了它们生命力——我认为那是对自然的异教崇拜。这一切之所以会发生，或许是因为在甘索普的人际关系对罗萨琳德和我而言至多只是差强人意而已；于是我的感情移往他处，同林木山峦结合在了一起。我必须从中开出一条道路；因为我确信从那里(以及上帝的所有造物中) 开出的路都将指向上帝。④

汤因比一方面缓慢地、痛苦地与罗萨琳德渐行渐远，另一方面又跟

---

① 博德利图书馆，汤因比档案，汤因比致维罗妮卡书信，1947 年 7 月 13 日。 琼是劳伦斯的妻子；小罗萨琳德是他们的长女。

② 博德利图书馆，汤因比档案，汤因比致吉尔伯特·穆雷书信，1953 年 12 月 25 日。

③ 博德利图书馆，吉尔伯特·穆雷档案，567 号，吉尔伯特·穆雷致罗萨琳德书信，1954 年 9 月 26 日。

④ 《一位历史学家的操守》，第 339 页，汤因比致哥伦巴书信，1954 年 8 月 21 日。

自己尚在人世的两个儿子保持着虽有距离但十分亲密的关系。 特别是在菲利普的妻子安妮于 1949 年 2 月离他而去之后,汤因比同菲利普建立了新的感情纽带。 菲利普写道"以这种方式一下子失去妻子、家庭和孩子们是痛苦且可怖的。 尽管过错主要在我自己(过去的那些事情),但那并不能给我带来多少安慰"。[①] 汤因比当然会同情儿子,并且他也能够提供帮助。 菲利普之前依靠妻子的收入撰写小说,并在伦敦文学圈内过着放荡不羁的流浪生涯;但他如今需要一份工作。 因此,汤因介绍他认识了《观察家报》的主编大卫·阿斯特(David Astor)。结果,菲利普得到了《观察家报》中东通信记者的职位,并于 1950 年 3 月兴高采烈地动身前往开罗。

一年后,汤因比报告道:"菲利普那边的情况很不错。 他在《观察家报》干得很好,于是他们向菲利普提供了固定岗位。 菲利普如今体会到了事业有成、得到雇主赏识的乐趣。 他又结婚了——在德黑兰,妻子是特拉维夫(Tel Aviv)美国大使馆的一个女孩萨莉·史密斯(Sally Smith)。 她是大使馆二号人物的秘书。 我很喜欢她:她性格直率,并且我认为她很忠诚可靠。 当然,我很遗憾菲利普与安妮的婚姻破裂了。 但在覆水难收的情况下,我对萨莉·史密斯是非常满意的。"[②]事实证明,萨莉·史密斯确实是个忠贞可靠的人,管束了性格捉摸不定的菲利普一辈子。 她生养了 3 个孩子,其中包括汤因比唯一的孙子詹森(Jason,生于 1953 年)。 返回英国后,菲利普担任了《观察家报》的书评编辑,并在之后的一生里几乎周周撰写评论。 这使得他成了伦敦文学圈里的重要人物,并让他拥有了写书和写诗的空闲时间。 那正是为菲利普量身定做的职业生涯;汤因比感到非常满意。

劳伦斯和妻子琼在牛津的日子也很如意。 劳伦斯从事绘画创作并教授艺术;他的妻子则负责行医——同时还要养育 6 个女儿并做一点家务。 他们同罗萨琳德更为亲近;但劳伦斯也会定期去看望父亲一家,并同他们保持着亲密、轻松的关系。

---

① 博德利图书馆,汤因比档案,菲利普·汤因比致阿诺德·J.汤因比书信,1949 年 2 月 4 日。

② 《一位历史学家的操守》,第 280 页,汤因比致哥伦巴书信,1951 年 2 月 8 日。

菲利普的离婚使得汤因比的孙子孙女们分散在三个家庭里，汤因比便设法让孙辈的兄弟姐妹们团聚，邀请他们一起陪自己去看马戏表演。他告诉哥伦巴："周五我带着 11 个孩子去了马戏团。 这个数字还会不断增加，因为越来越多的孙子孙女即将进入能看马戏的年龄段。"①看马戏慢慢成了每年一次的保留节目。 一些孙子孙女们喜欢这项活动，但另一些感觉在那样的场合下很拘束。 汤因比会向他们提问，看看孩子们的学业有没有长进。 但这方面的情况没有留下任何文字记载。 而维罗妮卡事先准备好的午饭则满足不了正在长身体的孩子们的胃口（至少有时如此）。②

但如果说孙子孙女们会因他的在场而感到尴尬的话，汤因比的儿子们并不会这样。 菲利普在汤因比去世后写道："对于我的孩子和弟弟的孩子们来说，他是一个带给人快乐的爷爷。 他并不需要直接照看他们；他们不会打扰他的工作；他们也不会让他在经济上持续承受压力。这些因素使得他可以向孩子们展示自己的绅士风度和慈爱，那原本就是他真实性格中根深蒂固的一部分。 带上一群孩子去动物园或马戏团是他最喜欢的事情之一。"③

可见，到了 20 世纪 50 年代初期，汤因比同儿子们、孙子孙女们的关系已达到了一种令人满意的平衡状态。 维罗妮卡则通过日常操持家务和帮助他加快创作进度等方式无微不至地照顾着他。 因此，相对缓和的人际关系同事业有成一道平复了 1936—1946 年间汤因比的内心痛苦；而随着这种痛苦的消散，他的宗教诉求也跟着走向弱化。 汤因比仍旧相信，人类同上帝关系的发展进步构成了历史的核心情节；但他已不再花费大量时间去探究自己同精神真实性之间的关系　随着汤因比年龄的增长，后者已日益背离基督教神学中的上帝形象，而更像是印度的神明。

到了 1954 年，汤因比已年满 65 岁，应当从伦敦大学的教授席位上

① 《一位历史学家的操守》，第 343 页，汤因比致哥伦巴书信，1955 年 1 月 16 日。
② 菲利普的次女波莉·汤因比于 1986 年回忆道，他童年时代的不愉快记忆包括在这些活动中没吃饱就下饭桌和被迫同祖父交谈。
③ 《阿诺德·汤因比：一曲赞歌》，《以繁荣求和平幸福：世界发展论丛》（1976 年 5 月），第 8 页。

退休。 但关于二战部分的《报告》尚未完稿，而汤因比又很想在从查塔姆楼研究主任岗位卸任之前完成这项工程。 为了挽救局面，洛克菲勒基金会提供了一笔额外资助，使得汤因比直到 1955 年 6 月才真正退休。 那时，他担任主编的《报告》二战期间部分已基本完稿，尽管 11卷中的最后两卷迟至 1958 年方才问世。

随着汤因比行将退休，查塔姆楼掀起了关于由谁接替他位置的讨论。 这场讨论又引发了对汤因比作为研究主任功过得失的重新审视甚至是激烈批评。 到了 1954 年 5 月，随之而来的争议已经在《曼彻斯特卫报》上传得沸沸扬扬。 汤因比对此感到愤怒，要求查塔姆楼的委员会"要么给我定个罪名，要么证实我的清白"。 他忿忿不平地历数了自己为查塔姆楼所做过的一切：利用自己出书挣来的版税为研究所总共增加了 15 175 英镑的收入，并以研究所成员的身份撰写并出版了 34 部研究报告、《历史研究》和两卷国际关系文献汇编。[①]

委员会任命了一个次级委员会对这一切进行调查。 到了 1954 年 6月 21 日，次级委员会全体成员一致认为"汤因比博士极其出色地履行了自己的职责"，尽管他的继任者在承担汤因比的任务之外还要在大学里讲课。 并不令人惊讶的是，委员会根本找不到能够承担这份重担的合格候选人，并于 1956 年决定将研究主任一职同斯蒂文森教授头衔分离。 但当饱受尊敬的史学家杰弗里·巴勒克拉夫在 1956 年接受了该职位后，他也意识到自己无法在完成年度报告之余还在伦敦大学讲课。因此，他只得让年度报告的撰写进度一再拖延滞后，最终在绝望中选择了辞职。 因此，在这件事上，查塔姆楼看到了汤因比的表现是多么出类拔萃。 没有人能够做到或真正做到了与他匹敌。 相反，撰写年度报告这项事业不得不被放弃——但查塔姆楼的委员会直到又一位斯蒂文森教授瓦特同样意识到这项任务无法完成后方才死心。

尽管在退休之际经历了不小的风波，汤因比并未彻底同查塔姆楼反目。 他在 1953 年写道："维罗妮卡和我希望的是，我们能以'荣誉退休成员'的身份……继续在研究所里拥有一个房间，并利用这里的便利文

234

---

① 查塔姆楼档案，汤因比第 4 辑第 8 号；博德利图书馆，汤因比档案，汤因比关于其职责的备忘录，1954 年 5 月 17 日。

秘工作条件。"①研究所确实作出了这样的安排。 晚年时代的汤因比继续享受着秘书处的服务——那里的工作人员将他的手稿打成铅字，并前往查塔姆楼留给他的办公室收取并投递邮件。 然而，汤因比在退休后立刻切断了同查塔姆楼的工作联系——他在洛克菲勒基金会的资助下进行了一次历时一年之久的环球旅行，以便为修改自己的巨著做好准备。他的生命又翻开了新的篇章。

235

---

① 博德利图书馆，汤因比档案，汤因比致艾维森·马卡达姆书信，1953 年 7 月 28 日。

第十章 作为世界名人的汤因比
（1956—1965 年）

汤因比在从查塔姆楼退休时恰逢自己完成了《国际事务报告》二战部分的编辑工作。 此后，其他学术项目的进展只需要他偶尔过问一下。 崇拜汤因比的一位美国友人爱德华·D.迈尔斯(Edward D. Myres)正在为《历史研究》准备一册地图集和地名索引；索默维尔正在准备《历史研究》第7—10卷的节编本；而汤因比的吉福德(Gifford)报告讲稿——它于1956年正式出版，标题为《一个历史学家的宗教观》(*An Historian's Approach to Religion*)——已经送往印厂。 审读与编辑他人作品的工作是可以通过信件往来完成的。 因此，汤因比在1956年2月至1957年8月期间进行了一次环球旅行。

此行的目的之一是亲眼目睹他在《历史研究》中有所提及，但并未游历过的那些地方。 汤因比认为，亲身感受和对进行实地考察的考古学专家们的请教可以帮助自己更具权威性地修改其巨著。 早在1952年，汤因比已向洛克菲勒基金会申请一笔经费，以便在"撰写第二版前"访问墨西哥、危地马拉和秘鲁。①经过日后的协商，基金会又增加

---

① 博德利图书馆，汤因比档案，汤因比致阿姆斯(E.F. D'Arms)书信，1952年6月3日。

了资助力度,以便让汤因比也能顺便访问亚洲各地。

另一个同样重要的旅行目的是尽可能充分地观察各地的现实状况,以便增加对他和维罗妮卡所撰写年度报告中各主题的熟悉程度。 汤因比特别在意的是为他诊断出的世界性文明崩塌现象寻找有希望的宗教回应方式。 最后一个不便明言的目的很可能是让自己远离查塔姆楼和英美知识界的批评浪潮,同时又不致严重损害他在美国公众心目中的声望。

符合他一贯作风的是,已经获得洛克菲勒基金会津贴的汤因比为了让自己的手头更加宽裕,又同《观察家报》(出版菲利普书评的那家周日晚报)签署了协议,答应为后者撰稿。①此外,他还在沿途所到之处安排了多场报告,有时还答应了报告主办方事后出版讲稿的要求。 此行的主要任务是在几所不同的澳大利亚大学做 10 周报告(1957 年 5—8 月)和在贝鲁特美国大学(American University of Beirut)做系列报告(1957年 3—8 月);但旅途中的学术活动并不仅限于这几次而已。

近 10 年内在美国舆论界人气颇高的汤因比已足够有名,在所到之处都得到了当地记者与要人的关注。 他对公学时代的一位老朋友写道:"我走得越远,在那里似乎就越有名。 这意味着我要参加一大堆荣誉仪式和社交活动,但那是我最不喜欢的事情,因为参观秘鲁本身就要消耗大量精力。"②他经常出现在广播和电视节目中;并且拉美、东南亚的首相、总统们也会特意给予汤因比专门的礼遇。 当然,这些待遇又进一步提升并拓展了汤因比的名望。 因此,这次旅行使得汤因比更名副其实地成为了一名世界性人物,并在日本奠定了他日后生涯中西方智者形象的基础。

汤因比在踏上旅途时感到忐忑不安。 他承认:"在工作 32 年后从查塔姆楼退休的感觉有点儿奇怪。 我在工作时是如此投入,以至于在最终动身离开的时候,我感觉自己仿佛正在走向死亡。"③这种前往异

---

① 汤因比每年接受《观察家报》500 英镑的预付金,条件是为刊物撰写 12—15 篇文章,其中包括"书评、游记和时事的历史背景介绍";额外发表的文章可获得每篇 25 英镑的稿费。 汤因比还保留着将这些文章结集出书的权利。 博德利图书馆,汤因比档案,奥邦克(K. Obank)致汤因比书信,1954 年 6 月 1 日。 汤因比:《从东方到西方:汤因比环球旅行记》(East to West: A Journey Round the World,纽约,1958 年)再版了从为《观察家报》撰写的文章中精选出的 73 篇。

② 博德利图书馆,汤因比档案,汤因比致大卫·戴维斯书信,1956 年 4 月 1 日。

③ 博德利图书馆,汤因比档案,汤因比致迈尔斯(E.D. Myers)书信,1956 年 3 月18 日。

国他乡前夕的焦虑感在 1956 年比在 1911 年和 1929 年更为真切，因为汤因比的体力已经不比从前了。 前往秘鲁海岸考古遗址的艰苦旅行让汤因比的心脏出了问题，不得不放弃计划中的玻利维亚之行。 但休整一周之后，汤因比又冒险登上高原，参观了印加文明核心地区，访问了库斯科(Cuzco)、马丘比丘(Machu Picchu)和的的喀喀湖(Lake Titicaca)。①

维罗妮卡留在家里完成了最后几卷《报告》的编辑工作。 但她按照原定计划搭乘一条前往新西兰、途经巴拿马运河的船只，从而跟丈夫在途中会合。 在访问了牙买加、哥伦比亚、厄瓜多尔和秘鲁后，汤因比在维罗妮卡搭乘的船即将穿越巴拿马运河之前登上了甲板。 此后，维罗妮卡一直扮演着约束汤因比探索新遗址和新地貌的、永不疲倦的好奇心的角色。 汤因比承认："我一心想看完广阔无边的地球上的一切。要不是有个爱我的人温柔地管束着我的话，我一定会透支自己的身体的。 我现在还只是个孩子。"②

维罗妮卡并不像汤因比那么喜欢旅行，并在巴格达染上了黄疸病。从那时起，令人不得安宁的健康问题一直困扰着他们。 两人都得了高血压，并染上过各种其他疾病。 不过，汤因比在退休后前 10 年里经历的唯一一次重要治疗是于 1957 年接受的一次前列腺手术。 维罗妮卡则在 1959 年被迫切除了阑尾，并且身体恢复得很慢。

部分由于健康问题的缘故，这次环球航行不算特别成功。 准备《历史研究》修订版的计划最终落空了，因为汤因比认为即便对自己而言，全面修改这样一部巨著的工作量也未免太大了。 作为替代，汤因比决定撰写题为《反思》的第 11 卷，③要在书中对各种批评进行回应，并介绍 30 年来的考古工作和其他学术发现对早先几卷的核心观点产生了怎样的影响。 但汤因比直到 1958 年才开始着手进行这项工作，因为旅行中的各种分心事务和缺少可兹利用的图书馆资源使得他无法在旅途中开展严肃的学术工作。

237

---

① 博德利图书馆，汤因比档案，汤因比致维罗妮卡书信，1956 年 4 月 4 日；汤因比致吉尔伯特·穆雷书信，1956 年 4 月 5 日。 汤因比在这些信中透露了自己的身体不适，但并未提供具体细节。

② 博德利图书馆，汤因比档案，汤因比致大卫·戴维斯书信，1957 年 5 月 14 日。

③ 汤因比与爱德华·D.迈尔斯：《历史地图集与地名索引》(*Historical Atlas and Gazetteer*，伦敦，1959 年)构成了《历史研究》的第 11 卷。

困扰汤因比的另一件事是 1956 年的苏伊士运河危机。当时英国、法国和以色列联合起来报复埃及，后者对自 1869 年以来建造、运营苏伊士运河的公司的股份进行没收。然而，由于美苏两国的阻挠，对埃及的军事进攻迅速偃旗息鼓。当时身在日本的汤因比对此反应强烈。他在给国内朋友的信中写道："好吧，我最悲观预测……的底线也被远远突破了。我的一半朋友和我儿子们大约三分之一的朋友都为阻止战争献出了生命。如今，我自己的祖国又被伊登变成了一个侵略者。"①但吉尔伯特·穆雷支持这次进攻。汤因比写给他的最后一封信表达了对两人观点分歧的遗憾："奇怪的是，尽管信奉着同样的基本原则，我们却从不同的角度去看待同一事件。"②吉尔伯特·穆雷的妻子玛丽夫人于 1956 年 9 月去世，当时汤因比正在印度尼西亚；随后，吉尔伯特·穆雷于 1957 年 5 月去世的消息也送到了身在德黑兰的汤因比那里。汤因比当然对成为自己"第二个父亲"③的那个人的逝世悲痛不已；而两人的通信往来以对苏伊士运河问题的巨大分歧告终的事实更令他对穆雷的辞世感到痛苦。

汤因比还有另一个对伊登政府感到不满的理由，那或许进一步坚定了他对苏伊士运河危机的立场态度。1956 年 6 月，当汤因比身在新西兰的时候，人们打算授予他荣誉爵士头衔。那是英国王室应政府建议授予他的荣誉。正式文件被送到汤因比那里时，他正在奥克兰吃早饭，并且"一根香肠正塞在他的嘴里"。新西兰高级专员派来的信使要求他当场答复是否接受这一荣誉。汤因比痛苦地意识到，自己很恼火未能获得更高的荣誉；但他还是一口吞下了香肠和自己的傲慢，委屈地接受了这一头衔。但这是一次屈辱的、令他愤怒不已的经历。他向公学时代的老同学大卫·戴维斯承认："我原本以为自己对这类东西满不在乎。但在任命信送达之际，我发现自己非常介意得到的是次等荣誉，而不是第一等……当然，在国内比国外地位更低的人多得是。如

---

①　博德利图书馆，汤因比档案，汤因比致诺拉·威廉姆斯(Norah Williams)书信，1956 年 11 月 5 日。诺拉·威廉姆斯是他在查塔姆楼的秘书。
②　博德利图书馆，汤因比档案，汤因比致吉尔伯特·穆雷书信，1956 年 11 月 27 日。
③　博德利图书馆，汤因比档案，汤因比致大卫·戴维斯书信，1957 年 5 月 29 日。

果一个人没有受到本国政府打压的话，那么他到头来是会自食其果的。总之，我当时产生那样的感觉是很丢脸的；现在向你吐露这些也会让我轻松一点。"①

汤因比外表上的彬彬有礼通常会掩饰他对自己学问的引以为傲。但他可以对戴维斯吐露真言，并在那种场合下撕掉自己年少时在温彻斯特公学和巴利奥尔学院学会佩戴的谦逊面具——那里关于"信手拈来的出类拔萃"的理想和观念要求成功者自我贬抑，以便使其出类拔萃确实显得如同信手拈来。由于新闻记者和普通民众的无尽颂扬与吹捧，汤因比的自我中心主义在过去的 10 年里不断膨胀。不过，当 1954 年《历史研究》的最后四卷出版后，学术界（特别是史学圈）对汤因比的批评愈演愈烈。1957 年 6 月，当汤因比还在贝鲁特期间，新任牛津大学皇家史学教授休斯·特雷弗-罗珀（Hugh Trevor-Roper）发表了对汤因比最无情同时也是最机智的攻击。该文发表在《文汇》（*Encounter*）杂志上，题为《阿诺德·汤因比的千禧年》（Arnold Toynbee's Millennium）。②特雷弗-罗珀嘲讽汤因比是一个傲慢自负的先知，并讽刺性地发明了"汤因比元年"（Anno Toynbaei，简写为 A.T.）一词，借以描述由汤因比"开启"的宗教新纪元。

作为一篇技巧娴熟的讽刺作品，这篇文章切中了要害。教父哥伦巴认为它"极尽诽谤中伤与亵渎上帝之能事"，并拒绝阅读这篇文章。③编辑斯蒂芬·斯彭德（Stephen Spender）预先给汤因比寄去了一份文章清样，并解释道："尽管一度犹豫不决，但我们还是决定发表这篇文章。因为在我们看来，除了风格上有些恶毒外，这毕竟是一篇严肃的文章。"④他接下去请求对方予以答复，但汤因比没有这样做。多年以后，他也只是轻描淡写地写道："就这篇文章的整体而言，我没有什么可讲的。"⑤而在一个更晚的、心情更好的场合下，也就是庆祝他 75

① 博德利图书馆，汤因比档案，汤因比致大卫·戴维斯书信，1956 年 6 月 12 日。吉尔伯特·穆雷可能对获得荣誉勋章一事引以为豪。那正是汤因比所觊觎的荣誉。他的忧伤至少部分源自未能获得与从前岳父相匹配的社会公众认可。
② 《阿诺德·汤因比的千禧年》，第 14—28 页。
③ 《一位历史学家的操守》，第 370 页，哥伦巴致汤因比书信，1957 年 7 月 14 日。
④ 博德利图书馆，汤因比档案，斯蒂芬·斯彭德致汤因比书信，1957 年 5 月 16 日。
⑤ 《历史研究》，XII，第 574 页。

岁生日的社交宴会上，他开玩笑地将特雷弗-罗珀和自己比作教皇和反教皇："我可以肯定地告诉你们，我们两个人都是绝对正确的。"①

显而易见的是，由于牛津的特殊教席使得该文作者在英国史学家中占据着显赫地位，这篇文章迅速将汤因比推下了神坛。 同《泰晤士报文学副刊》上青年人类学家菲利普·巴格比（Philip Bagby）对《历史研究》后四卷居高临下的评论一道，特雷弗-罗珀的抨击促使英语世界青年一代史学家们坚决反对汤因比那种全球式的和预言式的历史观。 讽刺往往比批评更加有效，因为它可以无视被讽刺对象的睿智。 时至今日，汤因比在历史学家们心目中的地位仍未从特雷弗-罗珀机智的贬损中恢复过来。 事实上，笔者写的这部传记的一个首要目的便是尝试在社会公众的盲目崇拜和 20 世纪 50 年代中期以后专业学者们的敌意之间找到更恰当的平衡点。 这些争议往往掩盖了汤因比作品对历史学学术研究的真正贡献与持久影响力。

环游世界期间的另一点失望之处在于，汤因比发现，亚洲的宗教领袖们在观念方面并不比西方世界的基督徒、犹太教徒们更具普世情怀。他从缅甸写信汇报道："我忙于在这里会见小乘佛教的僧侣们，以便了解他们那种更为古老、严肃的佛教形式是否能比日本的大乘佛教更好地填补现代生活的巨大精神空虚。 但结果是令人失望的。"②

不过，即便日本的佛教徒们令汤因比感到失望，日本的一些人对汤因比所讲的话却报以热烈反应。 这在当时还不太明显。 但在他访问日本的两个月（1956 年 10—11 月）里，饱满的种子已经种下。 从表面上看，汤因比仅仅做了一些对他来说司空见惯的事情：拜访佛教僧侣、会见史学教授、前往大学作报告、在国家电视台上抛头露面。 他住在东京国际会馆（International House of Tokyo），并访问了北海道、京都等地。

对于不了解日本人思想、情感具体细节的局外人而言，想要准确理解汤因比何以会引起如此强烈的反响是不可能的。 此外，他上升到西方精神导师的地位也是 20 世纪 70 年代的事。 但显而易见的是，他在

240

---

① 博德利图书馆，汤因比档案，汤因比演说辞文稿，1964 年 5 月 6 日。
② 博德利图书馆，汤因比档案，汤因比致大卫·戴维斯书信，1956 年 12 月 19 日。

日本人中间日后的声望源自 1956 年的这次访问。 其中的一个重要原因或许在于，日本乐于接受汤因比老生常谈的、对于民族主义的坚决弃绝——那是他从 20 世纪 20 年代起就一直努力宣扬的思想。 无论如何，汤因比确实在日本国家电视台的节目中宣称（随身带着翻译）："我确信，日本人民将在克服古老民族主义的人类共同事业中作出显著贡献。"①

声称欧洲要向日本学习的说法当然是日本人乐意听到的。 此外，汤因比关于民族主义是虚假宗教的观点在日本也比在欧洲更有分量。在美国托管下，日本人至少在外表上放弃了流行于战前的、民族主义的宗教形式。 在战后的日本政体中，天皇已明确否认了神道教赋予自己的神性。 至于神道教的信仰与仪式中是否还有任何能够继续受到日本人民尊敬的东西，这一点在当时看来同样是充满着疑问的。 但日本人在当时又无法找到手头上可资利用的替代品。

在战后初期的日本社会中，仅有的另外一种历史观是具有革命色彩的马克思主义。 该思潮在战前一度转入地下，并在 1945 年之后得到了学术界一定程度上的认可。 马克思主义或许能够满足叛逆青年和衣衫褴褛的教授们，但它跟日本当时正在资本主义世界市场上取得的工商业成就却极不合拍。 马克思主义当时又掌握在苏联人手中；而 1945 年之后的日本在冷战中却是坚定地（大部分情况下也是自愿地）站在美国一边的。 在这样的局面下，既不属于马克思主义又不属于民族主义的历史观当然是值得聆听的，何况美国对汤因比的追捧又保证了他的权威性——也就是肯定了汤因比在智慧方面的重要价值和值得尊敬的社会地位。

无论如何，东京国际会馆为 1956 年访日期间汤因比的 9 场报告安排好了翻译与出版事宜。 这些报告涉及各种主题："我们能从历史中吸取经验教训吗？""民主制是否能在核时代生存下去？""意识形态斗争中的精神挑战"，等等。 这本标题可译为《历史的经验教训》（*The Lessons of History*）的小书获得了一定成功，在最初几周内就卖出了

① 博德利图书馆，汤因比档案，日本电视台讲话稿，1956 年 11 月 22 日。

8 500 册。 翻译汤因比巨著的工作已经开始；但《历史的经验教训》却成了汤因比的第一本重要日文出版物。 此外，他在 1957 年新年那天让更多的日本读者认识了自己——一份销量达到每天 800 万份的东京报纸刊载了他讨论时事的一篇文章，让他的话在一定意义上变成了新年致辞。

241

从此以后，相当多的日本人都熟悉了汤因比的名字。 相当多的知识分子既感慨于放弃民族主义的神道教信仰后留下的道德真空，又对马克思主义并不满意。 他们转向汤因比去寻求解答自己困惑的答案。 这样的人越来越多，构成了一条向这个国家介绍汤因比思想的传送带。但这需要时间：《历史研究》的全译本迟至 1968—1972 年方才问世。

在汤因比漫长的旅程——秘鲁、新西兰、澳大利亚、印度尼西亚、越南、日本、中国香港、暹罗、缅甸、印度和中东——中，他只在日本一地留下了长久的印记。 尽管如此，他在几乎所有地方引起的热烈公共反响还是同他个人的不幸与失意构成了鲜明反差。 与此同时，正如他在《观察家报》上的文章表明的那样，汤因比确实痴迷于探访古代遗迹，实地观察自己耳熟能详的那些文明赖以成长壮大的那些土地。 因此，尽管汤因比不得不放弃利用这次旅行来准备《历史研究》第二版的原定计划，这次旅行仍然算不上是一次失败。 当汤因比于 1957 年 8 月回国之际，他已经比出发前更算得上是一个世界知名人物了。 由于自己已经正式退休，汤因比也无需承担工作压力。 因此，他可以自由地选择一种新的生活方式。

汤因比为自己退休后的生活制订了三个目标：继续做学术、变得富有、看更多的世界。 海外讲学（尤其是在美国）可以完成后两个目标。因此，他在接下来的 10 年中每年访问一次美国，疯狂地做各种巡回报告，其相当露骨的目的便是赚钱。 除了这类旅行之外，他还会接受访问其他国家和地区的邀请——越富有异国情调的地方越好。

不过，他还是会利用这些时间的间隙（甚至在访美期间）继续自己的学术工作。 当然，对汤因比而言，挤时间写作早已不是什么新鲜事了。 他毕竟曾利用假期时间写完了《历史研究》的前六卷；如果说汤因比如今的这些巡回报告类似于从前在查塔姆楼所做的工作的话，那么我们就可以看到，他现在的日程表事实上并没有什么变化。 汤因比自己也是这样看的。 在思考退休和随之而来的收入减少时，汤因比告诉吉尔伯特·穆雷，自己此后将要"通过访问各所美国大学来挣我们的面包和黄油"。①

汤因比其实可以说自己要去美国挣蛋糕和鱼子酱，因为他事实上是很富有的。 查塔姆楼的养老金确实少得可怜；但汤因比可以仰仗可观的版税，并且他还利用从前的赚钱机会积累了一笔可观的财富。 但手头的钱越多，汤因比就越是忧心忡忡。 他从未确信自己已摆脱老来赤贫的风险。 这也反映了汤因比根深蒂固的习惯，因为他一辈子都在担心钱。 他的父母借助少得可怜的收入来努力维持中产阶级的生活，这让童年时代的他感到痛苦，促使他努力争取到了温彻斯特公学的奖学金。 年少时对父母缺乏足够钱财来维持继承下来的社会地位的反应影响了他的一生，使得他无法摆脱对于入不敷出的强烈恐惧。 这种性格曾同罗萨琳德在钱财事务上的大手大脚产生过严重矛盾；该矛盾在汤因比的中年时代经常激化，并且偶尔还会令他蒙羞。 我们之前已经看到，汤因比的回应方式同面对父母僵局时的情况如出一辙——他选择更加努力地工作，希望能利用报刊稿费和其他杂项收入来补救罗萨琳德的铺张浪费。

然而，维罗妮卡在花钱方面几乎跟汤因比一样节俭。 因此，从1947年起，当汤因比的版税和讲课费收入滚滚而来之际，他就再也不用担心钱的问题了。 尽管英国在征课收入税方面十分苛刻，汤因比还是迅速积累了大量资本，并将自己新获得的一部分可支配财富投资于土地，多购置了一些农场。 但现实中的春风得意并不能缓解他对理财问题的毕生焦虑。 汤因比永远在担心钱不够花的问题。 他特别担心的是税务官员们会找自己的麻烦，对他处以巨额罚金。

汤因比亲自填写纳税申报单，并且显然利用了自己知道的一切手段来最大限度地避税。 但有一个特殊原因令他感到不安。 这件事要从1954年说起：汤因比当时预见到《历史研究》第7—10卷的出版将让自

---

① 博德利图书馆，汤因比档案，汤因比致吉尔伯特·穆雷书信，1955年1月19日。

己迎来又一次版税收入高峰，便同牛津大学出版社签署了一份合同。合同规定，出版社每年支付汤因比固定数额的津贴（但双方协商后可以增加额度），同时收回规定标准数额之外多出的版税。①牛津大学出版社垄断了汤因比未来著作的出版权，并且之前和今后的各种版税都按照这一保护性协议处理。

显而易见的是，这一安排对双方都是有利的。牛津大学出版社得到了一笔可观的收入，并预约了汤因比未来准备出版的手稿；汤因比则在自己版税收入最高的几年里规避了高额收入税。但这种行为是否合法？英美两国税收问题的专业顾问都认为没有问题；但汤因比认为这项交易有些暧昧之处，担心有些严苛的税务官员会追查起来。无论积累多少财富也不能让他摆脱这一恐惧。汤因比手头的钱越多，他就越是担心自己会在问题查出时被迫缴纳巨额罚金。

理财方面的强迫症促使汤因比古怪地（有时甚至是偏执地）想要挣更多的钱。讲课费是他能拿到的、数额最高的额外收入——因为众多美国大学都乐意并渴望出高价来吸引像汤因比这样著名的演讲者。另外一些机构［如阿拉伯—美国石油公司（Aramco）］有时还愿意出巨资请他做报告。②在汤因比的美国之行由洛克菲勒基金会资助期间，他在做报告时是不能收取费用的。但这项资助在 1954 年到期，禁令也随之解除。于是，在 1955 年秋季开始环球旅行之前，汤因比对美国进行了短期访问，以便通过办讲座而尽可能多地挣钱。

汤因比在这方面取得了巨大成功。他在 6 周内对着大批听众办了43 场讲座和谈话节目。他出现在广播与电视节目中，出现在妇女俱乐部里和格罗顿中学（Groton School）的男孩们面前，还现身于一系列

---

① 牛津大学出版社总部最初提供的薪水是每年 300 英镑，其纽约分社提供的是 1 650 英镑（5 000 美元）。这些数目在许多年里都没有变化。由于汤因比的版税收入在大部分年份里都高于支付给他的薪水，这项安排使得牛津大学出版社可以在 1975 年汤因比逝世之前乃至之后获取并支配一大笔数额与日俱增的版税。根据汤因比自己的财产统计清单，他在 1959 年未动用的版税总计为 18 200 英镑。他当时的总资产为 20 000 英镑，并预估自己的房产与地产价值可达到 18 000 英镑。博德利图书馆，汤因比档案，汤因比致罗萨琳德书信，1959 年 12 月 16 日。

② 博德利图书馆，汤因比档案，同阿拉伯—美国石油公司的合同，1957 年 8 月 28 日。合同约定：为汤因比向阿拉伯世界正面宣传公司政策的一篇文章提供 1 000 英镑的稿费。汤因比就该主题写了一篇长达 18 页的备忘录，并在该公司赞助下于 1957 年 7 月在沙特阿拉伯的达兰（Dhahran）做了 3 场报告，从而又赚取了 450 英镑。

243　美国著名大学(其中包括布兰迪斯大学、芝加哥大学和哥伦比亚大学)
的校园里。 巡游讲学的高潮出现在明尼阿波利斯(Minneapolis):汤因
比的报告吸引了约10 000名听众;他们聚集在明尼苏达大学最大的两
个报告厅里,倾听他讨论"历史学家们的新机遇"。 汤因比为这次报
告收取的费用是2 500美元。 听众们冒着大雪从数百英里外赶来,但
其中大多数人肯定会对这场讨论20世纪世界历史可能前景的报告大
失所望。①

　　1955年的这次冒险尝试让汤因比看到了在美国进行巡回报告是多
么有利可图。 结束环球旅行之后,汤因比渴望继续开发这一市场的潜
力。 他计划联系某所美国大学并在那里开设一学期或半学期课程,希
望以此为据点前往其他地方去开设报酬丰厚的讲座。 于是,汤因比于
1957—1958年接受了休斯敦莱斯大学(Rice University)的邀请,计划在
那里住上5周,并每周举办2—3场讲座。 但由于汤因比本人前列腺手
术的缘故,这次访问被迫推迟。 而当汤因比于1957年12月12日赶到
那里之后,圣诞节假期的临近和汤因比的其他报告安排使得他在莱斯大
学的正式抛头露面被削减到只剩下6场讲座。 这显然令他的邀请者们
大失所望。

　　离开莱斯大学后,汤因比前往弗吉尼亚州莱克星顿市的华盛顿与李
大学(Washington and Lee University)。 他的好友与崇拜者迈尔斯是那
里的哲学系主任。 汤因比在那里做了15场报告,回顾了他在最近环球
旅行中的种种见闻。 但与此同时,他还进行了一长串"加演",在6月初
离开美国之前又在校外做了至少25场报告。 在此后数年内,汤因比又访
问了宾夕法尼亚大学(1961年)、爱荷华州的格林内尔学院(Grinnell
College, 1962—1963年)、丹佛大学和佛罗里达州新学院(New College,

---

　　① 博德利图书馆的汤因比档案中有一个标注着"1955年之行"的盒子,其中收集
了关于这次巡游讲学的各种细节,以及一封说明明尼苏达讲座费用的信。 他之前曾在纽
约及其周边的三场会议上做过报告,并以此为基础出版了一本书:《作为世界诸宗教之一
的基督教》(Christianity among the Religions of the World,纽约,1957年)。 按照协议,
报告讲稿需要出版。 但牛津大学出版社不愿出版这些讲稿,因为它们事实上只是《历史
研究》最后几卷内容的重复。 当三场会议的组织者安排斯克里布纳出版社出版这些讲稿
时,一场不愉快的纠纷发生了——牛津大学出版社提出了抗议,认为自己与汤因比签订的
新合同受到了侵犯。 这场风波重新激发了汤因比对税收部门的恐惧——讲座轻易得来的
大笔酬金可能进一步加深了这层恐惧。

1964—1965年)。在每一次访问中,汤因比都会利用邀请他的机构作为据点,前往很远的地方去赚取讲课费。从挣钱的角度看,汤因比当然是成功的。结束对格林内尔学院的访问时,汤因比在爱荷华州的账户积蓄达到了28 684.72美元——这应该是他在此前三个半月所积累收入的准确数目。[①]

不过,尽管在收入方面大获成功,汤因比却在两个不同层面上挥霍了美国人对自己的好感。首先,由于急于赚钱的缘故,汤因比冒犯了邀请自己前来的许多主人。由于他经常不在大学或学院里,邀请他前来讲学一个学期的邀请方并不能利用汤因比的全部时间与精力,而只能偶尔见他一面。甚至那些只请他去做一场报告的单位也会发现情况与自己的设想略有出入——因为汤因比坚持要带上维罗妮卡一起去,并要求邀请方同时报销自己的和维罗妮卡的路费,尽管那并不合乎美国学术界的规矩。汤因比的目的是确保访美期间的一切费用均由他人承担。他基本上实现了这一目标,但代价是破坏了美国的学术规则。这样做的结果是邀请过汤因比的机构都不会再邀请他;几年之后,永无休止地赚取讲课费的动力便开始将汤因比吸引到二三流的大学去了。

从学术角度看,汤因比也在通过老调重弹而挥霍着自己的人气。他的许多报告了无新意,只在自己已发表文字的基础上补充一点东西,甚至原封不动地照搬。他手头备好了大约6场讲座的内容。具体的报告次序从来不是固定的,并且每年会略加修改。但他在1957—1965年间构思的两部书稿——《反思》与《汉尼拔的遗产》——并未在公共讲座中有所体现。因此,汤因比一轮轮重复的报告并没有体现任何严肃的新思想。

诚然,汤因比接受的一些讲座邀请是要求过后将讲座内容出版的;在这些场合下,他确实创作了新的讲稿。但这些内容是零散的,为赚钱而写的,并具有急就章的性质。通过这种方式出版的几本小书在提高其声望方面乏善可陈。此外,它们探讨的主题冒犯了几乎全体美国

244

[①] 博德利图书馆的汤因比档案中标注着"1963—1964年之行"的盒子里保存着相关细节,其中包括一张记录这些数额的活页纸。

人，因为汤因比质疑了原子能时代里民主制的可行性，①哀叹了基督教的傲慢与不宽容，②谴责了美国人的纸醉金迷和对美国革命原则的背叛，③声援了拉美革命（其中包括古巴的卡斯特罗革命），④并重申了自己只有世界性帝国才能延缓毁灭性战争的看法。⑤这些发表出来的报告文字中偶尔会闪现出汤因比旧日的灵感火花。其中最引人注目的是他在波多黎各的系列讲座中对拉美城市化和农民暴乱问题的分析。在这一案例中，他探索了自己之前从未接触过的主题，并展示了自己在处理新信息、迅速对之进行整合方面仍然宝刀不老，就像他年复一年地撰写年度报告时一样。但在大部分情况下，汤因比只是在翻炒冷饭，并对美国政府的外交政策进行日益严厉的抨击。

汤因比对美国在世界上扮演角色的猛烈抨击在一定程度上是由时事政治触发的，如美国在 1961 年试图通过策划入侵猪湾（Bay of Pigs）来推翻卡斯特罗政府的做法。此外，从 1957—1958 年访问莱斯大学时起，他开始对自己会见的美国学者们的做派感到失望——汤因比自身健康状况欠佳和靠石油致富的休斯敦人的自大情绪导致了这场不愉快的交往。他向一位老友写道："我必须承认，这次访美让我确信这是一个美国世纪的想法发生了动摇。并且我也意识到，共产主义赢得这场信条之战（那是我们必须面对的挑战）的机会要比我想象的更大……让我震惊的首先是美国人对人造地球卫星的轻浮态度，其次是富人对美国日常生活的钳制：那是施加压力的集团通过'民主'机制做到的，但它仍然富有压迫性质。"⑥汤因比认为，美国人被轻而易举得来的财富娇惯坏

---

① 《原子能时代中的民主制》[*Democracy in the Atomic Age*，1956 年戴森（Dyason）系列讲座文稿，墨尔本，1957 年]，第 9 页；《西方文明当前的实验》[*The Present Day Experiment in Western Civilization*，贝蒂（Beatty）纪念讲座文稿，伦敦，1962 年]，第 51—74 页。

② 《作为世界诸宗教之一的基督教》，第 105 页。

③ 《美国与世界革命》（*America and the World Revolution*，纽约，1962 年），第 40 页及其他各处。

④ 《西半球的经济》[*The Economy of the Western Hemisphere*，波多黎各大学（University of Puerto Rico）韦德海德基金会（Weatherhead Foundation）系列讲座文稿，伦敦，1962 年]，第 33 页。

⑤ 《变革与习俗：我们时代面临的挑战》（*Change and Habit：The Challenge of Our Time*，伦敦，1966 年）。该书概括了汤因比于 1964—1965 年间在丹佛大学和佛罗里达新学院所做的数次报告内容。

⑥ 博德利图书馆，汤因比档案，汤因比致大卫·戴维斯书信，1958 年 2 月 7 日。苏联于 1957 年 10 月发射了第一颗人造地球卫星。

了，认为自己拥有"天然的特权"，并理应过着"饱食终日无所用心"的生活。①

随着时间年复一年地流逝，汤因比对美国的不抱幻想变得日益明显。1961年，当他同亨利·基辛格(Henry Kissinger)、阿德莱·斯蒂文森(Adlai Stevenson)和海军上将刘易斯·施特劳斯(Lewis Strauss)等要人一起参加一个讨论国际战略的全国广播座谈节目时，汤因比宣称："美国已成为既得利益的代表。因此，她已失去了180年前由她发起的革命的领导权。但无论有没有美国参与，美国革命还在延续，并将继续发展下去。"按照汤因比的说法，这场革命的目标是让"身处水深火热中的三分之二(或四分之三)人口分享文明的福利。美国能重新夺回这项事业的领导权吗？也许生活的富足会阻止她这样做？我相信，这是美国人民如今必须做出的关键抉择"。②

汤因比在1965年时的态度变得更加直率。在接受《花花公子》(Playboy)杂志的采访(该采访稿迟至1967年方才发表)时，汤因比在谈论其他事情之余还宣称，共产主义能够提供给拉美的东西多过美国所能给予的一切，因为"拉美确实需要一场猛烈革命……来推翻自私自利的寡头统治集团"。他对"转移精力与兴趣的太空竞赛"已失去了耐心，并声称美国是"保护既得利益的全世界反革命运动的领袖"。此外，"麦迪逊大街(Madison Avenue，即美国的意识形态宣传与输出的价值观)对于西方而言比共产主义更加危险"。③1965年5月，汤因比在为《观察家报》写的一篇文章《美国需要进行痛苦反省》(America Needs an Agonizing Reappraisal)中总结了自己的观点，声称美国"正在阻挠占世界人口大多数的非西方民众摆脱西方统治、赢得自我解放的意志……在自己浑然不觉的情况下，美国走上了英、法、荷、日等国的殖民主义老路"。④汤因比的这种耶利米式的观念并不新鲜，因为他早在

245

---

① 博德利图书馆，汤因比档案，汤因比致大卫·戴维斯书信，1958年3月2日。
② 博德利图书馆，汤因比档案，1961年2月19日CBS对话节目(CBS symposium)中汤因比的发言文稿。基辛格后来担任了国务卿；斯蒂文森成了驻联合国大使和美国总统候选人；施特劳斯出任了原子能委员会主席。
③ 《花花公子》1967年4月，第57—76、166—169页。这次采访的大部分内容带有自传回忆录性质。汤因比被表现成一个执拗的老顽固，几乎在一切问题上看法偏颇。
④ 这段引文来自南方学生组织委员会(Southern Student Organizing Committee)一篇文章的重印版；该文的发表构成了反对越南战争运动的一部分。

1918—1922 年就已经传递过同样的信息。区别仅仅在于，当时他眼中引起众怒的众矢之的是大英帝国，如今已变成了美国。

汤因比在私下里支持单方面解除核武装（至少英国应当这样做），即便这会冒着让共产主义获得胜利的风险。他向戴维斯反问道："共产主义的'上帝之鞭'真的就要落到我们头上了吗？如果它确实落下来了但并未毁灭全人类的话，那么我们多少可以获得一点儿慰藉：自由的大门迟早还会敞开的。我会期待看到自己孙女的孙女们活到那个时代结束的那一天。"①几年后，他告诉另一位新闻记者，美国对巴拿马运河没有所有权，并且其入侵越南的行为也是错误的。②

在 20 世纪 50 年代，没有多少美国人响应汤因比的谴责；尽管属于某些党派的人基于自身立场而欢迎汤因比的批评。拥有汤因比所提倡的世界主义意识的人是很少的；而真正关注全世界广大农民问题的那一小撮美国人自认为已经掌握了答案：只要把美国式的民主制与自由经济模式移植到世界其他地方，一切问题都可以迎刃而解。随着马歇尔计划在欧洲无可争议的成功（1948—1952 年）和希腊共产党游击战争的失败，对美国外交援助的智慧和效率的信心达到了顶峰。在亚洲，美国在其他"联合国军"力量的协助下顶住了共产主义势力在朝鲜半岛的攻势（1950—1953 年）。英国人在马来亚对共产主义力量的胜利似乎表明，希腊游击战争中的胜利经验同样可以复制到亚洲的土地上；日本的经济腾飞则印证了美国的工业技术也是很容易被移植到其他国家的。在自己于 20 世纪 60 年代陷入泥潭之前，美国人对法国人在越南遭遇的困境一直是嗤之以鼻的。诚然，卡斯特罗在古巴的胜利给了他们当头棒喝；但美国似乎还能在拉美其他地区保住自己的地盘。在这样的舆论氛围下，美国人自然会对汤因比的警告充耳不闻。

于是，在 20 世纪 40 年代后期被民众的追捧塑造成来自远方的智者形象 10 年之后，汤因比在美国人心目中的地位发生了反转，变成了公

① 博德利图书馆，汤因比档案，汤因比致大卫·戴维斯书信，1958 年 5 月 17 日。汤因比在这个问题上可能受到了儿子菲利普的影响。菲利普与远房表兄弟伯特兰·罗素一道在 20 世纪 50 年代后期的"禁毁核弹运动"（Ban the Bomb agitation）中扮演了突出角色。
② 博德利图书馆，汤因比档案，汤因比致阿瑟·史密斯（Arthur Smith）书信，1964 年 4 月 14 日。

众眼中的宫廷小丑。 在这样的情况下，汤因比仍是一个公众人物，继续受到新闻与广播记者的密切关注——他们会系统地炒作汤因比的极端言论，因为这些话很容易博人眼球。 此外，小丑也有可能是睿智的，尽管他是在用一种疯疯癫癫的、令人不悦的方式表达自己的智慧。 但小丑也可能是一个傻瓜。 而管理实际事务的人们更倾向于将汤因比看成傻瓜，不再充满敬意地聆听他的发言。

1961 年，汤因比在美国人心目中的形象彻底崩塌——因为他将以色列的道德水准同纳粹德国相提并论，从而在犹太人中引发了广泛的不满情绪。 当 1961 年 1 月 26 日加拿大蒙特利尔麦吉尔大学(McGill University)的一份学生报纸报道了汤因比在与学生们的非正式问答中坚称：“犹太人在 1947 年对阿拉伯人的做法可以同纳粹屠杀六百万犹太人的行为相提并论”后，舆论马上一片哗然。①新闻界马上抓住了这个噱头，让它在几个小时内迅速出现在了英语世界的各种新闻标题里。 数小时后，以色列驻加拿大大使便邀请汤因比前来进行辩论；汤因比答应了这一要求。 两人于 1 月 31 日在麦吉尔大学校园里的希勒尔厅会面，坚定但不失风度地阐述了各自的不同看法。 汤因比承认阿拉伯人也犯下了罪行，并且纳粹残暴行径的波及范围要比巴勒斯坦的事件广泛得多。 但他还是重申了自己的观点，认为“以色列军队在巴勒斯坦进行的一些大屠杀……在道德层面上是跟德国人的做法别无二致的”。 他认为，这些行为都是预先策划、故意执行、意在灭绝某个地区的一个族群的。 他专门提到了“斯特恩帮”(Stern Gang)和伊尔根组织(Irgun)等极端分子的行径，并承认“我并不清楚新生以色列国家的正规军(Haganah)在多大程度上参与了这些事件”。②

汤因比显然捅了马蜂窝。 犹太人早已对他关于犹太人中世纪与近现代历史的看法多有怨言。 早在 1934 年，汤因比便断言犹太教是一个

---

① 《麦克吉尔日报》(McGill Daily)1961 年 1 月 26 日，第 1 页。 汤因比最初在《历史研究》，VIII，第 290 页中进行了这一类比。 他在蒙特利尔被追问的问题仅仅是他是否仍旧相信自己之前写下的话，即犹太人在 1948 年“效仿某些纳粹罪行”的做法是一场“可怕的悲剧”。

② 这次辩论被记录了下来，其录音稿复印件在加拿大及境外出售了许多份。 此外，辩论内容的一份英文整理稿也在埃及出版了。 但上述引文来自博德利图书馆的汤因比档案。

活化石，是本应灭绝的叙利亚文明的残余。 这个不大客气的标签已令犹太人怀恨在心。 而他对锡安主义（Zionism）长期以来的反对早已招来了日后以色列外交部长阿巴·埃班（Abba Eban）等著名人物的批驳。①

247　　当汤因比试图描述犹太人大流散的未来地位（他自己可能认为是在为犹太人说好话）时，他又点燃了更猛烈的怒火。 汤因比在 1960 年发表了一篇文章，声称犹太人的大流散代表了一股未来的浪潮，因为"我相信，具有普世性但并不进行垄断的宗教组织将成为原子时代的标准组织形式"。②在蒙特利尔风波已经引发了犹太人对自己的敌意后，汤因比冒失地在 1961 年 5 月中旬同美国犹太教委员会（American Council for Judaism，一个反锡安主义的组织）的交流中重提了这个话题。 汤因比认为，在过去的 25 年里，全世界的各个犹太聚落都在维持封闭的本民族聚落和成为开放的宗教组织之间摇摆不定。 随后，他鼓励自己的听众坚持走自己的道路，并捎带着否定了锡安主义。 汤因比声称，锡安主义的立场其实跟反犹主义（anti-Semitism）没什么不同，因为二者都是要让犹太人陷入孤立。 这次对话碰巧成了《时代》上占去整整一个版面的故事，其中引述了汤因比的一段话："如果冲突双方都真诚且彻底地放弃了种族保留地的话，犹太人和非犹太人之间的种族壁垒将很有可能在日益频繁的通婚中土崩瓦解。"那样一来，"犹太教的伟大精神财富"便有可能成为"人类的共同精神财富之一"。③

　　这一事件起到了火上浇油的效果。 汤因比遭到了犹太教领袖们的群起围攻；这些人责难汤因比侮辱了并不属于自己的信仰。 最富洞见的告诫来自一位研究犹太教的基督徒作家詹姆斯·帕克斯（James Parkes）。 他解释道，汤因比的根本错误在于认为犹太教的核心是众先知，而非《塔木德》（Talmud）；这是因为，汤因比认为宗教探讨的是神明与人类个体之间的关系，而犹太教则是以同上帝的集体联系为基础的。 他总结道，汤因比"向自己的追随者们（无论他们是阿拉伯人还是

---

　　① 阿巴·埃班：《汤因比的异端邪说》（The Toynbee Heresy，纽约，1955 年）是一部言辞激烈的论战小册子。
　　② 《犹太教的先驱使命》（Pioneer Destiny of Judaism），《话题》（Issues），1960 年夏季第 14 期，第 14 页。
　　③ 《时代》1961 年 5 月 19 日，第 25 页。

反锡安主义的犹太人)借用着自己的显赫声名⋯⋯这实在令人遗憾⋯⋯他的全部渊博学识都被用来制造分裂、曲解和谬误了"。①

在汤因比蒙特利尔言论引起的喧嚣中，一位来自纽约协和神学院(Union Seminary)的著名基督教神学家莱因霍尔德·尼布尔(Reinhold Niebuhr)告诉新闻记者："尽管他本人已尽力做到客观公正，汤因比仍对犹太人抱有深刻偏见。"②另外一位受人尊敬的基督教学者和巴勒斯坦地区的考古专家阿尔布莱特(W.F. Albright)在 1955 年写道："在我看来毫无疑问的是，他(汤因比)显然对犹太文化抱有敌意；并且他对后者近年来发展的评价也不尽公允。"③

这些指责此后一直萦绕在汤因比心头。他始终无法同关于自己对犹太人、犹太文化态度的争议中摆脱出来。正如汤因比反复指出的那样，他本人并非字面意义上的反犹主义者，并拥有塞缪尔勋爵(Lord Samuel)、刘易斯·内米尔这样的朋友。④此外，令他尴尬的是，有人提醒他，他本人曾在 1918—1920 年期间支持过锡安主义的设想。他向那位揭穿自己在一战结束后巴勒斯坦安置行动中所扮演角色的演讲者解释道："您的这种深思熟虑、证据充分的观点——即我在一战期间写下的文字确实影响了历史进程的看法令我感到惊讶⋯⋯但转念一想，我觉得您的看法或许比我所认为的更有道理。我之所以会那样想，是因为当时掌权者的浮浅、短视和天真。我当然也受到了这种天真想法的影响⋯⋯那时并没有人意识到锡安主义运动的活力。"⑤

尽管我们不应把他称作反犹主义者，汤因比确实是对犹太教和犹太人严重缺乏同情的。他从小就习惯于将伦敦的贫苦犹太人移民同出格

248

---

① 詹姆斯·帕克斯：《汤因比与犹太民族的独特性》(Toynbee and the Uniqueness of Jewry)，重印于《对话序幕：犹太教与基督教的关系》(Prelude to Dialogue： Jewish-Christian Relationships，纽约，1969 年)，第 105 页。这篇文章最初发表于 1962 年的《犹太社会学期刊》(Jewish Journal of Sociology)上，并在反对汤因比的论文集和小册子中多次重印。

② 尼布尔的评论引自《巴尔的摩太阳报》(Baltimore Sun)1961 年 2 月 21 日，其讲话恰逢汤因比即将山现在该城的犹太商群体面前之际。

③ 《犹太阵线》(Jewish Frontier)1955 年 1 月 10 日所刊载来信。

④ 《交游录》用整整两章的内容对这些人进行了正面描述。

⑤ 博德利图书馆，汤因比档案，汤因比致拉比诺维茨(Oskar K. Rabinowicz)书信，1968 年 6 月 24 日。拉比诺维茨刚刚发表了一篇材料丰富的文章：《一战中汤因比对锡安主义的拥护》(Toynbee's Pro-Zionism in World War I)，《赫尔茨年鉴》(Herzl Yearbook)1968 年第 7 期，第 1—14 页。

的商业投机联系在一起；而他早年接受的基督教教育则将犹太人视为一个极其傲慢以至于拒绝接受福音书真理的群体。 汤因比所接受的正统教育对耶稣基督降生后的犹太教避而不谈。 只有到了晚年（并且主要是由于 1955 年后出现的那些争议），汤因比才真正了解了中世纪和近现代的犹太教。 在这些方面，汤因比可被视为那个时代与社会环境的典型代表。 不过，相关知识背景还是没有让汤因比同情犹太人或犹太教。当犹太人凭借武力在 1947—1948 年间建立起以色列国家之际，汤因比将他们的胜利视为一种不义的扩张行为，以及民族主义与集体自我崇拜导致的另一起罪恶行径。 此外，他还认为战胜的以色列人弃绝了先知道德观中的普世主义情怀，从而抛弃了犹太教的最高成就。 汤因比写道："晚近犹太人历史的悲剧在于，犹太人非但没有从苦难中有所觉悟，却将纳粹对他们所做的恶转加给了阿拉伯人。"①而他在私下里哀叹巴勒斯坦阿拉伯人所遭受暴行时甚至说道："我已经对犹太人极尽恭维之能事了。 我本以为他们的境界会略高一点儿。"②

终其一生，汤因比始终固执地坚持这一与众不同的看法。 他于1971 年写道："在我看来，犹太人国家存在权利的前提是犹太人能够在建国时避免剥夺或至少是伤害其他民族。"③但他并未在 1922 年对土耳其人提出同样的要求。 而当阿以冲突于 1973 年战火重燃之际，厚此薄彼的立场甚至促使汤因比对一位叙利亚将领写道："我衷心祝愿阿拉伯人赢得胜利。"④汤因比始终拒绝访问以色列。 他给出的理由是自己"将没有机会公平地看到双方的情况"。⑤但他在 1971 年写给伦敦《泰晤士报》的文字中抗议道，"由于以色列人在哭墙前的清理行动"，"城市（耶路撒冷）的面貌已遭到了无可挽回的破坏"。⑥而在诸如此类的例

---

① 《犹太阵线》1955 年 1 月 10 日读者来信。
② 博德利图书馆，汤因比档案，汤因比致乔治·梅特卡尔夫（George Metcalf）书信，1959 年 2 月 21 日。 梅特卡尔夫是多伦多的一名加拿大学者。
③ 博德利图书馆，汤因比档案，汤因比致伊丽莎白·维斯（Elizabeth Vice）书信，1971 年 4 月 15 日。
④ 博德利图书馆，汤因比档案，汤因比致穆斯塔法·特拉斯少将（Major General Moustapha Tlass）书信，1973 年 10 月 9 日。
⑤ 博德利图书馆，汤因比档案，汤因比致布卡南（J.L. Buchanan）书信，1963 年 9 月 11 日。
⑥ 《泰晤士报》1971 年 10 月 2 日。 汤因比的信引发了若干充满敌意的回应。

子中，汤因比似乎完全站在了阿拉伯人的立场。

毋庸置疑的是，汤因比也对操控中东事务方面美国公共舆论的、为以色列辩护的犹太人们心怀怨恨。他有时会在盛怒之下进行我们在上面引文中看到的那种零星回击。但他很注意在表达自己情绪的时候不留下任何把柄，以免有人会借此指责他为"反犹主义者"。他在私下里警告一位反锡安主义的犹太人："倘若美国公众……突然意识到，锡安主义和美国对它的支持已对美国的国际利益造成了严重损害，将中东推向了苏联、中国或两者的共同怀抱，那么美国民众将会一下子掉转矛头——那时他们的攻击目标将不仅仅是美国犹太裔的锡安主义分子，而是全体信仰犹太教的美国人。"①出于自身安全的考虑，汤因比对美国犹太人支持以色列行为的批评到此为止。②

汤因比同锡安主义者的争论引发了穆斯林世界的广泛同情与关注。阿拉伯人对此表示热烈欢迎，将汤因比视为一位英雄。因此，由于汤因比对以色列的批评和对西方世界在消除从前对第三世界国家的不公方面做得不够的指责，他在美国的受欢迎度不断下降，但在穆斯林国家的人气却持续上升。当他在1957年得到阿拉伯—美国石油公司的资助，前往沙特阿拉伯进行访问时，这一趋势尚不明；因为关于汤因比对犹太教观点的讨论还仅仅局限于专业期刊和少数义愤填膺的犹太人圈子之内。但到了三年后，当汤因比前往巴基斯坦白沙瓦大学(University of Peshawar)讲学一个月，并应巴基斯坦与阿富汗政府之邀参观了兴都库什山(Hindu Kush)两侧的历史遗迹时，他已获得了皇家般的礼遇。由于汤因比在访问巴基斯坦前后均通过印度进行中转，印度总理贾瓦哈拉尔·尼赫鲁也有了在授予汤因比官方荣誉方面同巴基斯坦国家主席穆罕默德·阿育布·汗(Mohammed Ayyub Khan)将军一争高下的机会。

在这次旅行初期，汤因比在给国内的信中写道："我还活在戏谑式

249

① 博德利图书馆，汤因比档案，汤因比致埃尔默·贝格尔(Elmer Berger)书信，1969年5月29日。
② 1961年的风波爆发后不久，汤因比对另一位记者写道："我在蒙特利尔的希勒尔厅产生了一种古怪的幻觉，以为自己从加拿大一步迈进了特拉维夫。但我不愿公开这样讲。"博德利图书馆，汤因比档案，汤因比致哈利·斯奈伦伯格(Harry Snellenburg)书信，1961年4月3日。

的豪华气派中。 我并不习惯让带刀护卫驻扎在自己的门口。"①但他很快就开始享受自己获得的这种特殊待遇。 在旅途行将结束、正在穿越阿富汗与巴基斯坦边境的时候，汤因比遇到了一支护送他的仪仗队。礼仪规矩要求汤因比走下自己的路虎车检阅这支队伍。 身为一名普通公民而扮演这一特殊角色显然会勾起他童年时玩玩具士兵的回忆。 汤因比非常高兴。 他承认："我从未如此享受一段旅途，哪怕是 1911—1912 年在希腊的徒步旅行也不能与之相比。"②他当然会有这样的想法，因为阿富汗政府派遣了专门的工程队，去修缮汤因比计划游览路线上的道路；国王还借给汤因比一架直升机，以便他可以进行对于陆上交通而言过于遥远的旅行。 汤因比的健康状况此时已有所改善，并展示出了对于同龄人而言惊人的毅力。 有一次他在印度误了机，便在烈日下搭乘吉普车行驶了 135 英里，终于赶上了约定好的一次报告。汤因比对这一壮举感到自豪，并在第二天告诉戴维斯，他"晚上睡了一大觉后不再觉得自己像一颗已煮熟的蔬菜了"。③正在进行阑尾炎手术术后康复的维罗妮卡留在了国内，因而她没有办法对汤因比进行约束。

当然，令汤因比感到高兴的并不仅仅是他得到的尊重。 那些礼遇令人愉悦，但并非不可或缺。 令汤因比心满意足的是自己有机会在巴基斯坦、阿富汗政府提供各种便利的条件下探访中东与印度历史边境。 汤因比的想象力让他目睹的遗迹显得更加丰富多彩。 例如，在巴基斯坦境内的木尔坦（Multan），汤因比想到了于 1846 年征服此地的英军第一次穿越了亚历山大从前选择的道路——后者"轻率地带领横冲直撞的部队前行，结果头部挨了重击。 麾下的马其顿人好不容易才救了他一命"。 但汤因比的头脑始终关注着那个地方的现实面貌。他在同一封信中是这样描述木尔坦的："它的魅力在于这里有很多人口与牲畜。 院子里有 4 头为我供奶的母水牛……那里还有一队队戴着串珠项链的骆驼，背上驮着项链与花环的水牛，头部染成番红花色、背

250

---

① 博德利图书馆，汤因比档案，汤因比致大卫·戴维斯书信，1960 年 6 月 11 日。
② 博德利图书馆，汤因比档案，汤因比致大卫·戴维斯书信，1960 年 5 月 18 日。
③ 博德利图书馆，汤因比档案，汤因比致大卫·戴维斯书信，1960 年 4 月 12 日。

部染成蓝色的巨大绵羊,当然还有各种山羊和驴子。 童心未泯的我非常喜欢这一切。"①渊博历史知识和对现实局面的敏锐观察的完美结合让汤因比写出了自己有生以来最好的一部游记,那就是出版于 1961 年的《从奥克苏斯河到亚穆纳河:印度、巴基斯坦与阿富汗之旅》(*Between Oxus and Jumna*:*A Journey to Inid*,*Pakiston and Afghanistan*)。

在这次旅途中,汤因比从现实场景中领悟到了两点,它们证实了他本人曾反复表达过的观点。 首先,"在这几个国家中,今天的政府与民众都在努力帮助广大群众分享文明的福利,那种福利迄今为止一直是被少数特权者垄断着的"。②其次,他称赞了实行军事威权体制的巴基斯坦政府的"基层民主",尤其是阿育布·汗"为解决克什米尔争端"而"向印度抛出的橄榄枝"。③汤因比认为,英美的议会制政府模式是无法在缺乏必要社会基础的土地上运转的;而在那些地方,以民为本的军事独裁反而可以推广地方自治模式,从而比印度国大党及其选举机制更好地代表广大农民的需求和愿望。④

由于对那些"缺少议会民主制需要的诚实、明智选民"⑤的国家所实行的军事威权体制持宽容态度,汤因比同那些实行各种军事僭政的阿拉伯国家改善了关系。 在 1961 年 12 月访问埃及之前,英国驻开罗大使向他保证:"目前这里的人民将你视为除掉了锡安主义恶龙的英雄圣乔治。"⑥这是汤因比第一次访问尼罗河流域。 他逆流而上,一路访问各种重要考古遗址,并在途经的各所大学发表关于中东古代、中世纪史的报告。 此外,作为开罗市政当局的客人,汤因比并不避讳成人之美、就巴勒斯坦问题发表自己的见解。 他的这些讲稿日后以阿拉伯文

---

① 博德利图书馆,汤因比档案,汤因比致大卫·戴维斯书信,1960 年 2 月 27 日。

② 《从奥克苏斯河到亚穆纳河:印度、巴基斯坦与阿富汗之旅》(纽约&伦敦,1961 年),第 180 页。

③ 《从奥克苏斯河到亚穆纳河》,第 183、191 页。 事实上,印度与巴基斯坦在 1965 年为争夺克什米尔不宣而战,并且阿育布·汗政权也在 1969 年被推翻。

④ 参见《从奥克苏斯河到亚穆纳河》,第 182—183 页。 汤因比在那里写道:"美国或英国模式的议会民主制其实是被谄媚和迷信吹捧起来的……它构成了一种受人尊敬与出类拔萃的象征符号。"但汤因比对印度选举政治的批判并不彻底。 参见《西方文明当前的实验》(1962 年),第 56 页,他在那里赞美印度的议会民主制是"印度人民的荣耀"。

⑤ 《从奥克苏斯河到亚穆纳河》,第 183 页。

⑥ 博德利图书馆,汤因比档案,哈罗德·比利(Harold Beeley)致汤因比书信,1961 年 7 月 6 日。

发表(1961 年);其中一部分也以英文形式刊载在文集《阿拉伯世界的重要性》(*The Importance of the Arab World*,1962 年)上。

这次访问结束后,汤因比又于 1962 年造访了摩洛哥,在皇宫里为国王和少数听众做了报告。 他在 1964 年进行了更大规模的北非之游,访问了尼日利亚、苏丹、埃塞俄比亚、埃及和利比亚等国。 汤因比仍然在所到之处的大学里做报告,抓紧一切时间访问历史遗址,并会见了埃及总统纳赛尔(Gamal Abdel Nasser)等政要。 他的非洲印象最初刊载在为《观察家报》撰写的一系列文章中,后来则被汇编成另一本小书《从尼日尔河到尼罗河》(*Between Niger and Nile*,1965 年)。 在这些随笔中,汤因比主要对旅途中的地理与风景见闻进行描述。 但他也试图通过强调作用于该地区的种种政治意志来解释他在行程中目睹的多样性。 汤因比的结论并不乐观,因为他必须承认,阿拉伯与(或)穆斯林的统一事业必然要同黑人的泛非洲理想发生冲突。 他也没有对信奉基督教的埃塞俄比亚抽身斗争之外并扮演调停者角色抱有多高的期望——尽管他在那本小书的最后一页里提出了这一不切实际的幻想。

欧洲大陆成了汤因比的声望在退休后达到新高峰的第三个舞台。1959 年,他动身前往罗马,在联合国粮食与农业组织(Food and Agriculture Organization of the United Nations)就"人口与粮食供应"问题召开的会议上发言。 汤因比在发言中强烈支持实行生育控制,以至于邀请他前来发表讲话的国际事务官员[一个名叫森(B.R. Sen)的印度人]认为必须压下他准备发表的讲话稿,以便尽可能地减少对梵蒂冈教廷的冒犯。① 此后,粮食与人口之间脆弱的平衡关系成了汤因比持续予以关注的焦点问题;它同人类城市化的代价问题共同构成了汤因比对当代事务思考过程中的一个重要探索方向。

不过,真正打动欧洲人的并不是这些新思想。 吸引他们注意力的主要是汤因比构筑《历史研究》骨架的文明兴衰循环史观和深层次的理论思考。 标志着汤因比在欧洲大陆上层知识界声名鹊起的事件发生于 1958 年 7 月——一批经过精心选择的教授和新闻记者们聚集在诺曼底

---

① 博德利图书馆所藏汤因比档案中标签为"1957—1959 年之行"(Journeys 1957—59)的盒子里存放着一份文本及相关文件。

的一个僻静处所讨论汤因比的思想。 汤因比应邀赴会，并在那里花费了两周时间澄清了关于自己作品的种种误解。 著名法国作家雷蒙·阿隆主持了这场会议，并安排来自德国、波兰、法国与美国的与会者们轮流宣读关于汤因比思想各个方面的文章。 会上对每篇文章宣读过后均进行讨论；汤因比还对其中的一些文章进行了正式回应。

从最后发表的会议记录来看，会场上并没有多少真正的思想碰撞。汤因比至少在一定程度上赞同美国学者欧文·拉铁摩尔的看法——他们毕竟已经是老朋友了。 但来自法国和波兰的发言者提出的却是抽象的哲学问题，并且往往还带有马克思主义的色彩。 汤因比赖以表述自己思想的则是另外一套话语体系——他使用的"精神性"一词尤其让法国学者不得要领——双方都很难理解对方的想法。 只有德国学者们对汤因比的思想产生了共鸣；但根据汤因比本人的思想来看，他们在很大程度上误解了汤因比。 与众不同的是，安德利(O.F. Anderle)教授用相当教条的方式概括了文明比较研究方法的原则——他将这一思想的创立归在汤因比名下，但汤因比并不认为那是他自己的首创。 汤因比事后写道："会议的结果很不幸。 安德利博士过于咄咄逼人，并让听众们无心聆听下去。"[1]

日后，安德利教授创办了一个文明比较研究国际协会，并邀请汤因比担任主席。 汤因比谢绝后，哈佛大学社会学教授皮特里姆·索罗金(Pitrim Sorokin)被说服接受了这一光荣职务，安德利本人则担任了秘书长。 汤因比参加了这个新组织于 1961 年 10 月在萨尔茨堡(Salzburg)举办的题为"高级文化的问题"(Die Problematik der Hochculturen)的会议。 但他对安德利的做事方式缺乏好感，此后便同该组织分道扬镳。[2]

向欧洲大陆高级知识分子们传播汤因比思想所遇到的困难并不出人意料，但它并不影响汤因比去接触德国大众传媒。 汤因比经常出现在

252

----

① 博德利图书馆，汤因比档案，汤因比致图恩-瓦尔萨希娜伯爵夫人（Countess Thurn-Valsassina）书信，1959 年 10 月 30 日。 会议发言的整理稿出版为《历史及其解释：以阿诺德·汤因比为中心的对话》（*L'histoire et ses interpretations*：*Entretiens autour de Arnold Toynbee*，巴黎，1961 年）。

② 该组织今天仍然存在，出版一份期刊并组织年会。 但它现在的活动范围仅限于美国国内。

西德的某个地区性广播电台或电视台上，他的讲话内容通常是针对时事政治的。 此外，汤因比在1955—1965年期间五次访问德国，为公众和大学生们做报告。 汤因比的教育背景使得他很容易融入德国文化。 例如，他喜欢歌德胜过莎士比亚；并且他的德语口语水平也炉火纯青。因此，他在德国感到如鱼得水。

德国人同英国人一样推崇汤因比。 随着汤因比年龄的增长，两个民族都将他视为一座文化丰碑。 这提供了很好的条件，使得公众可以一方面对他表示崇拜，另一方面又对他关于公共政策和当代事务的看法进行简化。 艺术家们原本就应当是特立独行的；随着汤因比的角色与艺术家逐渐趋同，他的瑞斯讲座带给同胞们的疏离感也慢慢消失了。此外，他同美国的渐行渐远也巩固了自己在欧洲的地位。 与此同时，由于自身的缘故，日本人也开始从远方膜拜汤因比。 因此，作为一个世界名人，汤因比在不同国家里有着截然不同的影响。 这个世界的文化多样性使得一切变得皆有可能。

与汤因比对安德利教授组织世界史研究活动的消极态度形成对比的是，他对人居学(Ekistics，这个新名词指的是对人类居住模式及其导致的社会互动的研究)研究所的学术抱负却进行了积极响应。 人居学研究所由希腊建筑师、城市规划专家康斯坦丁·多克希亚狄斯(Constantine Doxiadis)创立。 此人利用自己通过为巴基斯坦等国建造、规划新城市所获财富的一部分组织了一个美国式的"智库"，希望能通过自己吸引到的最聪明头脑的国际合作来解决城市过度膨胀所带来的社会问题。

多克希亚狄斯在童年时以难民身份来到希腊，亲身体验了从乡村或小镇进入混乱城市旋涡的苦难生活。 他确信，必须在四处疯长的大都市中心重建乡村公社的生活模式，才能在城市环境中构筑令人满意的人际关系。 事实上，这正是1922年后在雅典周边发生的情况——来自安纳托利亚各地区的难民在那里跟自己的乡亲们聚居在一起。 在同阿育布·汗政府签订了协议、负责为巴基斯坦卡拉奇(Karachi)的大批难民建造公共寓所的时候，多克希亚狄斯仍然牢记着那段经历。 因此，他选择在清真寺与市场周边建造简约的经济型住房，以便营造出乡村聚居结构的效果。

253

在 1960 年对巴基斯坦进行正式访问期间，汤因比访问了卡拉奇的新住宅区并深受感动，同时也了解了关于住宅区设计者的一些情况。于是，到了 1962 年，当多克希亚狄斯邀请他一道泛舟于爱琴海上，并参加所谓的"提洛岛研讨会"（Delos Symposium）时，汤因比很乐意应邀前往。其他一些著名人物也加入了这次航行；他们每天见面并讨论城市问题及其他世界性议题。受邀的客人们之前对城市问题都缺乏成熟思考，因而多克希亚狄斯的意见占据了上风。这一点在航行结束之际体现得尤为明显；包括汤因比在内的 10 位"贤哲"签署了下面的宣言："村庄与邻里关系构成了一切人类定居模式的基础。这些结构必须被确认、重建或创造。"

多克希亚狄斯还相信，城市化进程注定还要延续下去，催生出巨大的城市群；而人类社会的大部分成员都将在其中艰难探索一种新的生活方式。他甚至还提及了未来可能出现的一座容纳全人类的超级大都市。汤因比长期以来对世界政府的提倡、他亲自对遍布于拉美和其他第三世界国家城市贫民窟的实地考察使得他对这些未来计划十分敏感。因此，当多克希亚狄斯邀请他参与人居学研究所的科研工作、研究历史上的城市模式并分析古人是如何建造居住空间的时候，汤因比马上就投入了这项新型的历史研究工作。他担任了人居学研究所中多克希亚狄斯的一个项目的顾问，该项目旨在提供一部完整的古希腊城邦布局信息指南。1963 年，汤因比担任了《命运之城》（*Cities of Destiny*）一书的编辑，并以多克希亚狄斯的一些思想为指导。①此后，汤因比又参加了 1966 年、1970 年和 1972 年的提洛岛研讨会，并在晚年里始终对多克希亚狄斯的思想和成就抱有极大热情，称赞后者为"成功地将人类的各项研究捏合成可理解整体的第一位思想先驱"。②多克希亚狄斯也投桃报李，称赞汤因比的渊博历史知识，并借助后者的名望去建立新的人居学学科。

----

① 《往事》，第 40—44 页概述了汤因比所谓的第三次希腊教育，也就是同多克希亚狄斯交往的收获。他在温彻斯特公学和巴利奥尔学院的学习被算作第一次希腊教育；1911—1912 年的希腊之行则是第二次。

② 博德利图书馆，汤因比档案，汤因比致康斯坦丁·多克希亚狄斯书信，1974 年 4 月 12 日。

尽管 1955 年后的汤因比在讲学、旅行和时事评论上耗费了不少时间和精力，这些仍然只是他的副业而已——那是一种赚钱、享受盛名成果和激发新思想的手段。 但这些并不是最重要的。 最要紧的事情首先是回应针对《历史研究》的各种批评意见。 这意味着汤因比需要采纳批评者们的正确意见，并回击他们的错误观点。 汤因比的第二个目标是创作一部足以在学术史上被奉为经典的作品，以便堵住那些质疑他驾驭史料能力的、鸡蛋里挑骨头的专家们的嘴。 汤因比认为，只有写出这样一部作品，他作为学者和历史学家的声望才能最终得到确立；只有通过这一做法，他才能驱散二战结束后的十年间专业批评者们笼罩在《历史研究》头上的疑云。 借以展示自己学术才华和严谨态度的主题早已选定——那便是汤因比在 1919 年一度放弃的、通过探讨汉尼拔战争后果来阐述《历史研究》主题的尝试。 汤因比总是喜欢重拾并完成自己业已开始的工作。 这项研究提供了这样做的机遇，同时也可以重塑汤因比的学术声誉。 由于存在着这样的强烈诱惑，我们并不奇怪汤因比会在退休后将巨大精力投入到这两项研究中去。 但我们将会看到，重塑最初体系的学术挑战最终让他败下阵来。

在 1958 年访问华盛顿与李大学期间，汤因比开始着手完成这两项任务中的第一件。 他向戴维斯承认："我已开始阅读自己那本'胡说八道的书'。 除了审校清样之外，我还没有读过它。 整整一箱批评意见正在通过海运送往弗吉尼亚。 当我读完这些材料后，我希望自己也能开始对其观点进行反思。 我将试图从盖尔或特雷弗-罗珀的角度来进行阅读。 那是一项古怪但很有趣的工作。"①他最初计划出版全书的新版，并对其中的篇章进行必要的改动。 汤因比的现存材料中包含着若干以此为目的的笔记。 但当汤因比开始阅读那"一大箱批评意见"并意识到想让批评家和自己都满意就要对原文进行多大幅度的修改时，他放弃了撰写第二版的计划。 作为替代，汤因比写了一本书来说明，倘若他有机会将整部书从头来过的话，他将保留和改动哪些内容。 汤因比用了不到两年去完成这一任务，并在 1959 年 9 月完成了全部手稿(共

---

① 博德利图书馆，汤因比档案，汤因比致大卫·戴维斯书信，1958 年 1 月 20 日。

740 页)——那便是 1961 年出版的《历史研究》第 12 卷《反思》。

《反思》的前三分之一篇幅讨论的是理论问题，具有哲学与结构化的特征。该书随后转入对具体问题的探讨，结尾则是一篇长达 55 页的《致人类》(*Ad Hominem*)——汤因比在那里试图将其巨著视为时代、地域和个人生活经历的产物。我们无法对这本书进行概括，因为汤因比是根据不同批评者的反对意见组织材料的；而这些责难自然是从不同角度提出的，其性质存在根本差异。汤因比有时仅仅引述彼此相反的批评意见，有时则承认自己的论证方式有误。他几乎从未声称自己最初的观点是不刊之论。

对于其早先历史观中固有的、最主要的失真之处，汤因比承认自己低估了文明在不同人类社会之间的扩散所扮演的角色，并承认了被美国人类学家克罗伯(A.L. Kroeber)贴切地称为"激发性传播"(stimulus diffusion)的真实存在。汤因比相当狼狈地总结道："我需要借助近 30 年的新知识与新观念来重新思考整个问题。"对于原作中易受攻击的另一个弱点，汤因比的看法是："我们必须承认，叙利亚文明的自觉传承在阿黑门尼德帝国灭亡后并未延续下去——除了始终未曾中断的犹太人和撒玛利亚人(Samaritans)传统。"这一看法使得我们很难再将穆斯林哈里发帝国视为叙利亚文明的世界性国家；但汤因比并未明确收回这个难以自圆其说的观点。但他承认自己关于"停滞的文明"的整套观念都是错误的，并不断试图同批评者们达成妥协，用温和的言辞回应尖刻的批判，自始至终展示出一种超然物外、心平气和的态度。①

255

这原本就是汤因比性格的一部分，就像他的普世性宗教情怀一样。二者鲜明地体现在他对文明的重新界定之中："文明的目的是为了实现全人类和谐共处、建立一个兼容并包的大家庭的社会状态。我确信，那是迄今为止一切已知文明(自觉或不自觉的)的目标。"对上帝不断深化的信仰为他的结论笼罩上了一层绚烂的光辉。汤因比写道："尽管人类矢志不渝、与日俱增的努力方向仍旧潜藏在地平线之上，我们却知道它是什么……它在知识方面的追求是像上帝一样认识世界，而不再遵循

---

① 《历史研究》，XII，第 344—345、443、553—554 页。

着某种以自我为中心的上帝造物的偏颇眼光。 人类的道德目标则是让自己的意志符合上帝的意志，而不是追求以自我为中心的狭隘目标。"①

走上这条道路的必要目标是放弃战争并接受相互扶持的义务。 汤因比看到了人类在上述两方面取得的进步，因为"这个世界上最强大的几个国家与政府已在某些关键场合下一反常态地展示出了自我克制。它们为了避免一场世界大战而选择了承担责任"。 并且"通过发扬人道主义精神来促进社会公正的努力已在同一国家的不同阶级和不同国家之间有所体现……人类大家庭中相对富裕的少数人已经认识到，为了扶助相对贫困的多数人，自己必须做出实实在在的牺牲"。②

这种信仰的表达听上去有些老调重弹的意味。 在某种意义上，老年时代的汤因比回归了自己少年时代的许多观念和信仰。 但二者之间存在着一些区别。 进步已不复是物质生活水平的进步；而英国国教也已不再被视为真理。 不过对老年的汤因比而言，《历史研究》也已不再成其为真理。 此时的汤因比已接受了批评家们的一些观点，对另一些意见做出了妥协，并将另外一些问题悬置存疑。 原来的体系几乎已经荡然无存；但《反思》又并未建立整体人类史观的新体系。 在取消撰写第二版的计划时，汤因比事实上已经放弃了自己最初的使命。 如今，信仰已足以告诉他人类的前进方向；自己用力如此之勤的、可以认识的历史发展模式的碎片就在他手里，但汤因比却无法将之复原成型。相反，汤因比呼吁其他学者来承担这一任务，描述一幅比自己在 20 世纪20 年代的作品更准确的人类历史演变图景。 然而，汤因比较之前更加确信的是，为了赋予精微的历史研究以意义，整体性视角是不可或缺的。

当《反思》一书在 1961 年问世之际，学术界关于汤因比《历史研究》成就（或谬误）的讨论基本上已经偃旗息鼓。 汤因比的大度姿态使他同大部分批评者们（除了那些反对他讨论"犹太人的历史与前途"那一章的人）达成了和解，③进一步的批评意见已凤毛麟角。 无论汤因比

---

① 《历史研究》，XII，第 279、563 页。
② 《历史研究》，XII，第 571 页。
③ 汤因比重申了自己的观点，认为犹太教墨守"上帝选民"的观念，从而背叛了自己的使命，最后通过树立一位新的犹太先知来激励"其犹太同胞最终真心实意地接受其普世性的使命"（《历史研究》，XII，第 517 页）。 这些文字当然具有冒犯性。

如何修正自己的观点，史学家们都已不再买账——普世史在学术圈内已经过时；并且汤因比在《历史研究》末卷中乐于事无巨细地自由探讨各种观点的开放态度也无法抵消特雷弗—罗珀对汤因比先知角色的冷嘲热讽所造成的恶劣影响。　汤因比逐渐远离了学者们的视野；而他在公共媒体上和公众眼中的声望也以更缓慢的速度慢慢销蚀。　汤因比最坚定的批评者之一彼得·盖尔是这样总结自己对《反思》的个人看法的："汤因比似乎比我设想的更为通情达理……他正在尽自己最大的努力成为一位历史学家；但他首先还是一名先知。"①

　　这种居高临下的姿态促使汤因比去抓紧完成为自己设定的学术工作的第二部分。　他在完成《反思》后的第二天便开始撰写《汉尼拔的遗产》。　他早在 1913—1914 年的牛津大学系列讲座中便探讨过布匿战争的影响，并保存了当时计划撰写此书时准备的笔记。　因此，在 1959 年重返古典学术界时，汤因比等于是重新捡起了自己 45 年前中断的线索。　对于汤因比而言，这是一次愉快的回归。　他以过人的精力抓紧 1963 年 10 月（一大叠手稿在那时终于完成并准备付印）之前的所有空闲时间来创作这本著作。　汤因比写信告诉出版商："很抱歉这部书写得这么长。　这在一定程度上是因为，我想让自己免受专家们从前向我提出过的那些指责。　我相信，通过如此之长的篇幅，自己确实利用了近 50 年来关于这段历史的全部重要成果。　批评者们这回将无法声称：'他并未吃透专家们所掌握的那些研究成果。'……如你所说，该书主要关注的是下面这个问题：'除作为破坏手段之外，战争是否还能成为一件具有其他用途的政策工具？'"②

　　在此前的 10 年里，牛津大学出版社已觉得汤因比的作品有些过多。　一位出版商在 1962 年向汤因比解释道："您那些全本出版的新书销量有所下降……过于频繁的出版和发表所有演讲稿的做法容易转移公众对您真正重要作品的注意力，从而降低销量。"③出版社认为，为了

---

　　①　彼得·盖尔：《汤因比的回答》（Toynbee's Answer），《荷兰皇家科学院公报》（文学卷新刊）（Mededelingen der Koninklijke Nederlandse Akademie van Wetenschappen, Afd. Letterkunde, Nieuwe Reeks）24/5（阿姆斯特丹，1961 年），第 26 页。

　　②　博德利图书馆，汤因比档案，汤因比致约翰·布朗（John Brown）书信，1963 年 10 月 4 日。

　　③　博德利图书馆，汤因比档案，约翰·布朗致汤因比书信，1962 年 6 月 15 日。

方便销售，每个出版季最多只能推出汤因比的两本书。①而牛津大学出版社也确实按照这一进度安排压下了汤因比的一些书稿。

《汉尼拔的遗产》的巨大篇幅着实吓着了专家们；他们认为该书的市场销量会非常有限。 因此，他们邀请一位罗马史专家来提供删减意见。 汤因比对此表示感激（至少在一定程度上如此）。 他在读完了批评意见后承认："我始终认为，想要亲自对本人的作品进行删节是件极其困难的事情。"②但他并未接受批评者的所有意见。 例如，他坚持保留了一篇讨论伊达拉里亚人（Etruscans）起源的、冗长拖沓的附录，尽管批评者提出应将其删除。

257 《汉尼拔的遗产》最终分成两大册出版，共计 1 395 页。 这是一部巨著，涉及罗马共和国史的大部分内容，还附带分析了同罗马争夺地中海控制权的迦太基、诸希腊化王国的情况。 汤因比确实一网打尽了在他成年后出版的、关于该主题的全部重要学术作品，并利用了自己少年时代对相关古典文献的烂熟于心。

专家们这次被打动了。《泰晤士文学副刊》的一位匿名评论者称之为"一部伟大的、包罗万象的作品，以最严谨的学术成果为坚实基础。那些认为汤因比大胆步入普世史领域，从而毁掉了自己作为严谨史学家前途的历史学家们如今遭到了有力回击"。③世人对这部作品所能提出的最严厉指责不过是它写得太长而已。"事实上，这部作品确实包含着洞见；但其所占比例并不足以说明该书何以要写得如此冗长：其中的大部分篇章都是对他人研究成果的提炼概括。"④这的确是实情，因为汤因比在很多章节里采用了《反思》的写法：即先概括他人就某问题的看法，随后补充自己的评论或判断，有时还会干脆将这个问题留在悬而未决的状态。 因此，这部书确实显得冗长拖沓；它准确介绍了史学界的

---

① 博德利图书馆，汤因比档案，约翰·布朗致汤因比书信，1969 年 2 月 28 日。 因为传统意义上的出版季包括春秋两季，这种安排意味着每年出版汤因比的 4 本书。 突破这个限度的只有 1962 年出版了汤因比的 5 本书——它们都是以讲演稿为基础的。

② 博德利图书馆，汤因比档案，汤因比致麦克唐纳（A.H. McDonald）书信，未标注日期。

③ 《泰晤士文学副刊》1965 年 12 月 2 日。

④ 斯图尔特·奥斯特（Stuart Oost）在《古典语文学》（*Classical Philology*，1967 年 4 月，第 146 页）上的相关评价。 芬利（M.I. Finlay）在《新政治家与民族》1965 年 12 月 24 日版中用更尖刻的语言表达了类似的意思——认为这本书乏味无聊，有时令人难于卒读。

相关学术史，但只有专家们会对其感兴趣。

汤因比本希望这本书会拥有更多的读者。他将该书视为关于时代的寓言。该书意在说明：这场大战一方面使得罗马共和国成了地中海周边地区的主宰，另一方面又是罗马的一次失败——它瓦解了共和国，制造了社会灾难和内战，最终在所有人精疲力竭的情况下以帝国独裁收场。汤因比认为，这个案例对于 20 世纪下半叶而言具有特别意义——美苏之间的冷战似乎将要走向最后摊牌。尽管当时并没有核武器，罗马与迦太基之间的战争仍然打到了山穷水尽的地步。汤因比相信，战争带来的道德与社会创伤使得胜利者变成了失败者，迫使他们交出手中最受珍视的一切——至少就公共事务而言如此。

但汤因比试图传递的信息事实上完全被这部书浩如烟海的学术注释淹没了。关心现实的人和具有公共精神的公民们没有耐心去透过那些长篇大论的学术争鸣去了解一项其实早已在古代史学者中达成共识的事实。因此，《汉尼拔的遗产》只在一定程度上是成功的。它确实有助于确立（或重塑）汤因比在古典学家心目中的伟大学者形象；但它完全无法影响公众。诚然，大多数学术著作都没有实现这一效果；但《历史研究》所引起的热烈反响却促使汤因比期待截然相反的结果。当然，大部分反响应归功于索默维尔的节编本；汤因比一度指望《汉尼拔的遗产》的节编本也能让公众关注他的寓言故事。但牛津大学出版社的专家们对此不感兴趣；编撰节编本的计划最终搁浅。

我们必须赞美《反思》与《汉尼拔的遗产》的宏大与丰富，并敬佩汤因比在创作这两部书时所倾注的不竭精力。但两部作品都未能实现作者最初的期望与意图。总的来说，汤因比退休后的前 10 年在学术创作方面是失败的。在《反思》中，汤因比亲手击碎了《历史研究》前三卷中提出的整体人类史观，却并未提供任何能够与之比肩而立的替代品；而《汉尼拔的遗产》则将他偶尔闪现的旧日才华严严实实地笼罩在了考据的浓雾之中。

可以说，汤因比在这些年里的家庭生活取得了部分成功。他跟儿子们的关系非常亲密；尽管他对菲利普要比对劳伦斯亲得多——后者仍旧是罗萨琳德的最爱。他能不时见到自己的孙子孙女们（共计 11 个），

258

并享受着在圣诞节假期带他们去看马戏或童话剧的固定节目。 但汤因比真正的生活是同维罗妮卡一同度过的。 她始终如一的爱、关怀和崇拜酷似母亲在他童年时提供的爱、关怀和崇拜，为汤因比的日常生活提供了坚强支持。 他意识到了维罗妮卡对自己的巨大帮助，并用充满爱意的崇拜予以回报。 但维罗妮卡毕竟不是罗萨琳德。 汤因比中年时代的情感蜜月期在他的第二次婚姻中是不存在的。 从这层意义上讲，维罗妮卡只是他退而求其次的选择。

　　同罗萨琳德的冲突永远是无法完全避免的。 摩擦来自两点问题：如何描述吉尔伯特·穆雷对待宗教的态度，以及如何在他们的遗嘱中分配给予菲利普和劳伦斯的遗产比例。 第一个问题尽管看似闹得沸沸扬扬，实际上却是件无关紧要的琐事。 罗萨琳德曾邀请一位罗马天主教神甫来到父亲临终的病床之前，为他履行了临终涂油礼。 因此，罗萨琳德相信，吉尔伯特·穆雷在其生命的最后时刻同自己生于其中的教会实现了和解。 但别人认为她只是在自欺欺人。 当牛津的一名天主教教士用吉尔伯特·穆雷临终前的皈依来进行吹嘘时，他引发了舆论界的广泛争议。 这令罗萨琳德感到恼怒；当时正在海外的汤因比自然完全置身于那场风暴之外。 但如何评价吉尔伯特·穆雷宗教信仰的问题最终还是被摆上了台面——因为汤因比答应为吉尔伯特·穆雷的《未完成的自传》写一篇序言。 罗萨琳德坚持要求他改变自己最初的措辞。 几次交换意见后，汤因比恼怒地写道："我不会再跟任何人讨论我的草稿了。"①

　　更重要的则是遗嘱问题，也就是如何在菲利普和劳伦斯之间分配财产。 罗萨琳德希望把大部分地产留给劳伦斯，再给予与自己共同生活的理查德·斯塔福德一部分，剩下的部分归菲利普所有。 这样一来，菲利普预期能够分得的遗产固然不少，但这种分配方式毕竟并不公平。于是他十分不满母亲的偏心。 汤因比对菲利普表示同情，并于1959年修改了自己的遗嘱，将三分之二的遗产留给菲利普，三分之一留给劳伦斯，以便补救罗萨琳德制造的不公。

---

　　① 博德利图书馆，汤因比档案，汤因比致琼·史密斯书信，1959年1月14日。琼·史密斯是吉尔伯特·穆雷的秘书和一名狂热的天主教徒。 汤因比回击的是她的意见而非罗萨琳德的；因为罗萨琳德已在1959年1月9日的一封信中余怒未消地认可了汤因比对自己父亲宗教信仰修改后的措辞。

但未来有希望获得的财产毕竟跟实实在在拿在手里的不是一回事。因此，当罗萨琳德将甘索普的宅邸转交给劳伦斯、后者于 1965 年离开牛津住进那里的时候，菲利普的忌妒之心再度发作。　罗萨琳德在 1963 年询问汤因比："是什么让菲利普如此不开心？　我觉得他因为失去了一些（想象中的）财产而着了心魔。　你记不记得，他小时候就幻想自己有一笔钱（但他不知道是什么样的和谁留给他的），等着自己长大后去取……如果我的看法不谬的话，那么无论我们怎样调整遗产分配方案，他都是不会满意的。　他总能找出理由来支持自己始终存在的、被人剥夺的感觉（难道他还是那个患有'被剥夺妄想症'的小孩子吗？）。"[①]事实上，菲利普的抱怨或许反映了自己曾经受到的可怕感情伤害——他当年被送去上学，而刚刚出生的劳伦斯抢走了母亲的几乎所有关爱。　但这种抗议只会令罗萨琳德感到厌烦，使得她进一步偏袒劳伦斯。

汤因比只能置身事外——他对这场冲突感到遗憾，但却无法安抚菲利普的愤怒情绪。　当劳伦斯在 1965 年搬进甘索普时，汤因比额外馈赠了菲利普 3 000 英镑。　这让菲利普眼中遥遥无期的、只能在父母去世后继承的财产的一部分变成了现金。　但即便根据汤因比在 1959 年的估算，甘索普的价值也已达到了 5 075 英镑。[②]可见，汤因比的馈赠并不能真正同那笔遗产相提并论。　并且无论如何，货币数字本身是无法与真实可感的甘索普相比的——何况与其毗邻的、辉煌壮丽的霍华德城邦还承载着菲利普童年与少年时代的记忆。

由于自己的事业比劳伦斯更加成功，菲利普多少获得了一点慰藉。他为《观察家报》撰写的书评使其成了伦敦文学圈子里的一个颇具影响的人物。　在另一个场合下，他在计较完钱的事情后告诉父亲："作为一个有职业素养的人，我必须承认：我已经在相当长的一段时间内站在了自己这棵小树的顶端。　否认这一点就是在故作谦虚。"[③]但撰写书评还

①　博德利图书馆，汤因比档案，罗萨琳德致汤因比书信，1963 年 1 月 22 日。

②　博德利图书馆所藏汤因比档案的一张纸上记录了汤因比根据吉尔伯特·穆雷、罗萨琳德和他本人遗嘱在两个儿子之间划分产业的方案。　这份清单未标注日期，但显然与他 1959 年 12 月 16 日写给罗萨琳德的信有关——他在那封信里解释了自己重新分配其遗产（三分之二归菲利普，三分之一归劳伦斯）的决定。

③　博德利图书馆，汤因比档案，菲利普·汤因比致阿诺德·J.汤因比书信，1974 年 1 月 8 日。

不足以满足他的雄心壮志。有一次他抱怨道："我有一种强烈的感觉，自己在这个世界上是要有所作为的。并且我还勉励自己，自己要做的将是惊天动地的大事。"①他一度尝试过走政治请愿的道路，并在罗素勋爵(Lord Russell)要求禁毁核弹的抗议运动中扮演了重要角色。正如我们之前看到的那样，菲利普对原子弹将毁灭人类的一些忧虑也感染了汤因比，因为两人曾多次讨论过政治。汤因比对美国核政策的批评，认为美国可能会不公地"毁灭而并不代表"世界上其他国家的看法反映了菲利普对自己的影响。但菲利普参与的请愿活动没有产生任何立竿见影的作用。

无论如何，菲利普还是更想在文学上出人头地的。他也想创作一部能与父亲的巨著齐名甚至青出于蓝的"胡说八道的书"。他承认："我做出了一个非同寻常或许十分不合潮流的决定，那就是要用韵文写我自己的书。迄今为止我已经改写了大约30页……奇怪的是，看似僵硬、浮夸的散文段落在每行开头变成大写字母(即转写成韵文)后至少是完全可以接受的。"②承载菲利普抱负的第一部作品于1961年10月付梓。但这部讽刺性的英雄体诗篇《老丑角》(又名《告别》)并不合乎公众的口味。菲利普很快就不得不承认："我必须明确认识到这一点：今生今世我将永远无法获得自己所期盼的普遍赞誉。"③这部长诗接下来的两部分也出版了——《两兄弟：老丑角告别的第五日》(*Two Brothers：The Fifth Day of the Valediction of Pantaloon*，1965年)和《湖中景色：老丑角告别的第七日》(*Views from a Lake：Seventh Day in the Valediction of Pantaloon*，1968年)，但引起的反响还要更差，以至于菲利普找不到出版商去出版该诗的剩余部分。显然，通过写就一篇伟大诗歌作品来匹敌乃至超越父亲成就的努力完全落空了。汤因比为菲利普的壮

260

---

① 博德利图书馆，汤因比档案，菲利普·汤因比致阿诺德·J.汤因比书信，1956年4月10日。

② 博德利图书馆，汤因比档案，菲利普·汤因比致阿诺德·J.汤因比书信，5月13日，未标注年份。如果菲利普在1972年10月23日的计算准确无误的话(他当时写信告诉父亲："我已停止撰写我自己的'胡说八道的书'；因为我突然意识到自己在过去19年里一直在酝酿或写作这部作品，但其实从未取得任何突破。")，那么他使用韵文写作的决定肯定是在1953年或之后不久做出的。

③ 博德利图书馆，汤因比档案，菲利普·汤因比致阿诺德·J.汤因比书信，1961年10月11日。

志未酬和评论家们对《老丑角》的尖刻批评感到难过。 他本人也受到
过批评家们的非议；因此，菲利普更为不幸的经历起到了增强二者之间
纽带的作用。

汤因比父子之间的另一个纽带是菲利普在放弃政治生涯后开始热衷
于宗教。 1962 年，他产生了迅速写就一本书，将自己同父亲就宗教及
相关问题的讨论记录下来的想法。 事实上，他在告知汤因比之前已同
一家出版社签订了合同；汤因比起初以为自己同菲利普的对话是要跟其
他类似对话一并结集出版的。 但当事态有了进一步发展、菲利普打算
将两人之间的对话单独编辑出版时，汤因比对此表示强烈反对，理由是
他同牛津大学出版社之间的长期合同与为累进版税收入选择的避税方式
可能会受到影响。 他告诉菲利普：“这会让你感到困窘，恐怕也会让你
心烦意乱。”[1]菲利普的答复非常委婉。 但当他得知牛津大学出版社并
不打算出版这部对话，并且也不会将尼科尔森与韦登菲尔德出版社
(Nicholson and Weidenfeld)出版该书的做法视为对与汤因比合同的侵
犯后，这部阿诺德·汤因比与菲利普·汤因比合著的《切磋：两代人之
间的对话》(*Comparing Notes*：*A Dialogue across a Generation*)的书最
终如期问世(1963 年)。

在这本书中，菲利普的提问让汤因比有机会重申自己在其他地方就
宗教、道德与政治问题提出过的观点，那是由这本书的素材来源性质所
决定的。 父子之间的观点分歧不大。 因此，该书的出版成了菲利普对
父亲日趋崇拜与同情的标志。 因此，该书的出版所引发的争议虽然激
烈，但转瞬即逝。

劳伦斯也有机会跟父亲商讨出版事宜——因为查塔姆楼委托他在汤
因比退休之际为后者绘制肖像画。 作品的逼真说明劳伦斯确实同父亲
保持着一定距离——他笔下的父亲是一个棱角分明、忧心忡忡的老者，
而不是菲利普在 1962 年请教的先知。 汤因比当然喜欢菲利普对其智慧
与学识的推崇；但他也满意劳伦斯更冷静的处理方式。 无论如何，菲
利普那种喜怒无常的情绪波动是难以捉摸的。 而在父亲眼中，劳伦斯

---

[1] 博德利图书馆，汤因比档案，阿诺德·J.汤因比致菲利普·汤因比书信，1962 年
9 月 24 日。

始终是那个非常令人满意的乖儿子。

随着汤因比的 75 岁生日日益临近，牛津大学出版社准备举行一次为他庆生的午餐会，邀请汤因比的一些朋友和若干主要批评者出席。汤因比写了一篇短文《站在 75 岁的门槛上》，由牛津大学出版社届时发表。①他还发表了一篇感谢辞，在其中表达了对最早出版其巨著的汉弗莱·米尔福德与编撰节编本的大卫·索默维尔的谢意。不久之前中风病发作的索默维尔无法参加这次宴会。但他写来一封贺信并表示："与创作任何属于自己的文字相比，删减您的著作中的一部分内容让我得到了更多的声望与财富。"汤因比评价道："您的话很机智，但有些言过其实。事实上，大卫·索默维尔帮了我一个大忙，完成了我自己无法胜任的删节工作。"②在同朋友们的打趣中，汤因比也取笑了盖尔"一石激起千层浪"的批评和特雷弗-罗珀的嘲弄。总的来说，这是一场其乐融融的聚会，并且还有《泰晤士报》的一位重量级作家前来为汤因比的75 岁生日捧场。这位作家称赞了汤因比为建立整体史观而付出的努力，批评了同时代学者们抛弃汤因比普世史传统的做法，并指责新兴的各个民族国家没有接受汤因比对狭隘民族主义的批评意见。③

可见，步入老年的汤因比确实成了一位先知，并且在本乡本土也不乏尊重。尽管他在美国的崇高形象正在陨落，汤因比却成了一位世界名人。没有任何一位历史学家达到过这样的高度（那在知识分子中也鲜有其匹）。正如我们将在下一章中看到的那样，当汤因比在 1965 年步入人生的最后 10 年时，他在日本的声望才刚刚冉冉升起。

261

262

---

① 重印于《往事》，第 105—111 页。
② 博德利图书馆，汤因比档案，1964 年 5 月 6 日汤因比演讲文稿。
③ 《泰晤士报》1964 年 4 月 14 日，《走向同一个世界》（Towards One World）。

第十一章　繁忙一生的最后十年
(1966—1975 年)

　　《汉尼拔的遗产》出版后不久，汤因比向好友哥伦巴教父承认："我处于一个低谷期，希望能够挣扎出来。毫无疑问，问题归根结底还是在于适应老年的困难。我并不怕死……但我确实害怕自己虽然活着，却无法充分发挥自身的能力。我现在有一本书等着出版社出版，另外两部已完成的书稿正在整理打字稿的阶段。但我目前已没有写作计划——这是自 1913 年以来第一次出现的事情！这件事令我感到不安……好吧，毫无疑问的是我还会振作起来的。但我目前对工作有些厌倦；并且关注政治事件也解决不了问题——它们只会让我看到赤裸裸的原罪。"①

　　汤因比的生活规律很快就恢复了。就像童年时代以来多次发生过的情况那样，汤因比试图通过工作来逃避，用坚持从前的习惯来摆脱对于无法适应老年的恐惧。他向朋友解释道："为什么我能够完成每天的主要日程安排呢？因为我习惯于每天写作，不管自己有没有心情。并且我从大约 16 岁起便在每天早上 7 点整俯身冲刺一个百米（按照你的标

　　①　《一位历史学家的操守》，第 464—465 页，汤因比致哥伦巴书信，1966 年 2 月 5 日。

准而言，这个锻炼时间可能有点儿晚）。"①由于汤因比的写作速度很快，并且很少进行修改，他发表的书稿和文章数量惊人。牛津大学出版社一直压着他的书稿，每年最多只出版他的 4 本书。但汤因比同牛津大学出版社的合同也准许他为其他出版社编辑和提供书稿。他在老年的时候就是这样做的，主要是同泰晤士与哈德逊出版社（Thames and Hudson）进行合作。

晚年时代的著作等身并非完全依赖汤因比对旧日习惯的坚持。新技术也在其中发挥着作用。便携式录音机的问世使得汤因比可以将自己回答问题的录音迅速整理成书稿。他的儿子菲利普在 1962 年便使用过这一设备；自由欧洲电台（Radio Free Europe）的一位采访者在 1974 年也同样如法炮制。②汤因比在日本的崇拜者们则将这种出版形式的潜力发挥到了极致，安排过长达 6—7 天的专访。通过恰到好处的编辑工作，汤因比对这些设计好的问题的答复很快就变成了合乎同时代日本读者口味的文章和书籍。这些长篇采访中的第一次以长达 97 节的连载形式发表在一份发行量巨大的报纸上。这些采访稿引发了热烈反响，奠定了这份访谈于 1970 年发表后汤因比在日本的声望与影响力。

在 1969 年 3 月 26 日发作的冠脉血栓病迫使他休养了几周之前，汤因比一直保持着 1956 年退休后的生活节奏。这意味着他每年都会访问美国并通过做报告来赚钱；并且他还会在受到有诱惑力的邀请时访问世界上的其他国家。但 1969 年的心脏病发作迫使汤因比取消了为庆祝自己 80 岁生日而安排好的纽约之旅。此后，他的旅行越来越少，并且几乎完全放弃了做报告。尽管很重视保养身体，汤因比还是感到维持自己习以为常的写作进度已变得非常困难。但他还是在坚持着。到了 1974 年 8 月 3 日，他又有两部书稿在等待出版，并正在编辑另外一部——但也正是在这一天，85 岁的汤因比遭受了他最恐惧的打击：长期折磨他的高血压导致了一场无法治愈的中风。最后这几部书稿是在他去世后（那是一年多以后的 1975 年 10 月 22 日）出版的。

---

① 《一位历史学家的操守》，第 474 页，汤因比致哥伦巴书信，1966 年 12 月 21 日。
② 《汤因比论汤因比：阿诺德·汤因比与乌尔班的对话》（*Toynbee on Toynbee：A Conversation between Arnold J. Toynbee and G.R. Urban*，纽约，1974 年）。

第十一章　繁忙一生的最后十年(1966—1975 年)

长寿和笔耕不辍为汤因比在生命中的最后 10 年里带来了新的荣誉。 但家庭生活的危机在 1967 年罗萨琳德去世后再度浮出水面：由于她在分配遗产时的偏心，以及汤因比做出了将住进劳伦斯为他在甘索普建造的小屋的决定，菲利普一气之下提出了令汤因比不愿意让步的财产要求。 父子在汤因比中风发作(此后他已无法同身边的人交流)前不久达成了和解。 但旧日的恩怨像熔岩一样流出地面，困扰着汤因比的最后几年岁月，致使他的与世长辞不像他本人所希望或应得的那样安详。

在汤因比于 1966 年以后出版、口授或编订的 19 部书稿中，只有 3 部包含着全新的史学解读或研究成果。 由于汤因比早已完成了自己的写作计划，这些研究均来自外界因素的推动。 其中两部著作反映了汤因比近年来参与康斯坦丁·多克希亚狄斯和人居学研究所事业的成就，第三部(也是更重要的一部)起源于汤因比读本科期间尝试编撰拜占庭文献的工作。

《迁徙中的城市》(*Cities on the Move*，1970 年)和《对希腊城邦的人居学研究》(*An Ekistical Study of the Hellenic City State*，1971 年)代表着汤因比对人居学研究的贡献。 它们将汤因比对人文地理学的毕生兴趣和多克希亚狄斯关于人类对不断变动的城市布局的反应方式的认识结合在了一起。 汤因比在 1911—1912 年探访意大利、希腊期间写给母亲的那些无话不谈的信件中描述的古代防御工事和要塞成了《对希腊城邦的人居学研究》集中探讨的城镇布局的原型。 但汤因比在 1911—1912 年间关注的主要是军事防御问题；他在 1971 年探索的则是古希腊城镇布局的社会、心理与政治意义。 该书反映了汤因比对细节史料的兴趣和熟练把握(尤其是对于古代地中海世界而言)。 他的另一个主要优点——努力在历史与地理的混乱中寻找可理解的规律——在《迁徙中的城市》一书里得到了反映。 汤因比在该书中研究了五种城市的人文与自然地理特征；这五种城市分别是城邦、首都、圣城、机械化城市和"即将出现的世界城市"(Coming World City)——汤因比宣称，后者将在 20 世纪末成为现实。①

汤因比之前已在自己主编的著作《命运之城》(1967 年)中使用过

264

---

① 《迁徙中的城市》(伦敦，1970 年)，第 235 页。

几乎完全相同的城市分类范畴。 那是他为泰晤士与哈德逊出版社主编的三部类似作品中的第一部（三部作品都配有丰富插图）。 每部作品的策划都是出版社完成的；但编撰过程主要由汤因比负责。 事实上，汤因比有时会在修订他或出版社聘请的作者所提交章节方面下很大气力。

他在大刀阔斧地承担编辑职责方面的代表作是他重写了一位以色列学者为《基督教经受的磨难》（*The Crucible of Christianity*，1969 年）所撰写的、占据四分之一章篇幅的犹太—罗马关系内容。 汤因比的出手让负责该书出版事务的泰晤士与哈德逊出版社职员感到忧虑，害怕这会被视为反犹主义而受到责难。[1]但作者最终在汤因比的条分缕析和义愤填膺面前屈服了。[2]后来，在为泰晤士与哈德逊出版社承担另一本书的编辑任务，推出了第三部休闲读物《世界的半壁江山：中国与日本》（*Half the World：China and Japan*，1973 年）时，汤因比进行的改动变得十分有限。 那是因为他对该主题的了解相对有限，并且 1969 年心脏病的后遗症让他再也无法恢复从前的旺盛活力了。

但这些出版活动在汤因比老年时代的学术代表作——《君士坦丁七世与他的世界》（1973 年）——面前都显得黯然失色。 在汤因比的冠脉血栓病发作时，这部书还在按部就班的写作进程中。 汤因比可能在身体复原后放弃了最初写作计划中的部分内容。 无论如何，汤因比对拜占庭文明的描述一反常态地简短，并且完全忽略了神学问题。 他在序言中是这样解释的："我最详细地加以探讨的是那些自己碰巧感兴趣的、关于君士坦丁七世的话题，如东罗马帝国的军区制区划、斯拉夫人在多瑙河南岸的定居情况……以及帝国的外交关系。"[3]

为了完成这部书，汤因比的精力消耗达到了极限。 他告诉菲利普：

---

① 博德利图书馆，汤因比档案，詹·萨顿（Jan Sutton）致汤因比书信，1967 年 12 月 4 日。

② 见汤因比致萨顿与沙利特（Shalit）的信。 那位以色列学者有时会表达自己十分强烈甚至恶毒的愤怒情绪。 汤因比在对沙利特的文本进行了大段重写后心满意足地说："我对他的文稿进行了大刀阔斧的修改——这些修订当然代表了我的意思。"博德利图书馆，汤因比档案，汤因比致詹·萨顿书信，1968 年 2 月 28 日。 由于沙利特的原文已无从得见，我们无法判断这场争议的是非曲直。 但汤因比对罗马—犹太政治、军事交往细节的耳熟能详是显而易见的。 正如沙利特所意识到的那样，在遇到质疑的时候，汤因比是一个可怕的辩论对手。

③ 《君士坦丁七世与他的世界》，第 viii 页。 汤因比对军区制的研究重拾了自己还是一个 14 岁小男孩时探索过的问题——当时他在从肺炎中康复期间绘制了一幅拜占庭军区地图。

"现在大英博物馆阅读室里的人实在太多了,以至于我必须赶早去占座——因为没有座位就没有书可读。 从前可以心平气和完成的工作如今却变得费事且令人恼火——尤其是在等不到小型出租车的时候。 我一直努力坚持着;很高兴这项工作已经结束了。 那真是一项考验。"①

对最初写作计划的删减意味着该书的篇幅分布会有些失衡,尽管它厚达 768 页。 不过,汤因比所写的大部分内容都不无新意,并得到了专家们的称许。 对这部书的评论意见基本上是肯定的。 一位美国拜占庭史学者称赞汤因比的这部"奇书""每一章里都包含着有趣和新鲜的东西"。②对于一位如此高龄的学者而言,这确实是了不起的成就。 该书缘起于 1911 年,当时奥雷尔(Oriel)的一位老师建议前途无量的本科生汤因比去编订君士坦丁七世的作品。 汤因比之所以在晚年还要坚持完成这项研究,是因为他以那位生来拥有皇袍、却是一位"天生的学者"(用汤因比自己的话来说)、其统治"历经坎坷"、其行为经常受到强势妻子操控的君士坦丁七世自比。③汤因比坦率地承认:"我对君士坦丁七世心向往之",尽管他在评价后者组织写作材料时认为此人"思路混乱到了无可救药的程度"。④

汤因比的另外三部著作旨在整理、修订从前的研究工作。《希腊史的若干问题》(*Some Problems of Greek History*,1969 年)便可归入此类。 该书汇集了一些彼此关联不大的、相当专业的主题;汤因比从读本科时起便一直对这些问题很感兴趣。 颇具新意的是该书收入了两篇具有历史假设性质的文章,设想了马其顿的腓力二世如果未遭暗杀、他的儿子亚历山大活到老年的话,历史将会被怎样改写。 汤因比在撰写这些文章时的动机是严肃的。 他告诉编辑,第四部分中的这些异想天开"讨论的其实是比前二部分更宏大严肃的问题。 第四部分探讨的是人类历史的本质——宿命论与偶然性的碰撞。 有人误以为我是一个宿命论者;而第四部分正是要给偶然性(同时也是我自己)正名"。⑤

265

---

① 私人收藏,阿诺德·J.汤因比致菲利普·汤因比书信,1969 年 8 月 26 日。
② 博德利图书馆,汤因比档案,保罗·亚历山大(Paul Alexander)致汤因比书信,1974 年 5 月 17 日。
③ 《君士坦丁七世与他的世界》,第 5 页。
④ 《君士坦丁七世与他的世界》,第 24、630 页。
⑤ 博德利图书馆,汤因比档案,汤因比致玛格丽特·乌斯博恩(Margaret Usborne)书信,1968 年 7 月 20 日。

为了在更大范围内为自己正名，汤因比还打算重新编订 10 卷本《历史研究》的节编本。 我们知道，汤因比原本就打算亲手完成一个简本，只是在看到了索默维尔对原文的高超剪辑技巧后方才作罢。 在泰晤士与哈德逊出版社的建议下，汤因比的雄心壮志被重新激发起来——该出版社制作休闲读物的成功传统意味着会为文本补充丰富的插图。 汤因比顺利地同牛津大学出版社①澄清了相关问题。 该项目于 1970 年 4 月开始着手进行；担任编辑的是牛津大学的一名年轻在读博士生简·卡普兰。

汤因比写了一些新段落（尤其是在第一部分里）。 但简·卡普兰写得更多并在修订脚注等部分出力不少。 她的工作进度很快；受到冠脉血栓问题困扰的汤因比几乎未加改动地首肯了她寄来的一份份样稿。这项工作在 1972 年 8 月完成。 卡普兰女士在告别之际写道："能够同您合作完成这一项目，我深感荣幸。 这一切令我激动不已；我要为自己经历的这两个获益匪浅的愉快年头而向您表示感谢。"②她确实是一名非常优秀的编辑，但她和汤因比都无法在压缩篇幅如此庞大的《历史研究》原文的同时补充原书出版后汤因比积累的一切心得——尽管那是简本序言中做出的承诺。 之前，汤因比已放弃过一次重新架构这部巨著的机会，而是撰写了形式更为灵活的第 12 卷《反思》。 而在垂垂老矣之际，他或年轻的简·卡普兰都已无法把一地碎片重新拼接起来。因此，这部所谓由原作者和简·卡普兰修订、节编的《历史研究》新版(1972 年版)可被视为学术上的败笔，尽管精美插图占据了全书 576 页中将近一半的篇幅。③

汤因比投入更多精力的方向是用另外一种方式整合《历史研究》的主题。 在意识到节编或重写原文的方式不可取之后，他在 1972 年 10月开始着手编撰一部叙述性的世界史。 不到两年之后，当一场严重损害了汤因比健康的中风病突然打断了他的写作进度时，其手稿的进展程

---

① 牛津大学出版社保留了出版该书的版权；泰晤士与哈德逊出版社获准出版该书。两家出版社也就收入分配问题达成了一致。

② 博德利图书馆，汤因比档案，简·卡普兰致汤因比书信，1972 年 8 月 29 日。

③ 但通过月刊俱乐部在美国发行的这本书在营销方面并不能算是一个失败，简·卡普兰声称："书的销路无疑很好。"简·卡普兰致麦克尼尔书信，1987 年 11 月 16 日。

度已足够让这本《人类与大地母亲》(*Mankind and Mother Earth*，1976年)在汤因比去世后出版。

即便对于 40 余岁的壮年人而言，在如此短的时间内完成一部长达641 页的世界史也是一项惊人的成就；对于一个年逾八旬、周期性健康恶化的人来说就更是难上加难。 当然，汤因比利用了自己毕生的阅读与思考所得，并且显然是几乎完全依靠记忆进行写作的。 汤因比试图将全部人类历史整合成一个可理解的整体，这一目标充分反映了他的特点。 尽管如此，汤因比再度在对自己的广博知识进行提炼整合的过程中栽了跟头。 政治军事史部分的内容往往被高度压缩成人名地名的堆积，使得《人类与大地母亲》的许多章节不堪卒读。 汤因比的记忆在老年时代似乎回归了自己童年时的思维模式——战争与战役、国王与皇帝在他的想象中横冲直撞。 他把纷繁复杂的事件并列在一起——他自己称之为"一个白痴讲的故事"[1]——又辅之以对宗教问题的叙述，往往还夹杂着关于人类对生态环境影响的评论。 这些零散的主题彼此无法兼容。 跟简·卡普兰的新版《历史研究》一样，汤因比临终前试图从历史角度理解世界的努力也以失败告终。 一方面，汤因比旧日的灵感火花往往以犀利的、出人意料的比较视角呈现。 另一方面，对人类行为的简化道德解释读起来就像对汤因比过去自我的一种充满敌意的讽刺。[2]

我们无法断定，汤因比本人是否已经意识到，自己为挽救 1963 年出版《反思》时留下的历史观缺憾所做的最后两次努力均以失败告终。他在晚年时代有些怀旧，[3]并在维罗妮卡的恭维下多少有点儿将自己视为一座丰碑。 而在没有同他发生口角的时候，菲利普也是狂热地崇拜着父亲的。 成千上万的人，尤其是在日本的崇拜者们更是将汤因比吹嘘得天花乱坠。 在这样的情况下，原本谦虚谨慎的汤因比也逐渐丧失了对自己的陈词滥调进行鉴别的能力。

---

① 《人类与大地母亲》(纽约＆伦敦，1976 年)，第 412 页。

② 例如，汤因比将工业革命解释为对人类贪欲的传统约束废弛后的产物。《人类与大地母亲》，第 564 页。

③ 撰写《交游录》和《往事》是汤因比抚今追昔的首要方式。 牛津大学出版社的编辑们决定将原先作为一部书稿的内容拆分成两部分，并将《往事》压下一年多之后再予以出版，以便使之符合他们控制汤因比作品在书籍市场上占据比例的营销策略。

他在这方面的表现并不稀奇——自我批判精神和新思想往往会在年老之际走向枯竭。 与众不同的恰恰是老年汤因比并未没完没了地老调重弹(之前他倒是这样做过);他不断提出新的想法,只是无法将之纳入自己思想的旧框架中去而已。 汤因比对人居学的兴趣充分反映了其思想的开放性。 他在最后 10 年的学术思考中补充了生态观意识(归功于菲利普对他的教导)、对图像史料的广泛运用(无疑来自同泰晤士与哈德逊出版社的合作)和对德日进(Teilhard de Chardin)思想的熟谙与接受。

但汤因比人生最后 10 年里最重要的新观念同他在 1929 年、1939 年两度接触的精神真实性本质有关——他在后半生里从未怀疑过它对于人生的重要意义。 我们还记得,在罗萨琳德弃他而去时,汤因比痛苦地追问善良的上帝何以会容许这样的惨剧发生,并由此而最终抛弃了天主教神学。 他写道:"难道服从上帝的意志可以意味着默默接受那些不可能来自上帝意志的东西吗? 这让我感到困窘。"①他在 20 世纪 70 年代给出了答案,认为精神真实性"具有凡人的性质——不是说它具有凡人的性格,而是说它跟凡人一样不是万能的……我相信它跟我们一样在努力让这个世界变得更好。 基督教的神学家们可能会把我视为马西翁派信徒(Marcionite)"。②他对教父哥伦巴写道:"我对无法感知的终极精神真实性的理解无疑更具有印度而非犹太色彩(也就是说较少将上帝人格化)……我相信每个生物暂时都是终极真实性的一块碎片,将在死亡之际与后者重聚。'重聚'包含着几种表面上似乎各不相同的信仰,如灵魂不死、个体灭亡和涅槃。 我对'重聚'感到满意。"③

意识到自己精力衰减、即将不久于人世的汤因比本有可能清晰阐述自己关于精神真实性挣扎着要在邪恶的世界上行善的观念。 1966 年,一家商业出版社请他阐述对于死亡的态度和思考;这或许也会有助于汤因比澄清自己的相关看法。 汤因比起初打算亲自撰写这本书;但由于同牛津的合同从中作梗,他只得满足于担任主编和第一撰稿人,承担了

---

① 《一位历史学家的操守》,第 157 页,汤因比致哥伦巴书信,1944 年 2 月 23 日。
② 博德利图书馆,汤因比档案,汤因比致理查德·阿克兰德(Richard Acland)书信,1973 年 4 月 26 日。 马西翁派是公元 2 世纪的异端,认为《旧约》中的上帝是物质世界的创造者,同《新约》里那个具备超越性、充满爱意的神明不同且永恒对立着。 尽管对阿克兰德这样讲述,但汤因比的思想似乎与马西翁派并不相同。
③ 《一位历史学家的操守》,第 537 页,汤因比致哥伦巴书信,1972 年 1 月 25 日。

《人类对死亡的关注》(*Man's Concern about Death*，1968年)一书仅三分之一的内容。同一位编辑约稿的姊妹篇《死后的生活》(*Life after Death*，1976年)于汤因比死后问世。在该书开宗明义的文章里和前一本书中，汤因比认为可能存在着某种不朽，其呈现形式是个人灵魂与潜藏在物质宇宙内部或背后的超越性真实的"重聚"。

值得一提的是，老年时代的汤因比回归了自己青年时从亨利·柏格森哲学中借用来的"生命"与"机制"的二元对立。他在这两本书中的很多论述都符合柏格森式的二元论。但汤因比显然对这一暗合浑然不觉，而是使用了"业"(karma)、"涅槃"(nirvana)与"灭欲"(annihilation)等佛教术语。不过，汤因比最后几部作品中挣扎的精神真实性确实近似于柏格森笔下的"生命"：它坚持不懈地同僵死的"机制"英勇搏斗。但只要假以时日，它终将开辟螺旋式上升的创造性进化局面——我们借用的正是柏格森最有名著作的标题。

就汤因比的生涯而言，他的新宗教观念的重要意义体现在对广大日本读者的影响上。正是汤因比在个人宗教信仰基础上阐述的日常行为道德准则使他在日本成了颇具影响力的名人。诚然，汤因比历史观中的世俗内容也在一些日本读者当中产生了反响。早在1954年，著名东京企业家松永安左卫门便提出，《历史研究》应被译为日文。他是这样向一位新闻记者解释自己的动机的："自由主义是我的原则……我反对沙文主义。为此。我决心要让汤因比教授的作品被译成我们这个民族使用的语言。"①

尽管这项里程碑式的事业当时还在进行之中(日文版1968—1972年间已出版了至少24卷)，索默维尔节编本的日文译本已在1966年以商业营销手段发售。事实上，这本书同差不多同时问世的马克思《资本论》译本展开了竞争。为汤因比的作品撰写书评的一位热情洋溢的评论者描述了当自己发现西方文明"并非人类历史上唯一的文明"时的激动心情。他接下去写道："我确实被这本书俘虏了。"他宣称，汤因比拯救了自己青年时代醉心于马克思主义的"精神危机"。此人最后总结

268

① 博德利图书馆，汤因比档案，《朝日新闻》(*Asahi Shimbun*)1966年3月12日文章摘译。《朝日新闻》是在东京发行的一份报纸。

道:"《历史研究》拯救了我。"①

汤因比于 1967 年 11—12 月对日本进行的第三次访问让他在那里进一步声名鹊起。 这次邀请他的是京都工业大学;汤因比在那里做了"即将出现的世界城市"和"人类的未来"两场报告。 在借此将人居学传入日本之余,汤因比还在其他大城市进行了巡游讲学。 这次访问的高潮出现在 12 月 6 日——汤因比在东京皇宫当着天皇、首相、教育省长和其他显要人物的面做了报告。

在返回英国的船上,汤因比写了一篇长文,概括了自己在 1929年、1956 年、1967 年三度访问基础上形成的日本印象。 但此前一直扮演着汤因比在日本传声筒角色的《朝日新闻》将其退稿;该文改由其竞争对手《每日新闻》发表。《每日新闻》此后在日本承担了 25 年前亨利·卢斯的杂志在美国所做的那类工作,成了汤因比的声名在日本公众中传播的主要渠道。

伴随着宣传渠道的变化,汤因比所宣传的重点也有所调整。 事实上,汤因比本人也放弃了作为马克思替代品的消极角色,开始更为积极地承担受人尊敬的宗教、道德导师的职责。 他的文章《日本印象》便树立了这一基调;汤因比在文中特意强调了日本的社会宗教背景。 他写道:"我接触到的神道教是与早已灭绝的、前基督教时代的希腊罗马宗教属于同一类型的、仍然保有生命力的宗教。 我本人是认可希腊罗马宗教的;这或许会促使我高估神道教与佛教的价值。"他认为日本在同中国与西方的关系中都展示出了一种深刻矛盾,因为其中杂糅着彼此并不协调的自卑感和民族优越感。 他注意到:"跟其他地方的情况一样,日本的城市化似乎也在毁掉家庭生活。"在工业生产的管理方面,日本企业"或许更重视权威的作用;但这种管理模式也更具父爱和人道性质。 如果我的看法不谬的话,那是我们有理由期待日本的'劳资矛盾'不至于走向极端的另一个理由"。 但他最关注日本的地方则是"当代日本生活中的精湛技术与精神空虚"之间的反差。②

---

① 博德利图书馆,汤因比档案,《朝日新闻》1966 年 3 月 15 日林房雄(Fusao Hayashi)文摘译。
② 《日本印象》(*Impressions of Japan*,东京,1968 年),第 13、44、61、81 页。 引文来自一本在东京重印出版的小册子,其中注释为日文,旨在为英文学习者提供帮助。

1967 年的访问过后，日本的汤因比崇拜者们似乎分化成了两批人。 1968 年 4 月，那些对汤因比的史学思想感兴趣、希望以此来同马克思主义分庭抗礼的读者们建立了一个汤因比协会——该协会最初通过写给《朝日新闻》编辑信箱的来信征集会员。①白手起家的工业巨头松下幸之助是这项事业的主要推动者，为协会初期的集会与出版活动提供了经费。 后来，汤因比协会获得了国家资助，并在汤因比本人去世后仍然保持活跃。 根据一位主要负责人的说法，该协会赞助的讲座、集会与研讨班旨在"研究并传播汤因比的思想"。 此外，该协会出版了三种期刊：《现代世界与汤因比》(*Modern Age and Toynbee*，发行量 2 000份)、《汤因比研究》(*Toynbee Studies*，发行量 300 份)和《汤因比与我们自己》(*Toynbee and I*，发行量 600 份)。②一位掌握丰富信息的局外人是这样描述该协会的："这是一个实干家、爱好文化的企业家和官员们同哲学家和从自由派到保守派的各类学者(但不包括极左翼)会面的场所……尽管有些老套，它毕竟在缔造日本知识分子阶层的过程中发挥了重要作用。"③

当汤因比还在人世间，该协会邀请他每年写一篇"写给日本的忠告"。 汤因比十分配合地定期写信。 例如，他在 1971 年写道："今天我给日本的建议是，她应当坚定不移地奉行自己自二战结束以来的和平、建设政策路线。"④两年后，该协会请他对这些建议进行录音，以便会员们能在每年一度的集会上听到他的声音。 汤因比同样配合了他们的要求，并告诫日本人民不要走军国主义的老路，并建议他们尝试走去机械化和去工业化的道路。⑤

---

①　汤因比于 1967 年否决了在英国设立汤因比协会的建议，但他在 1968 年支持在日本用自己的名义做几乎完全相同的事情。 他写道："利用我的名号将会重新激发围绕我的作品的种种争议。 我不喜欢口水仗，宁愿省下时间和精力去做更有用的事情。"博德利图书馆，汤因比档案，汤因比致约翰·佩特宾斯(John Peart-Binns)书信，1967 年 9 月 27日。 但同一批档案中的另一份文件[汤因比致高阶升之介(Masunosuke Takashina)，1968年 5 月 1 日]则同意使用自己的名号。 这或许是因为汤因比认为自己在日本受到的争议较少；或许是因为他对担任日本汤因比协会首任主席的高阶教授比对约翰·佩特宾斯更加信任。

②　川窪启资致麦克尼尔书信，1986 年 8 月 5 日。 在丽泽大学教授英文的川窪教授是汤因比协会的常务理事。

③　中山茂教授致麦克尼尔书信，1985 年 6 月 29 日。

④　博德利图书馆，汤因比档案，汤因比致高阶升之介书信，1971 年 10 月 14 日。

⑤　博德利图书馆，汤因比档案，汤因比致高阶升之介书信，1973 年 10 月 11 日。

显然，汤因比协会只是一个精英组织，对日本社会的影响有限。就这一点而言，它的影响力不及汤因比的另一批崇拜者——他们渴求的是宗教与道德方面的指导。1970 年秋，汤因比对日本影响的这一方面如大坝开闸般倾泻而下——《每日新闻》连续用了 97 天的固定版面刊载了若泉敬(K. Wakaizumi)同汤因比之间关于合理生活方式的各种问题的问答。若泉敬是京都产业大学国际关系领域的教授，专攻日美关系问题。两人在 1967 年见过面。汤因比这位国际关系领域的先驱和长辈给若泉敬留下了深刻印象。若泉敬当时正因个人对美国越南政策的幻想破灭(汤因比与他的看法相同)和当时席卷世界许多国家的学潮风暴(汤因比往往对这些学生运动表示同情)而感到苦恼不已。

若泉敬自问道："年轻一代人为何会对现有的价值体系产生严重怀疑呢？为何这代人中的一部分选择逃避现实，另一部分则已开始进行激烈反抗？"[1]他认为汤因比能够回答这些问题，甚至有希望促成同叛逆学生们的彼此谅解。在若泉敬看来，这是因为汤因比不仅亲自为所有人树立了光辉的道德榜样，还思考过困扰若泉敬及其学生们的各种道德、宗教疑问。用他自己的话说："坦率地讲，汤因比教授已达到了近乎完满的人格境界，并取得了很少有人能够企及的成就。最令我印象深刻的是，尽管汤因比教授年事已高，他仍旧保持着令人难以置信的求知欲望和探索精神。此外，我还为他对人类前途的洞见所折服，那来自他广博的世界历史视角，以及对年轻人无尽的关爱……从那时起，我每次去欧洲时都要去拜访汤因比教授。那不仅仅是为了同他讨论我的专业——国际政治，还是为了探讨生活在急剧变化的当下的人所能提出的一些最为宏大的问题：人应该怎样活着？我们彼此交换意见的主要是针对这个永恒话题的。"[2]

在个人受惠良多的情况下，若泉敬决定同他人分享自己的心得。

---

① 汤因比与若泉敬：《人类前途路在何方？》(*What Will Be Man's Future*？牛津进阶英文学生读本，东京，1972 年)序言，第 v 页。这本在日本出版、作为英文读物的小册子是一部篇幅更大的著作《在未来生存》(*Surviving the Future*，伦敦，1971 年)中部分内容的删节版，为适应英文学习读物的要求而对汤因比与若泉敬的原始访谈内容进行了整理和重组。由于不同编辑出于不同读者的需要而对原始录音进行了加工处理，整理稿存在着口头文学传统所固有的各种特征。实际谈话同日本报刊先后以文章和书籍形式发行的整理稿，以及各种相关英文版之间的差异或许相当巨大，并且也是笔者无力一一核对的。

② 《人类前途路在何方？》，第 vi 页。

在跟自己的一些学生商量过之后，他准备好了向汤因比提出的一系列问题。 他预先将这些问题寄了过去，以便汤因比可以在若泉敬带着录音机出现之前便有所准备。《每日新闻》全程资助了这项采访，向汤因比提供了 3 500 英镑的采访费，并做出具体规定：每次问答的总字数应控制在 2 000 字左右，以方便报纸设计版面。① 两人整整交流了 7 天，每天交谈 3 小时。 根据录音带进行整理的译者和编辑按时设计好了版面，在《每日新闻》上从 1970 年 8 月 24 日一直连载到 12 月 9 日。

这些文章引发了强烈反响。 连载即将结束时，若泉敬建议汤因比就读者们寄来的一些新问题予以答复。 汤因比答应了，条件是自己只能再多回答 12 个新问题。② 这些问答随后结集出版；若泉敬教授声称这本书卖得"极好"。③ 日后，汤因比口授的一部分内容又经重新整理后以英文出版，书的题目为《在未来生存》。 而从英文版中摘录的一部分内容(但打乱了在原书中的章节次序，并在语法方面进行了简化)又在日本出版，作为英语学习者们使用的阅读材料。

《在未来生存》一书讨论的主要是道德问题。 但汤因比一再强调，道德抉择归根结底取决于宗教信仰。 他解释道："宗教信仰是对科学无法解答的那些问题的回答。""但我相信，在历史上产生过影响的高级宗教均包含着一些永恒真理；它们对永远具备有效性的行为提出劝告、建议与规训。 它们无不告诫我们要克服自我中心主义、为爱而作出奉献，并指出了尊奉这一告诫的具体途径……我们如今需要将这些永远有效的真理和规训从作为它们传统表达方式的、属于特定时代的形式中剥离出来。 我们需要按照自己的方式重新表述这些真理；但这些形式当然也会过时，必须被我们的后人再度重新表述。"④

汤因比用不加掩饰的神秘主义语言描述了灵魂同"宇宙背后超越个人的精神存在"之间的关系。 他说："我相信，人类个性的存在是以脱离这种超越个人的真相为代价的。 我认为这种代价非常高昂，并很高

271

① 博德利图书馆，汤因比档案，若泉敬致汤因比书信，1970 年 5 月 11 日。
② 博德利图书馆，汤因比档案，汤因比致若泉敬书信，1970 年 11 月 16 日。
③ 博德利图书馆，汤因比档案，若泉敬致汤因比书信，1971 年 5 月 6 日。
④ 《在未来生存》，第 59 页。

兴我们只需要在一段时期内付出这种代价。"①这些问题有时也牵涉政治，并促使汤因比去谴责种族歧视，重申最终建立世界政府的必要性。他还谈论了历史与人性的含义、未来的面貌等宏观话题。

在整场对话中，若泉敬教授完美扮演了忠实信徒的角色；汤因比则镇静地接受了受推崇的圣人身份。鉴于日本人民在二战后的迷失，以及这个国家随后经历的社会、经济转型，汤因比的观点引起如此强烈的共鸣并非一件不可思议的事情。他至少是一个敢于用罕见的确信口吻和平易近人的认真态度谈论那些永远无法确知的事情的人。事实上，汤因比已成了一位活"菩萨"；若泉敬也正是这样恭维他的。《每日新闻》的许多读者们恐怕也是这样看的，将汤因比的话语和人格融入了他们所继承的佛教文化遗产。我认为，这是对日本人民对汤因比繁复思想何以会报以热烈反响的唯一合理解释。

然而，若泉敬教授却在汤因比逝世后不久提供了另外一种解释："对于我们日本人而言，他是一位努力试图理解日本文化与宗教的伟人……正是汤因比的非欧洲中心立场和对东亚世界光明前景的强调才让他受到了日本学者与公共舆论的热烈欢迎。"②

在《每日新闻》缔造了汤因比作为活着的圣人与预言家的声望后不久，他又得到了另一个实力强大的组织——创价学会的关注。创价学会是1945年后在日本崭露头角的、最为成功的新兴宗教组织；1987年的时候，它在日本境内共有800万会员，另有130万会员分布在115个不同国家。③创立于1930年的该组织由一批日莲宗僧人掌管；他们敬奉的宗师是生活于13世纪的日莲上人。日莲上人宣称，任何自律并修养佛性、早晚吟诵《妙法莲华经》选段的人均可入佛门。由于这种吟诵活动是一种引人注目的仪式行为，该宗派的信徒不得不同其他人划清界限。其结果是日莲宗变成了一个十分激进的派别，宣称其他一切宗教形式都是虚妄的。日莲宗主要传播于农民群体中，并挑起了数次乡

272

---

① 《在未来生存》，第55页。
② 若泉敬致伦敦《泰晤士报》编辑部书信，1975年11月30日。
③ 相关数据统计来自国际创价学会发行的一份类似杂志的出版物：《通向新世纪的和平浪潮》(*Waves of Peace Towards the New Century*, 1987年)，第1页。根据《时代》1983年8月1日，第60页，创价学会在日本的会员数量高达1600万人以上。

村暴动(或至少与这些事件有关联)。因此,该宗派在 17 世纪遭到了日本官方的取缔,但在转入地下后存续了下来,并在 20 世纪重新获得了合法传播的权利。

然而,该宗派仍旧保留着革命性色彩。1943 年,当创价学会的领袖公开抨击日本官方的神道教信仰时,他本人被捕入狱,其组织也几乎解体。创价学会于 1945 年后走向复兴,并在 1960 年池田大作(1928 年生)成为其第三任会长后进入其发展的黄金期。在战后日本的环境中,创价学会吸纳的主要是那些来自日本乡村地区、感到大城市里的生活异常艰难的移民。严密的、半军事化的组织与会员吸纳形式,以及日常歌咏和特殊节日里的大规模仪式活动为那些原本可能走向迷失的灵魂提供了一个新的大家庭。创价学会的成功引人瞩目;它在 1964 年组织的新政党迅速跃升为全国第三大党。不过,创价学会一直受到相对富有、受过良好教育、更适应城市生活的那一部分日本人的轻视。池田大作努力克服着这一短板。例如,他在 1971 年创办了一所大学,并长期组织、宣传同中国的周恩来、美国的亨利·基辛格等世界名人的会晤。

若泉敬同汤因比的对话为池田大作提供了灵感:他同样可以通过与这位西方贤哲讨论各种宏观的终极性话题来提高自己的声望。因此,他请若泉敬教授引荐自己,并在 1972 年 5 月安排了同汤因比的系列座谈。①作为对这次短短 6 天录音采访的回报,池田大作向汤因比连续支付了 7 年每年 500 英镑的费用,还向维罗妮卡提供了 3 500 镑的"答谢金",总计 7 000 英镑。②他在展望这次采访时写道:"我们的会面将成为我一生中最重要的经历。"③采访结束后,他将编辑好的对话版本用日文出版,并组织人力将之译成了英文、法文、德文、中文、韩文和葡萄牙文。该书出版之后,对池田大作与汤因比对话的引用和摘录一直

---

① 博德利图书馆,汤因比档案,若泉敬致汤因比信,1971 年 10 月 11 日及汤因比致池田大作书信,1971 年 12 月 23 日。

② 汤因比要求一次性付清这笔"答谢金",并选择与签订酬金协议不同的时间点支付。这是因为他担心"英国税务部门可能会声称这笔答谢金也必须扣税"。博德利图书馆,汤因比档案,汤因比致池田大作书信,1971 年 11 月 11 日。池田大作还在抵达伦敦后带去了一些日本艺术品作为"微薄献礼"。

③ 博德利图书馆,汤因比档案,池田大作致汤因比书信,1972 年 5 月 10 日。

在创价学会的公开出版物中占据着很大比重。我们可以清晰地看到，池田大作对于汤因比看待自己的平等态度是非常满意的。

从汤因比的视角来看，创价学会正是他观念中的历史性时刻所呼唤的对象——那是一个全新的宗教组织，兴起于"后基督教"世界的边缘，主要面向本文明内部的无产者，并且其合法性部分来自一种古老的、受到镇压的信仰。将之同早期基督教史进行比较完全是合情合理的。在为池田大作一本书的英译本写序的时候，汤因比明确地将创价学会的世界使命同在罗马帝国获得正统地位前夕的基督教会相提并论。①当一个住在日本的英国人指责汤因比与池田大作过从甚密时，②汤因比为自己辩护道："我与创价学会的共识在于：宗教是人生的头等大事，军国主义与战争是应当受到反对的。"③他对另一个人的抱怨答复道："池田大作先生个性很强，并且活力无限；这样的人物通常都是充满争议的。我个人对池田大作先生充满了尊敬与同情。"④

事实上，汤因比和池田大作追求并认为已在对话中实现了的目标是东西方的融合。在以第三人称撰写的一篇序言中，汤因比强调并试图解释这一点："他们认可了下面的观点：个人应不断努力去克服其自恋倾向，以便尝试去探索宇宙中其余的部分。并且他也应当毫无保留地为宇宙效劳，使得他的自我等同于终极真实性——也就是佛教徒们所说的'成佛'。他们都相信，这种终极真实性并非凡俗观念中那种神明的人格化。"汤因比解释道，诸如此类的共识反映了"共同世界文明的诞生——它由源自西方的技术网络孕育，但已通过向历史上所有地区性文明汲取养料而在精神上得到了充实"。⑤

在汤因比对池田大作所讲的那些话中，几乎没有多少内容是他之前

---

① 池田大作：《人类革命》（*The Human Revolution*，纽约，1972年），序言。

② "在我看来，您跟池田大作会长及其庞大组织（它的强迫皈依手段和资金筹集方式并不是无可指摘的）之间走得有些过近。"博德利图书馆，汤因比档案，约翰·格瑞斯达尔（John Grisdale）致汤因比书信，未标注日期。

③ 博德利图书馆，汤因比档案，汤因比致约翰·格瑞斯达尔书信，1974年7月9日。

④ 博德利图书馆，汤因比档案，汤因比致罗尔夫·伊塔利安德尔（Rolf Italiander）书信，1972年7月21日。

⑤ 汤因比与池田大作：《选择生命：汤因比与池田大作对谈录》（*Choose Life: A Dialogue*，伦敦，1976年），第11—12页。

未曾讲过的。 不过，他偶尔会一反常态地恭维自己的对话者。 例如，"按照你的解释，佛教对生命活力的分析比我所知道的任何现代西方理论都更加详尽与精致"。① 汤因比对日本也有赞美的话要说。 他说："西方世界正在走向灾难；但我相信，日本人民可以领导全人类走上一条更加安全、幸福的道路。"② 我们偶尔可以从中瞥见汤因比从前的创造力，如他声称："我们追求的不应是国民生产总值，而是国民幸福指数。"③ 但至少就短期而论，这本书对池田大作及其领导的运动的帮助要比对提升汤因比声誉的作用大得多。

　　随着时间的推移，汤因比与池田大作这次对话的重要性很可能会变得微乎其微——毕竟该宗派的基本仪式早在几个世纪前就已经确定了，并且池田大作还在其著作《人类革命》中亲自阐述了权威信条。 然而，池田大作仍然需要对该宗派所继承的佛教遗产的若干方面进行调整，尤其是在该组织的海外分支机构中。 他同汤因比的对话是东方与西方——也就是池田大作和他眼中传播使命的一位著名先驱——达成共识的最长的、最严肃的一篇文本。 倘若(尽管可能性微乎其微)创价学会果真实现了其领导人的愿望和汤因比的预期，在西方世界中成长壮大的话，或许这篇对话会像圣保罗的书信一样在神圣经典中占据一席之地，从而成为汤因比最重要的一部作品。 另一方面，即便该宗派即将走向衰落与解体，它仍会与《人类与大地母亲》一并成为汤因比能力有所衰退的暮年创作期和不知疲倦地探求包罗万象的真理的身后见证。④

　　当然，书籍只代表了汤因比晚年创作成果的一部分。 他在此期间完成的文章、访谈、广播与电视谈话和书评共计数十篇(次)。 在 1974 年的中风使得自己无法继续写作之前，汤因比仍然是一位勤奋的通信者，对来信几乎无一不复，就连对那些默默无闻的来信者也是如此。他持之以恒的勤奋精神确实是出类拔萃的；尤其是在冠脉血栓病发作

274

---

① 《选择生命：汤因比与池田大作对谈录》，第 284 页。
② 《选择生命：汤因比与池田大作对谈录》，第 238 页。
③ 《选择生命：汤因比与池田大作对谈录》，第 106 页。
④ 我对创价学会和池田大作的评价部分依赖池田大作寄给我的该宗派宣传材料，部分依赖詹姆斯·怀特(James White)：《创价学会与普罗大众》(The Sokagakkai and Mass Society, 斯坦福，1970 年)，还有一部分依赖美国家庭基金会的谢克特寄给我的反面材料。 与芝加哥大学同事纳吉塔·哲夫教授的交流对于我撰写这部分内容也很有帮助。

前，当时他还差几周就年满 80 岁，他一直保持着 1956 年从查塔姆楼退休以来高强度的旅行与报告日程。 以 1966 年为例，汤因比在复活节期间访问了埃塞俄比亚，仲夏时前往希腊参加了另一次提洛岛之旅和康斯坦丁·多克希亚狄斯组织的提洛岛航行和研讨会，随后又在 8 月至 10 月间在巴西、乌拉圭、阿根廷和智利等国做了巡回报告。

但他从前渴望游览新地方的热情已经消退。 他写信告诉哥伦巴："医生们告诉我得悠着点儿来，因为我有一点心律不齐。 我不想让维罗妮卡一个人孤零零地留在世上；并且我觉得自己毕竟还有一些工作要去完成……除了生活中的这些强烈依恋之外，我并不害怕离开这个世界。 我对它的爱正在逐渐消退：女孩们的涂脂抹粉、越南的糟糕局势、英国人的懒惰和经济贪欲。"①从南美返回后，汤因比一如既往地写了一部题为《从马乌莱山谷到亚马逊河》(*Between Maule and Amazon*，1967 年)的游记。 但在将手稿交给牛津大学出版社的当天，汤因比向朋友承认，他和维罗妮卡在"那些狂热的美洲国家里作为'官方客人'受到接待后已经疲惫不堪"。②

1967 年的情况并没有好转——那是他最后一次前往美国去做报告。 1967 年时，美国在越南的军事行动已进入高潮；而汤因比对那次冒险的强烈反对也已饱受争议。 安排汤因比重回宾夕法尼亚大学做报告的协调工作以失败告终。 当汤因比的一位崇拜者安排他转而访问斯坦福大学时，斯坦福商学院的一位教授愤怒地向校长表示抗议。 他写道："汤因比本来就是个夸夸其谈的家伙，现在又成了个老糊涂。 当然衰老过气是没有办法的事情；但他总可以老老实实地在家里待着。"③汤因比在看到这封信的抄件后答复道："如果您和校长先生认为取消我的访问对于大学而言再好不过的话，请对我直说。"④尽管斯坦福大学正式表示欢迎他来访，汤因比还是决定要出言谨慎。"如果有人问我越南战争的话，我会努力做到既坦率回答，又不让校方陷入本可避

---

① 《一位历史学家的操守》，第 468 页，汤因比致哥伦巴书信，1966 年 7 月 1 日。
② 《一位历史学家的操守》，第 474 页，汤因比致哥伦巴书信，1966 年 12 月 21 日。
③ 博德利图书馆，汤因比档案，约翰·特雷克塞尔(John Trexell)致校长斯特林(President Sterling)书信，1966 年 12 月 30 日。
④ 博德利图书馆，汤因比档案，汤因比致赖尔·尼尔森(Lyle Nelson)书信，1967 年 1 月 11 日。

免的尴尬处境。"①

原本就笼罩着一层阴云的这次访问变得更加黯淡，因为汤因比在 4 月得知罗萨琳德患上了肺癌——尽管当时人们认为她还能活几个月。②他本人和维罗妮卡的健康也遇到了麻烦。汤因比写信告诉哥伦巴："死神如今已威风凛凛地凝视着我。我从菲利普那里得到消息，罗萨琳德——近几个月来我们一直关注着她的状况——已被确诊患上了肺癌；医生们判断她只能再活三到五个月。我们回来的时候应该还能看到活着的她……她如今待在坎伯兰郡库韦顿下霍尔姆（Low Holm, Cumwhitton）的家中，很高兴能离开医院回家。我相信，在尚在人世的所有人中，理查德·斯塔福德是同她最亲密的人，或许也是唯一一个让她满意的人。我得承认，他就像罗萨琳德的继子一样，为她做着维罗妮卡为我所做的事情。"③

275

9 天后，儿子们寄来海外电报，告诉他"妈妈已经走了"。汤因比感到十分震惊。"电话电报像一颗子弹一样击中了我。昨天一整天，我都觉得自己的身体受到了实实在在的损伤。我没能再看一眼罗萨琳德，没能在她弥留之际陪伴在她身边，没能（或不如说没有资格）去做理查德和他的姐妹为罗萨琳德做到的事情。这些当然令人感到痛苦。但更令我痛苦的是重温彼此 30 年共同生活时的情感波澜和为自己未能挽回这段婚姻走向破裂的懊悔不已——这些情绪突然爆发出来，就像 25 年前一样强烈。"他又在附记中补充道："我记得在婚姻破裂的时候，你恰如其分地谴责了我，认为我像对你承认的那样，更多地认为她是一位女神，而不是一个有血有肉的凡人。我现在肯定还残存着这样的感情；因为我依旧不能理解死神怎敢带走她。"④

汤因比的这次访问中交织着悲剧与闹剧。因为之前承诺赞助汤因比前往几个美国城市做报告的友谊服务委员会突然决定撤销这笔赞助。

---

① 博德利图书馆，汤因比档案，汤因比致赖尔·尼尔森书信，1967 年 1 月 27 日。
② 博德利图书馆，汤因比档案，菲利普·汤因比致阿诺德·J. 汤因比书信，1967 年 4 月 15 日。
③ 《一位历史学家的操守》，第 477—478 页，汤因比致哥伦巴书信，1967 年 5 月 2 日。
④ 《一位历史学家的操守》，第 479—480 页，汤因比致哥伦巴书信，1967 年 5 月 11 日。

由于诸如此类的失意，汤因比没能赚够像往常那样的讲课费。[①]因此，汤因比于 1967 年 6 月带着经济和个人感情上的强烈挫败感从美国返回。 他在年底对日本的访问多少让他重新找回了自我。 如我们已经看到的那样，它至少为汤因比赢得了日后在那个国家的崇高声望。 随着汤因比 80 岁生日的临近，他在美国的朋友们和崇拜者们计划为他在纽约安排一场生日宴会。 但本该乘此时机实现的和解与彼此尊重并未实现。 由于汤因比在即将动身前往美国之际突发冠脉血栓病，这次庆祝活动被迫取消。 因此，美国人与汤因比之间的惺惺相惜最终未能画上一个圆满句号。 相反，汤因比在越南战争期间对美国的最后一次访问给他留下的记忆是苦涩的。

尽管同美国从此分道扬镳，晚年汤因比却在国内、欧洲大陆和日本赢得了新的尊重。 最轰动的事件是他接替温斯顿·丘吉尔成为法兰西研究院道德与政治科学学会（French Academy of Moral and Political Sciences）的外籍会员。 汤因比早在 1965 年便当选这一荣誉职位。 但由于学会集会时间无法通融，以及汤因比本人经常旅行且身体欠佳的缘故，这次荣誉授予仪式一直被拖延到 1968 年 4 月 1 日。 在授职仪式上，学会主席用简短的话概括了这位新会员的一生，并总结道："亲爱的同事，您已将我们的这个时代一览无余，并说服我们认可了您对这个世界感到的惊愕。 为此，我们一致邀请您加入我们的队伍。 您将在这个位置上维系我们高度重视的、英法两国源远流长的传统友谊。"[②]

---

① 博德利图书馆，汤因比档案，汤因比致斯蒂芬·卡瑞（Stephen Cary）书信，1967 年 2 月 3 日；汤因比致沃德林（E. Vaudrin）书信，1967 年 1 月 19 日。 邀请汤因比访问斯坦福大学的赖尔·尼尔森或许让汤因比和美国友谊服务委员会对具体的协定条款有所误解。 但汤因比也有责任，因为他要求增加休整时间，以便疯狂安排额外讲座以赚取外快，并希望美国友谊服务委员会承担自己和维罗妮卡的全部旅费。 跟他在 1973 年同池田大作的收费协议一样，这些信件暴露了汤因比对自己本不需要那么多的金钱的不合时宜、近乎歇斯底里的贪欲——那同他在公共场合谴责贪婪、多次赞美圣方济各道德榜样的做法形成了强烈反差。 显然，在金钱问题上，汤因比的年老力衰损害了自己的风度和理智，使得旧日的紧张情绪重新浮上水面，以前所未有的力度影响了他的举止。

② 法兰西研究院道德与政治科学学会（Institut de France，Academie des Sciences Morales et Politiques）；《任命阿诺德·汤因比先生为外籍会员的决议》（*Installation de M. Arnold Toynbee comme Associe Etranger*，巴黎，1968 年），第 11 页。 英译文由我自行翻译。 主席的语调看似平淡无奇；但我们无从得知，学会成员在选举汤因比之前是否就其当选资格问题展开过辩论。 汤因比在法国的崇拜者其实很少，因而他获此殊荣多少有些出人意料——尤其是在该席位并非专为英国人准备的情况下。 事实上，汤因比的位置在他到任之后就被瑞士文学评论家马塞尔·雷蒙德（Marcel Raymond）接替了。

第十一章　繁忙一生的最后十年（1966—1975 年）

　　按照规矩，汤因比在答谢时赞美了他的前任温斯顿·丘吉尔。 他在讲话结尾处呼吁建立一个囊括东西欧的整体欧洲同盟，认为那是在战后同新兴的超级大国们抗衡的唯一途径。 汤因比说道："每个超级大国对欧洲施加的压力都是巨大的。 尽管苏联在 1968 年对欧洲的态度已不如斯大林时代那么咄咄逼人，美国的态度却正变得愈发强硬……欧洲不能让自己成为下一个越南。"①

　　在前往巴黎参加学会就职仪式时，汤因比的健康和精力并未完全复原。 事实上，他在 1969 年后基本就放弃旅行和做报告了。 但他为希腊破过例——作为康斯坦丁·多克希亚狄斯的客人，于 1969 年和 1972 年（那是最后一次）访问过那个国家。 多克希亚狄斯当时也已步入老年。 并且希腊正处于政变后的军事独裁政权（1967—1973 年）控制之下，当时的领导人不喜欢且不信任多克希亚狄斯。 因此，按照原定计划，1972 年的提洛岛航行便是这项开始于十年前的系列活动中的最后一次。 作为参加过第一次航行的老朋友，汤因比被指定为主要发言人之一。 在雅典，汤因比站在当年圣保罗布道的地方（或其附近）发表了露天演讲，重申"国家不是神"，而是"提供公共服务的机构"，并应当受到恰如其分的对待。 在当时席卷全希腊的狂热爱国主义浪潮中，这样的言论无异于离经叛道。 但汤因比不为所动。 一周后，他在提洛岛用古希腊语向阿波罗发出呼吁，哀求这位神明让西方人的思想重回正途，以便让他们放弃对物质利益的过度追求，效法圣方济各安贫乐道的榜样，以便维护宜居的生态环境。②

　　尽管对最后这次希腊之旅（那是一个对于自己而言意义非凡的国家）心满意足，旅途劳顿耗尽了汤因比和维罗妮卡的最后一点精力。 他写信告诉哥伦巴："我们被照顾得无微不至，但这次旅行对我们而言还是过于劳累了。 维罗妮卡在返程途中患上恶性支气管炎。 上上周一，我在厨房由于精疲力竭而向后摔倒在地上（X 光检查表明我并未受伤。 但我的肌肉绷紧到了无法自理的程度，只是通过专业的按摩治疗才得以重

　　① 《任命阿诺德·汤因比先生为外籍会员的决议》，第 35 页。 英译文由我自行翻译。
　　② 《泰晤士报》1972 年 7 月 10 日和 1972 年 7 月 16 日。 汤因比呼吁阿波罗的英文版保存于他在博德利图书馆的档案中。

新站立起来）。"①两人身体复原后，汤因比宣布："我们从此不再旅游了——这十分遗憾，但我们的态度很坚决……未能实现的旅行计划有时困扰着我；但游历过大半个世界的我已经很幸运了。"②

留在家里也有好处。 在海外的声名、长寿和笔耕不辍在一定程度上恢复了汤因比在英国的名誉，尤其是在 1971 年以后——在那一年里，一个名曰"国家书籍协会"（National Book League）的藏书家组织举办了一次纪念汤因比的文物展，并诙谐地将之命名为"汤因比研究"（A Study of Toynbee）。 汤因比配合地提供了自己学生时代的若干作文，他 1921 年在火车上草拟的、最终未能完成的历史哲学提纲（但它最终催生了《历史研究》），以及一些工作笔记和个人档案中的其他材料。他还为这些展品亲自写了解说词，说明了每件展品的重要意义。

277　　对汤因比文学成就的这次展览确实令人印象深刻。 汤因比亲自发表讲话的开幕式也得到了媒体的正面报道。 汤因比感到受宠若惊。 他写道："是的，我对《泰晤士报》非常感激。 这是一个快乐的场合——尽管令人精疲力竭……国家书籍协会、牛津大学出版社和我的出色秘书路易丝·奥尔（Louise Orr）组织的这次展览非常出色。 维罗妮卡和我翻出了一些奇妙的早期材料，如 1903 年写在一本画册里的、讨论 12 世纪拜占庭史的文章——它比即将出版的《君士坦丁七世与他的世界》清样足足早了 69 年。"③

英国女王曾两度邀请汤因比前往温莎城堡赴宴，两次都被他以健康欠佳的理由谢绝了。④这个理由是真实的；但汤因比或许还认为，女王陛下应当做的不仅仅是请他去赴宴而已。 至少早在他拒绝女王邀请 3年以前，汤因比就向哥伦巴承认："两天前我曾感到不快，因为历史学家维罗妮卡·韦奇伍德（Veronica Wedgwood）（而不是我！）被授予了殊功勋章（O. M.）。 她大概比我小 20 岁；并且在我看来，她还没有达到我

---

① 《一位历史学家的操守》，第 545—546 页，汤因比致哥伦巴书信，1972 年 8 月。
② 博德利图书馆，汤因比档案，汤因比致罗宾·威克斯（Robin Weeks）书信，1973年 8 月 13 日。
③ 《一位历史学家的操守》，第 539—540 页，汤因比致哥伦巴书信，1972 年 3 月14 日。
④ 博德利图书馆，汤因比档案，1972 年 4 月 12 日和 1973 年 6 月 19 日请柬，附有正式的谢绝措辞。

自己的水平。 但幸运的是,'戒贪'的原则已让我不再觊觎殊功勋章;
出于某些原因,我之前希望自己拿到该荣誉,以便迫使不情愿的英国给
予我在世界其他地方获得的认可。"①在经历了诸如此类的失意后,"汤
因比研究"这次展出当然会令他满意。 通过这种非官方的形式,英国
文化界总算给了汤因比"在世界其他地方获得的认可"。

到了1972年,汤因比夫妇的日渐衰老使得他们在伦敦的租房生活
变得非常吃力。 维罗妮卡很难找到合适的家务帮手;始料未及的房租
猛涨则再度引起了汤因比对陷入贫困的非理性恐慌。 因此,当劳伦斯
在1972年建议他们在自己毗邻甘索普的地产上搭建一间小屋,以便宁
静地安度晚年的时候,汤因比感激地接受了这一建议。 这意味着他可
以回到自己最钟爱的、在那里创作了其巨著前六卷的地方了。

当然,那个地方也充满了对罗萨琳德和两人共同生活的甘苦参半的
回忆。 劳伦斯放弃了在牛津的教职,于1965年搬到了甘索普并成为一
名乡绅。 4年后的1969年夏天,汤因比在冠脉血栓病发作后的恢复期
里曾在甘索普住过几周。 那是他在同罗萨琳德分道扬镳后第一次回到
甘索普。 由于罗萨琳德已经撒手人寰,这次重返在汤因比眼中成了同
罗萨琳德的可怕阴影的一种和解。 他写信告诉菲利普:"我在这里多少
有点儿像是一个故地重游者。 但身为一个受欢迎的故地重游者是一种
有趣的反常经历——就像是一个人读到了发布错了的、关于自己的讣告
一般。"②几天后,他写信告诉哥伦巴:"佛教为基督教中的'爱'提供
的一项补充(那是至关重要的)便是戒'贪'(tanha)。 写完那首诗后,
我摆脱了对甘索普的欲念。 如今,我正享受着同本(Bun)和琼在一起的
纯粹快乐,并充分利用这段美好时光。"③

但汤因比同已故的罗萨琳德的和解以及他同劳伦斯的日益亲密让他
付出了始料未及的代价。 在之前的许多年里,菲利普一直站在父亲一
边;总的来说,劳伦斯更多地顺从于罗萨琳德飞扬跋扈的发号施令,只

278
279

---

　　① 《一位历史学家的操守》,第511页,汤因比致哥伦巴书信,1969年7月18日。
"戒贪"是佛教的表达方式。 O.M.是"荣誉勋章"(Order of Merit)的缩写,是一种比汤
因比在1956年被授予的"爵士头衔"(Companion of Honour)更高的荣誉。
　　② 私人收藏,阿诺德·J.汤因比致菲利普·汤因比书信,1969年7月10日。
　　③ 《一位历史学家的操守》,第511页,汤因比致哥伦巴书信,1969年7月18日。
我们在第八章中曾讨论过这首诗。

同父亲保持着有些疏远的友好关系。但自罗萨琳德去世后，菲利普突然发现父亲同劳伦斯走得越来越近，并担心汤因比最终会抛弃自己，就像罗萨琳德多年前在自己的孩提时代所做的那样。

无论如何，菲利普的个人生活也处于极不稳定的状态。他决心要将自己最近接受的生态主义信念付诸实践，并建立了一个由意气相投的人们组成的公社，准备依靠耕种土地来满足自身需求，同时避免对环境造成毁灭性的破坏。为此，菲利普开始着手改造自己已居住了数年的巴恩寓所。但改造费用远远超出了他的预期。到了1969年12月，为菲利普服务的银行拒绝认可他开具的一张支票。菲利普转而向父亲寻求帮助。汤因比为他拨付了必要的资金，但要求儿子将来归还。"你让我大吃一惊。对于一个冠状动脉硬化患者来说，突然被要求马上支付2 000英镑（'或用其他方式垫付'）可不是什么好的治疗方案。我现在已从震惊中平复过来了；但我一度陷入了失眠和无法集中注意力的状态。"①

更糟糕的情况接踵而至。当汤因比开始着手执行在劳伦斯地产上修建房舍的计划时，菲利普的困境又进一步恶化了。公社的居住条件变得一团糟；而菲利普的回应方式是索要更多的钱。他在得知理查德·斯塔福德变卖掉了自己与罗萨琳德的共同居所——下霍尔姆的一处农场时恼怒不已。他写信告诉父亲："他当然有权利这么做。但妈妈曾经明确表示过我将继承这份地产，因为她料想理查德·斯塔福德会死在我前头……这件事似乎再次证明，有些动物比其他动物更加平等。"②

几个月后，汤因比的家庭关系破裂了。在母亲去世一段时间后同菲利普进行的一次酒宴谈话中，劳伦斯在原则上答应要补偿哥哥在继承罗萨琳德遗产方面的损失。但当菲利普要求劳伦斯在这方面拿出实际

---

① 私人收藏，阿诺德·J.汤因比致菲利普·汤因比书信，1969年12月22日。关于巴恩寓所公社的生动概况和菲利普如何未能实现其理想、跑到从前的贵族朋友那里混吃混喝的情况，见杰西卡·米特福德：《菲利普的多重面貌：记菲利普·汤因比》，第124—144页。菲利普·汤因比：《旅途片段：1977—1979年的自传式日记》（伦敦，1981年）也包含着对公社生活试验的零散描述（第12、365页及其他多处）。

② 博德利图书馆，汤因比档案，菲利普·汤因比致阿诺德·J.汤因比书信，1973年6月4日。"有些动物比其他动物更加平等"这句话出自乔治·奥威尔（George Orwell）的《动物农场》（*Animal Farm*）。

行动,无息贷给自己的巴恩公社 30 000 英镑时,劳伦斯表示拒绝,理由是菲利普对这笔钱的使用方式是荒谬的和不切实际的。 菲利普随即向父亲求助。 汤因比承诺可以从自己在牛津大学出版社的账户里拨给他10 000 英镑,但必须等到他自己搬进了甘索普的新房舍,并准确掌握了开支状况后才能给他这笔钱。

这一要求并非不近情理。 因为最初预计的 10 000 英镑建筑费用最后涨到了 18 000 英镑,并且汤因比已开始从牛津大学出版社的版税积蓄中大量提现,以便弥补无法赚取讲课费所导致的亏空。 不过,正如他在 1972 年告诉劳伦斯的那样:"由于新增的版税收入,我去年的积蓄非但没有减少,反而还略有上升。"①可见,他是能够一次性付清菲利普想要的数目的。 但汤因比对待钱的态度带有儿时深刻创伤的痕迹,并不是完全理性的。 他一方面责备菲利普是败家子,另一方面又许诺会在未来给儿子一笔钱。

菲利普几乎被遭遇的这一系列事件逼疯了。 建立公社的实验失败已经够糟了;更重要的是他感到自己不仅失去了在罗萨琳德遗产中应得的那一部分,还失去了父亲的关爱。 他写信告诉汤因比:"我仍对本余恨未消。 但请相信我,无论我进行怎样深刻的自我反省,我都找不出自己曾有过想要钱就应当拿到钱的念头。 我看到的是自己有一个富有的弟弟和一个富有的父亲;可当这个相对贫困的哥哥和儿子真心实意地想要做点儿光明正大的事情时,他的家人在他最需要钱的时候却无动于衷。"②汤因比答复道:"我对你我之间关于巴恩寓所的分歧以及后来的通信感到震惊不已。 这一切令我始料未及,并且发生在我们搬家的节骨眼上。 我有时害怕自己会精神崩溃。 自从我的父亲精神失常(他此后再未康复过)以来,我在潜意识中就一直担心这件事;它进一步强化了我在理财方面根深蒂固的焦虑感。 尽管维罗妮卡的家境跟我的一样困难,她在这方面却要豁达得多。"③

280

----

① 博德利图书馆,汤因比档案,阿诺德·J.汤因比致劳伦斯·汤因比书信,1972 年11 月 15 日。

② 博德利图书馆,汤因比档案,菲利普·汤因比致阿诺德·J.汤因比书信,1974 年1 月 8 日。

③ 博德利图书馆,汤因比档案,阿诺德·J.汤因比致菲利普·汤因比书信,1974 年1 月 15 日。

同菲利普的争执还跟另一种震惊杂糅在一起。汤因比在 1973 年 6 月得知，他认为如同罗萨琳德儿子一般的理查德·斯塔福德事实上是罗萨琳德的性伴侣。这一消息对汤因比打击巨大，就像他 5 年前得知罗萨琳德去世时一样。维罗妮卡写给菲利普妻子萨莉的一封信提供了关于汤因比反应的唯一直接叙述。她写道："我们从甘索普回来后，阿诺德第一次得知了理查德和罗萨琳德的关系[那不是琼（劳伦斯·汤因比的妻子——作者）的过错；是阿诺德突然问起她此事]。我一直等到他对此事'回过神来'后才敢提笔写信。我确信他现在已经恢复了平静，菲利普的来信帮了他很大的忙。阿诺德遇到的麻烦在于，这件事勾起了他的一桩噩梦般的回忆：他在本出生几个月前陪着玛丽夫人……来到了弥留之际的艾格尼斯所在的那个偏远法国村庄。艾格尼斯跟着一个年轻的希腊人去了那里生活，结果染上了急性阑尾炎。由于治疗得太迟，她在极度痛苦中死去。对汤因比伤害最深的是罗萨琳德坚决不肯原谅艾格尼斯，玛丽夫人几乎因为罗萨琳德的铁石心肠而同她断交。结果到了 30 余年后，罗萨琳德……也患上了急性阑尾炎；若不是理查德知道及时叫医生的话，她也几乎因此丧命。我不得不说，人们当然很好奇罗萨琳德究竟对此作何感想！跟所有人一样，阿诺德的第一反应也是罗萨琳德怎么能够谴责塞莉娅（Celia，劳伦斯的一个女儿，跟丈夫在婚前同居过——作者）。但关于艾格尼斯的回忆很快就充盈了他的脑海。但正如我所说的那样，最坏的那段时期已经过去了。这件事对于菲利普、本和汤因比而言都是一场可怕的打击，因为这三个人此前都对罗萨琳德唯命是从——尽管我怀疑她的两个儿子并不像阿诺德那样崇拜她。"[1]

事实上，菲利普确实能够在这场不幸中安慰汤因比。他写道："当理查德在下霍尔姆将整件事情的来龙去脉对我们和盘托出时，我也十分281痛恨妈妈。显然，我希望把她拉回人间，当面质问她这件事。她身上拥有让各类了解、喜爱自己的人所认可的众多优点。但她的头脑和心灵深处一定出现了一些可怕的问题。某些东西在向她索取时不可避免

---

① 私人收藏，维罗妮卡致萨莉·汤因比（Sally Toynbee）书信，1973 年 7 月 4 日。罗萨琳德的妹妹艾格尼斯死于 1922 年。

地毁掉了她的一切人际关系。"①他在一周前告诉父亲："我感觉，妈妈
比我认识的任何人都更善于(或不如说是更荒唐地)自欺欺人……她缺乏
的是从外部审视自己的能力，或者说是承认自己可能会犯错的能力。
不过……她是有勇气的(在这方面比我强得多)；她在顺境中是个迷人的
乐天派；她能够给予别人伟大的爱(尽管是时断时续的)；她拥有非凡的
创造力——尽管我认为她在写书时没有利用好这一天赋。"②菲利普是
一个敏锐的观察者和具备写作天分的人；他对罗萨琳德性格的评价是对
其独特人格的现存描述中最充分的。③

　　劳伦斯同样受到了这一家庭风波的困扰。他写信告诉父亲，自己
"正在失去对妈妈的美好幻想。她活着的时候对我而言是不可或缺的，
给我带来了无数快乐——当然她也很宠爱我。现在，当我们从其他视角
去观察她的时候，这幅景象就没有那么美好了。这在我眼中犹如一场噩
梦。同时丧失天主教信仰和对妈妈的信仰让我有些垂头丧气"。④

　　跟劳伦斯一样，汤因比本人也"对罗萨琳德放弃幻想，心生怨
恨"。但他又指责自己不该埋怨她。他向哥伦巴承认："她确实欺骗了
我，以及菲利普和劳伦斯。这种怨恨是合情合理的；但我们不应痛恨
可怜的死者，因为他们已无力在这个世界上补救自己的过错了。"⑤但
无论如何尝试，他还是不能真正原谅罗萨琳德。汤因比在另一封信中
声称："真正让我伤心的是罗萨琳德对艾格尼斯和塞莉娅的冷酷无情。
我自己对此其实无所谓。我已经跟她离婚了，因而她是自由的。"⑥

　　汤因比成功地在一定程度上同菲利普实现了和解。"不幸的是，菲
利普因遗产分配不公的问题与劳伦斯闹翻了。菲利普……确实有理由
感到难过。但对个人受的委屈念念不忘是毫无裨益的和令人伤心的。

---

　　① 博德利图书馆，汤因比档案，菲利普·汤因比致阿诺德·J.汤因比书信，1973 年
7 月 2 日。
　　② 博德利图书馆，汤因比档案，菲利普·汤因比致阿诺德·J.汤因比书信，1973 年
6 月 26 日。
　　③ 菲利普的洞察力和敏锐眼光并未促使他反省自己的表现，或让他意识到自己在向
弟弟和父亲伸手要钱时有多么酷似自己的母亲，以及自己在追求公社生活理想的过程中如
何置公社的规矩于不顾。
　　④ 博德利图书馆，汤因比档案，劳伦斯·汤因比致阿诺德·J.汤因比书信，1973 年
6 月 26 日。
　　⑤ 《一位历史学家的操守》，第 569 页，汤因比致哥伦巴书信，1974 年 1 月 20 日。
　　⑥ 《一位历史学家的操守》，第 572 页，汤因比致哥伦巴书信，1974 年 2 月 22 日。

通过菲利普的妻子萨莉，维罗妮卡已尽其所能地调解了两家的关系。维罗妮卡和我决定继续同时跟两边友好相处。"

到了 1974 年 3 月，房舍马上就可以入住了。 汤因比和维罗妮卡于当月月底抵达甘索普，随身还带着他们的家当——主要是大量书籍，以便监督最后的工程进度并开始搬入。 各项环节都比预期中更为耗时。他们直到 6 月底才真正搬进新家。 1974 年 6 月 27 日，汤因比写信告诉哥伦巴："上周五我们第一次睡在新家里。 我们已经精疲力竭；但我们会一点点恢复元气。 我想我们将在这里度过余生。"①

282　　重新摆放自己的藏书对于汤因比而言是一项费力的工作，但他执意要亲手去做这件事。 汤因比应邀于 1974 年 6 月 29 日出席在温彻斯特公学组织的一场专门为自己举行的庆典，他又经历了一次劳顿。 作为一位贵客，汤因比在庆典上得到了校长和其他学校教工"出门相迎"（Ad portas）的正式礼遇——那是十分罕见的非凡待遇，被汤因比视为自己一生中最宝贵的荣誉。 但他获此殊荣的时机却有些尴尬。"按规矩，他们会用拉丁语欢迎我，我也要用拉丁语作答。 但我很希望问答的间隔能长一点儿，因为我会被大门里的校长主任们吓到——尽管他们在我面前就像一群孩子。 我感到自己又成了中学生。"②

汤因比坐车从甘索普前往温彻斯特公学——对于单日完成的行程而言，这趟旅途有些过长——并接受了"出门相迎"的礼遇。 他是这样向好友哥伦巴描述该事件的："那是一场壮观的典礼：'钱伯广场'（Chamber Court）的三面站着 600 个男孩，我身后是一批贵宾；公学校长面对着我。 他用拉丁语对我讲了一番简短的话，我也用拉丁语回答。 我讲了 15 分钟（几周以来，我每天晚上都默念这些台词，已经把它们烂熟于心）。 我在讲话中缅怀了我那些在 1915—1916 年期间牺牲的公学同学——回忆自己当年在此地初识他们的情景。 维罗妮卡和我目前还未从疲惫中恢复过来。 这是一场冒失的旅行；但我在受到这样的邀请时是不会拒绝的。"③

---

①②　《一位历史学家的操守》，第 577 页，汤因比致哥伦巴书信，1974 年 6 月27 日。

③　《一位历史学家的操守》，第 579—580 页，汤因比致哥伦巴书信，1974 年 7 月 11日。 汤因比发言的原文及译文见第 580—584 页。

三周后,汤因比在1974年8月2—3日夜间中风发作。 维罗妮卡写道:"它发生在风平浪静的一天之后。 但我认为原因在于他在那么久的搬家劳累后马上又经历了温彻斯特公学'开门相迎'典礼的剧烈折腾。"①维罗妮卡起初指望汤因比至少还能部分复原;但他再也不能讲话或走路了,并且作为一名病人还有些任性。 维罗妮卡相信,汤因比至少还能部分理解别人对他说的话,并能认出一些探望他的人。 即便如此,汤因比已经无法同身边的人交流了;他无助地在约克的病房里度过了一生中的最后几个月。 对于一个如此精力充沛的人来说,这样的结局令人唏嘘。 这也令维罗妮卡感到痛苦,维罗妮卡此后一直照料着汤因比,直到后者一年多以后(1975年10月22日)去世为止。 她在汤因比去世的五年后辞世。

1975年12月17日,汤因比的亲友们在圣詹姆斯的皮卡迪利大街(St. James' Piccadily)举行了悼念仪式,那里距他多年工作的查塔姆楼不远。 菲利普朗诵了《圣经》经文;劳伦斯起草了由主持仪式的教士宣读的悼词;汤因比的侄子诺贝尔·福克兰(Nobel Frankland)做了正式发言。

劳伦斯写道:"我们今天集会于此,是为了在上帝面前纪念阿诺德·约瑟夫·汤因比的一生及其人格。 我们将他视为一位伟大的学者、历史学家和作家,认为他对全世界产生了巨大影响。 他的人道主义情怀体现在方方面面,尤其是他为全人类谋求和平生活的不懈努力。 但最让我们怀念汤因比先生的是他的人格:善良、绅士风度,最重要的则是他的慈悲之心。"

诺贝尔·福克兰对汤因比和他的同名者进行了比较。"请允许我告诉大家,他是如何描述自己的叔父阿诺德·汤因比的。 他说:'我记忆中的叔叔是一个简朴、真诚、公正无私、敢作敢当的人;这些品质汇聚成了一种无可争议的伟大品格。'这些描述也完全符合我对我们敬爱的这位阿诺德·汤因比的认识;与他的叔父不同的只是:他活到了老年,几乎奋斗到了最后,并取得了丰硕成果。"

283

---

① 《一位历史学家的操守》,第585—586页,维罗妮卡致哥伦巴书信,1974年8月16日。

　　这两段赞美之词对汤因比的一生而言都是恰如其分的。 在为汤因比的与世长辞所写的所有悼念性文字中，最深刻的一条评论来自他从前在查塔姆楼的同事马丁·怀特(Martin Wight)。 怀特写道："他的一生受尽苦难，却从未泯灭自己的童心……他将政治思想的洞见与政治立场的真诚融于一身……他最大的弱点是无法从批评意见中汲取教训……他对历史知识的融会贯通在本质上具有诗性和神秘主义色彩。"①

　　他的儿子、侄子和同事的这些经过深思熟虑的措辞恰如其分地、光明正大地概括了阿诺德·约瑟夫·汤因比轰轰烈烈的一生。

284

---

　　① 马丁·怀特：《阿诺德·汤因比：对他的评价》(Arnold Toynbee: An Appreciation)，《国际事务》(*International Affairs*)1976 年 1 月，第10—12 页。

结　语

　　同其他万众瞩目的名人一样，汤因比的身上充满着矛盾。 在政治观点上，他总是向前看，跳跃到远远超越现实探索阶段的真相的结论上去。 历史案例提供的类比使他确信，这个时代的政治体系是无法长期延续下去的；某种形式的世界政府正在呼之欲出。 他先后对国联和联合国寄予厚望；但他相信世界帝国更有可能成为全人类的归宿。 但他对于自己所预言的、即将出现在世界上的世界帝国的态度却是模棱两可的。 他一方面欢迎它的到来，因为它将终结战争；另一方面，他又对建立全球性帝国政权过程中必然要使用的暴力深恶痛绝。 当形势推着他必须作出抉择时，汤因比不愿支付如此高昂的代价，而是转而回归了自己从祖辈那里继承来的自由主义观念。 因此，当德国、美国先后显示出全球霸权即将建立的苗头时，汤因比一度犹豫过，但最终选择了反对二者。

　　在个人生活中，汤因比的举止同样充满了矛盾。 他反对贪欲，谴责现代文明的物质享乐至上思想；但他自己在钱的问题上却近乎病态地锱铢必较。 他反对自恋行为，却在追求自己设定的目标时从不动摇，无视（或几乎无视）旁人的感受。 他在公共场合的举止是腼腆的和小心翼翼的；但他却渴望得到别人的尊敬，并且往往如愿以偿。

　　诸如此类的瑕疵意味着汤因比毕竟还是一个凡人——而惊人的记忆

力和永不疲倦的伏案写作毅力则几乎让他成了一个超人。 他的工作到底有多重要？ 当围绕汤因比的种种争议与光环已成为历史之后，我们应该如何评价这个人的成就呢？

在现存材料中，汤因比对自己生涯的评价十分低调（那符合他的一贯作风）。 1965 年，当有人问起他希望世人如何看待自己的时候，他回答道："希望他们认为我是一个努力争取看到全局，而……不仅仅站在西方的角度看问题的人。"①若干年后，他在回答另一位新闻记者的问题时说道："我很高兴地认为，自己在劝说西方人们相信世界是一个整体方面做了有意义的工作。"②他用更精辟的言辞告诉另一位记者："我一直渴望看到月球的另一面。"③他的意思是说，自己从童年起便对传统历史所忽视的那些民族——波斯人、迦太基人、穆斯林，等等——抱有浓厚兴趣。

突破其他历史学家设定的专业边界，拓展视野与知识面无疑是阿诺德·约瑟夫·汤因比对自己选择的学科作出的核心贡献之一。 这一贡献非同小可。 因为在汤因比拓宽了我们的视野之前，在西方中小学里学习的和在大学课堂里讲授的仅仅是欧洲人——古代、中世纪与近现代欧洲人——及其海外子孙后代的历史；其他族群只在他们被欧洲人发现、教化与征服时才会走上历史舞台。 所有人都知道，印度、中国和伊斯兰世界拥有自己的悠久历史；但那是一个跟历史学家们无关的专业领域，只能留给语言学家和进行比较宗教学研究的学者们去探索。

早在汤因比之前，专业学术圈之外的一些勇敢先行者们已尝试过将欧洲史与非欧洲史联系起来。 韦尔斯（H.G. Wells）是这些文化界的探险者中最重要的一位。 但他的《世界史纲》（1920 年第 1 版）只用了不到两年时间就写成了。 正如韦尔斯本人指出的那样，他的大部分信息都来自《不列颠百科全书》（*Encyclopedia Britannica*）。 此外，韦尔斯的史著秉承的是进步史观；而他所推崇的进步主要兴起于欧洲，因而其

---

① 博德利图书馆，汤因比档案，NBC 节目谈话稿，"问答"（Issues and Answers），1965 年 1 月 10 日。

② 博德利图书馆，汤因比档案，《周日时报》（*Sunday Times*）剪报，1972 年 10 月 15 日。

③ 博德利图书馆，汤因比档案，《每日电讯报》，1970 年 4 月 17 日，第 17 页。

他族群仅仅扮演着边缘的、从属的角色。　对于 1500 年以前的历史而言，这种表述构成了严重歪曲，等于是将在 1500 年至 19 世纪末期间恰巧符合事实的国际关系格局投射到了更为遥远的古代。　因此，韦尔斯试图用来补救专业史学传统缺陷的非专业史著虽然流行一时并被广泛传阅，却并不能在突破旧有局限方面作出太多的贡献。

　　学术界象牙塔之外的另一个人物——斯宾格勒要比韦尔斯博学得多。　正如我们在本书第五章中看到的那样，他对彼此分散的诸文明的看法为汤因比提供了构建《历史研究》的核心线索。　此外，斯宾格勒将西方文明和（若干）非西方文明置于对等的位置，那是韦尔斯未能做到的。　事实上，斯宾格勒复兴并升级了 18 世纪的传统思潮——即认为中国的圣哲与其他东方智者的地位是等于甚至高于欧洲的同道们的。①但汤因比的学识比斯宾格勒更为广杂。　并且他对细节的重视及对这些细节所进行的，出人意料且往往振聋发聩的跨时空比较要比斯宾格勒预言式的口号更合乎史学写作的传统。　因此，汤因比才是向全世界大部分读者②揭示下面这个简单真相的第一人：亚洲人、非洲人、美洲印第安人乃至居住地更为偏僻集中的爱斯基摩人等族群同样拥有独立于欧洲的、可以同欧洲史进行类比的历史。　这种“不仅仅站在西方的角度看问题”的人类历史视角是汤因比为我们学术传统作出的最伟大的核心贡献，也是他持久声望的正当源泉。

286

　　他在 20 世纪 30 年代因这一功绩而得到了恰如其分的赞美。　但在二战结束后，当汤因比在公众面前的声望达到顶点时，他的文明兴衰模式中毋庸置疑的缺陷使得大部分专业史学家站出来批判其整体史观以及其解读模式中的种种细节。　但大多数史学家们并未接受挑战，尝试建立一种更准确、更令人信服的普世史框架。　他们转向了相反的方

　　①　孟德斯鸠（Montesquieu）的《波斯人信札》（*Lettres persanes*，1721）、伏尔泰（Voltaire）的《风俗论》（*Essai sur Les moeurs*，1756）与赫尔德的《人类历史哲学的概念》（*Ideen zur Philosophie der Geschichte der Menschheit*，1784—1791）都是该传统的里程碑式著作。

　　②　汤因比作品的译本使得其思想流传广泛。　例如，他最受欢迎的作品——索默维尔节编的《历史研究》前六卷已有阿拉伯语、丹麦语、荷兰语、芬兰语、法语、德语、古吉拉特语、印地语、意大利语、日语、挪威语、葡萄牙语、塞尔维亚—克罗地亚语、西班牙语、瑞典语和乌尔都语等译本。（作者麦克尼尔遗漏了中文译本，《历史研究》节编本在中国大陆的首个中译本于 1959—1964 年出版。　——编者注）

向——发展出了日趋专门化、条分缕析的研究领域。 在一个人类各族群间的互动关系正在变得日趋重要的时代，学术界普遍摒弃全球史研究的做法是荒谬的。 未来的公民们总归需要了解，历史上的各个族群与文明究竟是如何互动的，才有可能在未来世界的知识海洋里如鱼得水。到了20世纪80年代，世界史在美国和其他国家的课堂里已经出现了若干复兴的迹象；如果这一局面当真出现的话，那么毫无疑问，汤因比的声誉将会逐渐摆脱泥潭。 我甚至胆敢断言，这部将汤因比的思想同时代背景有机结合在一起的传记将成为重建公允评价的起点。

因此，我们有必要在结语中从宏观角度对汤因比在学术史上的地位进行一点点评价——那很合乎他本人的思维习惯。 首先（也是最重要的一点），像其他史学家一样，汤因比不应仅仅因为犯过一些史实错误便被弃若敝屣——无论这些错误有多么千真万确。 错误是无法避免的，因为随着学术探索的不断深入，即便最完美的研究成果也会有过时的和被挑出错误的那一天。 此外，在评价一位史学家成就时将史实准确性看得最重的见解从认识论的角度而言是非常肤浅的；因为强求语言在描述人类行为或历史上的其他种种"事实"的时候做到准确无误本来就是难于登天的。

相反，我们应当按照对待其他艺术家的标准去评价汤因比。 换言之，我们应当将他视为某种随时空背景的变化而不断发展的，并针对种种外界刺激因素而作出即时反应的风格、思想与情感的体现者。 个人和公众的体验会影响艺术家的作品；这些体验越强烈，它们便越会直接影响艺术家通过自己的作品想要传达的信息。 我们这部传记可以表明，这一定律对于汤因比而言是完全适用的。

按照这一标准，汤因比确实有可能（尽管并无把握）成为欧洲（以及正在形成中的全球）文史学界的弄潮儿。 这一结论乍看起来似乎有些夸张，但汤因比所扮演的角色确实类似于弥尔顿（Milton）和但丁——那些诗人掌握了各自时代的大部分（或相当一部分）知识，并将这些知识融入了自己的作品之中。 诗歌和历史之间的差异性是客观存在的；在某些方面可以限制史学家思想的要素在诗人眼中便不成其为障碍。 但将历史史实串联起来的想象力才是赋予一部史学作品以意义和结构的东西——因为事实本身不会说话，也不会自动排列出读者可以理解的前因后果。因此，同其他任何一位史学家的作品一样，汤因比的史著在本质上具有诗性，并且也应当按照诗歌的标准而得到评价。

从这一角度看，汤因比对历史和欧洲文学的纯熟掌握就像但丁和弥尔顿在各自时代的渊博学识一样；尽管汤因比在自然科学领域的严重无知构成了几位前辈诗人均不具备的严重短板。显然，汤因比的宗教观虽已经过改造与弱化，却仍然继承了在但丁与弥尔顿那里占据着核心位置的基督教遗产。他还和弥尔顿一样同情魔鬼撒旦（Satan）——失意者、叛徒和局外人的原型。 287

但汤因比同上述两位诗人的联系并不仅限于这些显而易见的继承性。人类是使用语言和其他符号来赋予这个世界意义的。我们每天都在创造着奇迹——使用这些约定俗成的人造符号来动员成千上万原本彼此孤立的个人去从事同一项事业。这一能力在人类历史上占据着核心地位。促使我们将汤因比同但丁、弥尔顿相提并论的理由在于：三人都在利用自己所知、所信的一切来重新确认、界定这个世界的可理解性的劳动中付出了卓绝努力。他们各自对世俗、神圣事物的理解属于并帮助界定了西方基督教传统。鉴于该传统似乎仍值得研究和继承下去，汤因比理应被视为其诗人前辈们在20世纪的后继者（尽管不如前人那样光辉夺目）；因为他像前辈们一样拥有强健的、富有创造力的头脑，不知疲倦、坚持不懈地探索着这个世界的意义。

至于汤因比这位后继者所做的是否只是东施效颦而已，我们目前还不得而知。这将取决于未来的史学家和其他文化传人是如何看待世界历史的——与其说一位作家的地位取决于自身的成就，还不如说取决于他人对其言论的反响。

※　※　※

我们还应当比较一下汤因比和两位在塑造其学术视野与追求方面产生过重大影响的古希腊史学家。当我们寻找汤因比的类比对象时，著名且贴切的例子可谓俯拾皆是。首先，我认为希罗多德之于荷马的关系恰似汤因比之于弥尔顿。二者之间可谓惊人地相似。希罗多德和汤因比都用散文取代了前辈所使用的韵文；并且他们的研究都涵盖了当时地理学意义上的整个已知世界。希罗多德和汤因比的共同缺陷在于二者均未能完全摒弃前辈诗人的神学观念。并且希罗多德和汤因比都很容易在有趣的细节面前迷失，在文本中插入过多的评论和插曲，从而几乎掩盖了统领各自史著的主旨思想。但两位史学家确实都拥有统领全局的思想与视野，并用优美的文风装点着自己的研究成果。

汤因比同修昔底德的可比性就不那么明显了：因为修昔底德文本的言简意赅同汤因比的拖沓繁复显得格格不入。然而，二者间也存在着两点值得我们思考的联系。首先也是最明显的是，汤因比从修昔底德的史著中借用了其悲剧风格，将之先后运用于对整个希腊罗马文明以及各地的其他文明的描述之中。如果我们接受康福德的说法的话，那么第二个相似点在于：修昔底德在开始撰述历史时使用了那个时代的新观念，但随后改变了主意，重新承认雅典由于"自负"（Hubris）而遭受了"报应"（Ate），以便叙述雅典败落的悲剧。无独有偶，汤因比在开始写作其巨著时的指导思想部分来自古人，部分则来自弗雷泽、柏格森、特加特、弗里曼与斯宾格勒等同时代作家。此后，正如我们所看到的那样，个人和全社会的经历使他相信，这个世界只有借助于超验性的精神真实性（他往往称之为上帝，但他从未将这种真实性完全等同于基督教传统中那位全能的神祇）才能被认识清楚。而在乞灵于"自负"（Hubris）和"报应"（Ate）等观念的时候，修昔底德同样为超自然力量干预人事打开了方便之门，并用跟汤因比利用基督教遗产十分相似的、饱受非议的方式借鉴了自己所继承的宗教遗产。

这些类比是值得我们深思的。它们将汤因比的地位抬得很高，让他得以同西方传统中一些最伟大的作家们比肩而立。未来的另一种可能性会使汤因比成为创价学会在20世纪找到的活菩萨。但他被奉为圣人的前提是西方文化传统的解体与失传——那将以一种具有讽刺意味的方式验证汤因比本人的文明周期理论。目前看来，这种可能性是微乎其微的；但尽管历史中充斥着种种不可能性，这一事件的发生概率却并不是零。

最有可能出现的情况是：汤因比的声望将或多或少地从20世纪50

年代那些心胸狭隘的批评者们对其成果并不公正的全盘否定中恢复过来；但其史著的错误、缺陷及过分冗长会使得未来的史学家们视之为一个特立独行的、因其作品汗牛充栋而难以数语概括的次要人物。 这些问题的答案在很大程度上取决于历史学未来的发展走向，以及史学家和其他领域的知识分子们是否愿意继续尝试、去将人类在地球上千头万绪的活动简化成一部可理解的整体史。 如果他们确实这样做了的话，那么作为这项事业先驱者的汤因比无疑将会得到认可与礼赞。 289

附　录

莫顿的《阿诺德·汤因比书目》列出 1910—1979 年间汤因比或其作品评论者发表的 2 974 部（篇）作品。该书的另一部分收录了其他人关于汤因比的书与文章的目录，其数目几乎与前一部分一样庞大。在撰写这部传记的过程中，我只参考了汤因比著述中的一小部分——因为很多作品与我们的主题关系不大，很多内容彼此重复，还有很多已难以找到。并且汤因比本人真正重要的书在莫顿浩如烟海的书目中是非常醒目的。

为了方便读者参考，本书按照出版顺序将这些重要书目附列于此。

1915：《民族性与战争》

1916：《1915—1916 年期间奥斯曼帝国对亚美尼亚人的处置》

1921：《希腊的悲剧》

1922：《文明的接触：希腊与土耳其的西方问题》

1925：《国际事务报告：1920—1923 年》

1926：《国际事务报告：1924 年》

1927：《国际事务报告：1925 年》卷一：《巴黎和会以来的伊斯兰世界》

1928：《国际事务报告：1926 年》

1929：《国际事务报告：1927 年》

1929：《国际事务报告：1928 年》

1930：《国际事务报告：1929 年》

1931：《国际事务报告：1930 年》

1932：《国际事务报告：1931 年》

1933：《国际事务报告：1932 年》

290

1934：《英联邦各国关系》

1934：《历史研究》第 1—3 卷

1934：《国际事务报告：1933 年》

1935：《国际事务报告：1934 年》

1936：《国际事务报告：1935 年》

1937：《国际事务报告：1936 年》

1938：《国际事务报告：1937 年》

1939：《历史研究》第 4—6 卷

1940：《基督教与文明》

1941：《国际事务报告：1938 年》卷一

1946：《历史研究》第 1—6 卷索默维尔节编本

1948：《文明经受考验》

1953：《世界与西方》

1954：《历史研究》第 7—10 卷

1956：《历史学家研究宗教的方法》

1957：《历史研究》第 7—10 卷索默维尔节编本

1961：《历史研究》第 12 卷《反思》

1962：《美国与世界革命及其他演讲集》

1965：《汉尼拔的遗产：汉尼拔战争对罗马人生活的影响》

1967：《交游录》

1968：《人类对死亡的关注》

1969：《往事》

1969：《希腊史的若干问题》

1970：《迁徙中的城市》

1971：《在未来生存》

1973：《君士坦丁七世与他的世界》

1976：《人类与大地母亲》

1976：《汤因比—池田大作对话录：人类不可避免的抉择》（*The Toynbee-Ikeda Dialogue：Man Himself Must Choose*）

索　引

译 后 记

　　自 2007 年底与同门师友共同参与《历史研究》索默维尔节编本的重译工作以来，汤因比的著作始终在我近 12 年的求知生涯中占据着举足轻重的地位。《历史研究》的宏大视野为我了解西方当前方兴未艾的全球史研究方法的前世今生打开了一扇窗口；《变革与习俗》中强烈的现实忧患意识经常促使我掩卷遐思窗外世界近半个世纪以来的沧海桑田与成败得失；现当代文化接受史中汤因比著作无所不在的影响同样让我时刻感受到这位思想巨擘在当今文化界的强大统治力。然而，每当同事或朋友邀请我发表关于汤因比学术与思想成就的见解时，我总会在一种莫名而来的压力下慌忙摇头谢绝。事过之后，我自己也无法想通自己这种并非故作谦逊的推辞究竟出于何种动机，直到我在上海人民出版社肖峰编辑的推荐下读到了这部为自己解答了不少心头疑惑的《阿诺德·汤因比传》。

　　我终于明白了自己之前潜意识中不敢妄谈汤因比的真正原因——那是萦绕在我心头、无法从汤因比留下的文本中找到明确答案的一连串疑问：如果说汤因比的文化形态史观得之于斯宾格勒等德国思想家抽象观念的启示的话，这套研究方法为何会在这位英国史学家手中变得如此具体可感和虎虎有生气？他的相当丰富深刻、独树一帜的宗教观究竟是如何在人生阅历中一步步树立起来的？他对德国、美国、日本、犹太教、佛教、神道教、阴阳观、工业化、核威慑、环保主义等一系列历史元素极具个性的看法又从何而来？ 在读毕并译完《阿诺德·汤因比传》的最后一句话后，我虽不敢说已找到上述所有问题的明确答案，但却欣喜地意识到，自己已对汤因比的学术思想有了较之前深刻、全面得多的认识与把握。

这是因为汤因比的思想并不仅仅是象牙塔中苦思冥想的产物，而是融合了汤因比人生历程中的无数酸甜苦辣与悲欢离合。 而汤因比的一生虽然算不得轰轰烈烈，却承载着那个战火与进步、仇恨与希冀交织在一起的复杂时代里的种种矛盾。 正如《阿诺德·汤因比传》的作者、美国全球史学派的创始人之一威廉·麦克尼尔所言，汤因比的一生便是那个时代的一部全球史。 只有理解了汤因比人生经历的跌宕起伏与大喜大悲，我们才能真正领会他在曾经沧海后用优雅、流畅的文笔心平气和地提炼出来的字字珠玑。 也正是由于承载着对人性与人生的深刻感悟，汤因比卷帙浩繁的《历史研究》才得以在历经半个多世纪的考验与批评后，仍有望成为人类文明史上的一部不朽名著——尽管书中的不少具体观点早已被时代所淘汰。

威廉·麦克尼尔思路清晰、深入浅出而又不失诙谐幽默的文字风格使得翻译本书成为我的一段愉快学术经历。 尽管如此，由于汤因比丰富多彩的一生涉及 20 世纪英国、日本等国教育与文化史上的不少生僻细节，我在翻译过程中也曾多次向国内英国、日本近现代史领域的同事们和英国友人请教。 我在中国社会科学院世界历史研究所的同事、专攻英国近代早期史的张炜副研究员为我解释了英国公学学制的来龙去脉与相关术语的汉译习惯等问题；在另外两位同事张艳茹副研究员和李文明的耐心指导下，不懂日语的我尽可能妥善地解决了译稿中英文转写日文姓名的汉化难题。 我在爱丁堡大学读书期间的房东斯图尔特（John Stewart Houston）帮助解答了汤因比学生时代的俚语绰号"胖子"（Tubbs）的来历。 我的硕士阶段导师郭小凌先生曾在 12 年前将稚气未脱的我引上了译介汤因比著作的门径，他通读了全书译稿并代为作序；上海人民出版社的肖峰编辑则在本翻译项目的策划、立项、合同签订与清样审校的过程中付出了艰辛的努力。 在此一并向他们表示衷心感谢。

吕厚量

2019 年 10 月 14 日于京北牡丹园寓所

编者注：吕厚量，英国爱丁堡大学古典学博士，中国社会科学院世界历史研究所古代中世纪史研究室副研究员。

图书在版编目(CIP)数据

阿诺德·汤因比传/(美)威廉·麦克尼尔
(William Hardy McNeill)著;吕厚量译.—上海:
上海人民出版社,2020
(麦克尼尔著作集)
书名原文:Arnold J. Toynbee:A Life
ISBN 978-7-208-16295-2

Ⅰ.①阿…　Ⅱ.①威…②吕…　Ⅲ.①汤因比
(Toynbee,Arnold Joseph 1889-1975)-传记　Ⅳ.
①K835.615.81

中国版本图书馆 CIP 数据核字(2020)第 057689 号

责任编辑　肖　　峰
装帧设计　　一本好书

阿诺德·汤因比传

〔美〕威廉·麦克尼尔　著

吕厚量　译

出　　　版　上海人民出版社
　　　　　　（200001　上海福建中路 193 号）
发　　　行　上海人民出版社发行中心
印　　　刷　常熟市新骅印刷有限公司
开　　　本　635×965　1/16
印　　　张　28.5
插　　　页　13
字　　　数　414,000
版　　　次　2020 年 4 月第 1 版
印　　　次　2020 年 4 月第 1 次印刷
ISBN 978-7-208-16295-2/K·2924
定　　　价　118.00 元

摄于1996年，约翰·R.麦克尼尔提供

　　威廉·麦克尼尔（William H. McNeill, 1917—2016），美国历史学家、全球史研究奠基人、世界历史学科的"现代开创者"，曾担任美国历史学会主席、美国世界史学会主席，与斯宾格勒、汤因比齐名，被誉为"20世纪对历史进行世界性解释的巨人"。他提倡追求博大宽宏的视野，努力揭示人类在世界历史中的命运，通过全球史的研究观念重新书写和解读世界历史。